도서출판 대장간은
쇠를 달구어 연장을 만들듯이
생각을 다듬어 기독교 가치관을
바르게 세우는 곳입니다.

대장간이란 이름에는
사라져가는 복음의 능력을 되살리고,
낡은 것을 새롭게 풀무질하며, 잘못된 것을
바로 세우겠다는 의지가 담겨져 있습니다.

www.daejanggan.org

Copyright ⓒ Jacques Ellul
Original published in France under the title ; *La Subversion du Christianisme*
Copyright ⓒ Éditions 2001; de la Table Ronde ; 14, rue Séguier, Paris 6e

Used and translated by the permission of la Table Ronde.
Korean Copyright ⓒ 2012 Daejanggan Publisher. in Daejeon, South Korea.

뒤틀려진 기독교_불어완역(양장)

지은이	자끄 엘륄
옮긴이	박동열 이상민
초판발행	1990년 12월 20일
개정판 1쇄	2012년 4월 13일

펴낸이	배용하
책임편집	박민서
등록	제364-2008-000013호
펴낸곳	도서출판 대장간
	www.daejanggan.org
	대전광역시 동구 삼성동 285-16
	전화 (042) 673-7424 전송 (042) 623-1424

ISBN	978-89-7071-254-3

이 책의 한국어판 저작권은 La Table Ronde와 독점 계약한 대장간에 있습니다.
기록된 형태의 허락 없이는 무단 전재와 복제를 금합니다.

 값 17,000원

뒤틀려진 기독교

자끄 엘륄 지음
박동열   이상민 옮김

La subversion du christianisme

Jacques Ellul

세 부 차 례 _ 독자들의 이해를 돕고자 추가한 것임.

제1장 모순들 • 17
1. 계시와 실천 사이의 뒤집힘 | 근본적인 모순 | 마르크스주의의 모순 | 성서의 계시와 실천 | 기독교 비판자들 | 기독교의 실천과 관련된 잘못된 입장 | 기독교 왜곡에 대한 어리석은 해명들 | 뒤집힘의 본질 | 기독교와 엑스(X) |
2. 뒤집힌 기독교 | 엑스(X)가 뒤집어엎는 맘몬, 정치권력, 종교 | 도덕 파괴 | 문화 뒤집어엎기 | 기독교의 뒤집힘 |

제2장 주요 경로 • 45
| 계시와 관련 없는 신학화 | 권력과의 결탁 | 이교화 현상 | 혼합주의 | 역사에서 철학으로 전이 | 기독교 성공주의 | 부유해진 교회 | 제도화된 교회 | 교회의 반反여성주의 | 대중화된 교회 | 대중화의 폐해 | 신앙의 이교화 | 교회 대중화의 결과 | 기독교 왜곡의 내적 요인들 | 계시 속에 내포된 모순 | 통일에 대한 갈망 | 모든 비극의 책임이 기독교에 있는가? |

제3장 기독교에 의한 비신성화와 기독교 속의 신성화 • 99 | 신성한 것에 대한 이해 | 재신성화 작업 |
1. 기독교에 의한 비신성화 | 자연에 대한 신성화 | 히브리 민족의 신성화 작업 | 초기 기독교의 비신성화 운동 |
2. 기독교의 신성화. 기독교에 의한 자연과 사회의 재신성화 | 기독교에 의한 자연과 사회의 재신성화 | 성찬식의 의미 | 그리스도의 희생 제사에 대한 신성화의 결과 |

제4장 도덕주의 • 125
| 도덕과 무관한 하나님의 계시 | 집단 개종에 대한 세 가지 해결 방향 | 반反여성주의 | 기독교의 여성주의 | 바울의 견해에 관한 해석 | 사회 부도덕에 기인한 도덕주의 | 로마제국의 부도덕 | 게르만 대이동기의 부도덕 | 중세의 부도덕 | 교회와 사회의 혼동 | 반反여성주의의 핵심 | 교회의 반反여성주의 |

제5장 이슬람의 영향 • 167
| 기독교에 대한 이슬람의 영향력 | 이슬람적인 통합 | 거룩한 전쟁론 | 자연적인 그리스도인 가설 | 신비주의와 복종 | 여성의 신분 훼손 | 노예 제도 | 식민지화 |

제6장 정치적 왜곡 • 197
1. 출발점 | 국가정치에 대한 성서적 비판 | 정치적 예수상에 대한 비판 | 2. 권력에 의한 뒤집힘 | 권력에 대한 교회의 정당화 | 교회의 국가화 | 국가 간의 정치적 단절 | 교회의 법제화 | 저항하는 교회 |

제7장 허무주의와 기독교 • 235 | 허무주의의 원인과 형태 | 허무주의와 기독교 |
1. 책임 2. 모순 | 기독교의 반反허무주의 | 3. 뒤바뀜 |

제8장 문제의 핵심, 견디기 어려운 것 • 263
| 뒤집힘이 일어난 이유 | 견디기 어려운 계시의 특성 | 조직될 수 없는 엑스(X)의 특성 | 견디기 어려운 무상의 은총 | 소유할 수 없는 은총과 구원 | 견디기 어려운 아버지상 | 견디기 어려운 비무력 | 견디기 어려운 자유 개념 | 영적 해석과 자유의 요구에서 벗어나기 |

제9장 권세와 지배 • 295
| 영적 권세의 목표 | 맘몬 | 이 세상의 군주 | 거짓 | 고소 | 분열 | 파괴 | 영적 권세들의 결집과 승리 |

제10장 "그래도 지구는 돈다!" • 321
| 기독교 비판을 대하는 태도 | 지속하는 교회 | 성령이 표시하는 정지 지점 | 신앙의 갱신 | 민중의 흐름 | 하나님 대리인들의 독점과 위반 |

내용 요약 • 357

엘륄의 저작 – 연대기순 • 393

| 차례 |

역자서문 • 9

제1장 모순들 • 17
    1. 계시와 실천 사이의 뒤집힘
    2. 뒤집힌 기독교

제2장 주요 경로 • 45

제3장 기독교에 의한 비신성화와 기독교 속의 신성화 • 99
    1. 기독교에 의한 비신성화
    2. 기독교의 신성화. 기독교에 의한 자연과 사회의 재신성화

제4장 도덕주의 • 125

제5장 이슬람의 영향 • 167

제6장 정치적 왜곡 • 197
    1. 출발점
    2. 권력에 의한 뒤집힘

제7장 허무주의와 기독교 • 235
    1. 책임
    2. 모순
    3. 뒤바뀜

제8장 문제의 핵심, 견디기 어려운 것 • 263

제9장 권세와 지배 • 295

제10장 "그래도 지구는 돈다!" • 321

내용 요약 • 357
엘륄의 저서-연대기순 • 393

역자서문

'기독교'란 용어는 수천 년 역사의 무게를 지닌 묵중한 단어입니다. 이 단어는 오랜 역사만큼이나 그동안 인간의 삶이 내포하는 온갖 문제와 모순과 승리를 포함하고 있습니다. 또한, 이 어휘는 각 개인이 거기에 부여하는 가치, 비판, 사랑, 껄끄러움 심지어 미움까지 지닌 단어입니다. 이렇듯 기독교란 어휘가 품는 외연과 내포가 방대하기 때문에, 그 형태와 내용은 한마디로 정의할 수 없을 정도로 시대에 따라, 지역에 따라, 문화에 따라 무척 다양하다고 할 수 있습니다. 그럼에도, 기독교는 영원히 변하지 않는 원형적 의미가 있습니다. 아마도 이 원형 의미는 하나님의 계시가 예고한 예수 그리스도와 교회라는 두 기둥으로 이루어져 있을 것입니다. 참으로 세계사 속에 예수 그리스도에 의하여 심겨진 십자가는 부활한 그리스도와 함께 인간 사회에 끊임없이 교회 공동체를 만들었습니다. 바로 이 공동체와 그 속에서 삶을 살아내는 신앙인들이 만들어내는 모든 삶의 양태와 조직과 문화를 우리는 기독교라고 부릅니다. 기독교를 이런 틀 속에서 본다면, 프랑스 개신교인인 자끄 엘륄Jacques Ellul이 이 책에서 말하는 기독교는 비단 개신교만을 언급한 것이 아니라, 가톨릭, 동방정교회 등 기독교의 원형 의미에 포함되는 모든 종파를 아우르는 종교 공동체를 의미한다고 볼 수 있습니다.

이 기독교에 대해 자끄 엘륄이 교회사를 검토하면서 제기하는 단 하나의 문제는 어떻게 기독교 공동체와 교회의 발달이, 하나님의 계시가 들어 있다고 믿는 토라와 선지자와 예수와 바울의 글과 모든 면에서 반대되는 문화를 만들었느냐는 것입니다. 한 마디로 뒤집혔다는 말입니다. 이 질문은 오늘날 기독교의 잘못과 모순을 볼 때마다, 문제의식을 느끼는 많은 그리스도인과 세상 사람들이 계속해서 던지는 바로 그 질문입니다. 자끄 엘륄은 참으로 깐깐하게 이 책을 통해 하나님의 계시가 어떻게 뒤집혔는지 근원부터 살폈습니다. 그는 인간을 향한 하나님의 역사가 어떻게 변형되고 왜곡되었는지를 변명과 축소하려는 의지 없이 진지하게 상고했습니다. 그렇다고 해서 그가 기독교를 향해 이야기하는 외부의 근거도 없는 무차별적 비난을 수용하는 것은 아닙니다. 오히려 기독교를 비판하는 자들의 논의가 얼마나 허술한지를 보여주고 있습니다. 그럼에도, 이 책에서 그가 다룬 다양한 주제들은 더 깊은 신학적, 사회학적 논의를 요구하는 것들이 있습니다. 그뿐 아니라 그는 어떤 주제들에 대해서는 아예 열린 질문으로 남겨두기도 했습니다. 그러나 적어도 그는 오늘날 한국 교회를 고민하는 우리만큼이나 기독교 공동체와 교회, 그리고 기독교 신앙에 대해 치열하게 문제를 제기했습니다. 우리는 이러한 그의 진지한 문제 제기를 통해 그가 예수 그리스도와 하나님의 계시의 실현을 얼마나 바라고 있는지 엿볼 수 있습니다. 그가 오늘날 기독교가 뒤집혔다고 말을 했다는 것은, 원래 제대로된 상태가 무엇인지를 안다는 말이며,

그 상태를 무척이나 바라고 있다는 말일 것입니다. 물론 이 책에서 그는 그것이 어떤 상황 속에서도 오직 하나님의 계시의 말씀대로 살려고 할 때 가능하다고 단언했습니다.

우리에게 그의 분석과 시각이 흥미로운 것은, 그의 시각과 분석이 충분히 오늘날 한국 교회와 우리 신앙의 모습을 비추어볼 수 있는 훌륭한 거울이 될 수 있다는 점 때문입니다. 사실, 우리는 하나님의 계시와 우리 신앙의 실천 사이에 큰 틈새, 세상을 구성하는 핵심 권세들을 뒤집는 참된 신앙 공동체의 능력 상실, 최단기간 폭발적으로 성장한 한국 기독교의 승리주의와 물질주의, 기독교 신앙의 대중화와 초대형교회의 등장, 목사 중심으로 신성화된 교회와 예배, 교회 안의 규범과 도덕률, 교회의 정치화와 각종 교단 연합 기구들의 권력과의 결탁, 순응주의적이며 맹목적인 신앙 형태의 강조, 끊임없이 교회를 분열시키고 있는 영적 권세들, 교회 안의 성도들의 허무주의, 악의에 찬 기독교 비판세력들 등등에 직면하고 있습니다. 이러한 중층적이고 총체적인 한국 교회의 뒤틀려짐 앞에서, 우리는 우리 교회와 우리 신앙의 토대는 무엇인지 그리고 무엇을 소망해야 하는지에 대한 뼈아픈 질문을 던지지 않을 수 없습니다. 이러한 질문에 대한 답을 찾으려면 먼저 우리 자신의 모습을 살펴볼 거울이 필요한데, 프랑스에서 서구 기독교를 분석한 자끄 엘륄의 통찰이 그 거울 역할을 훌륭히 할 수 있다고 생각합니다. 참 희한하게도, 그의 목소리는 오늘날 시대적으로, 거리적으로, 문화적으로 꽤 멀리 떨어진 한국 기독교의 상황을 설명하는 것처럼 큰 공명을 이루고 있습니다. 이런 이유에서 이 책의 첫 번역본이 나온 이후에 소수이지만 이 책을 지속적으로 읽는 독자들이 있었다고 생각합니다. 언제나 예수 그리스도와 그의 몸인 교회, 그리고 그의 말씀을 사랑하여, 한국 기독교와 교회가 지닌 뒤집힘에 대해 치열하고 심각하게 문제제기를 하는 사람들은 지속하는 법입니다.

    이 번역은 자끄 엘륄의 모든 저작을 번역하려는 프로젝트의 하나로 수행된 것입니다. 말초신경을 자극하는 시각적 언어가 판을 치는 이 시대에, 머리를 쥐어짜며 생각하고 읽어야 하는 엘륄의 저작들을 질문과 갈증이 있는 독자들에게 번역해 놓겠다는 대장간 출판사의 구상에서, 이 책을 재번역하는 것은 중요한 기둥 하나를 박는 일이 될 것입니다. 이 책의 원제목은 『기독교의 뒤집힘』*La subversion du christianisme*인데, 국내에서 1990년 자끄 엘륄 번역위원회의 이름으로 『뒤틀려진 기독교』로 번역된 바 있습니다. 이 첫 번역본은 아마도 쇠이으Seuil 출판사의 1984년 판본이나 영역본으로 이루어진 듯이 짐작되나, 우리는 따블르 롱드Table Ronde 출판사의 2001년 판본으로 다시 번역하기로 했습니다. 이는 이전 번역이 프랑스 원전과의 대조에서 상당한 수정과 첨삭이 필요했기 때문입니다. 그리고 한국자끄엘륄협회에서 지난 3년여의 독회와 연구 결과를 통해서 엘륄이 사용한 용어의 우리말 번역의 통일성과 적확성등의 기준을 정하였기 때문이기도 합니다. 한편, 이책의 번역

과정에서 자끄 엘륄이 사용한 수많은 용어를 어떻게 번역하느냐에 관한 고민이 있었으나, 이 책에서는 이 용어들을 가급적 현재 통용되는 가톨릭 용어 그대로 번역하기로 했습니다. 왜냐하면, 엘륄이 많은 부분을 가톨릭 교회가 가지는 교회체계와 문화에 대해 강하게 문제제기하는데 할애 했기 때문입니다.

아무쪼록 '한국 사회에 왜 기독교가 존재해야 하느냐?' 는 질문을 받는 오늘날 그리스도인에게, 이 책이 우리의 존재 이유와 사명, 그리고 하나님의 계시가 원하는 바의 삶의 양식을 세우는데 크게 일조할 수 있기를 바랍니다. 마지막으로, 이 책이 나오기까지 내용 검토를 위해 수고와 조언을 해 주신 대장간 출판사 배용하 대표와 리오넬 떼보Lionel THEBAUD씨에게 감사의 마음을 전합니다.

박동열

서울대 불어교육과 교수

한국 자끄엘륄협회장

"우리의 기독교, 즉 기독교 세계의 기독교는, 기독교의 복음이 야기한 소요, 진리의 역설, 십자가의 고난을 없애버리고, 그것을 그럴 듯한 것과 직접적인 현실과 행복으로 대체한다. 달리 말하면, 우리의 기독교는 기독교를 왜곡한다. 사실 우리의 기독교는 신약성서 함의한 기독교와는 다른 것이다. 즉 우리의 기독교는 정확하게 정반대로 변형되었다. 이것이 기독교 세계의 기독교이다. 이것이 우리의 기독교다." 키에르케고르, 『순간』

제1장 모순들

> 기독교는 행위를 진리의 시금석으로 삼고 있다는 점에서 마르크스 사상과 유사하다. 그러나 오늘날 교회의 가르침은 기독교의 가르침과 너무 대조적이어서 반성서적으로 뒤틀려졌다.

1. 계시와 실천 사이의 뒤집힘

근본적인 모순

내가 이 책에서 다루려는 문제는 나를 가장 골치 아프게 하는 문제들 가운데 하나이며, 내 지식으로 해결할 수 없을 것 같은 문제이고, 또 역사적 기이함이라는 심각한 성격을 띠고 있다. 이 문제는 다음과 같은 매우 간단한 방식으로 제기될 수 있다. 즉, 어떻게 기독교 사회와 교회의 발달이, 우리가 성서를 통해 읽은 것, 곧 토라1)와 선지자와 예수와 바울의 분명한 텍스트와 모든 면에서 반대되는 사회·문화·문명을 탄생시켰느냐는 문제다. 나는 '모든 면에서'라고 분명히 말한다. 즉, 모순이 발생한 것은 한 가지 면에서만이 아니라 모든 면에서다. 그래서 사람들은 한편으로

---

1) [역주] 유대인의 기록된 율법과 구전 율법을 말하는 것으로 유대교의 사법, 윤리, 의식 부분과 유대인의 삶의 지표가 되는 계율과 규범을 망라하고 있다. 그런데 기록된 토라는 모세의 5경, 즉 구약 성서에 처음 나오는 5경(창세기, 출애굽기, 레위기, 민수기, 신명기)을 말하며, 이는 히브리 성서의 주요한 다른 두 부분, 즉 예언서(네빔)와 성문서와 구분된다.

기독교가 본래의 텍스트와 영감의 어디에도 들어 있지 않은 과오와 범죄와 거짓을 총망라했다고 비난했고, 또 다른 한편에서는 기독교 세계와 **교회**가 지니고 있던 실천을 본떠서 **계시**를 점진적으로 만들었고 재해석했다. 그러나 비판자들은 말해진 진리를 따르기를 절대 거부하면서, 기독교의 실천, 곧 구체적인 실재만을 고려하기를 원했다. 그런데 계시와 실천 사이에는 단지 어긋남만 있는 것이 아니라 근본적이고도 본질적인 모순, 곧 진정한 뒤집힘이 있다.

마르크스주의의 모순

이런 현상은 마르크스의 글과 굴락 수용소[2]에 갇혀 있는 러시아 사이나, 코란과 이슬람의 광신적인 계율 실천 사이에 존재하는 것과 같은 현상이 결코 아니다. 즉, 이 두 경우에는 텍스트 자체에서 일탈의 뿌리를 분명히 찾을 수 있기 때문에, 그것은 똑같은 현상이 아니다. 나는 논의에서 우리를 너무 멀리 끌고 가는 두 번째 경우를 한쪽으로 제쳐놓고, 첫 번째 경우만을 다루려고 한다. 나는 스탈린에서 레닌까지 그리고 레닌에서 마르크스까지 거슬러 가볼 수 있었다. 그때마다 매번 그들 사이에는 서로 논란의 여지가 없는 밀접한 관계가 있었다. 그래서 일탈이 있었다는 사실과, 그 결과가 비극적이며 마르크스가 생각하고 원했던 것과는 완전히 모순되었다는 사실이 아주 쉽게 이해될 수 있었다. 그렇지만, 마르크스주의와 기독교에서 일어난 것 사이에는 한 가지 분명한 유사점이 있다. 그것

---

[2] [역주] 구소련에서 노동 수용소를 담당하던 정부기관 명칭(Glavnoye Upravleniye Ispravitel'no-Trudovykh Lagerey i koloniy)의 약자로 한국어로 번역하면 "국가 보안국 교정노동수용소의 주 관리 기관"에 해당한다. 원래는 기관의 이름이었지만 점점 강제 노동의 대명사로 쓰이게 되었다. 소련 전성기 때 굴락이 관리하는 최소한 476개의 수용소 집합체가 있었는데, 각각은 수백 개, 심지어는 수천 개의 개별 수용소로 이루어져 있었고, 5~7백만 명의 수용자가 있었을 것으로 추정된다.

은 두 가지 모두 실천을 진리의 시금석이나 진정성의 시금석으로 삼는다는 것이다. 달리 말해, 우리는 실천에 따라서 평가해야지, 의도나 교리의 순수성 혹은 원천과 **기원**의 진실성에 따라서 평가해야 하는 것이 아니다.

마르크스에 있어 **실천**과 **이론** 사이의 관계를 알고 있다 해도, 이것이 순환적 관계라는 점을 잊지 말아야 한다. 결국 이것이 의미하는 바는 잘못된 실천을 통해 잘못된 이론이 필연적으로 생겨난다는 것이다. 또한, 실천의 결과들에 따라서 뿐만 아니라, 실천을 통해 생겨난 새로운 이론에 의해서도 실천이 잘못된 것을 알 수 있다는 것이다. 그런데 실천의 결과들을 무엇으로 판단하는가? 아마도 마르크스가 스탈린의 전횡 앞에서는 인본주의적이며 도덕적인 정서를 거부했을 것이고, 국가 권력의 악화, 계급투쟁의 와해, 소외의 가중 등을 분명히 제지했을 것이다. 따라서 실천은 그것에 영감을 준 이론으로부터 평가된다. 그런데 실천과 이론 사이의 순환적 관계는 스탈린주의 말기의 이론 정립에서와 소비에트연방 지도자들에게 나타나는 이론의 사라짐에서 너무도 명백히 가시화되었는데, 이 지도자들은 국가 간의 투쟁과 그들 고유의 제국주의 틀 속으로 적당히 타협해 들어갔다. 그런데 기독교도 역시 실천에 따라서 평가된다. 따라서 우리는 이 점에 지속적으로 주의를 기울여야 한다.

성서의 계시와 실천

아브라함과 이삭과 야곱의 하나님의 **계시**는 모두 끊임없이 다음과 같은 문제로 귀속된다. 즉, 하나님의 계명을 실천하는 자는 살 것이다.레18:5; 느9:29; 겔20:11 너는 이 계명들을 실천하라. 여호와는 실천할 것을 네게 명령한다.신25:16, 27:10 또한 악과 죽음은 실천의 부재에 연결되어 있거나 혹은 이방인의 풍습 실천과 가증스러운 관습에 연결되어 있다.레18:30 그런데 **듣기**와 **실천**은 근본적으로 대립한다. 즉, 그들은 듣지만 실천하지 않는다.겔33:31 한편 이와 같은 실천의 결정적인 중요성은 예수에 의해 거의 똑같은 표현으로 정확히 되풀이된다. 즉, 신자란 듣고 실천하는 자이다.눅8:21 사람들이 습관적으로 대단히 잘못 이해하는 이에 대한 비유가 있다. 곧, 산상수훈의 끝에, 반석 혹은 모래 위에 집을 짓는 사람에 관한 바로 그 비유마7:24~27다. 반석 위에 세운 집은 굳건하여 폭풍우와 급류에도 끄떡없지만, 모래 위에 세운 집은 무너진다. 일반적으로 반석이 예수 자신이라고 하지만, 그것은 비유와 아무런 관계가 없다!

예수가 언급하는 바는, 이 말을 듣고 **실천하는** 자는 반석 위에 집을 세우는 사람과 비슷하다는 것이다. 달리 말해, 반석이란 **듣기**와 **실천**을 동시에 의미한다. 그런데 두 번째 부분이 더 구속력이 있다. 즉, 예수가 한 말을 듣고도 실천하지 않는 자는 모래 위에 집을 세운 자와 비슷하다는 것이다. 여기서는 아마도 **오직** 실천만이 문제가 된다. 따라서 우리는 실천이야말로 삶과 진리의 결정적인 기준이라고 말할 수 있다.

그런데 초기 기독교 세대는 이 점에 대해 아무런 의심도 없었다. 바울은 은총에 의한 구원의 신학자였는데도 끊임 없이 이 점을 강력히 상기시킨다.3) "하나님 앞에서는 율법을 듣는 사람이 의로운 것이 아니라, 율법을 실천하는 사람이 의롭다고 인정받을 것입니다. 율법을 가지지 않은 이방인이 사람의 본성을 따라 율법이 명하는 바를 **행할** 때…, 그들은 율법의 행위가 그들의 마음에 새겨져 있음을 **드러내 보입니다**…"롬2:13~15 사람

---

3) 요한복음에서 우리는 예수의 놀라운 선포를 발견한다. 즉, 예수가 다른 사람들의 종이 된다는 것이 무엇을 의미하는지 제자들에게 알려주고 예수를 따르는 사람은 누구나 종이 된다는 점을 그들에게 상기시키고, 다음과 같은 놀라운 사실을 선포한다. "너희가 이것들을 알고 실천하기만 한다면, 너희는 행복할 것이다"(요13:17) 여기에서 실천은 구원과 사랑의 시금석이다.

들은 집요하게 바울의 믿음의 신학과 야고보의 행위의 신학을 대립시키려 했으나, 이것은 근본적으로 잘못된 것이다.

바울은 끊임없이 실천의 결정적인 중요성을 강조했다. 그가 쓴 각 편지가, 실천이 신앙과 예수에 대한 신실함을 나타내 보이는 표현이라는 사실을 지적하는 긴 '교훈적 권면'으로 종결된다는 사실은 공연히 그런 것이 아니다. 또한, 그는 에베소서의 중심 토대가 되는 본문에서 이 관례적인 모순을 해결한다. "여러분은 믿음을 통하여 은총으로 구원을 얻습니다. 이것은 여러분에게서 난 것이 아니라, 하나님의 선물입니다. 아무도 자랑할 수 없도록, 그것은 행위에서 난 것이 아닙니다. 왜냐하면, 우리는 선한 행위를 위해 예수 그리스도 안에서 창조된 하나님의 작품이기 때문입니다. 그 선한 행위는 우리가 선한 행위를 실천하도록 하나님이 미리 준비한 것입니다."엡2:8~10

이 '쐐기'를 박는 텍스트는 핵심이다. 여기서 거부되고 인정되지 않는 것은 자기정당화이고, 스스로의 자기 자랑이며, 자신의 생을 영위하고 선을 이루기 위한 인간의 자기만족 등이다. 구원을 얻는 것은 행위가 아니라 은총에 의해서인데, 그것은 바로 우리가 행위로 말미암아 자랑치 않게 하기 위함이다. 게다가, 이 행위를 하는 일은 반드시 필요하다. 왜냐하면, 이 행위가 하나님에 의해 미리 준비되어 있고, 하나님의 '계획' 속에 들어 있으며, 우리는 이 행위를 **실천하라고 창조되었기** 때문이다. 이 행위를 이루는 것은 하나님이 아니라, 이 행위에 대한 책임을 지닌 우리이다. 그래서 바울에게 있어 실천이란, 우리가 진지하게 은총을 받았다는 점에 대한 가시적 기준인 동시에, 우리가 하나님의 **계획**에 실제로 들어갔다는 점에 대한 가시적 기준이다. 따라서 바울에게도 실천은 예수와 마찬가지로 진정성의 시금석이다. 우리는 여기서 천 년 이상 된 일반적인 경향과 마주한다.

기독교 비판자들

그래서 기독교를 공격하는 자들은 우리가 행한 끔찍한 행동을 가지고 기독교를 공격할 자격이 충분히 있다. 우리와 가장 직접적으로 관계된 이들만 든다면, 볼떼르Voltaire, 돌바끄D' Holbach, 포이에르바흐Feuerbach, 마르크스, 바쿠닌Bakounine의 기독교 공격은 전적으로 맞다.[4] 이러한 공격에 대항하여 우리 자신을 변호하거나 어설프고 쓸모없으며 무시해도 상관없는 변증을 하는 대신, 그들의 공격을 경청하고 그들이 우리에게 말하는 바를 진지하게 받아들여야 한다. 그들이 기독교를 무너뜨리기 때문인데, 다시 말해, 기독교란 바로 하나님의 **계시**가 기독교적 실천으로 말미암아 겪는 일탈이다.

그러나 너무도 흔히 해온 것처럼, 그 일탈을 예수의 순수한 메시지와 유대인의 무시무시한 하나님 사이의 대립이라든가 혹은 예수의 순수한 메시지와 거짓 해석자로 통하는 혐오스런 바울 사이의 대립으로 요약하지 말아야 한다. 우리가 예수 그리스도에 대해 알 수 있는 모든 것과 아브라함, 이삭, 야곱의 하나님의 계시 사이에는 완전한 일관성이 있다. '그리스도의 복음' Evangelium christi 곧 복음서들과 '그리스도에 대한 복음' Evangelium de Christo 특히 바울의 '그리스도에 대한 복음' 사이에는 완전한 일관성이 있다.

지금 우리가 가진 복음서 그 자체는, 제1세대 또는 제2세대 그리스도인이 그들의 메시지와 선포에 예수를 일치하게 하려고 날조하고 고쳐 쓴

---

[4] 나는 여기에 샤르보노(B. Charbonneau)의 매우 심오하고 영적으로 적절한 비평을 첨가하겠다.

것이라는 설이 있다. 허다한 현대 작가가 자신의 이데올로기에 따라 다시 날조한 사회주의자 예수, 군주주의자 그리스도, "역사적" 예수, 프롤레타리아 예수, 부드러운 시인 예수, 과격한 혁명가 예수 혹은 광대 예수와 같은 예수의 이름으로만 주장할 수 있으나, 이러한 설은 단지 개인이 고안한 산물에 불과하다. 그렇지 않다. 반反그리스도인의 공격은 아주 당연하다. 또, **계시**와 관련하여 기독교적 실천을 통해 생겨난 엄청난 괴리를 입증하는 것과 같은 그들의 비판을 있는 그대로 들어야 한다.

그런데 어려운 점은 바로 다음과 같이 말하기가 불가능하다는 데 있다. 즉, "물론 우리의 실천은 나쁘지만, **계시**의 아름다움과 순수성과 진리를 보라"는 것이다. 그러나 우리는 이미 이 둘의 통일성을 강조했다. 절대적으로 이 사실을 잘 이해해야 한다. 그 계시를 지닌 자들의 삶이나 증언을 벗어나서 인식할 수 있는 계시란 없다. 즉 하나님이 누구인지, 이 계시의 의미가 무엇인지를 보여주는 것은 바로 그리스도인의 삶이다. "그들이 얼마나 서로 사랑하는지 보라." **계시된 것**에 대한 접근은 바로 이 말에서부터 시작되는 것이다. "만일 너희끼리 서로 물고 뜯으면, 너희 안에 하나님의 사랑이 없다." 우리 자신이 행한 바로부터 손을 떼면서, 우리가 의탁할 수 있는 예수 그리스도나 혹은 하나님의 순수한 진리란 없다. 만일 그리스도인의 삶이 진리와 일치하지 않는다면, 진리란 더는 없다. 이러한 이유로 18세기와 19세기에 기독교를 비난하는 자들이 교회의 실천으로부터 **계시** 자체의 오류를 밝히려는 것은 전적으로 당연했다. 우리는 그리스도가 요구하는 바가 되지 못했기 때문에 **계시**의 **본질**을 거짓과 환상과 이데올로기와 상상으로 만들어 버리고, 또 우리는 어떤 구원도 지니지 못함으로써 어쩔 수 없이 그리스도인이 **되거나** 혹은 우리가 믿는 것의 오류를 인정한다는 점을 깨달아야 한다. 실천이 겪는 명백한 시련은 그러하다.

우리는 성서에 기록된 모든 것과 교회 및 그리스도인의 실천 사이에 무한한 거리가 있음을 인정해야 한다. 그것은 '왜곡'이나 '뒤집힘'으로 표현할 수 있을 정도이다. 왜냐하면, 앞으로 밝히겠지만, 실천은 우리에게 요구된 바와 모든 면에서 반대되기 때문이다. 내게 있어 이것은 진정 풀 수 없는 문제로 남아 있다. 당시 키에르케고르Kierkegaard도 이 문제에 직면했고, 그는 자기식으로 이 문제에 답했다. 오늘날은 이와는 다른 것과 다른 길을 시도해야 하고, 이러한 성찰을 다시 시작해야 한다.

기독교의 실천에 관한 잘못된 태도

우리는 두 개의 암초를 피해야 한다. 한편으로, 교회의 과거를 전부 거부하는 것이고, 이전의 모든 것을 무시하고 단죄하는 것이며, 그리고 오늘날 가증스러운 방식으로 끊임없이 언급되듯이 교회란 몽매주의obscurantisme, 5)였다고 도식적으로 말하는 것이다. 유대·기독교 사상은 현대의 모든 악, 국가 절대주의 혹은 자본주의적 소외, 거짓과 일반적 위선, 오이디푸스 콤플렉스 혹은 죄의식, 여성에 대한 비하, 제3세계의 예속 상태, **자연**의 변질 등의 원인이요 근원이라는 것이다. 또한, 중세 교회란 종교 재판소와 농노 제도와 십자군과 신정 정치이며, 얼이 빠지고 공포에 떠는 백성이 이루어낸 강압적인 성당 건축에 지나지 않는 것이다. 조금 지나 그것은 갈릴레오와 자본주의의 기원과 전 세계에 대한 침략과 정기적인 금전 갈취가 되고, 또한 독창적인 토착문화의 파괴 및 교리와 기독교 도

---

5) [역주] 계몽주의 철학자의 계보를 이은 진보적인 지적·정치적 경향에 맞서 어떤 분야에서든 간에 지식 전파에 반대하는 태도를 말한다. 따라서 몽매주의는 다음 같은 태도를 권장하고 옹호한다. 즉, 입증된 것을 사실이라고 인정하기를 거부하는 것과 같은 지식을 부인하는 태도, 어떤 것의 진실성을 부인하지 않으면서도 개인적 이해관계나 사회적 두려움 같은 온갖 이유로 그 진실성이 유포될 수 없다고 생각하는 것과 같은 지식 전파에서 제한을 가하는 태도, 혹은 거짓으로 드러난 이론임에도 그 이론을 퍼뜨리려는 태도이다.

덕으로 백성을 압박하는 일이 된다는 것이다. 이렇게 모든 악은 유대·기독교에서 나온다는 것이다. 그런데 우리는 이렇게 악착스럽고 지나치게 단순한 비난 속에서, 즐겁고 천진난만한 이교도païen:異敎徒, 6)에 대한 예찬, 인간적이고 자유로운 다신교에 대한 예찬, 기독교에 의해 무산되었던 영적 초기 단계에 대한 예찬을 발견한다.

이 모든 것에는 기독교 세계와 관련하여 약간은 진실한 면이 있다. 하지만, 각 사항에 대한 역사적 정확성을 밝혀야 할 것이다. 왜냐하면, 이 모든 것에는 실재가 거의 없는 이데올로기이자 사실상 전체주의적인 이데올로기를 위한 많은 열띤 논쟁이 있기 때문이다. 언젠가 나는 우리에게 쏟아진 터무니없는 말들에 직면하여 교회의 과거에 대한 변호를 쓸 생각이다. 그렇다고 해서 이 모든 광적인 비난의 토대가 기독교의 진정한 뒤집힘에 있다는 데는 변함이 없다.

그런데 우리에게 나타나는 또 다른 암초는, 오늘날은 다르다든가 아니면 기독교 역사에는 그래도 다른 것이 있었다고 선언하는 것이다. 기독교 역사에는 다른 것이 있었다는 점에 대해서는, 어쨌든 아시시의 성 프란체스코나 혹은 라스카사스7)가 있었다는 점을 상기시켜야 한다. 또한, 어쨌든 교회는 때때로 바르멘 교회회의8)같은 진리를 위한 아름다운 노력을

---

6) 예를 들어 다음을 참조할 것. 브누아(J-M. Benoist), 『어떻게 이교도가 될 수 있는가?』 *Comment peut-on étre païen?* (Paris, Albin Michel, 1981) ; 마누엘 데 디에구에즈(Manuel de Dieguez), 『유일신론적인 우상』*L' Idole monothéiste* (Paris, PUF, 1981)

7) [역주] Las Casas(1474-1566): 스페인의 도미니크 수도사이자 역사가. 주교가 되어 아메리카 대륙 최초의 선교사로 신대륙으로 건너간다. 산토도밍고, 쿠바, 멕시코 등지에서 인디오에게 전도하면서, 그들을 위해 베네수엘라에 이상적인 식민지를 건설해보고자 노력하나 실패한다. 인디언 보호법을 제정하고, 식민자의 불법 행위와 인도 회사의 횡포 등을 평생에 걸쳐 고발하며, 이를 『인디언 파괴에 관한 간결한 보고』라는 저서로 정리한다.

8) [역주] 바르멘 교회 회의(Barmen Synod)는 히틀러 정권의 교회에 대한 간섭에 대항해서 일어난 '고백 교회'가 1934년 독일 서부 바르멘에서 제1회 고백 교회 전국회의를 연 것을 가리킨다. 여기서 칼 바르트(Karl Barth)가 기초한 신학적 성명, 곧 '바르멘 선언'이 채택되

했고, 어쨌든 제대로된 교황들이 있었으며, 그다음으로 이론의 여지없이 숨겨진 개인의 신앙이 있었다···. 이 모든 것은 틀림없지만, 기독교에 대한 집단적이고 거칠고 유치한 비난들에 대해 속수무책인데, 이 비난들의 진짜 목적은 인간을 또 다른 노예상태에 예속시키는 것이기 때문이다.

게다가, 그리스도인은 "그렇소, 하지만 오늘날 얼마나 모든 것이 변했나 보시오"라고 만회하면서, 교회의 과거와 관련된 모든 공격을 그저 그렇게 받아들이지 말아야 한다. 즉, 지난날의 교회는 가난한 자에 반대했으나, 오늘날의 교회는 사회주의, 공산주의, 이주 노동자 편이다. 지난날의 교회는 군주제 편이었으나, 오늘날의 교회는 민주주의와 심지어 노동자 자주관리 편이다. 지난날의 교회는 고용주 편이었으나, 오늘날의 교회는 노동조합 편이다. 지난날의 교회는 절대적인 **진리**를 보유한다고 자부하며 독단적이었으나, 오늘날의 교회는 아무런 제한 없이 무엇이든 말한다. 지난날의 교회는 가차없고 엄격한 성도덕의 편을 들었으나, 이제는 교회가 낙태와 동성애 등의 편을 든다. 이렇게 한없이 나열할 수 있다. 나는 이미 다른 책에서 교회가 그 형태만을 바꾸는 가소성可塑性을 공박한 바 있다.9) 여기에는 아무런 '진보'도 없다. 마치 교회가 지난 사회의 이념과 풍속을 받아들였듯이, 교회는 단지 우리 사회의 이념과 풍속을 그저 그렇게 받아들인다. 심지어 교회가 가난한 자를 옹호하는 오늘날에도, 교회가 백 년 전이나 혹은 이백 년 전보다 더 진실 된 것은 아니다. 이것은 바로 똑같은 왜곡이다. 교회가 우리 사회의 지배적 흐름에 이렇게 단순히 들어맞을 때는, 오늘날 구현된 어떠한 진리도 없다. 이것은 기독교의 똑

는데, 그 내용은 성서와 신앙의 중시, 정치적 목적 및 지도자 원리에 대한 교회의 불복종과 전체주의 국가에 대한 반대 등이다.
9) 자끄 엘륄, 『현대세상에서 잘못된 존재함』 *Fausse Présence au monde moderne* (Paris, Editions de l' ERF, 1964)

같은 뒤집힘이다. 게다가 이 뒤집힘은 벨로F. Belo, 10)가 진솔하게 선언하듯이 우리가 결국 복음을 잘 이해하는 처음 사람들이라는 교만을 동반하고, 앞선 세대의 가슴에 대고 그리스도인의 죄를 회개하는 식의 위선을 동반한다. 나는 이 문제를 다시 다루지 않겠다.

기독교 왜곡에 대한 어리석은 해명들

게다가, 이 왜곡에 대한 정말 너무 단순한 설명들을 피해야 한다. 나는 참고삼아 세 가지 설명을 고려할 것이다.

첫째, 루아지11)의 널리 알려진 다음 표현과 관련된 설명이다. "초기 그리스도인은 하나님나라가 즉시 오기를 기다렸으나 실제로 온 것은 교회였다." 그래서 이 모든 일탈은 하나님나라의 도래가 지체된 것이 원인일 수도 있다는 것이다. 일탈이란 복음서 텍스트의 허위 날조, 신앙과 소망의 상관적인 경직과 약화, 사랑의 위축, 기원에 대한 공동체적 의미의 상실, 제도와 교계 제도의 창설이다. 즉, **하나님나라**의 도래를 계속 기다려야 했기 때문에, 유지하려면 조직이 필요했다는 것이다. 나는 이런 식의 설명은 매우 부정확하다고 생각한다. "진실 된" 것으로서 선택된 몇몇 텍스트에 대한 시대에 뒤떨어지고 주관적이며 상대적인 해석을 제외하고는, 아무것을 통해서도 예수의 제자들이 하나님나라의 즉각적 실현을 기대했다고 생각할 수 없으며, 오랜 기다림을 예고했던 예수의 말들이 틀리다고 생각할 수 없다.

둘째, 제자들은 세상에서 사는 법을 배워야 했다는 것이다. 또한, 세상은 진정한 하나님을 향한 사랑의 가능성을 다시 지녀야 했다는 것이다.

---

10) 벨로(F. Belo), 『유물론적 마가복음 읽기』*La Lecture matérialiste de l'Evangile de Marc* (Paris, Editions du Cerf, 1974)
11) [역주] Alfred Loisy(1857-1940): 프랑스의 가톨릭 신학자.

그리고 마법적인 변화가 일어나는 것이 아니라, 새 역사가 시작되어야 했다는 것이다. 마찬가지로, 이상과 실현 사이에 정말 너무 기본적인 거리상의 대립은 고려하지 않기로 하자. 예수 그리스도 안에서 하나님의 활동과 아브라함과 함께 시작된 하나님의 **계시**는 어떤 이상과 절대로 아무런 관계가 없다. 거기에는 이 용어가 가진 평범하고 일상적인 의미의 이상이나 철학적 이상주의도 없다. 즉, 하나님이 세상을 창조했고 하나님이 인간을 위해 자신의 뜻을 드러내며 하나님이 인간을 죽음에서 구원한다는 점을 믿는 것은, 엄밀히 말해 헤겔적인 **이념**과도 마르크스가 공격하는 철학자들의 관념론과도 아무런 관계도 없다. 기독교의 뒤집힘은 이 이상을 체험할 수 없어서 일어나는 것이 아니다. 왜냐하면, 그것은 이상이 아니기 때문이다. 우리는 처음부터 현실주의와 물질주의 한가운데 있다. 하나님이란 개념은 존재하지 않는다. 하나님의 **죽음**을 주장하는 철학자들이 **계시**의 의미를 우리에게 완전히 가로막는 이 개념을 허물어뜨리는 것은 이러한 의미에서 당연했다.

마지막 세 번째로, 같은 부류에 속하는 것으로서, 그것은 영적 운동과 천년왕국주의자들이 언제나 다시 취한 영적인 것과 제도적인 것 사이의 대립과 관계된 것이 아니다. 다시 말하면, 하나님의 **계시**란 영적인 것에 관련되지 않고, 성령은 영적인 것에 속하지 않는다는 것이다. 하지만, 이 세 가지 기본적인 반론에는 각각 약간의 정확한 부분이 있는데, 우리는 이 점을 도중에 다시 살펴보게 될 것이다.

뒤집힘의 본질

진실로, 뒤집힘의 본질 자체는 이미 '기독교'라는 명칭에 의해 나타나는데, 단어의 어미 '주의' isme를 대할 때마다, '기독교'라는 명칭은 간혹 철학에서 유래한 이데올로기적 흐름이나 혹은 교리적 흐름을 지칭한다는 생각이 든다.[12] 즉, 실증주의, 사회주의, 공화주의, 정신주의[13], 이상주의[14], 물질주의[15] 등이 이것이다. 이것은 철학 자체를 지칭하지는 않는다. 이것은 철학에 직접적으로 반대될 수 있다. 예를 들어, 마르크스주의나 혹은 실존주의가 그러한데, 마르크스나 키에르케고르는 매번 자신들의 사상이 이데올로기적 메커니즘으로 국한되는 것을 막으려 했다. 하지만, 그들은 자신들의 계승자들이 자신들의 살아있는 사상을 하나 또는 여러 체계로 고착시키는 것을 금할 수 없었다. 바로 거기서부터 살아있는 사상은 이데올로기로 표출된다. 사르트르조차도 실존주의라는 용어가 사용됨으로써 자기가 말하는 바에 어떠한 왜곡이 초래되는지 깨닫지 못한 채, 이 용어의 사용을 받아들였다. 어쨌든, 실존 사상이 실존주의로 변하는 순간부터, 살아있는 수원水原은 다소 잘 정돈되어 있으나 정체된 관개 수로로 변하고, 이와 동시에 수원에서 멀어져 진부한 것과 널리 알려진 것이 된다.

"주의"라는 어미는, 잘 포착되고 특히 잘 정의된 '범주적 결합체' ensemble catégoriel 속에 어떤 새로운 것을 통합시키기 마련이다. 하지만, 이와 동시에, 독창성이 사라져 낡은 용례가 되고 만다면, 어떤 삶이나 혹은 사상은 근본성과 일관성을 거기서 상실한다. 다시 말해, 사람들이 잘 정의된 결합체를 사용하더라도, 이것 역시 모호하고 불분명한 체계이다. 하늘소 무리의 작업은 모든 방향에서 지하통로를 갉아먹음으로써 이루어지기 시

---

[12] [역주] 프랑스어로 '기독교'는 christianisme 인데, 이 단어의 어미인 -isme 때문에 이 단어가 어떤 '주의'를 나타내거나 연상시킨다고 보는 것이다.
[13] [역주] 철학에서 '유심론'을 가리킨다.
[14] [역주] 철학에서 '관념론'을 가리킨다.
[15] [역주] 철학에서 '유물론'을 가리킨다.

작한다. 이와 마찬가지로 시발점에서부터 활용될 수 있는 수십 가지 가능성이 열리고 진척되며 실제로 사용될 것이다. 그래서 일종의 낯선 결합체가 나타나는데, 이 결합체는 바로 그 "주의"에 의해 모두가 가려진 완전히 상반된 경향들로 형성된다. 결국, 이것은 시초에 있었던 삶이나 혹은 사상의 핵심의 마지막 변모로서, 일반적으로 이 삶과 사상은 창시자와 직계 제자 집단에서 만난다. 이 "주의"는 때때로 실천적인 사회학적 흐름의 형태, 곧 사회주의, 마르크스주의, 왕정주의, 공화주의 등과 같은 조직과 대중운동의 형태를 취한다.

이 순간, 원래의 "사상과 삶"이라는 반석과 그 반석을 순식간에 매몰시키는 모래가 섞인 공간 사이에 더욱 커다란 간격이 생긴다. 마르크스의 사상과 한 세기 전 마르크스의 사상으로부터 이끌어낸 것 사이에는 어떠한 공통된 척도도 더는 없다. 토마스 아퀴나스주의, 루터주의, 루소주의 같은 어떤 창시자의 이름으로부터 하나의 "주의"主義가 만들어질 때마다, 이것은 정확히 마찬가지이다. 단 한 번의 예외도 없이 **매번** 지적된 이 일탈과 뒤집힘이 서구 세계에 아주 전형적이라는 점은 꽤 그럴듯하다. 그것을 여기서 일일이 검토할 필요는 없다. 다만, 기독교christianisme의 "주의"가 서구 세계에만 국한된 것이 아니라는 점만 염두에 두기로 하자. 저기서 일어났던 것은 다른 많은 경우에서도 일어났다. 그렇지만, 여기서 뒤집힘과 왜곡과 뒤바뀜은 다른 **모든** 경우에서보다 더 방대하고 비정상적이고 이해하기 어렵다.

기독교와 엑스(X)

그리스도인에게 있어 이 뒤집힘과 왜곡과 뒤바뀜은 더욱 풀 수 없는 문제를 제기한다. 왜냐하면, 우리가 다루는 문제는 단순한 사회적 운동에 대한 것이 아니기 때문이다. 만일 '기독교' christian-isme라는 말을 없애려 한다면, 무어라고 해야 할까? 첫째, 예수 그리스도 안에 성취된 **하나님의 계시와 일**이고, 둘째, 그리스도의 몸으로서 **교회의 참된 존재**이며, 셋째, 진리와 사랑 안에서 그리스도인의 신앙과 삶이다. 그런데 이 삼중적인 긴 표현방식을 무한히 반복할 수 없어서, 이 세 측면을 지칭하도록 우리는 통상적으로 "엑스(X)"라고 언급할 것이다. 그리고 기독교의 왜곡에 불과한 이데올로기적이며 사회적인 운동의 경우에만 '기독교'라는 말을 사용해야 한다.

나에게 매우 어려운 방식으로 제기된 문제의 개요를 마무리하기 위하여, 또 다른 여건을 고려해야 한다. 우리가 이미 언급했고 또 길게 지적하겠지만, 기독교적 실천이 줄곧 그리스도 안에 있는 진리의 뒤집힘이었다는 것이다. 그런데 이것은 존재하지 말아야 했다. 예수는 "내가 세상 끝날까지 너희와 함께 있겠다"라고 말하고, 다른 한편으로 자신의 성령을 우리에게 보내겠다고 약속한다. 또한, 교회는 성령을 하나님의 세 번째 "위격", 곧 유일한 하나님 안에 통합되는 한 부분으로 삼았다.16) 하나님이 자신의 교회와 함께한다면, 하나님이 자신의 부활한 **아들**과 또 자신의 성령을 통해 자신을 나타낸다면, 하나님이 이런 방법으로 자신의 일의 영속성을 보장한다면, 도대체 어쩌다가 모든 것이 결국 왜곡되는 일이 일어날

---

16) 삼위로 된 유일신… 나는 여기서 끝날 줄 모르는 신학적 논쟁을 재론하지 않겠는데, 이 논쟁은 언제나 나에게는 놀라운 듯이 보였고, 본질론 철학과 실체론 철학과 연결된 듯이 보였다. 요컨대, 나는 하나의 몸과 하나의 사상과 감정들과 하나의 의지를 갖추고 있지만, 어쨌든 나는 하나가 아닌가? 또한, 내가 물질적으로 행동할 때, 그것은 내가 명상에 잠겨 생각하는 순간과 다른 것인가? 또는 삼위의 "위격"(personne)이 배우의 가면을 뜻하는 단어인 persona에서 유래한다는 사실을 상기하지 말아야 하는가? 인간을 향해 오는 하나님은 다양한 "가면"을 쓴다. 그는 **아버지**이자 창조주이고, 구원자인 **아들**이자 **사랑**이며, 성화하는 성령이다…. 이것들은 인간의 무능력과 무지에 의해서도 파악될 수 있도록 하나님이 택하는 존재방식들이다.

수 있었을까? 그것도 그렇게 빨리, 또 그토록 지속적으로 말이다. 오히려 우리가 반대의 것을 확인하는 데도, **우리가** 보거나 하나님이 보기에 아주 선하고 아름다울 수도 있는 신비하고 숨겨진 것이 있다고 우리가 언급했던 식의 아주 단순한 생략 논리에 나는 만족할 수 없다. 혹은 제도와 공적인 행위는 중요하지 않으므로 하나님이 그 삶을 인도하고 겉으로 드러나지 않는 신실하고 경건한 그리스도인의 특이한 삶을 바라보자 거나, 혹은 보이지 않는 교회에 대해 언급하거나, 혹은 하나님의 행위를 인간의 행위 속으로 용해하는 것을 받아들이거나 하는 식의 아주 단순한 생략논리에도 나는 만족할 수 없다. 또한, 다음같이 뻔뻔하게 우리에게 선언하는 식의 아주 단순한 생략논리에도 나는 만족할 수 없다. 즉, "하지만, 결국, 교회가 배반했더라도 그것은 단지 교회일 따름이다. 하나님은 더는 말하지도 않고 교회를 거쳐 가지도 않으며, 인간의 창조물과 자신을 동일시한다. 하나님은 이제 혁명과 해방전쟁을 통해, 가난한 자들의 각성을 통해, 확립되는 사회정의를 통해 자신을 표현한다…"는 것인데, 이것은 끊임없이 되살아나는 자연 신학의 새로운 표현이다. 또한, 이것은 인간이 만든 것 속에서 우리가 하나님의 **계시**를 식별한다는 논리이다. 이 모든 것에 대해 아니라고 단호히 말해야 한다. 이것은 반反성서적이고, 예수 그리스도 안에서 하나님이 이루었던 **모든** 것에 반대된다.

그래도 문제는 여전히 남아있다. 만일 성령이 그리스도인 및 교회와 더불어 존재하고 또 존재했다면, 정확히 반대되는 것을 기독교로 여기게 했던, 더욱 정확히 말해 세상에 의해 개편된 기독교를 하나님의 엑스(X)로 여기게 했던 이 끔찍한 뒤집힘을 우리는 목격하지 않았을 것이다. 그러면 하나님은 물러났고 침묵한다고 생각해야 하는가? 이것이 내가 『잊혀진 소망』17)에서 언급하려 했던 것이다. 하나님이 실패했다고 생각해야 하는가? 하지만, 인간이 **계시**를 가지고 만든 바를 드러내는 기독교의 실패를 통해, 하나님이 이루었던 것에서 아무것도 절대 변화되지 않는다. 곧, 하나님은 성육신했고, **아들** 예수 그리스도가 죽었으며, 우리의 죄는 용서된다. 예수는 부활하고, 죽음과 허무와 악마는 패한다. **역사**의 실패가 어떠하든 간에, 또 인간의 잘못과 방황이 어떠하든 간에, 이러한 사실은 지속된다. 이루어진 것은 이루어진 것이다. 인간이 그리스도인 것처럼 만들어 놓은 것이 무엇이든 간에, 하나님이 하시는 일의 성취는 완전하며, 인간 역사 속에 포함된다.

그러나 문제는 우리가 하나님의 계시로 무엇을 만들었느냐는 것이다. 그런데 이것은 성령을 통해 **역사** 속에서 실현될 수 있었다. 하지만, 성령은 하나님의 **말**이나 혹은 예수 그리스도보다 더 위압적이거나 권위적이거나 기계적이거나 자족적이지 않다. 성령은 **자유롭게 한다**. "주의 영이 있는 곳에 자유가 있다." 달리 말하면, 그것은 인간을 억압하는 제약이자 하나님이 행하기로 한 바를 인간으로 하여금 행하게 하는 제약에 관한 일이 아니다. 이와는 정반대이다. 인간이 일단 노예 상태에서 **해방되면**, 성령은 인간을 자유와 선택 그리고 열린 가능성의 상태에 다시 두는 하나의 힘이다. 성령은 인간을 비추어 인간으로 하여금 자신과 세상에 대해 깊고 새로운 시야를 던질 수 있게 하는 빛의 힘이다. 성령은 인간이 하나님의 뜻을 행하려 결단할 때 인간의 행동을 확대시키는 힘이다. "성령이 진리 전체로 너희를 인도할 것이다"라는 말처럼, 결국 성령은 하나님의 뜻이 무엇인지 인간에게 보여주는 자각의 능력이다. 다시 말해, 성령에 의해 그리스도에게 회심하고 성령에 의해 비추어진 인간은 절대 "나는 알지 못했다"라는 말 뒤로 도피할 수 없다. 인간은 성령에 의해 가능해진 실천의

---

17) 자끄 엘륄, 『잊혀진 소망』*L'Espérance oubliée*, (대장간 역간, 2009)

가치와 효력을 성령으로 말미암아 완전히 의식한다. 인간은 전적으로 책임 있는 존재가 된다. 바로 이 모든 것은 성령의 존재함과 관련된다.

그래서 그리스도인이 기독교를 만들었을 때 의식적으로 그렇게 했고, 자유롭게 이러한 길을 택했으며, 의도적으로 **계시**와 **주**主로부터 돌아섰고, 새로운 노예 상태 쪽을 택했다. 또한, 그리스도인은 열려 있었던 길로 접어들고자 성령의 완전한 선물을 갈망하지 않았다. 그리스도인은 다른 것을 택했고, 그래서 성령은 활용되지 않는다. 다시 말해, 성령의 자리는 비어 있고, 성령은 단지 고통 가운데 있다. 그래서 제기되는 예민한 질문은 다음과 같은 단순한 인간적인 질문이다. 왜 그리스도인은 기독교를 뒤바꿔 놓았을까? 이 뒤집힘을 가져온 힘과 메커니즘과 쟁점과 책략과 구조는 무엇인가? 이 질문들은 인간에게 해당할 뿐이다.

2. 뒤집힌 기독교

엑스(X)가 뒤집어엎는 맘몬, 정치권력, 종교

전체적인 모순을 명확히 표현할 필요가 있다. 본 연구의 흐름 전체는 이 점을 명백히 밝히는 데 있을 것이다. 엑스(X)는 모든 방향에서 뒤집어엎는 것이나, 기독교는 보수적이 되었고 반反전복적이 되었다. 엑스(X)는 무슨 권력이든지 권력에 대하여 뒤집어엎는 것이다. 예수가 돈을 **맘몬** Mammon으로 규정하기 때문에 돈이 그러하다. 아무도 두 주인을 섬길 수 없다. 돈과 그리스도는 근본적으로 양립할 수 없다. 예수는 제자들에게 아무것도 갖지 말라고 권한다. 마찬가지로, 바울도 돈은 주려고 만들어진다는 점을 지적한다. 또한, 야고보는 부자가 모은 돈은 어쩔 수 없이 노동자를 희생물로 삼는 도둑질에서 비롯된다는 점을 지적한다. 돈은 그 자체로 빗나가게 하는 힘이다. 돈은 탐욕의 주요 대상 가운데 하나이다. 탐욕은 모든 죄와 모든 악의 뿌리이다.

그러면 정치권력은 어떠한가? 초기 그리스도인이 로마제국에서 위험한 무정부주의자이며, 로마 질서를 뒤집어엎는 앞잡이라고 공격을 당한 것은 공연히 그런 게 아니다. 그들은 신앙의 이유에 의한 병역 거부자였을 뿐만 아니라, 행정 반대자이자 황제숭배 반대자였다. 그들은 그리스도인이 로마제국의 행정에 참여하지 말아야 하며, **관직**을 수행하지도 말아야 한다고 단언했다. 그 시대의 증인들은 이 염려를 얼핏 보여준다. 즉, 기독교 신앙이 퍼져 갈수록 공무원의 수는 점점 줄어들었다. 현대 역사가들이 로마제국의 붕괴가 상당 부분 그리스도인의 이러한 태도에 기인한다고 간주할 법도 했다. 당시 로마제국 안에서 징집 군인이 더는 없었기에, '야만인'에게서 군인을 징집해야 했는데, 그것은 '엘리트들'의 정치적, 행정적 책임 회피였다. 나는 이 견해의 **진실성**을 주장하는 것이 아니다. 다만, 2, 3, 4세기 그리스도인이 동시대인에게 보여준 모습이 그러했으며, 일반 사람이 그리스도인에 대해 지닌 견해가 그러했음을 말할 따름이다. 그런데 이 견해는 무언가에 분명히 근거를 두어야 했다!

우리는 실제로 엑스(X)가 정치를 뒤집어엎는 힘이었음을 성서적 관점에서 생각하게 하는 텍스트들을 특별히 한 장을 할애하여 살펴보아야 할 것이다. 그러나 혼동하지 말아야 하는데, 이것은 정권교체를 위한 정치 프로그램을 시도한다든가, 제도나 혹은 정치인을 바꾸길 원한다든가, 독재보다 민주주의를 선호한다든가, 사회적 변혁을 수행한다든가 와는 전혀 관계없는 것이었다. 바로 그 노예 제도 문제를 예로 들 수 있는데, 초기 그리스도인은 이 문제를 해결하지 못했다고 숱하게 비난받았다. 그러나 그들의 태도는 훨씬 더 급진적이었다. 즉, 이것은 모든 것에 대한 거부이고, 하나의 권력이 아니라 모든 권력을 문제 삼는 일이며, 새로운 가족적 유대 방식과 사회적 관계 방식에 의해 표현될 수도 있는 인간관계에서 투명함을 목표로 삼는다.

다음으로, 모든 종교에 대한 뒤집어엎음이다. 이것은 왕권에 대한 비판처럼 유대인과 더불어 이미 시작되었다. 종교적 현상은 아브라함과 모세에게 준 하나님의 계시와 반대되며, 인간들 가운데 예수의 존재함과 반대된다. 여기서도 초기 그리스도인에 대한 동시대인의 판단을 참조해야 한다. 초기 그리스도인은 그리스인과 로마인에게 무신론자와 비종교인으로 판단되었다. 이것은 비단 정치적이며 종교적인 문제였던 황제 숭배와 관련해서 뿐 아니라, **모든** 종교의식에서 그러했다. 황제가 새로운 종교라고 판단한 것이 제국 내에 확산하는 것을 보고서 큰 아량을 베풀어 그리스도인에게 그들의 **그리스도**Chrestus를 다른 신들 가운데, 즉 만신전萬神殿:Panthéon에 두도록 제의할 때, 이 이상한 사람들은 거절한다. 그들은 전혀 관대하지 않았다. 이 점이 황제에게 증오 어린 노여움을 불러일으켰다. 이것은 그리스도를 일반 신들의 반열에 두는 것과도 상관이 없고, 심지어 더 나은 종교가 형편없는 이방 종교보다 중시되어야 하는 것과도 상관이 없다. 여기서 관건은 종교와 유치한 종교 정신을 파괴하는 일이다. 바로 이 점에서 유대교 및 예수와 바울이 가르쳤던 것 사이에 완전한 연속성이 있다.

도덕 파괴

같은 이유로 도덕에 대한 파괴이다. 하나님의 영원한 행동이 인간을

---

18) 이는 참 자유이지, 인간의 자율적 의지라든가, 독립이나 비일관성에 대한 추구가 아니다. [본문을 역자가 각주로 설정]

자유롭게 하는 한,18) 사람들은 현재의 도덕 질서를 견뎌낼 수 없고, 그것이 철학적이든 혹은 자연주의적이든 혹은 사회학적이든 간에 선과 악을 확립하는 도덕 원리를 견뎌낼 수 없다.

창세기의 서두부터, 우리는 결과들이 아주 드물게 나왔던 몹시 놀라운 이 문제를 알고 있다. 즉, 인간이 "열매를 먹으면서" 얻는 것은 "선과 악에 대한 지식"이다. 하지만, 그것은 하나님처럼 이게 선하고 저게 악하다고 선언할 수 있는 능력이란 의미에서 지식이다. 하나님이 적용시키기만 할지도 모르는 하나님보다 우월한 **선**과 **악**도 없고, 하나님을 초월하는 **선과 악**도 없다. 하나님을 초월하는 **선과 악**의 경우는 구약 성서의 하나님이 **악을 행한다고 우리가** 판단할 때 항상 우리가 생각하는 바로, 예를 들어 하나님이 아브라함에게 아들을 제물로 바치라는 명령을 내릴 때이다. 하나님처럼 된다는 것은 이게 선이고 저게 악이라고 선언할 수 있게 되는 것이다. 이것이 바로 인간이 얻은 것이며, 하나님과 인간 사이에 결별의 계기였다. 왜냐하면, 인간이 선언할 바가 하나님이 선언했던 바와 일치한다고 어떤것을 통해서도 절대 보장되지 않기 때문이다. 따라서 하나의 도덕을 세우는 것은 불가피하게 악이 된다. 이것은 선을 되찾으려면 통상적이고 평범한 사회도덕을 없애는 것으로 충분하다는 점을 의미하지 않는다. 하여튼 하나님은 이 도덕들로부터 인간을 자유롭게 하며, 인간을 참되고 윤리적인 유일한 상황에 둔다. 그런데 이 윤리적 상황은 인간이 하나님 아버지에게 순종하는 구체적인 형태를 찾으려면 실행하여야 하는 개인적 선택, 책임, 창안, 상상으로 이루어져 있다. 이런 식으로 모든 도덕은 폐기된다. 구약의 계명이나 바울의 교훈은 전혀 도덕이 아니다. 그것들은 한편으로 살게 하는 것과 죽게 하는 것 사이의 경계이고, 다른 한편으로는 인간으로 하여금 자신을 스스로 만들도록 부추기는 본보기, 은유,

유추, 비유이다. 예수가 매우 의식적으로 또 의도적으로 이미 도덕이 된 계명을 위반할 때, 예수가 그 위반을 제자들이 떠맡는 일종의 지속적인 행위로 삼을 때, 바울이 "왜 너희는 단지 인간의 계명에 불과한 이 계명을 지키느냐"라고 노골적으로 질문을 던질 때, 예수의 행위와 바울의 질문은 그들이 지닌 유대 율법에 국한된 것이 아니라 모든 도덕에 해당하는 것이다.

문화 뒤집어엎기

문화를 뒤집어엎는 것은 어떠한가? 이것은 더 낯설게 보일 수 있다. 하지만, 이것은 성서 텍스트가 아주 정확히 우리에게 보여주는 바이다. 구약 성서와 마찬가지로 신약 성서도 어느 정도로 주변 문화가 배어 있다는 점이 알려졌다. 히브리 성서 전반에 걸쳐, 욥기와 다른 많은 것처럼 이집트 텍스트의 자취나 혹은 아시리아, 갈대아 텍스트의 자취를 찾을 수 있다. 심지어 전도서에서도 논란의 여지없이 그리스 기원의 사상이나 이집트 기원의 사상을 찾을 수 있다. 마찬가지로, 바울이 주는 '도덕적' 권면에서 바울이 스토아 철학으로부터 충분히 영감을 받은 점이 모든 이에게 알려졌다. 그러면, 이 문화적 텍스트들이 하나님의 계시를 나타낸다고 사람들은 확신하는가? 정반대로, 이 계시가 아마도 유대인의 전유물은 아닌가? 또 모든 민족에게 있어 이 계시에 대한 표현을 사람들은 찾지 못하는가? 그런데 이렇게 되풀이되는 조작에서 흥미진진한 유일한 사항처럼 보이는 것은 바로 성서 텍스트가 취급된 방식이다. 바벨론 텍스트나 혹은 페르시아 텍스트, 이집트 텍스트나 혹은 그리스 텍스트가 결코 있는 그대로 삽입되지 않는다. 이 텍스트들은 **논쟁적 방식**으로 항상 사용되는데, 다시 말해 텍스트가 어느 정도로 효력이 없거나 혹은 잘못된 것인지 보여주려고 사용된다.

성서 전체에는 주변 문화에 대하여 상황주의자들이 **방향전환**détourne-ment이라 불렀던 것이 있다. 예를 들어 상황주의자들은 어떤 텍스트를 취해 텍스트가 전혀 다른 것을 의미하도록 텍스트를 본래 의미와 목적에서 벗어나게 하는 행위를, 혁신적인 행동의 여러 형태 중 하나로 제시한다. 바로 이것이 정확하게 모든 유대 작가, 그다음으로 기독교 작가들이 행했던 바이다. 그들은 특정 텍스트를 선택하여 그것을 완전히 다른 상황에 적용했다. 그들은 특정 용어들을 바꾸었으며, 그 텍스트를 본래 의미에서 벗어나게 하는 문맥에 삽입했다.

이렇게 해서 욥기에 삽입된 이집트 시는 근본적으로 바뀌었는데, 그것은 그 시가 이스라엘의 하나님과 관계 있기 때문이다. 마찬가지로, 지금은 매우 잘 알려졌으나, 창세기의 이야기들은 바빌론의 우주 발생설에 맞서 논쟁적 방식으로 이루어진 것이다. 마찬가지로, 스토아 철학의 도덕은 죽음과 부활의 움직임 및 칭의稱義,[19]와 성화의 움직임 속에 삽입되면서, 주장되었던 의미와 보편적 효력을 더는 지니지 못한다. 비록 문구들은 똑같이 남아 있다 하더라도, 그 의미는 근본적으로 변한다.

방향전환은 다양한 방식을 통해 이루어지는데, 히브리인이 가장 많이 사용한 방식 중 하나는 해학이었다. 단어 하나가 취해져 문자 하나가 바뀌는데, 그것을 통해 그 단어에 전혀 다른 의미를 준다. 또한, 하나의 인용구도 달리 적용된다. 바울도 이러한 방향전환 형식을 사용했는데, 예를 들어 크레타 섬 사람들에 대한 격언이 그렇다. 텍스트나 혹은 인물을 우스꽝스럽게 하거나 또는 새로운 효과를 내는 말장난이 시도된다. 어떤 예들은 잘 알려졌다. 즉, 가나안에서 숭배된 황소들을 송아지라고 부른다거

---

19) [역주] justification: 의롭지 않은 인간을 하나님이 의롭다고 인정하는 것.

나, 바알을 파리의 신들인 벨제붑으로 변형시키는 등이다. 이렇게 히브리인은 온갖 주변 문화 가운데 위치했으나, 그들은 울타리 속에 갇혀 있지 않았으며, 오히려 그들은 그 문화들을 알고 사용하여 그 문화들로 하여금 전혀 다른 것을 의미하게 하였다. 이것이 바로 **문화를 뒤집어엎는 것이** 다. 그런데 흥미가 있고 아직 아무도 해보지 않은 것은, 본래의 텍스트와 성서에 삽입된 텍스트 사이에 있는 거리를 재보거나, 혹은 사용되었던 방향전환 과정을 분석하는 일이다. 이런 연구는 우리 자신의 문화에 대하여 우리 자신이 행해야 할 것의 모델 구실을 함이 틀림없다.

사람들은 세상의 정치적, 경제적, 문화적 세계를 구성하는 모든 것과 관련하여 엑스(X)가 뒤집어엎는 예들에서 멈출 수도 있다. 우리는 이 경우들의 이러저러한 것을 상세히 다시 다루어야 할 것이다.

기독교의 뒤집힘

상황이 그렇다면 그 결말은 무엇이었는가? 그것은 하나의 종교인 어떤 기독교이다. 사람들은 기독교가 가장 좋은 종교라고 단언하다. 또한, 기독교가 종교사의 정상에 있다고 한다. 그런데 난처한 일은, 분명히 진행 중인 사실로서 이후에 이슬람이 온다는 것이다…. 이슬람은 유일신 종교의 범주에 든 하나의 종교이다. 또한, 종교적인 것 전체, 즉 신화, 전설, 의식, **성스러운 것, 신심**(信心, 20), **성직제도 등으로 특징지어진 하나의 종교이다.** 하나의 도덕을 만든 것이 그리스도인인데, 정말 끔찍한 도덕이다! 이것은 가장 엄격하고 교훈적이며 어린애 같은 성향이 있게 하고 의기소침하게 하며 무책임한 자로 만드는 경향이 있는 도덕이다. 고약하기는 하

---

20) [역주] 엘륄은 계시(révélation)와 종교(religion)를 구별하듯이 신앙(foi)과 신심(croyance)을 구별한다. 그는 자신의 저서 『의심을 거친 신앙』*La foi au prix du doute*(p.127)에서 "신앙이라는 용어는 예수 그리스도의 계시에 대략 해당하는 것을 칭하는 반면에, 신심이라

지만, 나는 차라리 행복한 멍청이들이라고 하겠다. 그들은 도덕을 따르기만 하면 자신들의 구원을 확신한다. 즉, 성적 도덕, 기독교 안에서 결국 최고 가치가 될 만큼 엄청난 절대 순종의 도덕, 희생의 도덕 등의 온갖 이미지가 나열된다. 기독교는 정치적, 경제적, 사회적 영역 등 온갖 영역에서 완전한 보수주의가 되었다. 아무것도 움직이지 않고 아무것도 변하지 않는다. 정치권력은 선이 되나, 항의와 비판은 악이 된다.[21]

그리스도인은 양심의 의무로 말미암아 기성 권력에 복종해야 할 뿐 아니라, 기성 권력을 적극적으로 떠받쳐야 한다는 것이다. 또한, 그리스도인은 기성 권력을 위협하는 모든 것에 대항해 싸워야 한다는 것이다. 사회 질서나 혹은 경제 질서에서도 마찬가지이다. 사회적 계층구조는 하나님이 원하는 것이다. 가난한 자는 하나님의 뜻으로 가난하고, 부자도 같은 이유로 부자라는 것이다. 이것을 문제 삼는 자는 하나님의 뜻에 직접 맞서는 자라는 것이다. 그래서 기독교는 뒤집히지 않는 항구적인 힘이 된다. 이것이 루이 14세나 혹은 나폴레옹에 의한 국가 운영법이다. 또 이것은 19세기 부르주아 계급에 의한 자본주의의 운영법이다. 이것이 바로 도덕 질서이다….

문화 영역에서도 우리는 정확히 똑같은 뒤바뀜을 목격한다. 기독교는 스펀지처럼 모든 문화와 그 문화의 변화를 흡수한다. 그리스 로마 문화의 지배를 받은 기독교는 봉건 세계 가운데서, 또 우리가 보게 되듯이 기독교를 보장할 수 있는 온갖 신심과 더불어, 수익 체계인 지주와 영주가 되

는 용어는 종교적인 것과 비합리적인 것을 준거로 삼는 온갖 태도와 비기독교적인 체험을 준거로 삼는 온갖 태도를 지칭한다"라고 설명한다.
21) 이 모순들의 구체적인 예를 수많이 나열할 수 있다. 이처럼 키르케고르도 법정 앞에서 혹은 다른 곳에서 성서의 이름으로 혹은 "거룩한 복음"의 이름으로 맹세시키는 서구에서 천오백 년 동안 지속하였던 주목할 만한 실제 예들을 당연히 강조했다. 맹세하는 것에 대한 금지가 복음서에 아주 분명히 있다.(마5:34)

었다. 교회는 자본주의 체제와 더불어 부르주아 계급이 되고 도시가 되고 돈이 넘치는 곳이 되었으며, 이제 기독교는 사회주의의 확산과 더불어 사회주의자가 되고 있다. 서구가 정복자였고 세상을 굴복시킨 만큼, 기독교는 세상에 서구문화를 확산시키는 데 이바지했다. 이제 기독교는 아프리카, 아시아, 아메리카 인디언 문화의 가치들에 의해 침투당하고 있다…. 기독교는 '가장 약한 자들' 편에 있고, 언제나 능수능란하게 자신을 정당화한다. 그리고 내일 우리에게는 이슬람화 된 기독교가 있을 텐데, 이것은 바로 마치 오늘날 우리에게 마르크스화 된 기독교가 있고, 어제는 자유주의적이고 합리주의적인 기독교, 엊그제는 아리스토텔레스화 되었다가 다시 플라톤화 된 기독교가 있던 것과 마찬가지다. 이것은 "모든 사람에게 몸을 움츠린다"는 말처럼 기독교에 대한 우롱이다.

각 세대는 지배 세력에 찰싹 달라붙어 그 지배 세력을 모범으로 삼으면서, 결국 기독교의 진리와 열쇠와 본질적인 핵심을 발견했다고 믿는다. 그리고 기독교는 연속되는 문화들이 제멋대로 아무것으로나 채우는 빈 병이 된다. 오늘날 우리는 사회주의와 이슬람의 정체를 간파하기 때문에, 우리가 어떤 상태에 있든 우리의 조상, 곧 비참과 무지와 죄에서 빠져나오게 해야 했던 가련한 야만인에게 좋은 감정으로 충만한 우리 조상보다 우리가 하나님 앞에서 더 진실한 것은 아니다. 이 기독교는 정치 체제에 대해 그랬듯이 문화에 대해서도 늘 가변적이다. 나는 이점을 수없이 언급했는데, 기독교가 왕정 밑에서는 왕정주의자, 공화정 밑에서는 공화주의자, 공산주의 밑에서는 사회주의자가 되는 것이다. 별 차이가 없다. 이런 점에서 볼 때, 역시 기독교는 예수 그리스도 안에 있는 하나님의 **계시**가 우리에게 보여주는 것과 반대된다. 내가 기술하려는 전반적인 개요는 이러하다. 이와 동시에 비극적인 질문도 이러하다. 이렇게 해서 내가 시도하려는 탐색이 시작되는데, 나는 될 수 있는 한 멀리, 주제별로 주제를 이끌어가겠다.

제2장 주요 경로

복음의 본질은 세상을 뒤집어엎는 것이다.
그러나 오늘날의 기독교는 민중의 아편에 불과하다.

계시와 관련 없는 신학화

우리는 여러 가지 명백한 모순들을 1장에서 훑어보았다. 여기서 반드시 제기되는 질문은, 어떻게 그런 일이 생겨날 수 있었고, 어떻게 그러한 뒤집힘이 일어날 수 있었으며, 그 원인과 흐름은 어떠하고, 이 왜곡의 단계는 어떠한가라는 것이다. 여기서 언급된 마지막 질문에 따르면, 사람들은 모든 것을 신학자와 신학으로 귀결시키고 싶어 한다. 실수를 저지르는 사람은 매번 신학자들이었다. 공들여 종교의식을 만드는 일, 기독교 신앙에 부여된 종교적 특성과 기독교 신앙을 대규모 종교운동에 포함하는 일, 연옥[22]과 성인聖人의 중보仲保와 중보자의 증가와 고해성사와 사제에게 행하는 고해와 같이 성서와 완전히 동떨어진 개념의 등장, 이 모든 것에는 아주 명백히 신학적 기원이 있다. 이 기원의 출발점에 있는 이들은 바로 교회의 지도자와 신학자이다. 그러나 연이어 두 가지 것을 유보해야 한

[22) 예를 들어 자끄 르 고프(Jacques LE GOFF)의 『연옥의 탄생』*La naissance du Purgatoire* (Paris, PUF, 1981)을 참조할 것.

다.

첫째, 신학자들이 결코 **계시**에 직접 반대되는 이념이나 교리를 특별히 원하거나 가르치지 않았다는 것이다. 심지어 '이단들'도 항상 그들이 **계시**로부터 이해한 바를 정직하게 설명하려 했다. 여기서 확인될 수 있는 바는 단지 다음과 같다. 즉, 그러한 본래의 가르침은 예수 그리스도 안에 있는 하나님의 진리에 **거의** 완전히 일치했다는 것이다. '거의'라는 것은 다시 말해 신학자들이 지적이든 영적이든 이런저런 이유로 약간 첨가한다거나, 대충 넘어가는 해석을 한다거나, 생략한다거나, 어떤 주제를 과장하는 일이 있었으나, 성서 텍스트의 **정확한** 이해에 대해 항상 부풀려 이야기했다는 것이다. 미사의 상징체계, 연옥, **저능한 이들을 위한 책**23) 순교자에게 주어진 영예 등의 경우가 그러하다.

이어지는 변화에서 항상 지배적이 된 것은 오류와 생략 등인데, 다시 말해 그릇된 부분이다. 신학 사상에서 작은 오류, 단편적인 모호성, 보잘것없는 포용주의 혹은 혼합주의 등이 생겨날 때, 항상 거기에 주의가 고정되거나 관심이 쏟아졌다. 그런데 그리스도교도 전체가 받아들인 것이 이것이고, 이것에 최고 가격이 매겨졌다. 결국, 승리하고, 놀랍게 성장하며, 모든 것을 부패시킨 게 항상 이것이며, 신자들이 동조하고 하나님의 진리로 택한 분명한 사실이 된 것이 항상 이것이다.

우리는 어쩌면 예수의 예언 성취와 마주하고 있는지도 모른다. 이 예언에 따르면 단편적인 악이나 오류가 바리새인의 누룩처럼 **모든 것을** 부패시킬 수 있다. 그러므로 성직자의 책임은 논란의 여지가 없다. 더구나 우리가 우리 앞에 있는 신앙과 인식과 계시의 영역을 사상이나 철학이나

---

23) [역주] 『저능한 이들을 위한 책』*libri idiotarum*. 3장에서 이 책에 대해 무지한 이교도로 하여금 신성한 이야기를 단순화시킨 기초개념을 배울 수 있게 하는 그림책이라고 부연 설명된다.

교리24), 곧 지적인 종류의 문제로 무조건 바꾸어놓는다는 점을 고려한다면, 이 점은 훨씬 더 분명한 듯이 보인다. 즉, 우리는 행동이 의지나 인식에서 비롯되고, 도덕은 적용하기에 적합한 교훈들로 이루어진다고 간주하는 데 너무 익숙해져 있다. 따라서 우리가 이 일탈과 왜곡을 확인할 때는 교리를 정립하거나 혹은 신학을 만들어낸 이들에게 이 일탈과 왜곡의 책임을 아주 자연스럽게 전가한다. 그러나 우리는 사소한 신학적 오류가 모든 일탈과 왜곡의 원인일 수도 있다는 설명에 더는 만족할 수 없다…. 이 점에 관해 우리가 분석할 수 있는 수많은 예가 있었으나, 여기서는 가장 명백한 예들을 들기로 하자.

권력과의 결탁

우선 의심의 여지없이 권력과 맺은 결탁을 들 수 있다. 그것은 콘스탄티누스25) 황제에 의해 교회가 공식적으로 인정된 순간뿐만 아니라, 또 지속하였던 "콘스탄티누스주의"constantinisme뿐만 아니라, 세상에서 권력을 대표하는 모든 것과 더불어 그리스도인과 교회가 맺기 원한 결탁이다. 실제로, 이것은 성령의 힘입어 세상의 권력들이 정복되면 복음과 교회와 **선교**를 위해 쓰임 받을 것이라는 확신에 근거를 두었다. 이 권력들을 복음 전도를 위해 사용할 필요가 있었다는 것이다. 교회를 위해 분명히 쓰임 받을 수도 있는 부와 다양한 권력에 대한 인정도 이러한 식이었다.

---

24) 그러한 성서 텍스트가 우리에게 건전한 교리에 대해 이야기하는 것은 사실이다. [본문을 역자가 각주로 설정]
25) [역주] 콘스탄티누스(Constantinus, 274-337) 1세 혹은 콘스탄티누스 대제라 하기도 한다. 디오클레티아누스 황제 퇴위 후 로마제국의 혼란을 수습하고 로마제국을 재통일시킨다. 기독교를 공인한 황제로서 313년 밀라노 칙령을 공포하여 기독교 신앙의 자유를 인정하고, 당시까지 로마 전역에서 벌어지던 기독교 박해를 중지시키며, 교회의 사법권과 재산권을 우대한다. 또한, 북아프리카 도나투스파의 분파 문제도 조정하고, 325년 니케아에서 종교회의를 개최하는 등 교회 내의 분쟁 및 교리 논쟁에도 적극적으로 관여한다.

그러나 반대 현상이 일어났다. 권력에 의해 침투되고, 권력의 부패에 의해 진리에서 완전히 멀어진 것은 오히려 교회와 **선교**였다. 예수가 자신의 왕국은 이 세상의 왕국에 속하지 않는다고 했을 때, 예수는 자신이 말하고자 하는 바를 분명히 밝혔다. 예수는 군주가 그리스도인이라 해도 이 세상의 어떤 왕국도 인정하지 않으며, 성령의 권위 외에 다른 어떤 권위를 추구하는 것도 경계한다. 그런데도 상반된 현상이 일어났는데, 그것은 부차적 요인들이다. 복음 전파는 본질적으로 뒤집어엎는 것이었으므로, 복음 전파에 의해 위험에 처한 사회corp social 세력들 전체는 이 부정적인 문제제기 세력을 통합하고자 태도를 바꾸어 자기 자신을 가장하면서 이 세력을 흡수하였기에 그리스도인은 사회 변화를 믿을 수 있었다. 사실상 사회 변화는 외양뿐이었다. 그런데 이 외양은 사회의 지속적인 동화력을 감췄는데, 이 동화력은 사회를 구성하는 존재 속에 지속하려 했다. 실제로 기독교에 집단으로 가담했던 사회그룹들, 즉 정치적·사회적·지적·엘리트들은 예수에 의해 선포되었던 것에 완전히 반대되는 사회 규례를 자신들과 더불어 도입했다. 간단히 말하자면, 로마의 법률정신, 그리스의 세상에 대한 철학적 해석, 정치적 행동방식, 그리고 일련의 이해관계 등이다.

사실, 다음같이 도식화시켜 말할 수도 있다. 즉, 어떤 무정부상태로 귀착되는 신앙이자 행정과 상업 등과 같은 이 세상에 속한 것에 대해 관심을 두지 않는 신앙이 확산함으로 말미암아, 또 함께 하는 새로운 존재 방식이 권장됨으로 말미암아 위험에 처했던 이 사회는 자신을 보호하고자 대응했고, 이상한 단체인 기독교를 자기 자신의 목적에 쓸모 있게 함으로써 이 단체를 흡수했다는 것이다. 이로부터, 점차 교회는 예수 그리스도의 진리를 다른 문화에 적응시킬 필요성을 인정하게 되었다. 교회는 로마제국의 종교적·지적·사회적 제 경향에 맞서 전쟁상태에 공공연하게 돌입하기를 거부했고, 또 예수와 선지자들의 급진주의를 포기했으며, 다양한 문화에 메시지를 적응시켰다. 다시 말해, 교회는 자신에게 위임된 **말씀**의 내용을 변경시켜 버렸다. 이것은 '시니피에' 기의에 대한 '시니피앙' 기표의 승리였다.26)

이교화 현상

그리하여 4세기부터는 어떤 이들이 교회의 이교화라고 규정한 현상이 확인된다. 교회는 복음과는 생소한 관습과 신심을 택했다. 교회는 정치 사회생활이 정당한지 아닌지 파악하는 곤혹스런 질문에 직면했고, 일종의 제 5열27)에 의해 유혹당하고 둘러싸이고 침투당한 교회는 결국 정치 사회생활을 정당화했다. 교회는 황제의 이교적 종교의식을 기독교의 참된 "예배"로 변형시켰다. 이것은 본래 비잔틴에서 생겨났다. 교회는 민간 신앙을 교회 안으로 들어오게 했고, 이교 신전을 차지하여 교회로 삼았듯이 이교 신화를 다시 취해 기독교화했다. 이렇게 하면서도, 교회는 은밀하지만 진정한 결과가 예수 그리스도 안에 있는 하나님 계시의 파멸이라는 점을 절대 깨닫지 못했다. 게다가, 교회는 유일한 진리를 보유한다고 강하게 느꼈기 때문에, 또한 교회는 **통일성**, 곧 로마제국의 가시적 통일성에 일치하기 마련인 영적 **통일성**에 대한 일종의 강박관념이 있었기 때문에, 교회는 신앙 표현의 다양성을 더는 허용하지 않았다. 모든 것을 **통**

---

26) [역주] 언어학자 소쉬르(Saussure)의 용어인 '시니피에'(signifié: 記意)는 기호가 내포하는 개념이고, '시니피앙'(signifiant 記票)은 기호의 청각 영상을 의미한다. 변함없는 '시니피에'를 시대에 함의된 문화적 요소들을 가지고서 자의적으로 '시니피앙'을 선택하고 전달함으로써 본래 '시니피에'의 왜곡이 발생한 것이다. 엘룰은 여기서 이것을 '시니피앙의 승리'라고 표현한다. 시니피앙은 시니피에를 운반하는 물리적 요소라 할 수 있다.

27) [역주] 적의 후방을 교란시키는 간첩

일성으로 이끌고 가야 했는데, 그래서 이단자들에 대한 박해가 생겨난다.

혼합주의

이와 동시에, 교회는 과거 사회에서 지적으로 혹은 종교적으로 가치 있게 보였던 모든 것을 흡수해야 했다. 그래서 3세기에 시작되었고 오늘날까지 모든 교회에서 끊이지 않은 혼합주의 경향이 생겨난다. 최선책은 기독교에 적대적인 것은 아니더라도 적어도 기독교에 생소한 것을 기독교와 통합하는 것이었다. 그런데 이 같은 다양한 경로는 점차 교회와 그리스도인으로 하여금 하나님이 계시한 것과 예수 그리스도가 부여한 추진력과 반대되는 것을 유효한 것으로 인정하게 하였다.

그런데 비극은 다음과 같았다. 즉, 예수가 말하고 행했던 바는 완전히 사라질 수 없었다. 예수는 결과를 포함하는 여러 모델을 제시했는데, 예를 들어, 새로운 자유, 새로운 사랑, 진리의 표현 등이었다. 그런데 이상한 사실이 생겨났다. 신앙의 실체는 그 자체로 사라졌거나 혹은 완전히 변질하였는데도, 기독교 신앙의 여러 효과와 결과와 양상은 존속했다. 그리하여 새로운 도덕이 아무것에도 근거하지 않은 채 생겨났다. 또한, 권력자와 신하 사이의 관계에 대한 새로운 개념, 자연에 대한 개발의 실행, 왕과 하나님 사이의 새로운 관계, 개종시키고자 세상을 두루 돌아다니려는 의지 등이 나타났다. 따라서 장기간에 걸쳐, 국가의 정교분리원칙, 민주주의 또는 사회주의가 기독교의 정상적인 표현들이라고 언급될 수 있었다. 그러나 이것들은 예수 그리스도나 하나님과는 아무 관계없는 기독교의 표현들이었다. 포이에르바흐는 이 점을 완벽하게 잘 설명했다.

우리는 '신학적인 것'이 왜곡의 원인은 아니지만, 왜곡의 요인 가운데 하나였다고 간주할 수 있다. 또한, 우리는 정치적이고 이데올로기적이고 사회학적인 요인들의 복합적 총체로 들어가는데, 여기서는 다만 그것을 도식적으로 정리할 수 있을 것이다.

역사에서 철학으로 전이

물론 '신학적인 것'에서부터 시작해야 한다! 그렇다고 거대한 구성 체계들의 가치를 세세히 밝히고 논하려는 것은 전혀 아니다. 나는 여기서 그리스 교부들의 신학은 말할 것도 없이 이레네우스[28], 암브로시우스[29], 아우구스티누스[30]의 신학을 다시 들먹이지 않겠다. 또한, 나는 아주 현대

---

28) [역주] Irenaeus(140-203); 초대 교회의 교부이자 최초의 가톨릭 신학자. 이단 그노시스파와 논쟁하여 그리스도의 구원을 역설하고, 신학의 성립·발전에 매우 중요한 역할을 한다. 그의 저서 중 『모든 이단에 반대하여』 Adversus haereses는 그노시스파, 곧 영지주의를 비판한 글로서 유명한데, 그는 만물의 창조자는 하나님 단 한 분뿐임을 강조한다.
29) [역주] Ambrosius(340-397); 초기 가톨릭교회의 교부이자 교회학자. 니케아 정통파의 입장에 서서 교회의 권위와 자유를 수호하는 데 노력하여 신앙·전례(典禮)·성가 활동의 실천 등에 큰 공을 남긴다. 동방신학을 서유럽에 이식하고, 마리아의 원죄없음을 주장하여 중세 마리아 숭배의 시조가 된다. 아우구스티누스도 그의 설교를 듣고 기독교로 개종하였다고 전해진다.
30) [역주] Augustinus(354-430): 초기 기독교 교회가 낳은 위대한 철학자이자 사상가. 그의 중심 사상은 인간의 참된 행복은 신을 사랑하는 그 자체에 있으며, 신을 사랑하려면 신을 알아야함은 물론, 신이 잠재해 있다는 우리의 영혼도 알아야만 한다는 것이다. 이 때문에 그가 철학의 대상으로 특히 관심을 둔 것은 신과 영혼이다. 그는 신이 우리 영혼에 내재하는 진리의 근원이므로, 신을 찾고자 한다면 굳이 외계로 눈을 돌릴 것이 아니라 자신의 영혼 속으로 통찰의 눈을 돌려야 한다고 주장한다. 윤리에서 모든 인간행위의 원동력이 사랑임을 강조하는 그는 인간은 절대 사랑하지 않고는 견딜 수 없는 존재이며, 윤리적인 선악은 그 사랑이 무엇을 향하는가에 따라 결정된다고 주장한다.
31) [역주] 명목론(名目論)이라고도 하면, 실재론(實在論)과 대립한다. 실재하는 것은 개체뿐으로, 예를 들면 빨강이라고 하는 보편개념은 많은 빨간 것을 갖는 빨강이라는 공통 성질에 대하여 주어진 말 혹은 기호로서, 빨간 것을 떠나서 빨강이 실재하는 것은 아니라고 한다. 극단적인 유명론은 이 명사를 주어진 근거로 하여 사물간의 유사성이라는 것마저 부정한다. 실재론·개념론과 함께 유럽 중세의 보편 논쟁으로 일파를 이룬다. 중세에는 플라톤적 실재론과 결부된 정통신학에 어긋나는 것이라 하여 위험 사상으로 간주한다.
32) [역주] 실재론. 인식론의 사고방식으로 의식·주관과 독립된 객관적 존재를 인정하고 그것을 올바른 인식의 목적 또는 기준으로 삼는 견해. 하나하나의 책상이나 삼각형의 도형 등과 같은 개물(個物)의 실재를 인정하는 견해도 실재론이라 하는 경우가 있으나 그것은

적인 논쟁으로서 유명론자31)와 실재론자32)의 논쟁에 관여하지 않을 것이다. 그리고 토마스 아퀴나스33)나 오컴34)도 탐구하지 않을 것이고, 루터나 깔뱅, 뉴먼35), 큉36) 등도 언급하지 않을 것이다. 그들은 얼마나 많은 오류와 일탈을 덮어 가리면서 얼마나 많은 올바르고 정확하며 참된 사상을 말했던가! 내게는 **모든 것**이 **계시**에 대한 이해의 현상적 변화로 귀결하는 듯하다. 이것은 역사에서 철학으로 넘어가는 것이다. 나는 기독교 사상의 모든 오류가 이것으로 귀착된다고 생각한다. 내가 말하고 싶은 바는, 위에서 이름을 밝힌 모든 신학자가 옳게 생각했다는 점, 그들의 신학이 참되다는 점, 어떤 이에게는 비정통적인 견해가 없고 다른 어떤 이에게는 올바른 교리가 있다는 점이다. 내 말은 그들 모두가 철학적인 틀 속에 자리 잡았고 형이상학적 문제를 제기했다는 것이다. 그들 모두 존재론적 사상을 통해 해답을 구했다. 그들 모두 성서 텍스트나 혹은 알려진 계시를 철학의 출발점으로 간주하든지, **사상**의 준거로 간주하든지 했다. 그들에

경험적 실재로서의 개물과는 다른 초월적 관념론적 대상을 인정한다는 점에서 관념론적이다. 이 때문에 이 경향은 개물 이외에 보편의 실재를 인정하지 않는 유명론과 대립한다.

33) [역주] Thomas Aquinas(1225-1274): 중세 유럽의 스콜라 철학을 대표하는 신학자. 아리스토텔레스 연구에 몰두한 그의 철학은 아리스토텔레스 철학을 떠나 논할 수 없지만, 그의 철학은 아리스토텔레스 철학의 반복도 기독교화도 아니며, 오히려 아우구스티누스와 안셀무스를 거쳐서 형성된 기독교 철학을 독창적으로 발전시킨 것이다. 그는 철저한 경험적 방법과 신학적 사변을 양립시킨 동시에, 신 중심의 입장을 유지하면서도 인간의 상대적 자율을 확립한다.

34) [역주] Ockham(1285-1349): 영국 스콜라 철학자. 그는 이단이라는 혐의와 더불어 몇 가지 명제로 말미암아 유죄 선고를 받는다. 그의 입장은 유명론으로서 중세의 사변신학(思辨神學) 붕괴기에 근세의 경험론적 사상의 시작이 된다.

35) [역주] John Newman(1801-1890): 영국의 로마 가톨릭 신학자이자 추기경. 영국 국교회의 중도성(中道性)을 주장하며 교회의 권위 회복을 목표로 한 '옥스퍼드 운동'을 전개하지만, 연구를 진행함에 따라 영국 국교회에 관한 자신의 중도론이 잘못이며 로마 가톨릭교회만이 초대 교회의 유기적 발전의 결과임을 인식하고 로마 가톨릭으로 개종한다.

36) [역주] Hans Küng(1928-): 스위스의 로마 가톨릭 사제이자 신학자. 진보적인 신학자로서 교황의 무오류성 등을 비판하면서 로마 가톨릭 교리에 도전하고 교황청의 권위주의를 맹렬히 공격한다.

게는 지적이고 형이상학적이고 인식론적인 질문들이 있었는데, 성서 텍스트로 하여금 이 질문들에 대한 해답 체계가 되게끔 했다. 그들은 성서 테스트를 있는 그대로 받아들이는 대신, 그들의 필요에 따라 성서 텍스트를 이용했다. 안타깝게도 깔뱅마저도 그러했으니!

 달리 말해, 역사에서 철학으로 이행이 일단 이루어지고 나면, 그들이 말했던 모든 것은 완벽할 정도로 정확하고 참되며 진실했다. 그들은 깊은 신앙과 진리에 대한 진정한 염려를 표명했던 것이다. 그런데 모든 것이 처음에 잘못된 진로설정에 의해 완전히 왜곡되었다. 그러기 때문에 바로 일탈이 채택된 진리보다 더 강했던 것이다. 아주 일찍, 본질적인 것은 잊혀 버렸다. 즉, 성서의 하나님은 일종의 철학 체계도, 어떤 도덕도, 어떤 형이상학적 이론정립도 드러내지 않는다. 하나님은 인간의 역사 속으로 들어와서 자기 민족과 동행한다. 히브리 성서는 어디에서도, 심지어 지혜서에서도, 철학적 이론정립이나 인식체계는 없다. 히브리 성서는 객관적이고 추상적인 진리를 드러내면서 감추기로 된 신화가 아니라 연속되는 이야기들이다. 이 이야기들은 하나의 **역사**이다. 즉, 선택된 민족의 역사이자, 하나님과 이 민족 사이에 화합과 불화의 역사이자, 충실함과 불순종의 역사이다. 영원하지 않은 일시적인 역사나 종교와 무관한 '거룩하지' 않은 역사만이 있을 따름이다. 이 역사는 '인간과 함께하며 인간을 위한 하나님이 누구인지' 우리에게 말하지만, 그 자체로서 하나님에 대해서는 절대 언급하지 않으며, 하나님에 대한 어떤 이론도 절대 제시하지 않는다. 그것은 민족과 인간의 모든 역사처럼 문제들로 가득 차 있으나, 결코 아무런 해답이 없는 책이다. 더 정확히 말하면, 해답 역시 역사 속에 포함되어 있으며, 인간에게 떠맡겨져 있다.

 심지어는 히브리 성서의 어떤 부분들, 예를 들어 율법 전체와 계율과 법적 표명처럼 더 비물질적인 듯이 보이는 부분들조차 여전히 역사의 성격을 띤다. 법은 결코 영원하지도 절대적이지도 않으며, 항상 주어진 역사와 관련된다. 히브리 성서가 우리에서 보여주는 바는, 이 계율들은 여호와의 뜻을 표현한다는 점에서 영원한 계율이지만 완전히 역사적이라는 점이다. 거기에 중심 진리가 있다. 즉, 예를 들어 "십계명" 같은 말씀들은 그 **자체로는** 진실하지 않고, 과학적이고 객관적이고 중립적인 법칙처럼 진실하지 않다…. 이러한 법칙을 가르치는 교수가 누구이든 간에 이 법칙은 똑같은 것으로 남아 있는데, 이는 그 법칙이 그에게 외부적이기 때문이며, 아무런 짐짝처럼 법칙을 듣는 이들에게 전해질 수 있기 때문이다. 반면에, 성서의 율법은 율법을 말하는 이가 하나님이기 때문이라는 이유에서만 **진실하다**. 그 율법은 하나님으로부터 진리를 이끌어낸다.37) 만일 누군가 진리를 말하는 이로부터 진리를 떼어 놓는다면, 진리는 받아들일 만한 요소들을 지닌 논쟁 주제가 될 따름이다.

그러기 때문에 이 율법은 스미스38)의 금판들처럼 하늘에서 떨어지지 않는다. 이 율법은 택함과 해방이 이루어지는 동안 언약의 증거로 주어진다. 율법은 이 일과 분리될 수 없다. 율법은 언약의 한 항목이며 새 역사의 출발점이 된다. 율법은 결코 실존에서 따로 떼어져 굳어진 일종의 법전이 아니다. **살아 있는** 하나님이라고 스스로 칭하는 자의 살아 있고 움직이는 현재의 임재를 벗어나 율법은 체계화될 수 없다. 삶은 결코 교리나 과학

---

37) 이런 이유로 율법을 높이고 하나님을 무시하는 레비(B.-H. Lévy)의 개념은 단지 터무니없다.
38) [역주] J. Smith(1805-1844): 모르몬교의 설립자. 그는 신의 계시를 받고 숲에서 기도하다가 천사 모로나이(Moroni)에게 고대 기록이 담긴 금판을 얻어 신에게 신권과 교의를 회복하는 사람으로 선택되었다고 주장한다. 그리고 금판에 새겨진 글을 번역했다는 모르몬경을 펴내고, 추종자들과 함께 뉴욕에서 '그리스도의 교회'를 세워 오늘날 모르몬교라고도 불리는 예수그리스도 후기성도교회를 창시한다.

적 지식으로 이루어질 수 없다. 이 점은 예수 안에서 여전히 이어지고 뚜렷해질 것이다.

하나님은 자신의 일을 완성하고자 우리에게 형이상학의 책도, 영지주의 계시를 담은 거룩한 책도, 완전한 인식론적 체계도, 완벽한 지혜도 보내지 않고, 한 인간을 우리에게 보낸다. 이 인간과 관련하여 이것은 다시 시작된다. 즉, 하나의 역사를 구성하는 이야기들이 말해진다. 바울이나 혹은 야고보처럼 매우 뛰어난 이론가들조차 진정성의 시금석으로서 조심스럽게 역사적인 요소를 지니고 있다. 그들이 쓴 모든 것은 오로지 예수의 이야기 및 신앙을 갖기로 되어 있는 이들의 이야기와 관련된다. 가장 위대한 신학자 요한도 자신의 복음서나 서신서나 계시록에서, 자신의 신학을 하나의 역사로서만 표현한다.39) 요한계시록은 모든 점에서 **역사**를 참조하는데, 그 **역사**는 진리가 아니라 하나님의 뜻을 이해하고 설명할 수 있는 유일한 틀이다. 그런데 바로 이것이 하나님이 인간에게 자신을 계시하고자 택한 방식이다. 또한, 인간이 이 모든 것을 다시 장악하여 이 모든 것을 자기 자신의 문제 체계와 표현 체계 속으로 들어가게 하고자, 그 틀을 완전히 바꾸어 버린다는 것이다. 나는 이 일이 필연적이었다고 절대 말하지 않는다. 그것은 우발적이었다.

히브리 사상은 그리스 사상과 로마의 법제도를 통해 형성된 토양에 뿌려졌다.40) 역사였던 것을 그리스·로마 세계에 있어 이해될 수 있는 표현

---

39) 요한은 우리가 서론에서 이야기한 작용 중 하나를 완벽히 실행한다. 즉, 영지주의 이념들을 그들의 주장으로부터 돌려놓고자, 또 그 이념들이 예수 그리스도 안에서 하나님의 역사적 성육신을 명확히 설명하는데 쓸모 있게 하고자, 그 이념들을 이용한다.
40) 그리스 사상에 오염되어 **계시**가 변화된 잘 알려진 예는 영혼불멸성과 관계있다. 나는 이것을 한마디로 말하겠다. 유대 사상에서 죽음은 전체적이다. 거기엔 불멸의 영혼은 없다. 거기엔 몸과 영혼의 분리가 없다. 바울의 사상은 이 점에서 전적으로 유대적이다. 영혼은 '육체'의 일부를 이루는 '정신적인 것'에 속한다. 몸은 전체적인 존재이다. 그래서 임종

방식으로 즉시 다시 표현해야 했다. 다시 말해, 철학적이고 법률적인 표현방식으로 말이다. 토라Torah는 십이동판법의 신성한 대응물이 되었고, 하나님의 계시는 소크라테스의 가르침의 완성점이 되었다. 그런데 여기서 일어난 일은 결정적으로 중요해진다. 성서가 그리스 철학의 지적 수단을 통해 해석된 것이다. 텍스트를 있는 그대로 **받아들이는** 것 대신에, 사람들은 일관된 철학 체계를 텍스트에서 이끌어내길 원했다. 사람들은 플라톤의 사상적 틀이나 혹은 아리스토텔레스의 사상적 틀에서 텍스트를 해석했다. 하지만, 이때부터 체계는 상관이 없기에, 헤라클레이토스를 취하든 에피쿠로스를 취하든 간에 결국은 마찬가지가 된다. 성서 이야기는 보편적이고 추상적인 '사상'을 이끌어내야 하는 신화로 여겨졌다.

인간은 역사를 이해하기 위해 자기 자신의 인식 도구를 사용할 수밖에 없다고 누군가 내게 말할 것이다. 이 점은 완전히 옳다. 하지만, 나는 히브리 사상에도 완벽하게 자체 언어로 명확히 밝혀진 자체의 인식 도구가 있

때 영혼과 몸의 어떤 분리도 없다. 몸이 죽기 때문에, 영혼도 죽게 마련이다. 하지만, 부활이 있다. 인간의 생명이 무(無)가 되면 이 무로부터 하나님은 죽었던 존재를 다시 창조한다. 하지만, 이것은 순수하게 은총에 의한 창조이지, 인간에게 내재하는 불멸의 영혼이 아니다. 그런데 그리스 철학은 이 영혼불멸 개념을 신학자들에게 넣어주게 된다. 그리고 나서 이것은 민중 종교에 퍼져 있던 신심이었기 때문에, 이내 기독교에 통합되는 것이다. 그러나 이것은 전적인 왜곡이다. 이때부터 모든 것은 하나님의 자유로운 은총에 더는 의존치 않고, 마찬가지로 덕성이나 행위를 따라 다소 커다란 불멸의 확신에 대한 평가가 시작될 수 있다. 기독교 사상 전체는 그리스 철학과 동방 종교의식에서 비롯되는 이 변화로부터 시작하여 그 길을 벗어난다.

마찬가지로, 루이 루지에(Louis Rougier)의 『서방에서 천문학과 종교』*L'Astronomie et Religion en Occident*(Paris, PUF, 1980)라는 한 흥미로운 저서가 이런 왜곡의 유형을 들추어낸다. 이 책은 주 전 5세기 후반 동안 나타나는 영혼의 천상적 불멸을 믿는 신앙이 천문학으로부터 어떤 절차를 거쳐 형성되었는지 보여준다. 피타고라스학파의 천문학은 지중해 연안 민족이 영혼의 운명에 대해 품었던 표상을 근본적으로 변형시켰다. 피타고라스학파의 천문학은 이 세상으로 쫓겨난 천상적 본질로 된 영혼의 존재를, 죽음과 더불어 생명의 호흡이 사라진다는 개념으로 또 헛된 망령들이 사자(死者)들의 지하 왕국에서 유리하면서 살아남는다는 신앙으로 바꾸었다. 이것은 성서의 사상을 완전히 오염시키게 되고, 사자들의 왕국을 하나님나라로 변형시키면서, 부활에 대한 단언으로 점차 대체된다.

다고 답할 것이다. 그리스·로마 사상이라는 죄수복에 이 계시를 집어넣는 대신, 또 이 계시를 "프로크루스테스의 침대"[41]나 혹은 '호랑이 소굴'에 두는 대신, 히브리 사상에도 자체의 인식 도구가 있음을 인정하고 이 견해를 따르기로 마음을 바꾸어야 했다.

회심한다는 것! 이 위대한 말은 느슨해졌다! 3세기와 그 이후의 사람들은 도덕적이고 종교적 측면에서는 기독교로 **회심했으나**, 사고방식은 그대로였다. 그들은 이 사고방식까지도 바꾸어야 했다. 예수가 구약 성서의 계명을 다시 취하면서 **자신의 생각을 다해**[42] 하나님을 사랑해야 한다고 말할 때, 이것은 철학자들을 당황하게 했음이 틀림없다. 어떻게 자신의 **생각**으로 **사랑한다**는 말인가! 어떻게 사랑의 계시, 곧 하나님의 사랑의 계시에 자신의 생각을 따르게 한다는 말인가. 이것은 객관적이고 일관된 모든 철학적 방식과 모순된다! 사랑과 삶보다 더 일관성이 모자란 것은 없다! 이것은 우리 신학자들에게 깊은 경고였음이 틀림없다…. 그러나 그들은 사랑을 자신들의 체계에 두기를 더 좋아했다. 게다가 플라톤은 이미 그렇게 했었다. 하지만, 만일 하나님이 우리에게 하나의 철학을 전해 주려 했다면, 하나님이 우리에게 살아 있으나 일관성이 없는 성서 같은 책이 아니라 일관성 있는 책을 주었을 것이라는 점을 어떻게 이해하지 못했을까! 만일 하나님이 지식의 영역에 있었더라면, 학문적인 **말**로 표현했을

---

41) [역주] 프로크루스테스는 그리스 신화에 나오는 인물로서, 신화에 따르면 그는 아테네 교외의 언덕에 집을 짓고 살면서 강도질을 했다고 전해진다. 그의 집에는 철로 만든 침대가 있는데, 프로크루스테스는 행인을 붙잡아 자신의 침대에 누이고는 행인의 키가 침대보다 크면 그만큼 잘라내고 행인의 키가 침대보다 작으면 억지로 침대 길이에 맞추어 늘여서 죽인다. 따라서 "프로크루스테스의 침대"는 이 이야기에서 유래한 말로 자기 생각에 맞추어 남의 생각을 뜯어고치려는 행위나 남에게 해를 끼치면서까지 자신의 주장을 굽히지 않는 횡포를 말하므로, 여기서는 계시에 대한 중대한 훼손을 뜻한다고 볼 수 있다.
42) [역주] '자신의 생각을 다해'라는 표현은 우리말 성서에서 '네 뜻을 다해'라는 표현으로 되어 있다.

것이다.

그런데 비록 단호히 주장되었던 바가 정확한 듯이 보일 수 있었더라도, 또한 비록 그들의 설명이 충실했고 해석자들이 진지하고 경건했다 하더라도, 형이상학과 윤리와 법과 더불어 계시의 의미 전체는 근본적으로 변형되었다. 이것은 믿음의 문제라든가 경건과 지성의 문제가 아니라, 모든 부분에서 다 잘못된 의미이다. 그렇게 해서 예를 들어 해방자이며 은총을 베푸는 하나님이 로마법의 가부장을 통해 아주 빨리 이해된다는 것이다. 예수가 **나의 아버지**라고 말하는 것을 로마인은 파테르Pater로 표현하는데, 가부장이라는 표현과 관련되어 가족법 전체와 모든 로마 신화가 이 열린 문을 통해 들어오게 된다…! 마찬가지로, 로마가 법률만능주의로 오염시킨 세상에서 사람들은 성서 텍스트를 명확히 설명하고 텍스트의 불일치를 없애려고, 그리스의 철학적 추론 방법뿐만 아니라, 로마 법률가의 매우 능란하고 엄밀한 주석 방법을 사용한다! 복음서의 담화discours만큼이나 구약 성서의 담화에 해당하는 본질적으로 '비신학적' 43) 담화에서부터 시작하여, 인식과 재인식과 유효성의 인정과 문제제기의 수용과 철학 때문에, 사람들은 **계시**의 내용을 계시에 생소한 형식 속에서 불가피하게 생각하게 되고, "시니피앙"을 바꾸게 되며44), 하나의 신학을 공들여 만들어 내게 된다.45) 내가 보는 견지로는, 거기에 뒤집힘의 첫 요인이 있다.

---

43) 나는 결코 '무신론적' 이라고는 하지 않는다. [본문을 역자가 각주로 설정한 부분]
44) [역주] 시니피앙(signifiant)은 기호의 청각영상을 의미하므로 '시니피앙을 바꾼다' 는 것은 진리나 계시를 담은 형태나 형식을 바꾼다는 의미로 볼 수 있다.
45) 그렇지만, 나는 독자들이 내가 말하지 않는 바를 나로 하여금 말하게 하지 않았으면 한다. 나는 혹시 나쁠 수도 있는 기독교 신학사상을 어쩌면 좋을 수도 있는 경건주의나 솔직한 신앙이나 숯 제조인의 비非지적인 신앙 등에 대립시키지 않겠다. 또한, 나는 어떤 신학자들 아주 좋아한다. 그들이 행한 바는 불가피했다. 하지만, 나는 기독교에 철학이 등장함으로써 생겨난 특별한 위험 및 3세기부터 16세기까지 신학적 풍성함에 뒤이어진 재난들을 강조할 따름이다.

하지만, 그것은 많은 다른 여러 요인 가운데 하나이다.

기독교 성공주의

나는 왜곡의 또 다른 요인은 기독교의 성공 그 자체였다고 생각한다. 이 성공은 디아스포라 유대인46)의 중요성에 근거를 두었다. 유대인은 당시 로마제국 인구의 상당 부분을 제공했고, 각 대도시에는 유대인 집단이 있었다. 초기 사도들과 기독교 선교사들이 일한 곳도 바로 이 집단들 속에서였다. 그들은 유대인 사회로부터 반대에 부딪히면서도 성공적으로 복음을 확산시킬 수 있었다. 또한, 이 복음이 가난한 자, 노예, "도시 프롤레타리아" 등과 같은 계층에 빠른 속도로 받아들여졌음이 알려졌다.47) 이 시대의 모든 역사적 저술은 당시 로마제국 안에 강렬한 종교적 갈증이 있었음을 강조한다. 전통적인 종교가 와해한 상태에서, 지중해 세계에서 활발한 교류를 통해, 보편주의를 지향하는 어떤 종교가 더욱 필요해졌다. 로마제국의 황제숭배 종교는 모두에게 만족스러우며 종교적 욕구를 채워주는 **진정한** 종교를 제시하는 데 성공하지 못했다. 황제숭배 종교는 정치적 측면에서 성공했으나 그것으로는 불충분했다. 그래서 새로운 유형의 종교가 곳곳에 퍼졌다. 그것은 상징적이고 은유적 신학, 정결 의식의 거

---

46) [역주] 디아스포라는 그리스어에서 온 말로 '흩뿌리거나 퍼트리는 것'을 뜻한다. 기원전 587년 유다가 신바빌론에 멸망한 뒤로 포로로 끌려간 유대인들과 70년에 로마와의 전쟁에서 패하여 이베리아 반도로 이주한 유대인은 유대인 공동체를 형성하였다. 이들은 그리스와 로마제국에 남아서 회당문화와 교육, 경건생활등으로 이방인을 개종시켰고 기독교의 확장에 큰 영향을 끼쳤다..

47) 그러나 아주 예외적으로 상류사회 여성들이 기독교로 개종하는 일이 있었다. 사람들은 이런 예로 네로 치하에 폼포니아 그래시나(Pomponia Graecina)를 든다. 그러나 이것은 영적 경험을 추구하면서 대단한 종교적 호기심이 있던 시대에서 증거가 된다고 보기 어렵다. 아마도 자일러(J.Zeiller)는 그리스도인이 확실한 플라비아 도미틸라(Flavia Domitilla)의 조카이자 티투스(Titus) 황제의 사촌 형제인 플라비우스 클레멘스(Flavius Clemens)라는 그리스도인 황제가 로마제국에 있을 수도 있었을 거라는 점을 부각시켰다.

행, 황홀경과 환상의 현상을 지닌 신비의 종교로 불렸다…. 이것은 동방의 영향으로 해석되었다. 그러나 나는 반대로 말할 것이다! 영적이고 신비적인 새로운 것에 대한 요구와 갈망과 탐구가 있는 한, 그리고 낡은 신화를 포기하고 낡은 종교의식의 부족함을 느끼는 한, 동방의 종교는 이미 어디에나 퍼져 있었다.

사람들은 더는 주피터를 믿지 않았고, 오히려 미트라[48]나 오르페우스교[49], 엘레우시스[50] 제전, 새로운 디아나[51]에게 관심을 두기 시작한 것이다. 미트라 숭배는 군인 세계에서 놀랍게 퍼졌다. 이 역시 하나의 요인이다. 즉, 군인들은 한 주둔지에서 다른 주둔지로 로마제국 안에서 어디든지 다녔다는 점이다. 동방에 거주했던 이들도 곳곳에서 나타나는 이 새로운 현상에 의해 영향을 받지 않을 수 없었다. 바로 이 거대한 흐름 속에서 기독교가 싹텄다. 게다가 기독교는 하나의 새로운 종교였다. 기독교는 신

---

48) [역주] 미트라: 밀교인 미트라교의 숭배 대상인 광명의 신. 기원전 1세기 전반 로마제국에 널리 유포되어 있던 미트라교는 신흥 종교인 기독교와 유력한 경쟁적 종교가 된다. 미트라 숭배는 기원전 3세기경 페르시아에서 성행하는데, 페르시아의 발전에 따라 그리스로 건너가고 이후 로마로 전파되어 폼페이우스황제의 동방 정벌 이후 로마제국의 수호신으로까지 격상된다. 그러나 콘스탄티누스 대제가 기독교로 개종하고 기독교가 공인된 이후 점차 사라진다.

49) [역주] 오르페우스교: 오르페우스가 신의 계시에 따라 창시한 것으로 전해지는 고대 그리스의 밀교(密敎). 언젠가는 죽게 마련인 육체의 속박에서 벗어나, 인간의 영혼이 영적 존재로서 불멸과 영원의 행복을 얻는다는 것을 기본 교리로 하고, 이 목적을 달성하기 위하여 교의에 바탕을 둔 계율에 따라 엄격한 수행과 특별한 제의를 행한다.

50) [역주] 엘레우시스: 그리스 아테네 북서쪽에 있는 아티카 지방 엘레우시스만 연안에 있는 도시. 여신 데메테르와 그녀의 딸 페르세포네의 성지이며, 신성한 밀의(密儀)가 이루어진 곳이다. 봄, 가을 2번에 걸친 축전에는 그리스 전체에서 신자들이 모여들었다고 전해진다. 5세기에 테오도시우스 황제에 의해 금지되기까지, 로마 시대에도 이 지역의 신앙은 쇠퇴하지 않는다.

51) [역주] 이름의 뜻이 '빛나는 것'이라는 로마 신화에 나오는 달의 여신. 그리스 신화의 아르테미스와 동일시된다. 원래 숲의 여신 혹은 수목의 여신이나, 나중에 숲 속에 사는 동물의 수호신, 사냥의 신, 나아가서는 가축의 신으로 여겨진다. 따라서 임신과 출산을 돕는 신으로 숭배된다.

비주의에 꽤 가까운 종교적 담론을 담은 종교로서, 신의 성육신, 인간의 부활, 천년왕국, 흘린 피에 의한 정화, 세례, 신을 먹는 행위52)에 대해 말하는 종교였다. 나는 여기서 우리가 잘 아는 것을 비기독교적이며 종교적인 용어로 표현한다. 그러나 기독교는 바로 그런 측면에서, 바로 그런 표현으로, 영적인 새로움과 도덕적 갱신을 추구하고 하나님 안에서 융화를 추구하는 계층에서 들려지고 이해되었던 것이다.

이렇게 기독교는 신비주의 종교들의 흐름 속에서 퍼졌고, 이 점을 통해 역작용으로 신비가 기독교 신학 안으로 들어왔다. 하나님에 대한 몰입으로서 신비의 개념만큼이나 설명할 수 없는 실재로서 신비의 개념은 **계시**에 대한 유대교적 표현과는 상당히 생소하다. 반대로, 그런 신비의 개념이 신약 성서의 바울에게서 또 요한계시록에서 발견되기도 하지만, 그것은 감추어진 하나님이나 성육신을 주로 지칭하기 위해서이다. 어쨌든, 기독교는 의식화된 신비들과 아무런 관계가 없다. 그럼에도, 설명할 수 없는 어떤 것을 신비로 규정짓거나, 다음으로 디오니소스53) 제전의 연합의식이나 황홀한 연합의식의 거행 같은 이교적 의미에서 신비를 규정짓는 모호성이 있었다. 이 두 가지는 상당히 쉽게 혼동되었다. 그런데 이 종교들은 본래 도피의 종교들이다. 틀림없이 기독교도 세상을 벗어나 도피하는 종교로서, 또 축전에서든 다른 세상에서든 보상해주는 종교로서 받아들여졌다. 이러한 종교는 세상을 그 운명에 맡겨버리고 세상으로부터

---

52) [역주] '신을 먹는 행위'란 성찬식을 의미한다.
53) [역주] 디오니소스: 풍요와 수확을 상징하는 신. 디오니소스는 생명력, 피, 포도주, 물, 정액 등을 상징하기 때문에, 특히 농부들에 의해 사랑받는 신이며, 농부들에 의해 성대히 펼쳐지는 축전인 디오니소스 제는 도취와 열광의 도가니가 된다. 따라서 디오니소스는 사람들을 도취와 환각상태로 이끌며, 극도의 환희와 고통의 극단적인 긴장상태로 끌어들인다고 전해진다.
54) 그래서 금욕적 흐름과 은둔자 등이 나온다. [본문을 역자가 각주로 설정]

물러나게끔 하며54), 내세라는 출구와 늘 가능한 도피처가 있기 때문에 그것이 무엇이든 변화시키려 하지 않고 자신의 운명을 있는 그대로 받아들이게끔 한다.

기독교는 민중의 아편이 되었다. 즉, 기독교는 그 시초에 결코 민중의 아편이 아니었으나, 이런 유형의 수많은 종교에 의한 오염으로 말미암아 민중의 아편과 같은 의미와 기능을 줬는데, 이 종교들의 여파로 기독교는 확장되었다. 이를테면 그것은 도피 종교이다. 이 점이 중요한데, 다른 대단한 종교적 '방식', 즉 결집 방식과 통합 방식을 포기했다는 것이다. 라틴어 're-ligare' 레리가레는 모호한 어원으로는 '연결하다' relier이다. 그런데 포기된 전통 종교들은 바로 개인 구원이나 혹은 욕구 충족을 보장하기로 된 것이 아니라, 도시국가 안에서 연결과 사회적 응집력과 "합의"를 보장하기로 된 '시민의' 종교이자 도시국가의 종교였다.

1세기와 2세기 로마제국에서는 이런 종교 양식에서 다른 종교 양식으로 옮겨갔다. 현 세상을 문제 삼는 기독교는 황제 숭배 종교를 인정하지 않으면서도 황제 숭배 종교를 폭넓게 이용했다. 프톨레마이오스 왕조의 왕들이 구원자55)임을 단언해도 이 구원에 대한 갈망을 해결하지 못할 정도로, 그 당시 구원에 대한 갈망이 일반화되어 있을 뿐만 아니라, 많은 문헌상의 증거를 통해 밝혀지는 막연한 공포감이 로마제국 안에 널리 퍼져 있는 만큼 더욱더 그러했다. 바로 이때 무서운 종교가 아니라 은총, 기쁨, 해방, 소망의 종교가 제시되는 것이다. 왜냐하면, 초기 기독교 세대에 의

---

55) [역주] 구원자(Sôter): 이집트 프톨레마이오스 왕조의 시조인 프톨레마이오스 1세와 프톨레마이오스 11세의 별칭. 알렉산드로스 대왕의 부장으로 계승자의 한 사람인 프톨레마이오스 1세는 알렉산드로스 대왕이 죽은 후 이집트로 건너가 프톨레마이오스왕조를 세운다. 수도 알렉산드리아 경영에 힘써 그곳을 이집트에서의 그리스 문화의 중심지로 만들고, 알렉산드로스 숭배를 개시하는 한편, 제도·군사 양면의 조직화를 도모한다.

해 설교된 바가 바로 이것이라는 점은 의심의 여지가 없기 때문이다. 그래서 성공과 입교入敎와 개종이 일어난다. 이어서 몇몇 뛰어난 지식인도 이 복음을 받아들였고, 3세기에는 교양 있는 계층에서, '귀족부인들'에게서, 새로운 것에 관심이 있는 일단의 엘리트들 가운데서, 이 새 교리와 철학에 대한 어떤 관심이 생기기 시작한다.

나는 대중을 개종시킨 것이 오직 순교자들의 덕성과 영웅적 행위와 성결만은 아니라고 함으로써 그들을 모욕한다고는 생각하지 않는다. 만일 그렇게 되었더라면, 즉 만일 기독교 발전사가 **성상**聖像:Sainte Image을 모델로 삼았다면, 또 참된 설교와 거룩한 순교자의 영향에 의한 놀라운 개종을 모델로 삼았다면, 우리가 알아보려 하는 끔찍한 반대 결과가 기독교 발전사에 생겨나지 않았을 것이다. 유감스럽게도 그것은 인간적이고 너무도 인간적이었다. 따라서 삶과 정치의 허망함과 소용없음을 확신하고 환락에 싫증 나 있으며 가능한 **의미**와 아직 가보지 않은 길에 갑자기 직면한 계층 가운데에는, 진정 새로운 어떤 것에 대한 '관심'과 놀라움이 있었다. 진실한 개종이 있었고 심지어는 황실 가족에서도 이러한 개종이 있었던 것은 분명하다. 하지만, 그러한 개종이 **호기심**의 **결과**이기도 했고, 급기야는 유행의 결과이기도 했음이 분명하다고 나는 생각한다.

3세기 말 기독교는 유행하게 되었다. 그러나 당시의 이 유행은 기독교 안에서 빛을 본 하나의 운동을 전제로 했고, 기독교는 모든 것에 대한 대답을 제시해야 했다. 그리고 사실 신학은 **계시**에 대한 설명에 전념하는 대신, 모든 문제에 관심을 두고 복잡하게 추론하기 시작한다. 흥미를 유지하는 것, 예를 들어 세네카와 바울 사이의 서신 왕래를 들춰내는 것과, 유행하는 모든 문제에 대해 논의하는 것은 바로 성공에 수반되는 나쁜 점이었다. 성공은 이루어졌으나, 그때 불가피한 듯이 보이는 비극적인 돌변이 생겨났다. 성공을 바라지 않고 복음 자체를 위해 복음을 전파하려 애쓰고 나자 성공은 이루어졌으며, 언제나 그렇듯이 일단 성공이 이루어지면 성공에 대한 갈망이 생겨났고 그리스도인은 성공에 대한 갈망에서 벗어나지 못했다. 그리스도인이 비난받을 수 있는 점은 바로 이 성공 뒤에 무엇이 일어나고 있었는지 의식하지 못했다는 것과, 그래서 사회가 기독교에 의해 뒤집히기는커녕 오히려 사회가 기독교를 뒤바꾸었다는 것이다!

그때부터 그리스도인에게는 꽤 빨리 **성공의 욕망**이 생겨났다. 물론, 그것은 세속적 성공, 곧 이익이나 영예를 가져오는 그런 성공이 아니었다. 하지만, 그리스도인에게 다가오는 남녀의 무리가 증가하였기 때문에, 어떻게 이 성공을 하나님의 뜻으로 돌리지 않을 수 있겠으며, 어떻게 이 성공을 누리게끔 되어 있다고 느끼지 않을 수 있겠는가? 바울도 "복음을 전하지 않으면 내게 화가 있을 것이다"라고 하지 않았던가. 사실 매우 엄격하고 세심한 복음 전도로 우선 시작되었으나, 이제 큰 무리가 되고 말았다. 그리하여 일대일에 의한 개종이나 가정 교회와 더는 상관이 없고, 단순히 모여드는 거대한 회중이 되었다. 개종자의 신앙이 진정한 것인지에 대해 그리 신경 쓰지 않게 되면서, '집단 복음 전도'를 하고 싶은 욕망을 어떻게 물리칠 수 있었겠는가. 결국, 집단으로 세례가 베풀어졌다.

3세기경 결정적인 방향전환이 일어난다. 즉, 초대 교회에서는 개인적인 개종을 통해 교회에 들어오는 일이 이루어졌고, 개인적인 개종은 고된 길을 천천히 앞으로 나아가는 것을 전제로 했는데 이것은 선결되어야 할 문제였다. 그렇게 수많은 대중을 상대했을 때, 각자의 진실을 확인하는 일이 불가능해졌고, 과정이 뒤바뀌었다. 즉, 사람들은 일단 교회에 들어

왔고, 그리고 난 뒤 신앙의 진지함을 보장하게 되는 종교 교육을 받았던 것이다. 교회에 들어오는 일은 영적 진전과 지식 획득에 뒤따르는 결과일 수도 있다. 할 수 있었던 모든 것을 이루고자 그물을 던져야 했다. 그런데 성공을 통해 기독교는 나쁜 성향으로 기울어졌다. 사실상 그 이유는, 왜 기독교는 사람들이 심사숙고하고서 교회에 들어오기를 기다려야 하느냐는 의문 및 모든 사람을 들어오게 하고 나서 교육하는 일이 역시 간단하지 않은가라는 의문에서 비롯되었다. 그래서, 아우구스티누스에 의해 유명해졌으나 분명히 아우구스티누스 이전에 실행되었던 **들어오기를 강요하기**|compelle intrare라는 방법이 모색된다. 우리는 이것을 교회와 황제 권력 사이의 관계와 더불어 다시 보게 될 것이다. 성공의 방법은 이러했다. 교회라는 몸속에 이루어진 그리스도의 **성육신**에 대한 최초의 표현들이 오로지 기독교의 성공만을 통해 이상하게 왜곡되었다는 점을 분명히 인정해야 한다.

부유해진 교회

성공을 통해 기독교는 황제 가족과 정부 엘리트에까지 이르렀다. 그리하여 콘스탄티누스의 '개종'이 있었다. 우리는 2장에서 이 개종의 의미와 정치적 결과, 그리고 정치에 의한 기독교의 뒤집힘을 살펴보아야 할 것이다. 여기서 내가 보여주고자 하는 바는, 하나의 권력이나 **하나의** 권세에 결국 들러붙고 권력이나 권세를 받아들이는 것, 즉 세상의 권세 가운데 하나와 결탁하는 것은 불가피하게 사회의 모든 권세에 들러붙는 데로 귀결된다는 점이다. 이에 대해 상세히 말할 수는 없다. 다만, 정치세계가 기독교로 개종하는 일만은 없었다는 것이다. '엘리트'에 대해 말할 때, 개종했던 사회의 부유층도 생각해야 한다. 그런데 나는 그들의 개종이 자신들의 권력을 강화해주는 권모술수나 혹은 어떤 이데올로기에 대한 동조라고 의심할 수는 없다. 옳은 신앙을 통한 개종과 심지어 참된 신앙을 통한 개종도 인정해야 한다. 그러나 그 여파를 고려해야 한다. 곧, 로마제국의 부유층이 기독교에 가담함으로써 권력과의 다른 관계가 유발된다는 점이다. 정치와의 관계가 변할 뿐만 아니라, 권력인 모든 것에 대한 일반적 관점도 변화한다.

진정으로 회심한 부자들은56) 기독교의 메시지를 진지하게 받아들여 **나누어주기** 시작한다. 그리고 아마도 그 부자들은 가난한 자를 보살피기 시작한다. 기독교의 영향 아래 병든 자, 가난한 자, 버려진 아이를 위해 마련된 그 시대의 헤아릴 수 없는 많은 기부금이 전통 역사에서 높이 평가된다. 하지만, 교회 자체에도 후하게 기부가 이루어지고, 그 시대에는 교회가 돈에 대한 갈증에 사로잡히지 않았기 때문에, 교회는 본의 아니게 점차 부자가 된다. 투자가 이루어지고, 화려한 새 교회가 세워지며, 성지에는 기념 건축물이 건립되고, 5세기와 6세기의 잘 알려진 예술작품이 만들어진다. 그리하여 교회는 원하던 원하지 않든 간에 돈의 권세가 된다. 교회는 돈 자체에 대해 머뭇거리는 상태에 놓인다. 교회의 신학자들은 가난에 대한 장광설을 계속 늘어놓고, 그 중 어떤 이들은 부를 단죄한다. 그러나 사람들은 목적과 수단에 대한 커다란 오해에 빠진다.

제도화된 교회

교회 금고에 쌓이는 이 돈이 하나님의 영광과 가난한 자의 생계유지에 쓸모 있기 때문에, 돈은 선하고 신성시되지 않는가? 유일한 문제는 돈을

---

56) 나는 내게 근본적인 듯이 보이는 것을 다시 한 번 강조하는데, 곧 옳은 신앙을 항상 전제로 해야 한다는 것이다. [본문을 역자가 각주로 설정]

선하게 사용하는 문제이기에 말이다. 4세기부터, 이러한 해석은 모든 영역에서 큰 피해를 주기 시작했고, 그 피해는 오늘날도 여전히 계속된다. 그런데 교회가 이렇게 부유히게 되고 신도 수가 늘어남으로 말미암아 그리스도인이 택한 최초의 교회 형태, 곧 생활과 재산의 공동체 형태는 자취를 감추었다. 이런 교회 형태는 유지될 수가 없게 된 것이다. 어쨌든, 사회계층 간의 극단적 차이를 통해 그러한 관계가 가로막혔다. 교회는 하나로 집중된다. 많은 신도와 관리해야 할 부와 권력과의 관계 등은 불가피하게 **제도**로 귀결된다.

교회 감독들이 언제 나타났고, 그들의 권력은 어떤 것이었으며, 권한의 변화가 있었는지 탐구하는 것은 소용없는 일이다. 중요한 것은 그게 아니라, 조직이 필요에 따라 만들어지고 로마제국의 제도에 오염되어 만들어진다는 사실이다. 당연히, 그것은 교계 제도와 더불어서 만들어진다. 교회가 부유해지는 데 일치하는 주된 사실은 교회가 제도로 변질하는 것이다. 그런데 한데 묶인 이 사건들을 통해 일련의 놀라운 변화가 생겨나는데, 그것은 행위를 위해 사랑과 은총이 축소된다는 것이다. 이 점은 충분히 이해할 만했다. 즉, 부를 통해 자선사업을 할 수 있었고, 복음이 '명령하는' 것과 봉사와 구제를 실행할 수 있었다. 이교가 사회사업 영역에 속한 모든 면에서 무능력했고 무관심했던 점과 비교하면, 이런 것은 사회적 측면에서 엄청난 발전이었다. 이것들이야말로 논란의 여지없는 사랑의 흔적이자 사랑의 표현이자 눈에 띄는 사랑의 표지가 아니었던가?

그리하여 4, 5세기에 사랑과 은총에서 봉사와 '사회 활동'으로 서서히 변화하는 것이 목격된다. 그러나 이 점을 통해 기독교적 관점이 완전히 바뀌고 말았다. 이것은 제도, 성직자와 일반 평신도 사이에 단절, 교회 안에 부유층과 권력층의 지배와 상관관계가 있었다. 즉, 다른 사람들을 돌보고 봉사하며 사랑을 표현하는 이들과, 보살핌을 받고 다른 사람이 사랑을 베푸는 계기가 되며 봉사를 받는 이들 사이에 단절이 생겼다. 교회의 진짜 단절은 이러했다. 이런 상황에서 어떻게 비非무력57)의 신학과, 나아가 비무력의 실천이 유지될 수 있었겠는가. 물론, 교회 전체에는 모든 것을 버리며, 하나님을 위해 스스로 가난해진 부자들의 예가 있다. 그들은 완벽한 삶을 살았다. 하지만, 그들은 바로 그렇게 함으로써 은둔생활을 선택하여 스스로 교회의 삶 밖에 있었거나, 아니면 성인의 반열에 올라 성결의 놀라운 모범으로 추앙받았다. 다시 말해, 그들은 교회의 구체적인 삶에서 제외되고 **'성자들'** 처럼 교회 밖에 있음으로써, 대중이 집단으로 본받을 수는 없었다.

만일 모든 사람이 가난해진다면 교회가 어떻게 존속하겠는가! 거기에는 칭송을 받게끔 되어 있는 모범적인 행위만 관건이 될 따름이었다. 또한, 성인품에 올리는 것, 이 행위 자체는 일반 신도와 상관없는 예외적인 신앙이 있음을 나타내는 것이었다. 이와 반대로, 일반 신도는 **자연**과 평범한 것에 들어맞는 길을 따라가야 했다. 그리하여 신학은 점점 더 **자연**신학이 되고, **은총**의 신학에서 멀어진다. 예수에 의해 제기된 "너는 무슨 특별한 것을 하느냐?"라는 어려운 질문은 감추어진다. 사회 전체의 동의 하에 정상 상태에 대한 탐구 및 '자연법칙'을 따르는 일에 대한 탐구가 시작된다. 게다가, 그 활동 영역은 이전의 모든 경향 가운데서 잘 준비되었

---

57) [역주] 엘륄은 비무력(非武力: non-puissance)을 무력(無力: impuissance)과 구별하여 다음 같이 설명한다. 즉, '무력'은 힘으로 행동할 수 없는 상황을 지칭하고, '비무력'은 힘이 있지만, 힘을 사용하기를 거부하는 것이다. 전형적인 예는 체포되던 당시에 예수이다. 예수가 "당장 12군단 이상의 천사들을 나에게 줄 수도 있는 나의 아버지에게 내가 간청할 수 없다고 너는 생각하느냐?"라고 베드로에게 말할 때, 예수는 그렇게 할 수도 있었으나 그렇게 하지 않는다는 것이다. 마찬가지로 예수는 마귀를 제외하고는 정복하고 처부수려고 자신의 힘을 절대 드러내지 않는다.

다. 그러므로 나는 교회의 본래 '이상'이 타락되었다고 말하려는 것이 전혀 아니라, 나쁜 의도 없이 생겨난 사소한 변화의 아주 단순한 흐름이나 분명한 작용이 있었음을 말하려 한다. 지도층이 권모술수도 없었고, 부자와 '유복한 자'가 가난한 자에게 속한 기독교 진리를 몽땅 차지한 일도 없었다. 부자와 유복한 자는 동방 박사들처럼 분명히 경건했다. 하지만, 부자가 거기 있을 때, 가난한 자는 자리를 잡기가 어렵다.

우리가 잘 아는 똑같은 현상에 따르면, 소신을 밝히는 데 별로 익숙지 못한 머리가 단순한 사람들의 집단에 지식인이 있을 때, 그 지식인만이 좌중 전체를 사로잡고 이야기한다. 그래서 교회의 우두머리나 신학자가 비난당하는 바는, 그들이 특히 부와 예수 그리스도 사이에 모순이 없음을 보여주려 애쓰면서, 또 부가 하나님 축복의 확실한 증거라는 구약의 명백한 흐름을 이용하면서 권력을 정당화하기 시작했다는 것이다. 벌레는 과일 안에 있었다. 신학적인 배반은 그것이 벌레가 아님을 입증하는 데 있었다. 그런데 모든 것은 서로 연관되어 있다. 올 하나가 끊어지는 순간부터 모든 것이 '풀리기' 시작한다. 아마도 가난한 자가 교회에서 환대받고 도움과 섬김을 잘 받는 순간부터, 육체적이고 사회적인 약함이나 혹은 열등함을 드러냈던 모든 것은 뒷전으로 밀려났다.

교회의 반反여성주의

가장 눈길을 끄는 예는 여성의 경우이다. 여성은 기독교의 확산 이전에 독자성을 획득한 기간이 있었으나 그 후에는 뒷전으로 밀려난 자신을 보게 된다. 이것은 복음도 초대 교회도 결코 여성에게 적대적이지 않고 여성을 과소평가하지 않기에, 또한 로마제국, 특히 동로마제국에서 여성의 위치는 오히려 유리했기에 더더구나 흥미롭다. 그럼에도, 권세와 힘과 권력이 되어버린 기독교는 여성을 대적하게 된다. 이상한 왜곡이기는 하지만, 여성이 탁월한 기독교적 혁신, 은총, 사랑, 박애, 생명체에 대한 염려, 비무력, 사소한 것에 대한 배려, 시작에 대한 기대와 같은 것을 정확히 나타내고 이 모든 것을 기독교가 영광과 성공을 위해 외면해 버리고 있었다는 점을 인정한다면, 이 왜곡을 완전히 이해할 수 있다.

나는 기독교가 이 길로 접어든 것이 언제나 반여성적으로 해석되는 바울의 두세 개 텍스트에서 비롯된다고 생각지 않고, 선한 명분을 위해 기독교로 하여금 정복과 권력과 지배의 가치를 택하도록 이끈 변화에서 기인한다고 생각한다. 그래서 여성은 영적 생활과 그리스도의 진리에 참여하는 데서 멀어졌다. 이러한 태도를 정당화하고자 성서 텍스트의 문맥 및 특히 성서 텍스트의 부주제(副主題, 58)에서 분리된 성서 텍스트가 사용되었다. 이런 가치들의 선택은 철학적 태도나 이데올로기적 선택에서 비롯된 것이 아니라, 부유층과 지도층이 교회의 중심세력이 되는 구체적인 사실에서 비롯되었다. 그래서 여성에 관해 **계시**에 의해 명시된 상황과 소명이 재해석된다.

이 움직임은 미풍양속의 극단적 타락과 맞아떨어졌다. 더더구나 교회가 로마제국의 교화를 책임졌기에 사람들은 요구가 많았다. 도덕적 문란이 상당히 퍼져 있었으나, 도덕적 규제의 엄격함이 여성에게 더 컸음은 틀림없다. 참된 메시지는 내버려둔 채 사람들은 도덕적 엄격함을 정당화할 수도 있는 텍스트를 찾았다. 이러한 작업은 여성을 위해 명시된 자유와 여성에게 주어진 높은 지위가 더 대단했기에 더더구나 격렬했다. 남성

---

58) [역주] 부주제(contrepoint): 음악 용어로는 '대위법'이라 하기도 하고, 문학에서는 처음 것과 평행하게 전개되는 두 번째 주제를 가리킨다. 따라서 성서 텍스트와 관련하여서는 자체의 주제를 가지면서도 어떤 것에 겹쳐지는 부차적인 주제를 가리키는 것으로 보인다.

의 반발은 성별 간 경쟁의 장에 자리 잡았다. 그런데 전통적 비평이 제자리를 찾는 곳이 오직 이곳에서이며, 여성의 자유를 억압하면 할수록, 창세기의 유혹하는 여성과 같은 여성을 비난하면 할수록, 여성을 침묵 속에 묶어두면 둘수록, 이와 반대로 여성의 이상적 역할, 곧 인류 역사에서 단 한 번 실현되었던 모델이 칭송을 받았던 것이다. 동정녀 숭배는 이러한 억압 위에서, 그 억압을 감추려고, 또한 남성에게 거리낌 없는 양심을 주려고 생겨났다. 그런데 동정녀 숭배는 사람들이 여성의 지위를 매우 높게 상승시켰다는 증거가 조금도 되지 않는다. 오히려 정확하게 그 반대이다. 동정녀 숭배는 하나의 이데올로기 역할을 하고, 여성을 박탈하고 과소평가하며 부정하는 메커니즘을 드러낸다. 동정녀 모델은 완벽하지만 쉽게 접근할 수 없는 유일성이 있다. 어떠한 여성도 그 모델에 다가갈 수 없어서, 모든 여성은 동정녀의 탁월함이라는 바로 그 이름으로 또 그 보호 아래 있어야 한다. 그럼에도, 동정녀를 숭배하는 것이 **여성**을 높이 평가한다는 증거가 되었다. 이것은 잘 알려진 이상주의적 메커니즘으로서, 모델이 완벽하면 할수록 더욱 그 모델을 통해 구체성이 거부당하는 일이 정당화된다.

대중화된 교회

성공과 사회 권력계층과의 결탁을 통해 교회 안에 대중화 현상이 초래되었다. 예수는 제자들에게 자신을 따르는 자들이 적은 무리임을 알렸다. 예수가 언급한 모든 비유는 예수의 제자들이 필연적으로 적은 숫자이며 권세라곤 거의 없다는 점을 보이는 경향을 띠고 있다. 밀가루 반죽 안에 있는 누룩, 수프 속에 있는 소금, 이리떼 가운데 있는 양 및 다른 많은 이미지가 그러하다. 예수는 승리하는 교회나 세상을 포괄하는 승리한 교회라는 시각을 절대 지니지 않았던 듯이 보인다. 예수는 항상 내적인 것을 변화시키고 영적으로 작용하는 은밀한 힘을 우리에게 보여주며, 하나의 공동체외에는 다른 아무것도 될 수 없는 공동체를 우리에게 보여준다.

천국royaume de Cieux은 가장 작은 씨앗이고, 땅속에 묻힌 작은 씨앗이며, 밭에 감춰진 보화이다. 그러나 하나님나라royaume de Dieu로서 천국이 온 세상을 포괄하게끔 되어 있다면, 천국의 역할도 그렇지 않으며 **지상**에 교회의 역할도 그렇지 않다. 그런데 상황은 뒤바뀐다. 공동체로 살아간다는 것이 내가 위에서 지적한 이유뿐만 아니라 단순히 숫자가 많아진 이유 때문만으로도 더는 가능하지 않다. 그래서 이제 "적은 무리"에서 대중으로 넘어간다. 어떻게 이 대중이 공동체적 방식으로 조직될 수 있다고 상상하겠는가? 어떻게 이 대중이 개인적이고 깊이 있는 신앙이자 참여적이고 전투적이며 식견 있는 신앙을 지닐 수 있다고 상상하겠는가? 어떻게 이 대중이 옛 편견과 옛 삶의 방식과 옛 신심을 버리는 것을 상상하겠는가?

나는 『순간』[59]이라는 키르케고르의 텍스트를 인용하지 않을 수 없다. 이 텍스트는 여기서 결정적인데, 왜냐하면 기독교를 무너뜨리는 성공이 사회학적 뿌리가 있을 뿐 아니라, 본질적으로 신학적 뿌리도 있다는 점을 이 텍스트가 보여주기 때문이다. "국가는 국민의 숫자와 직접 관계된다. 국가가 쇠퇴할 때, 국민의 숫자는 감소하고 국가는 사라진다. 즉, 국가라는 개념은 없어진다. 기독교는 다른 식으로 숫자와 관계된다. 단 한 명의 참된 그리스도인만 있어도 충분히 기독교에 실재가 부여된다. 심지어 기독교는 숫자에 반비례한다. 모두가 그리스도인이 되었을 때, 그리스도인

---

[59] 『순간』*L'Instant*, Ⅲ, Oeuvres complétes, ⅩⅠⅩ, Paris, Editions de l'Orante (Jean Brun éd.), p.145.

이라는 개념은 없어진다. 사실상 이것은 논쟁적인 개념이다. 즉, 사람들은 반대 견해에 서고 대립적인 행위를 취함으로써만 그리스도인이 될 수 있다[…]. 대립이 제거되면, 자신을 그리스도인이라고 말할 의미가 더는 없다. 기독교 세계는 우리가 **모두** 그리스도인이라는 이유로 기독교를 교묘하게 없애 버렸다. 그러므로 "그리스도인"이라는 개념은 숫자에 반비례하고, 국가라는 개념은 숫자에 정비례한다. 그럼에도, 사람들은 뜻 모를 말과 사제들의 가장 큰 이익을 위해서 그 둘을 혼합하였다[…]. 기독교 세계에서 사람들은 기독교가 무엇인지에 대한 최소한의 짐작도 하지 못하고, **기독교가 자체의 확산 때문에 없어졌**다는 점을 알아차리지 못할 수도 혹은 이해하지 못할 수도 있다." "번창한 덕분에 없어진 종교의 다른 예는 역사를 통해 아마도 제시되지 않는다." 그런데 4세기부터 사람들은 지배적 흐름이 된 기독교에 가담한다. 사람들은 사제와 교회 감독의 말과 가르침을 맹목적으로 받아들인다. 사람들은 교회가 제시한 계명이자 매우 빠르게 조건 없는 도덕이 되고 마는 계명에 거의 맞는 삶을 살려고 애쓴다. 이 모든 점은 명백하다.60) 나는 1936년 프랑스 노동 총동맹이 거의 2백만의 새로운 가맹자가 급작스럽게 가입하는 상황을 맞았을 때 이 동맹의 경우와 비교해보고자 한다. 어떻게 그들을 관리할 것인가? 그들이 진지한 조합운동가인지 어떻게 확인할 것인가? 그들의 정치 훈련 수준을 어떻게 알 것인가? 그들이 진정한 투쟁가임을 어떻게 확신할 것인가? 이것은 4세기 교회에서와 약간은 마찬가지였다. 그러면 무슨 일이 일어나는가? 매우 확실한 것은 증가하는 신도들을 받아들이는 데 알맞은 교회 방

---

60) 이 점에서 모든 엘리트 운동이 수많은 지지자를 얻고 공적으로 확고부동한 외양을 취하기 시작할 때, 기독교는 이 운동들의 방법이 되는 사회학적 방법을 따랐다. 러시아 공산주의의 모험, 또는 가장 최근에 이탈리아 붉은 여단의 모험이 그러했다. 필립 뽕(Philippe Pons)의 아주 명쾌한 논문들을 보라. 「붉은 여단의 실패」*La faillite des Brigades rouges* (Le Monde, mars 82).

식을 찾아야 한다는 점이다. 대중교회는 이렇게 시작된다.

대중화의 폐해

이 사람들이 그리스도인임을 입증해야 하고, 그래서 의식에 기대는데, 즉 세례로 충분하다는 것이다. 살아있고 참여적이며 개인적인 신앙은 아마도 없다. 사실상, 교회에 들어가서 교회의 방법을 따르는 것으로 신앙을 입증하기에 충분하다는 것이다. 어쨌든, 예수에게서 나온 내적이고 외적인 커다란 자유의 운동을 지탱하기란 불가능하다. "너희는 하나님의 영으로 자유롭다"거나 "모든 것이 허용되어 있다"는 바울의 선포는 각자 서로 아는 소수 엘리트 집단에는 좋았다. 그러나 신앙의 깊이를 보장할 수 없는 수만 명의 새로운 개종자들과 관련될 때, 그들이 완전히 자유롭게 자신들의 생활을 선택하고 자신들의 행위를 스스로 결정할 수 있음을 어떻게 그들에게 알린단 말인가? 그리하여 각 집단의 맨 앞에 권위를 배치해 두어야 했고, 사람들이 점점 많아질수록 더욱더 이 권위는 신성해지고 복합적이어야 했다. 교계 제도를 피할 길이 없었는데, 이는 단지 이미 사제의 숫자와 이 집단들의 지도자의 숫자가 차례로 너무 커졌기 때문이었을 수도 있다. 이 사제들을 진지하게 훈련시킬 수도 없었고, 이들의 신앙 깊이를 확인할 수도 없었으며, 신도들을 이끌고 올바르게 성서 진리를 가르칠 수 있는 재능을 확인할 수도 없었다. 그래서 이 사제들을 감독하고 통제하며 훈련하기 위한 교회의 고위성직자가 필요했다. 그리스도 안에 있는 영광스런 자유는 용인될 수 없었고, 이 자유는 명백하고 엄격한 명령으로 이와 동시에 대체되어 버렸다.

내가 여기서 기술하는 바는 상황에 대한 이론적이거나 추상적인 견해가 아니다. 이러한 자유의 위험은 2세기 말부터 완전히 체험되고 감지되었다. 이때부터 기독교 사회에서 생겨나는 것들, 곧 가장 무분별한 신통치 않은 작품, 가장 터무니없는 신심61), "모든 것이 허용되어 있다"라는 말에서 생겨나는 가장 엉뚱한 행동, 소위 영적 자유와 성령의 내적 비춤으로부터 생겨나는 복음서에 대한 가장 당치않은 해석 등을 죽 살펴볼 때, 이 모든 것은 교양이 없는 대중의 불가피한 결과이다. 그리고 이미 '신비'와 관여했기에, 왜 독실한 그리스도인이 두려워, 권력 당국에 호소했으며, 자신을 그리스도인이라고 진정 말할 수 없는 자들을 지정하여 교회 밖으로 쫓아내어 이단으로 분류했고62), 자유 대신 도덕을 설교했는지 이해된다.

마찬가지로, 설교와 기도와 성서 이해와 성찬식을 위한 '성령의 기름 부음' effusion de l'Esprit을 다음 같은 것들로 바꾸는 일이 반드시 필요해진다. 즉, 성령의 기름 부음을 이 혼란에 약간의 질서를 다시 세우는 잘 만들어진 종교의식으로 바꾸거나, 기도문으로 바꾸거나, 전례를 위해 자유스런 성서 해석의 여지를 축소하는 것으로 바꾸는 일이다. 하급 성직자가 무지할수록, 그로 하여금 자유롭게 말하게 하는 대신, 신앙을 의식하면서 엄격한 방식으로 이 신앙을 체험하려고 애쓰는 이들에 의해 지시되고 만들어진 예배의식의 집행자로 삼을 필요가 더욱더 있을 것이다. 도덕과 종교의식은 아무런 신앙의 진실성도 없이 교회에 들어온 이 새로운 대중들 때문에 생겨나는 온갖 질서의 타락에 맞서는 가장 큰 방어 수단이다.

---

61) 이 신심에 대해서는 플로베르(Flaubert)의 『성 앙뚜완느의 유혹』 *La Tentation de saint Antoine*에 훌륭하게 요약되어 있다. [본문을 역자가 각주로 설정]
62) 교회가 이단을 만들어내는 기계였다고 혹독하게 비난하는 자들 및 교회가 생각의 자유를 단죄했다고 비난하는 자들은, 3세기와 10세기 사이에 교회에서 폭발적으로 생겨났던 어리석고 음탕하며 당치않은 것들이 역사적으로 어떠한 것이었는지 전혀 모른다. 이것은 성령을 핑계로 하는 가장 나쁜 것들이다. 사람들의 손이 미칠 수 없는 공포의 단계가 있다. 예수 그리스도 이전에, 예를 들어 바쿠스 제(祭)에 대한 원로원의 의결과 더불어 로마인이 그 공포의 단계를 보여주었다.

이 처방을 통해 **계시**의 또 다른 왜곡이 초래되고, 기성 기독교의 뒤집 힘을 초래한다는 것이 고려되지 않았는데, 이 뒤집힘은 예수 그리스도 안에 있는 하나님의 **계시**와 모든 점에서 반대된다. 하나님의 **계시**와 반대되지만, 인간적 측면에서는 걸림돌이 되지 않은 이 뒤집힘은 합리적이었고, 일상 도덕으로 용납될 만했으며, 안심을 주었다. 이 뒤집힘은 받아들여졌다. 그러나 이와 동시에, 이 뒤집힘을 통해 예수 그리스도의 진리와 성령의 자유가 포함하는 걸림돌과 위험한 것과 뒤집어엎는 것과 폭발적인 것이 끝나버렸다. 훨씬 더 어렵기는 하지만 십자가의 거룩한 어리석음[63]을 '이단들'의 비뚤어진 악의와 대립시켜야 했을 텐데도, 대중의 타락에 미리 대비하고자 교회 당국이 선택한 방식은 규율화였다. 이것은 "회심한 대중"이 나타내는 우둔함을 고려하면, 매우 큰 위험을 무릅쓰는 일이었다. 만일 그리스도인이 소수로 남아 있었다면, 나는 이 싸움이 가능했으리라 생각한다. 대중은 질서와 도덕을 전제로 했다.

신앙의 이교화

이 첫 결과와 더불어, 우리는 기독교의 성공이 몰고 온 여파를 남김없이 파헤치지는 않았다! 우리는 대중들이 그들이 있던 상태 그대로, 또 그들이 믿었던 것과 더불어 교회에 들어왔다고 언급했다! 대중들의 마음속 깊이 자리 잡은 신심이자 때로는 무의식적인 몇 천 년 된 신심이, 단 한 번

---

[63] [역주] 십자가의 거룩한 어리석음. "십자가의 말씀이 멸망할 자들에게는 어리석은 것이지만, 구원을 받는 사람인 우리에게는 하나님의 능력입니다"(고전1:18)와 "우리는 십자가에 달리신 그리스도를 전합니다. 그리스도가 십자가에 달리셨다는 것은 유대 사람에게는 거리낌이고, 이방 사람에게는 어리석은 일입니다"(고전1:23)와 관련된 내용으로 볼 수 있다.

[64] 아프리카 교회와 마다가스카르 교회와 마르티니크 교회에 물신숭배 신앙의 유입, 서인도제도 토인들의 기독교화된 마교(魔敎), 죽은 자들의 귀환 등을 상기시키는 것으로 충분

의 세례와 '회심'으로 청산될 수 없었다.64) 이교도는 자신들의 이교를 가지고 교회에 들어왔다. 그들은 제우스와 주피터65) 또는 오딘66)과 같은 하나님에 대한 어떤 이미지를 갖고 있었으며, 추상화된 예수 그리스도가 하나님을 감당해 내기가 너무 어려웠다. 그리하여 그 이름조차도 불릴 수 없는 아브라함과 예수의 하나님은 이교에서 비롯된 다수 모습과 표상으로 덧입혀졌다. 그래서 **교회의 이교화**라고 불렸던 것이 생겨났다.

  잘 알려진 한 가지 사실은 일상적인 신앙심에서 제거해버릴 수 없었던 소소한 지역 신을 교회가 채택했다는 점이다. 성 제니스, 성 제니에스, 성 제네스 등으로 불리는 것은 지역의 수호신으로서 사람들이 사는 장소의 신이자 우리를 일상적으로 보호하는 신이다. 서둘러서 기독교화된 주민들에게 그들이 살던 지역의 수호신을 버리게 할 수 없어서, 지역의 수호신에게 세례를 베풀고 교회가 인정하는 성인으로 삼는 쪽을 택했다. 그리하여 교회는 많은 이교적 신앙과 형식에 자신을 맞추었다. 위에 든 예처럼, **성인**의 수가 실제로 늘었다. 새 신도들에게 그들의 옛 신심들을 버리도록 요구하지는 않았다. 일종의 다양한 종교의 집합소가 된 기독교의 틀 속으로 그들의 옛 신심들이 통합되었다. 이것은 아직 혼합주의는 아닌데, 우리는 혼합주의를 나중에 보게 된다. 그러나 성인들, 곧 반신半神들은 모

하다. 기독교 안에 이교의 종교의식과 축제의 잔재에 대해서는 미르체아 엘리아데 (Mircea Eliade)의 『신심과 기독교 사상의 역사』*Histoire des croyances et des idées religieuses*(Paris, Payot, 1983, t. Ⅲ, §304)를 볼 것. 거의 알려지지 않은 매우 인상적인 예들이 있다.

65) 신들의 **아버지**이기에 기독교로 옮겨가기는 얼마나 쉬웠겠는가…. [본문을 역자가 각주로 설정]

66) [역주] 북유럽 신화에 나오는 최고신. 게르만족이 숭앙한 신으로, 처음에는 농민이 섬기는 토르신보다도 하위에 있는 듯하나, 귀족 전사(戰士)계급이 세력을 얻음에 따라 싸움의 신으로 격상되고, '만물의 아버지'라 불리어 천지와 인간의 창조자가 되고 모든 신은 그의 아들이 된다.

든 관점에서 중보자로서 유용했다. 예수 그리스도의 믿음으로 접근하는 길은 세례 받은 작은 신들, 곧 성인들 속에 있는 신앙을 통해 보다 쉬워지리라 생각되었다. 역으로, 이 하급 수호신에 대한 기독교 진리의 승리라는 흔적이 남았다.

이때 기독교 승리주의가 압도했다. 따라서 그리스도인은 교회로 변한 이교도 신전을 자기 것으로 삼았으며, 이 신전들의 세습 재산을 몰수했다. 다이애나 신전이나 혹은 아폴로 신전에 습관적으로 다녔던 선량한 이교도는 여전히 그곳에 다녔지만, 이제부터 예수 그리스도에 대한 미사를 거기서 드렸다. 아마도 이 점은 그들이 보기에 크게 중요치 않았다. 사람들은 있는 힘을 다해 모든 것을 기독교화시켰다. 고대 로마의 모든 기념 건축물 자리에 성 베드로 상이나 혹은 십자가가 세워졌는데, 그 반대 효과는 교회의 기독교를 이교가 되게 하는 것이었다. 사도와 선지자는 사회학적으로 가장 종교적인 의미에서 사제로 변했다. 즉, 사도와 선지자는 신관神官, 67), 군신軍神 마르스Mars의 사제, 아르발레스 사제단68), 제물을 바치는 사제, 베스타 여신을 섬기는 무녀, 점복관占卜官, 69), 특정한 신을 섬기는 제관祭官 등의 계승자로 변했는데, 민중이 보기에 이들 모두 똑같은 기능을 수행했다. 교회는 이교 세계에 완전히 자신을 맞추었고, 이교 세계의 형태와 도덕까지도 받아들였다.

---

67) 교황(Souverain Pontife)이라는 어마어마한 호칭은 이 성직자 계급이 어느 정도까지 직접적으로 이교 성직자계급의 뒤를 잇는가를 보여준다.
　[역주] 고대 로마에서 '신관'을 'pontife'라 하고 '최고 신관'을 'souverain pontife'라 하는데, 이후에 '신관'은 주교나 추기경 같은 고위성직자를 지칭하는 표현이 되고, '최고 신관'(souverain pontife)은 교황을 지칭하는 표현이 된다.
68) [역주] 로마 신화에 나오는 가정의 수호신 라레스와 풍요로운 수확을 보장하는 신들을 위해 연례적으로 제사를 드리는 사제단을 가리킨다.
69) [역주] 고대 로마에서 천둥, 번개, 새 소리 따위로 점을 치는 자를 가리킨다.

교회 대중화의 결과

이 점을 통해 두 가지 마지막 주요한 결과가 초래되었다. 먼저, 이 기독교는 이런 사회를 구조화하는 이데올로기라고 불릴 수 있는 것이 되었다. 기독교는 예수 그리스도라는 진리의 이름으로, 또 **성육신**의 이름으로 모든 것을 문제 삼는 폭발적 요인이 되기를 그쳤다. 기독교는 어려움에 부닥친 이 제국 안에 존재했던 것에 새로운 토대를 제시하고 활력을 회복시킨다. 또한, 기독교는 삶의 의욕과 문명화의 의욕을 다시 불어넣는다. 기독교를 국가 종교로 변형하는 것이 유일한 문제가 아니라, 다음 같은 신앙을 확산시키는 것이 문제이다. 즉, 온갖 진부한 이야기와 전설과 기적과 "예언"과 묵시와 마술을 받아들이면서, 또 민중을 위해 쉽고 도덕적이고 건설적인 신앙을 표명하면서, 집단적인 이데올로기 곧 일종의 명백한 사상이 되려고 하나의 신앙이 되기를 그치는 신앙이다.

교회는 개인 생활에서뿐만 아니라 제도에서 틀과 주형 구실을 한다. 로마제국은 진정 새로운 활력이 필요했기 때문에, 또 교회에서 그 활력을 발견했기 때문에, 교회는 구조화된다. 하지만, 이 때문에 기독교는 그 성격이 근본적으로 바뀐다. 초기에 기독교는 도피 종교의 틀 속에서 받아들여진 예언적 선포였다가 사회를 결속시키는 종교가 된다. 사정이 이러하다는 것이 확인되었을 때, 또 기독교가 종교의 전통적인 역할을 그 나름대로 떠맡을 수 있었을 때, 그것은 쇠락하는 옛 종교에 맞선 기독교의 확실한 승리이자, 옛 종교를 대체하는 신비 종교에 대한 기독교의 확실한 승리였다. 이렇게 해서 기독교는 로마 세계의 가장 확고한 지주가 되었고, 기독교가 로마제국의 자산 속에 자신의 자산을 지녔던 것은 당연했다.

대중화의 마지막 결과는 다음과 같다. 즉, 기독교가 대중 종교가 되는 순간부터 이와 동시에 교회와 엘리트들은 기독교 진리를 보유한다고 확신했기 때문에, **대중 전체**가 분명코 그리스도인이 되어야 했다는 것이다. 여기서 나는 강요된 개종을 염두에 두는 것이 아니라, 별로 고려되지 않은 다른 양상을 염두에 둔다. 나는 이미 신앙을 인정하고, 조사하고, 구별하기란 불가능하다고 언급했다…. 이단과 관계된 탐구는 일단 미루기로 하자. 이것은 신앙과 관계된 것이 아니라 지적 문제와 관계된 것이다. 지식인이 아닌 이들에게 있어 무엇이 통제될 수 있었을까? 그것은 오직 미풍양속과 삶의 방식뿐이었다. 고해, 곧 사제에게 하는 고해에 점차 중요성을 부여하고, 그다음으로 도덕과 죄와 벌의 법전화에 점차 중요성을 부여하는데, 예를 들어 상당한 성공을 거둔 6세기 아일랜드의 참회규정서 같은 것이다. 기독교를 종교, 곧 사회 결속의 종교와 도덕으로 변형시키고 나서, 세례는 받았으나 하나님과의 참된 관계에 대해 아무것도 확증될 수 없는 누구에게서든 이제 그가 그리스도인답게 처신하는지 확인하는 일이 필요하다.

사람들은 약 1,500년간 지속하였고 바로 이제 문젯거리가 되기 시작하는 놀라운 상황에 이른다. 요컨대, 이 놀라운 상황이란 그 사람이 필시 그리스도인이 아닌데도, 마치 그가 진정으로 그리스도인인 양 처신하도록 그에게 요구된다는 것이다. 이것은 성서 **계시**와 완전히 반대된다. 계시된 하나님에 대한 인식, 하나님의 사랑 안에서 신앙, 하나님 뜻의 수용이 있고, 또한 이러한 것들을 전제로 하여 하나님의 사랑과 뜻에 일치하는 삶의 방식에 대한 추구가 존재한다. 하지만, 신앙과 무관한 '기독교' 도덕의 표명은 어디에도 없으며, 성서에 기술된 보편적 도덕이란 없다. 거기에는 회심을 촉구하는 호소가 있으며, 이것을 전제로 하여 하나님과 동행하는 삶의 의지가 있다. 그런데 기독교 세계가 되어가는 것 속에서 끊임없이 사람들은 영적인 삶에 의뢰하지 않고서, 또 예수 그리스도의 하나님을 인식하지 않고서, 객관적인 행동을 얻어내는 것을 목표로 한다. 사람들이 이런 기상천외한 일을 알아차릴 때, '기독교 도덕'과 '자연 도덕' 사이의 동일성을 지적으로 정립한다. 그러나 이것은 **계시**에 대한 왜곡의 극치이다. 다만, 적은 무리에게만 가능했던 하나님과의 관계를 대중화시킨 결과들은 내가 보기엔 그러하다.70)

기독교 왜곡의 내적 요인들

우리는 엑스(X)의 뒤집힘에 대한 일반적 탐구의 마지막 주제에 이른다. 지적, 사회적, 정치적 영향 외에도, '계시된 내용' le donnée révélé에는 이 왜곡을 생겨나게 할 수 있던 몇몇 원인을 그 자체에 포함하고 있었다. 어떤 의미에서 이것은 교리와 신학으로의 회귀이다. 예수 그리스도가 요구하거나 또는 선포한 바에 들어 있는 견디기 어렵고 적용할 수 없는 것을 사람들은 교회에서 매우 빨리 경험했다. 두 가지 주제만 예로 들어보자. "하늘에 있는 너희 아버지가 온전하듯이 너희도 온전하라"는 말씀이 있다. 어떻게 이 불가능성을 진지하게 받아들일 수 있을까? 회심하고 나서 성령의 도움으로 죄가 사라질 수 있으며, 완전함이 견딜 만해진다는 점을 어떻게 받아들일 수 있을까? "가서 네 **모든** 소유를 팔아 가난한 사람들에게 나누어주고 그 후에 나를 따르라"라는 말씀을 어떻게 이해해야 할까? 우리 각자는 예수의 이 같은 확고한 말씀을 읽으면서 이 확고한 말씀의 불가능성을 인정한다. 우리가 절대로 뛰어넘을 수 없는 한계가 있

---

70) 한 가지 혼동을 피하도록 하자. 예수를 따르는 자는 소수일 뿐이라고 하면서, 나는 엑스(X)에 대한 신앙이 엘리트에 해당하는 것이라고 분명히 언급한다. 그러나 이것은 사회적 또는 정치적 엘리트와는 관계없다. 교회가 시작에 있어 또 계시된 진리로의 복귀였던 모든 운동에서, 어떤 사람들이 모였나를 상기해보자. 거의 언제나 민중이 모인 것이다.

다. 심지어 아무리 위대한 성인이라도 말이다. 예수 그리스도에 대한 어떠한 모방도 불가능하다.

그래서 다음과 같이 설명하고자 온갖 부류의 신학자와 법률가의 파괴 작업이 시작된다. 즉, 예수가 거기에 기록된 바와 다른 것을 말하려고 했다거나, 또는 이 명령들이 영적 엘리트에게 해당하였고 다른 이들에게는 다만 조언에 불과했다거나, 또는 소유를 팔아 가난한 자에게 주라는 젊은 부자 청년에게 주어진 명령은 오직 그 청년에게만 해당하였다는 등의 해석이다. 달리 말해, 그들은 인간이 궁지에 몰리지 않고 인간이 하나님과 자신 사이의 거리를 의식하지 않도록, 이 텍스트들을 온갖 의미로 왜곡했다. 이 점은 **배교자**에 대한 논쟁을 통해 설명되었다.71) 즉, 히브리서에는 만일 누군가 은총을 받은 이후에 다시 죄를 짓기 시작하면, 더는 구원이 가능하지 않고 영원히 단죄를 받는다고 되어 있다…. "그렇다면, 한 가지

---

71) [역주] 배교자는 공식적으로 기독교인임을 부인한 사람이다. 역사적으로 대표적인 배교자에 관한 논쟁에 개입된 인물은 북아프리카 카르타고 출신 교부 키프리아누스(약 210-258년)이다. 하지만, 그는 카르타고 감독직을 9년 동안만 유지한다. 왜냐하면, 그는 로마 황제 데키우스의 핍박으로 말미암아 카르타고를 떠나 인근 지역에 피하기 때문이다. 초창기 교회에는 배교자에 대해 교회가 어떻게 처리해야 할지에 관한 배교자 문제가 종종 대두한다. 키프리아누스도 이러한 어려움에 직면한다. 왜냐하면, 그가 핍박이 일어났을 때 겁쟁이처럼 도주했다는 비판이 생겨 그는 로마 감독에게 고발당하기 때문이다. 그러자 키프리아누스는 자신의 도주는 개인적인 것이 아니었고 신적인 지시에 따른 것이라고 한다. 또한, 그는 배교자일지라도 공식적인 회개를 하는 사람을 다시금 교회 일원으로 받아들이자고 주장한다. 한편, 키프리아누스가 도주한 시기 동안 노바투스라는 장로가 임명한 펠리키시무스 집사는 이러한 키프리아누스의 제안을 정면으로 반대한다. 그래서 키프리아누스는 그를 파직하고 출교를 명한다. 그러자 펠리키시무스는 노바투스의 지원을 받고 반대파를 이끌며 분파를 자행한다. 그러자 키프리아누스는 『배교자들에 관하여』라는 글을 쓰고 카르타고에서 감독자들의 종교회의를 개최하여 이 문제를 거론한다. 이 종교회의에서는 펠리키시무스를 단죄하고 키프리아누스의 권면을 채택한다. 그러자 펠리키시무스를 따르는 자들은 키프리아누스를 반대하고 감독을 선출하여 분파를 이끈다. 더욱이 로마 감독까지 선출함에 따라, 박해로 배교한 신도의 복귀 문제를 둘러싸고 과격파의 엄격주의 입장을 취한 교황 노바티아누스를 따르는 자들의 분파는 점차 심각해져 간다.

라도 죄를 지은 이들을 모두 교회에서 몰아내야 했는가?" 혹은 "조정은 없었는가?" 혹은 "여러 가지 죄들을 구분할 수 없었는가?" 등의 논쟁이다.

또 다른 예는 자유라는 예이다. 예수와 바울은 성령에 의해 인도되는 자는 모든 것에 완전히 자유롭다고 우리에게 증언한다.72) 하지만 실제로는 어떠한가! 이미 바울은 고린도 교인들이 이 자유를 말도 되지 않게 이용하는 것에 대해 단호히 비난한다. 왜냐하면, 그리스도 안에서 얻어진 자유는 자아에 대한 완벽한 제어, 완전한 지혜, 하나님과의 완전한 일치, 완전무결한 사랑을 전제로 하기 때문이다. 자유는 절대적으로 초인적인 모험이다.73) 자유는 인간에게 극도의 성별聖別을 요구하면서 인간을 힘들게 한다. 자유로운 인간은 선택이라는 변함없는 조건 속에서, 또 모든 것을 부패시키는 지속적인 위험 속에서, 가장 전적으로 책임을 진다. 이것은 진실로 **견디기 어려웠다**. 그리하여, 여기서도 해석자와 도덕가의 일이 시작된다. 그리스도 안에 있는 자유는 아주 빨리 잊히게 **된다**. 내가 주목하는 것은 이 점이다. 처음부터 자유가 분석되고 규정되지는 않는다. 또한, 첫 몇 세기에 지식인과 신학자에게 있어 자유는 **묵과된다**. 그리고 신앙과 사랑과 덕에 대해 많이 언급된다. 이후에 그리스 사상이 침투할 때, 자유에 대한 성서의 위대한 선언이 더는 언급되지 않은 채 자유는 **철학 용어에서** 다시 나타난다. 그다음으로 로마인과 더불어 자유는 법률 용어로 표명되기 시작한다.

이어서, 알려진 다음 같은 온갖 분석이 당당히 제시된다. 즉, 자유란 방종이 아니고, 자유는 다른 이들의 자유가 시작되는 곳에서 멈추며, 자유

---

72) 자끄 엘륄, 『자유의 윤리』*L' Ethique de la liberté* (t. Ⅰ, Genève, Labor et Fides, 1973)
73) 샤르보노(B.Charbonneau), 『나는 장본인의 집에 있었다』*Je fus, chez l' auteur* (1980)

는 파괴하거나 혹은 부패시키려고 존재하지 않는다는 등의 분석이다. 자유에 대한 이런 분석들은 우리가 정치적 자유 및 자유주의의 경제적 자유를 마주할 때까지 계속된다. 결국, 형이상학적 질문과 우아한 토론의 장이 생긴다…. 그러나 이 모든 것은 그리스도인의 자유, 성령의 자유, 예수 그리스도의 죽음과 부활로 얻어진 자유와 아무런 관계가 없다. 이런 자유는 견디기 어려웠다. 그러기에 이런 자유는 제거되었다. 루터가 이 자유를 다시 생겨나게 할 때에도74), 개혁교회에서도 즉시 이런 자유는 쫓겨나고, 배제되며, 도덕화되고, 순화된다.

되살아나는 노예상태에서 하나님에 의한 해방이야말로 가장 큰 변화였는데, 그것은 선포된 변화나 혹은 이데올로기적 변화가 아니라, 예수 그리스도의 죽음과 부활을 통해 인간 안에 **실현되고** 성취된 변화이기 때문에, 이 자유는 정치적이거나 혹은 사회적인 자유인 것과 마찬가지로 영적이고 완전한 자유이다. 예수 안에 **숙명**이나 **운명**은 더는 존재하지 않는다. 그래서 인간은 **근본적으로** 자유롭다. 이것은 이미 이집트에서 해방이라는 첫 번째 행위에 들어 있었고 아브라함의 하나님의 변함없는 약속이었는데, **성육신** 안에서 **모든 것**이 성취된다는 것이다. 그러나 이 자유는 그 결과의 절정 속에서 완전히 받아들일 수 없었고, 심리적으로 견딜 수 없었으며, 사회적으로 소름끼치는 위험이었고, 정치적으로 모든 권력에 대해 모욕적이었다. 이것은 가능하지 않았다. 즉, 사회계층의 위로부터 아래까지 그 문화가 어떤 것이든 간에, 이 자유를 떠맡고 그 결과를 받아들이는 것은 불가능했다. 기독교적 자유가 거부되었던 것은, 바로 이 근본적인 불가능성 때문이며, 또 **모든** 사람이 한목소리로 거부하기 때문이다.

---

74) 마르틴 루터(M. Luther), 『그리스도인의 자유론』 *Le livre de la liberté chrétienne*.

이 자유는 은폐물이 없는 위험이요, 즐겁지만, 안전그물이 없는 위험한 곡예이다. 이것은 인간이 바라는 바가 아니다. 따라서 바로 이 점에서 자유를 거부하는 조건 없는 동기가 생겨난다. 그러나 이와 동시에 이 자유가 **얻어지기** 때문에, 이상과 형식으로 변형된 실제적인 자유이자 이른바 필요로 변형된 실제적인 자유에 대한 비극적인 갈등이 생겨나고, 이 자유가 내포한 위험을 겪는 것에 대한 거부가 일어난다. 독재에서 혁명으로 끝없이 요동을 치는 서구 세계의 비일관성이 생겨난 것은 이러한 갈등을 통해서이다…. 그리고 이 점은 하나님 **계시**의 실재 자체 속에 존재했다.

계시 속에 내포된 모순

뒤집힘의 또 다른 원인은 **계시**의 본질적으로 모순된 성격과 관계가 있었다. 다음 같은 점을 자각해야 한다. 즉, 상반되지만 단지 같이 연합되기 때문에 진리일 따름인 두 진리를 연합시키면서, 대립하는 방식으로 또 어떤 관점에서는 변증법적 방식으로 **계시** 안에 있는 **모든 것**은 표명된다는 점이다. 나는 성서가 우리에게 제시하는 **모든 것**이 그러하다고 분명히 말한다. 그 진리에 뒤이어질 수도 있는 추론된 다른 진리에 논리적으로 또 연속적으로 연계된 단일한 진리는 **결코** 없다. 성서 계시에는 논리란 없다. 거기에는 "이것이냐 아니면 저것이냐"란 없고 언제나 "이것도 저것도"가 있다. 사람들은 이 점을 모든 면에서 마주친다.

그래서 예를 들면, 루터는 하나님 앞에 있는 인간의 상황을 "**언제나 동시에 죄인이자 의인**"이란 말로 표현한다. 우선 죄인이나 그다음에 의인으로 인정받음으로써 의인이 되는 두 단계가 있지 않다는 것이다. 마찬가지로, 바울은 "너희가 은총으로 믿음에 힘입어 구원을 받았으니 **그러므로**

너희 구원을 위해 힘쓰라"고 구원에 관해 언급하고서, 구원받은 인간으로서 살기 위한 온갖 조언을 늘어놓는데, 이것은 완전히 모순된다. 그래서 우리는 다음같이 말하고 싶어 한다. 즉, 우리가 은총으로 구원받았으나 그러기에 우리의 노력은 아무 쓸모없다든가, 그렇지 않으면 우리가 우리의 행함으로 구원받았으나 그러기에 은총이 행하는 바가 무엇인지 모른다는 것이다.

하나님은 분명히 **전능한 자**이고 인간은 자유롭다는 말도 마찬가지다. 비신자는 이 점을 결코 이해하지 못한다. 하나님은 **전능한 자**이고 그래서 인간은 자유롭지 않다든가, 그렇지 않으면 인간은 자유롭고 하나님은 별것이 아니든가 둘 중 하나라는 것이다. 나는 이런 종류의 예를 더 많이 들 수 있지만, 단 하나만 언급하겠다. 하나님은 절대적으로 초월적이고 "하늘에 있으며, 인간은 지상에 있다." 하나님은 근본적으로 알 수 없고, 아무도 하늘에 올라갈 수 없으며, 아무도 하나님을 볼 수 없고, 아무도 하나님에 대해 아무것도 알 수 없다. 오직 부정否定의 신학만이 가능하다. 다시 말해, 우리는 하나님의 존재가 아닌 바를 말할 수 있다는 것이다. 딱 그뿐이다. 하나님은 진정으로 재인식되지 않은 **전적 타자**이다. 하나님과 하나님의 창조물 사이에 어떤 공통된 척도도 없다. 하나님은 더할 나위 없이 자기 자신이며, 아무와도 자신의 영광 중 아무것도 공유하지 않는다. 그리고 **이와 동시에** 하나님은 인간의 역사에 들어오고, 아브라함과 모세 및 자신의 백성과 동행하며, 가장 가깝고 친밀하며, 인간에게 말하고, 인간이 감당할 수 있는 모든 것을 계시와 사랑을 통해 인간에게 전달하는 하나님이다. 그러나 칼 바르트가 말하듯이, 하나님은 자신을 계시하는 것 안에 숨겨진 하나님이다. 그리고 하나님은 숨겨진 하나님으로서 자신을 계시한다. 결국, 하나님은 한 인간 안에 온전히 성육신하는 하나님이다.

하나님은 이 예수 그리스도 안에서 전적으로 충만히 존재한다. 하나님은 다른 곳에 존재하지 않는다. 우리가 하나님에 대해 알 수 있는 모든 것은 거기에 있다. 예수 안에 있는 것은 하나님의 아주 작은 부분이 아니다. 모든 것은 인간에게 집중되어 있다. 바아니앙[75]은 이것이 하나님의 조건으로서 인간이라고 언급한다.

전적 타자인 하나님과 한 인간 안에 성육신한 하나님은 양립할 수 없는가? 하지만, 우리는 성서에 있는 **모든 것**이 양립할 수 없음을 이해해야 한다. 따라서 우리는 두 개의 모순이 함께 유지되는 한에서만 계시가 존재한다는 점을 이해해야 한다. "한 인간 안에 성육신한 **전적 타자**인 하나님"이지만, 그럼에도 하나님은 여전히 **전적 타자**로 남아 있다. 나는 이 점이 본질적이기에 되풀이해 말하는데, 진리란 이러한 모순 자체로 이루어짐을 이해해야 한다. 진리의 각 양상은 그 진리와 근본적으로 반대되는 것과 연계되어 있을 때만 참되다. 만일 내가 초월적인 하나님만 언급하고 거기서 그만둔다면, 그것은 성서의 하나님이 아니다. 마찬가지로 만일 내가 하나님인 예수 그리스도만 언급하면, 그것은 복음이 아니다. 그런데 이러한 방식은 근본적으로 정신esprit에 상반되고 모순된다. 나는 이 정신이 인간 정신이라 하지는 않지만, 어쨌든 서구세계에서 정신이다. 주전 600년 이래로 우리 서구인은 "이것이냐 아니면 저것이냐"라는 방식에 따라 움직인다. 즉, 검은 것은 희지 않고, 참된 것은 거짓되지 않으며, 행동인 것은 사고가 아니라는 등이다. 우리는 상당히 엄밀하게 때로는 대단히 종합적으로 분석한다. 나는 거의 존재론적으로 언급하겠지만, 우리는 상반되는 것들이 공존하는 것을 견디지 못하며, 또한 논리적으로 배타적인

---

75) [역주] Gabriel. Vahanian(1927-): 프랑스 개신교 신학자로서 '하나님의 죽음'의 신학의 주도자였으며, 그 신학에서 선구적인 업적으로 잘 알려졌다.

사슬의 두 끝을 함께 쥐지 못한다.

우리의 사고방식이 성서의 텍스트 위에 군림하고 활동했기 때문에, 주후 2세기 전부터 우리는 성서 텍스트를 쪼개고, 나누며, 작은 지식함에 나눠 담고, 분류하며, 정리하기 시작했다. 모순을 줄인다는 핑계로 극히 섬세한 신학 정신이 배제하려 애썼던 불가능성을 우리가 고집한다는 점을 깨닫지 못한 채 말이다. 그리고 훨씬 더 나쁘게도, 우리는 한 쌍을 둘로 나누면서 얻어진 각 부분을 거짓되고 기만적으로 만들었다는 점을 깨닫지 못한 채 말이다.

만일 내가 하나님은 **초월자**라고 하면, 이것은 잘못이다. 만일 내가 하나님은 예수이며 다른 것은 아무것도 없다고 하면, 이것도 잘못이다. 이러한 분리의 첫 결과는 분명히 이단들의 증가였다. 다시 말해, 어떤 주장을 지지하는 자가 다른 주장을 지지하는 자에 대해 가하는 단죄가 늘어나는 것이었다. 그러나 일반적인 결과는 서구 세계에 있어 극단적이고 비극적이었다. 이렇게 하나님은 **전적 타자**이며 너무도 초월적이어서 인간에게 **절대적으로** 낯설다는 단호한 주장은, 인간으로 하여금 겁에 질리고 압도되어 하나님 앞에서 더는 감히 살아 있지 못하게 하든가, 하나님으로부터 전적인 독립을 하게 한다.

만일 하나님이 하늘에 있되, 너무도 멀리 있는 나머지 더는 아무것도 돌볼 수 없다면, 지상에 있는 나는 분명히 '아무 것이든' 할 수 있다. 기독교가 종교적인 것과 신성한 것 전체를 **하늘**로 되돌려 보냄으로, 종교적이고 신성한 것은 아무것도 더는 **지상**에 남아 있지 않다…. 그러한 기독교에 의한 자연과 살아있는 것에 대한 비신성화에 대해 우리가 언급할 때, 우리는 이 "아무 것이든"이 가능하다고 다시 여길 것이다. 그렇지 않으면, 앞의 주장 못지않게 예수가 모든 것이라는 확고한 주장을 통해, 또 구약의 무시무시한 하나님을 초기 몽매주의의 무지 탓으로 돌리려는 유혹을 통해, "선한 하나님"과 "자상한 예수"와 "예수의 마음"이 되는 존재와 함께하는 평범함과 친숙함이든지, 신적인 모든 것의 배제이든지 그러한 오류가 생겨난다. 그래서 예수는 **큰 형님**, **선한 모델**, 완성된 도덕의 모범이 되고, 이제는 지배계급에 맞서 탁월한 실천력을 지닌 비범한 혁명가가 된다. 이 역시 매우 불합리하다. 이처럼 우리는 **계시**의 이런 방식과 "똑똑히 파악하려는" 서구 인간 지성의 아주 뿌리 깊은 경향 사이에 갈등을 목격한다. 이것은 앞선 경우와 마찬가지로 똑같은 뒤집힘이다. 곧, 인간은 이 **계시**의 특별함을 감당해 낼 수 없다. 그래서 인간은 계시를 받아들일 수 있고 접근할 수 있게 만들기까지 계시를 조작한다. 하지만, 이렇게 하면서 인간은 계시를 뒤바꿔 놓는다.

통일에 대한 갈망

마지막으로 나는 이 뒤집힘의 세 번째 원인을 들겠는데, 처음 보기에 이것은 우리가 방금 살펴본 바와 반대되는 듯이 보인다. 우리는 통일성에 목말라 있다. 우리는 다양성을 **하나**로 귀결시키려 든다. 이 점에서도 아마 그리스 철학의 경향으로 거슬러 올라가야 한다. 하지만, 거기에는 그리스 철학의 경향이 있을 따름이었다. 그래도 우리는 분류할 수 없는 가지각색의 것을 용납하기 어려운 인간 정신의 깊은 움직임 앞에 있는 듯하다. 그리고 이러한 경향은 물질적 통합 및 지중해 세계의 통일에 대한 로마인의 갈망 가운데서 구현된 것이다.

여기서 일종의 근본적인 충동이 있었는데, 이 충동을 정치적 제국주의, 혹은 정복 의지와 명예욕, 혹은 경제적 이익으로 귀결시키는 것은 완전히 쓸데없는 일이다. 이 모든 것은 부수적인 양상이다. 물론 그 중요성을 부인하려는 것이 아니라, 그것이 **이 세상의 다양성을 하나로 귀결시키는 것인 통일성**을 가장 중요시하는 강박관념에서 생긴 결과라는 점을 단지 강조하려는 것이다. 그리고 이것은 14세기부터 시작된 신대륙 탐험의 시초에 발견되는 것과 똑같은 정신으로서, 황금에 대한 갈망보다 훨씬 더 강한 정신일 것이다. 이것은 **하나**에 대한 갈망이다. 그런데 놀랍게도, 성서는 **하나**인 하나님을 정확히 제시한다. 그것은 경이적이었다. 바로 이 순간 로마제국의 통일성에서 삐걱거리는 소리가 처음 들리기 시작했기에 더더구나 기이했다.

비극은 바로 광대한 제국을 합당하게 관리하고자 황제가 디오클레티아누스와 더불어 제국을 둘로, 심지어 넷으로 나눌 수밖에 없다는 것이다. 하지만, 통일에 대한 강박관념은 여전히 남아 있을 수도 있다. 절대적이고 손댈 수 없는 정치적 통일이란 없다면, 이 **하나**의 하나님이 원하는 종교적 통일에 따를 수 없었는가? "단일신론"은 "종교적 진보"가 아니라 유니테리언파[76]의 확실치 않은 시도이다. 이 **하나**인 하나님 자신이 통일을 위해 행동할 수도 있기 때문에, 종교가 로마제국의 통일을 보장할지도 모른다. 그래서 해석의 불일치가 허용될 수 없게 된다는 점이 그때야 이해된다. 만일 **하나**인 하나님의 종교에 이 소명이 있다면, 이 종교는 모든 부분에서 하나가 되어야 한다. 그래서 이단은 편협한 신학자나 혹은 아주 세밀히 따지는 자의 소관이 아니다. 이단은 로마제국 통일의 존재 자체 및 존재 가능성과 관련된다.

이러한 이유로 4~5세기에는 이단들의 비극적 사건이 교회 안이나 신

---

[76] [역주] 4~5세기 기독교 분파이자 이단. 하나님은 하나이며, 하나님은 성부, 성자, 성령이라는 기독교의 삼위일체와 구분된다는 교리를 따른다. 이 교리에 따르면, 예수는 하나님, 즉 신성과 가장 가까운 인간이다. 한편, 성령은 성부 안에서와 성부의 특별히 선택된 아들 예수 안에 존재한다. 유니테리언파의 흐름은 엄격히 단일신론적인 흐름에서 그 기원을 찾을 수 있는데, 그 중 가장 잘 알려진 것이 아리우스파이다.

학자 계층에 한정된 것이 아니라, 오히려 민중적이며 집단적인 사건이 된다. 도나투스파[77] 교도, 프리실리아누스파[78] 교도, 아리우스파[79] 교도를 지지하는 운동을 일으킨 것은 하층민이다. 사람들은 이 '종교적 이념' 때문에 서로 죽인다. 이 점은 우리에게 불합리한 듯이 보이고 종교적 몽매주의를 드러내는 것 같지만, 전혀 그렇지 않다. 모두에게 걸려 있었던 것은 통일할 수 있느냐 없느냐였다. 이것은 교회의 통일일 뿐만 아니라 로마제국의 통일이 되는 것이다.

종교적인 것에 기초한 이 **정치적 강박관념**은 샤를마뉴[80]나 뒤이어진

---

[77] [역주] 4~5세기 기독교의 분파이자 이단. 이 교파가 떨어져 나오게 된 궁극적 원인은 교리와 사회적 문제인데, 교회 문제에 대한 국가의 간섭을 반대한다는 것이다. 3세기 아프리카 교회에 널리 보급된 전통에서는 교회는 선택받은 자들의 단체로 간주한다. 그러한 견해가 발전한 결과 도나투스파에서는 성직자의 활동에서 타당성은 성직자 안에 성령이 함께하는가에 달렸으며, 은총 가운데 있지 않은 성직자는 합당한 성찬식을 거행할 수 없다는 믿음이 생겨난다.

[78] [역주] 4세기 기독교의 분파이자 이단. 마니교와 범신론으로부터 영감을 받고 영지주의 교리의 영향을 많이 받은 이 교파는 주된 가르침은, 영혼은 하나님에 의해 창조되고 몸과 물질은 악의 원리에 의해 창조된다는 것과 성 삼위일체의 세 이름은 단 하나의 위격位格만을 지칭한다는 것이다.

[79] [역주] 4세기 기독교의 분파이자 이단. 예수 그리스도의 신성을 부인하는 아리우스의 주장을 교리로 삼는다. 아리우스는 '성부, 성자, 성령의 세 위격은 대등하며, 오직 성부만이 영원하다. 모든 피조물과 같이 창조된 성자는 피조물과 하나님 사이에 중보 역할을 하고, 하나님이 그에게 세상을 구원하도록 선택한 것이다. 즉, 예수 그리스도는 하나님의 은총을 입어 하나님의 양자로 선택받은 것이다' 라고 주장한다.

[80] [역주] Charlemagne(742-814): 카롤링거 왕조의 제2대 프랑크 국왕. 몇 차례 원정으로 영토 정복의 업적을 이루고 서유럽의 정치적 통일을 달성한다. 중앙집권적 지배를 가능하게 하면서 지방봉건제도를 적극적으로 활용하여 중세 여러 봉건국가가 발전할 수 있도록 한다. 또한, 그 실력을 배경으로 로마 교황 권과 결탁하여 그리스도교의 수호자 역할을 하여 서유럽의 종교적 통일을 이룩한다.

[81] [역주] 962년 오토(Otto) 1세가 황제로 즉위한 때로부터 프란츠(Franz) 2세가 황제 자리에서 물러난 1806년까지에 걸쳐 독일 국가원수가 황제 칭호를 지닌 시대의 독일제국의 정식 명칭. 신성로마제국은 고대 로마제국의 부활·연장이라고 여겨져서 로마제국이라 불리고, 고대 로마의 전통 보존자인 기독교 교회와 일체라는 뜻에서 '신성'(神聖)이라는 말이 붙여진다.

신성로마제국[81] 등의 보편 제국의 모습과 형식과 이데올로기와 더불어, 소위 야만의 시기와 '중세' 내내 영향을 미치게 된다. 그런데 이 모든 것은 하나님을 모델로 삼게 하였다. 왜냐하면, 하나님은 **하나이므로** 인간 사회도 **하나**이어야 하기 때문이다.

우리는 이렇게 하나님을 "모델화"하는 데서 비롯되는 믿을 수 없는 결과들을 수세기에 걸쳐 지금까지 겪었다. 예를 들어, 하나님은 **군주**이고 **주권자**이기 때문에, 받아들일 수 있는 유일한 정치 체제는 절대군주제라는 것 등이다. 그러나 이것은 여기서 내가 밝히고자 하는 바가 아니다. 이러한 통일에 대한 갈망은 기독교를 이상한 길로 이끌고갔다. 즉, 두 가지 모순된 방식은 통일에 대한 강박관념에서 그 기원을 찾는다. 그 중 하나는 기독교 전체주의이고, 다른 하나는 혼합주의이다. 모델로서 하나님은 **전체**이다. 통일은 바로 하나님이 **전체**이기 때문에 일어난다. 그래서 어떤 대가를 치르더라도 전체성을 추구해야 한다. 기독교는 모든 것을 덮어야 한다. 정치적, 경제적, 지적 활동은 기독교적이 되어야 한다. 전체적인 **통일**의 **체계**가 바로 필요하다. 또 마찬가지로 알려진 모든 세계는 기독교적이 되어야 한다.

모험심이 있고 경건한 선교사들에게는, 모든 민족을 구원하고자 모든 민족을 개종시키려는 깊은 갈망이 있었다. 그러나 교회의 우두머리들에게는, 하나님이 **전체적**이고 **하나**이기 때문에 전 세계가 통일을 이루어야 한다는 목적이 있었고, 이 통일은 오직 기독교화를 통해서만 보장될 수 있다는 목적이 있었다. 그러므로 모든 것을 포괄해야 했다.

이러한 통일의 시도 속에서 사람들은 분명히 뛰어넘을 수 없는 온갖 종류의 장애물과 부딪혔다. 그래서 처음 보기에는 만족할 만하지만, 실제로 기독교 전체주의라는 첫 해결책과 근본적으로 상반되는 또 하나의 해결책인 혼합주의라는 해결책이 남아 있었다. 외부에 있는 모든 것의 파괴로도 또 기독교의 명백한 확장으로도 통일이 얻어질 수 없다면, 기독교와 기독교에 저항했던 것이 상호 간에 양보함으로써 연합과 통합이 아마 시도될 수 있었다. 따라서 우선 그리스 철학에 기독교를 맞추는 것이 커다란 흐름이 된다. 그러나 이것은 하나의 전형적인 경우일 따름이었다. 이민족에 대한 배제로부터 이민족을 동화하는 노력으로 넘어가는 로마제국의 다양한 종교와 더불어, 첫 몇 세기의 혼합주의의 온갖 유혹은 잘 알려졌다. 이러한 유혹은 이 시기를 훨씬 지나서도 계속되었다. 스칸디나비아의 전설, 게르만의 크리스마스트리, 빛의 축전 및 아랍 신비주의자의 명상도 기독교 안으로 들어왔다. 모든 것이 고려되었다. 기독교 안에 통합되지 않는 진리나 미美나 종교는 존재할 수 없었다. 통일을 부인하고 중지하는 일이 더는 관건이 아니라, 이와 반대로 소용될 수 있었던 모든 것을 가지고 통일이 생겨나게 하는 일이 관건이었다. 모든 것이 기독교에 떠맡겨졌으며, 이 움직임은 절대 멈추지 않았다.

19세기 말까지 지속한 것은 불교의 유혹이었다. 1930년대에 나는 기독교와 힌두교를 동화시키려는 열정적인 옹호자들을 알았다. 또 1945년 이후 마르크스주의와 함께 작용했던 것이 바로 마찬가지의 혼합주의이고, 오늘날 1981년에는 10세기 때처럼 이슬람과 더불어 혼합주의의 유혹이 되살아난다고 할 수 있다. 그런데 명백히 밝혀야 할 것이 있다. 그것은 통일에 대한 강박관념 속에서, 기독교는 매번 그 근원으로부터 더 멀어진다는 점이다. 매번 **계시** 안에 들어오는 것은 새로운 거짓이다. 혼합주의는 **거짓 군주**의 승리인데, 거기에는 이것도 저것도 더는 참이 아니며 믿을 만하지도 않다. 어떤 대가를 치르더라도 우리가 하나님에게 귀결시킨다고 자부하는 만물의 통일이야말로, **계시**의 궁극적인 뒤집힘이다.

모든 비극의 책임이 기독교에 있는가?

몇 가지 관점에서, 나의 연구는 칼 아메리[82]의 연구와 가까운 듯이 보인다.[83] 그의 생태학적 관심, 그가 펼쳐보이는 윤리적 전망, 그의 일반 목표, 생태학적 문제를 제기하는 그의 방식 및 다음 같은 매우 인상적인 그의 표현에 사실상 나는 완전히 동조한다. 즉, "인류는 성공에서 성공으로 나는 듯이 달려갔다. 우리가 직면하는 문제의 사슬 전체는 이 성공의 직접적인 결과이다. 한마디로 말해, 전체적인 위기는 전체적인 성공의 결과이다"라는 그의 표현은 완벽하다. 나는 우리가 당면한 위기 가운데 기독교의 책임이 있다는 그의 주장에 결국 동감하는데, 이 점은 분명히 드러날 것이다. 그러나 나와 그의 의견이 서로 어긋나기 시작하는 것은, 그가 "당신들이 아닌 우리 그리스도인이 현재 세계가 처한 위기를 만들어낸 자들이다"라고 함으로써, 기독교가 현대의 비극 전체에 대해 **유일하고 전적인** 책임이 있다고 주장하는 데서이다. 나로서는 기독교가 **부분적으로** 책임이 있고, 문제가 되는 것은 바로 기독교의 뒤집힘, 다시 말해 반反기독교라고 말할 것이다. 하지만, 그가 다음같이 언급하기에 나와 그의 의견은 단절된다. "따라서 기독교는 성공했는데, 기독교를 의례 옹호하는 자들이 흔히 주장하는 훨씬 이상으로 기독교는 성공했다. […] 기독교의 성공이란 특히 최근 수 세기 동안 세계사의 진행을 결정지었던 권력 기구를 만들어내는 데 효과적으로 관여한 것이다. 이 권력 기구는 기독교의 지리적이고 역사적인 영역에서 발전했는데, 이것은 분명히 우연이 아니다. […] 이 승리는 상상하기 어려울 정도였다. […] 이 책에서는 예수 복음의

---

82) [역주] Carl Amery(1922-2005): 독일의 공상과학소설 작가이자 정치평론가이자 환경운동가.
83) 『섭리의 종언』 *La Fin de la Providence*(Paris, Editions du Seuil, 1976)

성공이나 실패는 다뤄질 수 없고, 마찬가지로 교회와 기독교 신학 또는 기독교 도덕의 성공이나 실패도 다뤄질 수 없다. 기독교의 성공이 명확히 드러난 영역, 곧 정치, 경제, 학문은 바로 그것들의 방법뿐 아니라 본성 때문에 초기 그리스도인의 관심을 끌 수 없었던 영역이자 관심을 끌지 말아야 했던 영역이다. **악한 자**의 최후 승리라고 하지 않으려면, 그들은 오늘날의 세계에서 전적인 실패 외에 다른 것을 어떻게 볼 수 있겠는가?" 그러므로 아메리는 예수 그리스도 안에 있는 하나님의 **계시**에 관심을 두는 것이 아니라, 기독교의 뒤집힘에 대한 증거 자체인 변질한 기독교가 성공했다는 사실에 관심을 둔다. 여기서 나는 어떻게 왜 이 뒤집힘이 일어날 수 있었는가를 탐구한다. 아메리는 신·구약 성서의 메시지와 교회와 신학을 그것들의 진리인 가치로서가 아니라 '기능'으로 여긴다고 밝힌다. 그런 점도 **역시** 있기 때문에 만일 내가 이 분석을 거부하지 않는다면, 나는 이 분석이 가치에 대한 평가와 분리될 수 없다는 점과 이 **복음**의 진리 내용이 추상화될 수 없다는 점을 주장한다. 만일 사람들이 가장 조잡하고 피상적인 방식으로 이 기독교의 "기능들"만 바라본다면, 기독교가 "수 세기 전부터 선교사 및 무력과 더불어 지구의 나머지 부분에 퍼졌던 보다 공격적이고 억제할 수 없는 힘을 창출하는 추진 요소"였다는 점을 볼 것이다…. 나는 이 점이 아주 부분적으로 정확하나, 은폐와 일탈과 피상성이란 이유로 기독교에 가해지는 현대의 온갖 비난의 일종이라고 말하고 싶다. 나는 몇 가지 반론을 들겠다.

무엇보다도 아메리는 지속적이고 쉬운 방식으로, 또 그러한 방식으로 기독교를 분석하면서, 기독교의 실천에서 교리로 또 그 반대로 나아간다. 그는 어떤 신학자의 텍스트가 자신의 주장을 펼치는 데 있어 자신의 취향에 맞는다는 이유로 그 텍스트를 부각시키면서도, 반대되는 텍스트는 받아들이지 않는다. 또한, 그는 반대되는 실제 적용을 받아들이지 않은 채, 자신의 방향에 맞는 실제 적용의 예들을 열거한다…. 그는 자신의 전제에 의해 결정된 선택을 한다. 두 번째로, 어쨌든 그는 기독교의 지배적인 요인에 대한 커다란 오류를 범한다. 그는 우리 사회에 돌발적으로 일어난 나쁜 모든 것이 성서 **계시** 안에 이미 내포되어 있었음을 실제로 보여주려 한다. 그리고 위에서처럼, 어떤것을 통해서도 그 점이 입증되지 않더라도, 그 점에 상당한 비중을 두면서 그 점을 입증하는 바를 선택한다. 또한, 그는 유대 · 기독교 사상에 대한 훨씬 더 본질적인 자료이더라도 자신의 확신과 반대방향으로 나아가는 자료이면 그 자료를 등한시한다.

이처럼 그에게 있어 "메시지의 핵심"은 인간의 선택받음, 곧 **창조물** 전체 가운데 인간만의 선택받음이고, 인간에게 다스릴 수 있는 절대적 권한을 주는 "언약" 사상이며, 창조물의 비참함을 극복해야 하는 구원의 역사에 대한 확약과 **인간을 위한** 균형에 대한 확약이다. 하나님은 다만 선택받은 자들의 하나님이요, 창조물에 대한 전적인 주권을 인간에게 부여하는 하나님이라는 것이다. 그것은 "한없는 활용의 가능성이며 조건 없는 주권에 대한 권한"이다. 그런데 이러한 주장은 한편으로 잘못이다. 또한, 창조나 인간 주도권 등의 개념은 그가 언급하는 역할을 유대 사상에서 맡지 않았으며, 기독교 사상과 실천에서도 중심 역할을 맡지 않았다.

나는 다른 많은 오류를 지적할 수도 있을 것이다. 흥미로운 시각 하나를 들자면, 죽은 후에 구원 곧 개인 구원이 중심이 된 것은 재림이 지연되기 때문이고, 또 "죽은 자"의 수와 세대들의 수가 증가하기 때문이라는 것이다. 마치 바울과 요한에게서 이 점이 발견되지 않는다는 듯이 말이다! 물론 아메리는 최근 수년 동안 매우 흔한 생각인 모든 재난의 근원이 유일신론이라는 사실을 우리에게 강요하지 않는 장점이 있다. 하지만, 아마도 이런 '견해'는 그가 책을 썼던 때에는 여전히 빛을 보지 못했다. 기독교는 현대의 모든 비극에 책임이 있고, 이 점은 기독교 최초의 모습 가운데 이미 들어 있었다는 것이다. 그러나 예수에게 있어 그렇지 않고 예수는 제외된다.

이러한 비난 속에는 유감스럽게도 역사적 차원이 빠진듯하다. 도대체 왜 이 무서운 약속을 지닌 유대인이 그 운동을 일으키지 않았는가? 도대체 왜 서구 세계를 정복하고 황폐케 한 자들이 그리스도인이 전혀 아니라 로마인이었는가? 도대체 왜 10세기에, 알려진 세계를 복속시킨 것이 그리스도인이 아니라 아랍인인가? 왜 12세기에 정복적이고 기술적이며 과학적인 거대한 힘이 기독교 **계시**와 아무런 관계가 없었던 중국이란 말인가? 마지막으로, 만일 서구에 의한 세계 정복과 한없는 착취와 탐욕과 지배의 직접적 원인과 이유와 깊은 동기가 신약 성서에 의해 증폭된 유대 사상의 요소들이라면, 왜 사람들은 그것들을 실행하려고 2천여 년을 기다렸는가? 그것은 대단히 긴 듯이 보이고 그 "인과관계"가 의심스러운 듯이 보인다. 결국, 아메리의 이런 분석에는 모든 것이 다음 같은 이중적인 확신을 기반으로 한다는 점이 명백하다. 즉, 예수는 부활하지 않았다는 것이다. 그가 말한 바로는 이 점은 예수의 메시지가 완전히 변하는 시발점이었다. 또한, 초월적이고 성육신한 하나님은 존재하지 않는다는 것이다. 바로 이것이 그가 기독교를 그 가치들 속에서가 아닌 그 기능들 속에서 생각하게끔 하는 것이다. 그러나 그의 사상 전체를 실제로 결정짓는 것은 가치들의 선택이다. 즉, 그로 하여금 '기독교'를 판단할 수 있게 하는 최고의 가치로서 생태학 등을 채택하는 것처럼 말이다.

제3장 기독교에 의한 비신성화와 기독교 속의 신성

기독교는 오직 하나님만 신성하고 거룩하신 분임을 전제로 한다. 그러므로 기독교는 신성시하는 일체의 것을 파괴하는 운동이다. 그러나 교회는 스스로 자체 내에서 규범을 만들고 의식을 만들고 금기사항을 만들어 기독교란 미명하에 우상숭배를 하고 있다.

신성한 것에 대한 이해

'신성한 것'에 대해 언급함으로써, 거의 모든 것이 사람들이 선택하는 정의定義에 달렸다는 인상을 주는 논란이 되는 영역으로 들어가게 된다. '신성한 것'이란 표현을 통해 사람들은 무엇을 말하고자 하는가? 나는 선불리 하나의 정의를 내리려 하지는 않겠다. 나는 감정과 경험과 대상과 의식儀式과 말의 어떤 질서가 모든 사회에 존재하고, 인간이 그것들에 직접 실용적이지는 않은 하나의 가치를 부여한다는 점을 단지 확인할 따름이다. 그런데 인간은 그것들을 결정적인 것으로서 나타내거나 자기 자신의 힘과 상관없는 것으로서 나타낸다. 또 인간은 그것들을 일상성으로 혹은 사회에 따라서는 합리성으로 환원시킬 수 없다고 판단한다. 그러나 이와 반대로, 그것들은 말로 표현할 수 없는 에너지의 잠재력이든, 설명할 수 있는 잠재력이든 잠재력을 지닌 것으로 인간에게 나타난다. 사람들이 설명하는 것은 그것들로부터이지만, 그것들은 설명할 수 없는 채로 남아 있다.

인간이 보기에 이 '질서'는 자신에게 강요된 것, 곧 자신의 필연적인 상황과 관계있다. 그것은 이 필연성에 대한 확인인 동시에 필연성이 인간을 벗어날 가능성이다. 이 확인과 가능성으로부터 인간은 세상의 질서를 발견한다. 신성한 것을 통해 인간은 무수한 경험과 정보와 사건 속에서 하나의 질서를 식별할 수 있다…. 그리고 인간은 이 질서를 지정할 수 있고 명명할 수 있다. 나는 이러한 종류의 '초과 잠재성'[84]을 '신성한 것'이라 부를 수도 있는데, 이것은 어떤 민족들 자신이 "신성한" 것으로서 명백히 지칭한 바에 대한 일반화로 이루어진다.

그래서 나는 두 가지 사항을 명확히 하고자 한다. 즉, 상당히 주관적인 방향에서, 나는 신성한 것이 그 자체로 존재하는지, 또 신성한 것이 진정 있는지 파악하는 질문을 배제한다. 단지 나는 마치 상황이 그러하듯이 모든 것이 일어난다는 말을 할 따름이다. 또 나는 인간들이 신성한 것으로 여겼던 것으로 범위를 한정한다. 신성한 것이 그 자체로 존재하는지 혹은 인간에 의해 부여된 것인지는 형이상학적 문제로서, 나는 결코 이 문제를 다루려고 했던 적이 없었다. 두 번째 사항은 신성한 것이 종교적인 것과 같지 않다는 점이다. 나는 신성한 것이 종교적 현상을 광범위하게 넘어선다는 점과 종교는 성스러운 것을 이해할 수 있게 해석한 것 중 하나라는

---

[84] [역주] '신성한 것'이란 포착할 수 없어서 잠재적이고, '신성한 것'은 존재하기는 하되 그 자체로 존재하지 않으며, '신성한 것'이 정확히 규정되지 않은 채 인간은 어떤 대상이나 사물에 신성한 성격을 부여한다. 따라서 '신성한 것'과 관련하여 '잠재성'(virtualité)이 존재하기 마련이다. 또한 '신성한 것'은 감정과 경험과 사물과 의식(儀式)과 말과 같은 모든 영역에서 어디든 존재하고, 인간은 수많은 대상이나 사물에 신성한 가치를 부여한다. 결국, '초과 잠재성'(virtualité excédentaire)이란 확실히 규정할 수 없고 포착할 수 없이 보편적으로 존재하는 상태를 가리킨다고 볼 수 있다.

점을 도식적으로 말할 것이다.

신성한 것은 인간 생활의 세 양상, 곧 공간성과 시간성과 사회성과 관계되는 듯이 보인다. 인간은 일관성이 없고 위협적이며 이해할 수 없는 공간에 자신이 놓여 있음을 발견할 때, 통제 조항을 만들어낸다. 신성한 것에 힘입어 인간은 세상 질서를 규정하고 '결정하며', 한계와 방향을 정한다. 인간은 그 안에 모든 활동이 위치하는 틀을 제시할 수 있고, 그렇지 않으면 그것으로부터 모든 것이 방향 설정되는 중심인 옴파로스[85]를 정할 수 있다. 마찬가지로, 시간성으로 말하자면 신성한 시간이 있는데, 이 신성한 시간과 관련하여 시간은 하나의 의미를 띠고 모든 날이 같지 않다는 것이다. 이 두 경우에는, 신성한 것을 통해 **차이들**이 설정되고 이 차이들을 통해 인간은 자신의 삶의 질서를 바로잡을 수 있다.

세 번째 영역, 더 정확히는 세 번째 기능에 대해 말하자면, 그것은 사회성 및 집단과 관계된다. 신성한 것은 오로지 집단적일 때만 또 공통으로 받아들여지고 체험될 때만 존재한다. 신성한 것을 통해 개인은 집단 속에 통합되며 명백한 위치에 놓인다. 왜냐하면, 어쨌든 **무시무시한 것**이나 **매혹적인 것**이라면 신성한 것은 항상 논란의 여지가 없기 때문이다. 그러나 일단 신성한 것이 문제시되자마자, 신성한 것은 더는 신성하지 않게 된다. 오히려 신성한 것과 더불어 무너지는 것은 세상의 질서 전체이다.[86]

---

85) [역주] omphalos는 고대 그리스어로 배꼽이라는 뜻으로서 '세상의 중심'을 상징하고, 일반적으로는 중심이 되는 모든 것을 지칭하기도 한다.
86) 나는 이 문제들을 다음과 같은 여러 곳에서 길게 다루었다. 『새로운 악령 들린 자들』*Les Nouveaux Possédés*(Paris, Fayard, 1973), The New Demons (New York : Seabury, 1975), 「법과 신성한 것」 *Loi et Sacré, Droit et divin* (dans les Actes du Colloque sur le Sacré : Le sacré, Etudes et recherches, Paris, Aubier, 1974) 그리고 Castelli et al., Prospetive sur sacro (Instituto di studi filosofici, Rome, 1974)

재신성화 작업

나는 인성人性이 있는지 없는지가 문제시되는 논쟁에서 아무런 견해도 피력하지 않겠다. 그렇지만, 적어도 꽤 확고한 불변요소들이 있는 것 같다. 그리고 나에게는 신성한 것이 하나의 불변요소처럼 보인다. 실제로, 나는 지난 5000년 전부터 역사적으로 존재한 여러 사회에서 다음 같은 점을 적어도 확인한다. 즉, 신성한 것이 똑같이 확고한 채로 남아 있는 것이 아니라, 한 사회의 신성한 것이 우선 의심을 받고 비판받고 나서 사라지기가 무섭게, 이 똑같은 사회에 신성한 다른 현상이 다시 생겨난다는 것이다. 다시 말해, 전혀 다른 특성이 있지만 같은 기능을 맡는 **신성한 것의 재창조**가 일어난다.

만일 사람들이 일반적 특성에 한정시키지 않고 주어진 장소와 시간에서 문제 되는 것이 무엇인지를 이해하려 한다면, 신성한 것은 일정하지 않을 뿐 아니라 일정한 강도도 없음을 알아차린다. 신성한 것을 강하게 의식한 시기도 있고 비신성화의 시기도 있다. 그러나 마치 인간이 비신성화 된 세계, 곧 초월적이라 밝혀진 구조들이 없는 세계나 혹은 종교가 없는 세계에서 살아가지 못하는 듯이 모든 일이 일어난다. 이러한 상황이 일어나자마자, 새로운 신성한 것을 결성하기 위한 긴장이 생겨난다.

실제로 시대에 뒤떨어진 인류의 '종교적' 시기가 있었다는 점은 확실하지 않다. 이러한 변동들은 이미 알려졌는데, 예를 들어 주 후 1~2세기 로마에서나 혹은 14~15세기 중세에 강력한 비신성화 운동이 있었다. 그리고는 다른 재신성화가 뒤따랐다. 게다가, 나는 다음 같은 거의 확실한 역사적 사실을 설명했다. 즉, 비신성화 과정이 있었을 때 새로운 신성한 것을 생겨나게 하는 비신성화를 가져왔던 것이 바로 그 요인이라는 사실이다. 이것은 마치 인간이 별자리처럼 확고한 예전의 신성한 것을 물리쳤던 힘에다 신성한 것을 부여하는 것과 다름없다. 옛 신을 물리치려면 더 강한 신이 필요했다. 그러므로 승리자인 이 신을 참된 신으로 인정하는 것은 당연하다. 나는 이 점을 신성한 것의 진정한 "법칙"으로 여길 수 있었다.

결국, 나는 현시대에서 우리 사회의 신성한 것이 두 개의 축을 중심으로 배열되는 것으로 분석했다.87) 그것은 바로 "기술/섹스"의 축과 "국가·민족/혁명"의 축이다. 사실상, 신성한 것은 언제나 양면성이 있다는 점과, 또 신성한 것은 모순되는 양극단이 있는 어떤 축들과 관련하여 결성된다는 점을 잊지 말아야 한다. 내가 주제와 직접 관계없는 이 점을 상기시키는 것은, 우리의 현대 서구사회가 신성한 것에서 조금도 벗어나지 못하고 있다는 점과, 그 문제가 단순한 지식의 문제가 아니라 아주 구체적으로 우리와 관계된다는 점을 강조하기 위함이다.

1. 기독교에 의한 비신성화

20여 년 전부터 어떤 신학자들과 사회학자들은 초기 기독교 사상뿐 아니라 성서에 따른 유대교 사상은 미리 정해진 신성한 것에 속한 종교가 아니라, 이와는 전혀 반대로 이교적인 신성한 세계 전체에 대해 몹시 비판적인 요인이었다는 사실을 규명했다. 예를 들어, 어떤 종류의 종교적 경쟁이 있었던 것이 아니라, 그 자체로 종교적인 것을 파괴하려는 의지와 신성한 모든 것에 대한 부인이 있었다는 점이 강조되었다. 이 점은 우리가 전통적인 종교의 틀 속에서 기독교를 생각하는 데 익숙해 있는 한 놀랍게 보일 수 있다. 기독교는 **종교사**의 일부를 이루는데, 이 **종교사**에서

---
87) 앞의 책, 『새로운 악령 들린 자들』 *Les Nouveaux Possédés* 86~115쪽을 참고할 것.

우리는 기독교를 '규범적인' 신성한 것의 틀 속에 포함하는 성스러운 규범과 전례와 금기사항 등을 기독교가 실제로 만들어냈다는 점을 분명히 본다.

그렇지만, 첫 번째 분석은 잘못된 것이 아니다. 예를 들어 종교개혁시대와 같이 교회 안에서 사람들이 '기원'으로 돌아가려 애쓸 때, 그것은 맹렬한 비신성화 운동으로 나타나게 된다. 종교개혁 투쟁은 거의 전적으로 가톨릭교회를 휩쓴 "신성한 것"을 파괴하려는 의지로 집중되었다.[88] 그러나 초기 그리스도인과 관련된 로마의 가장 오래된 텍스트들에서 그들에게 가해진 비난을 특히 기억해야 하는데, 그 텍스트들에서 그들은 "인류의 적"으로 여겨질 뿐 아니라, **무신론자**나 종교를 파괴하는 자로 여겨진다. 로마인은 태동하는 기독교를 전혀 새로운 종교로서 체험했던 것이 아니라, '반反종교'로서 체험했다. 로마인의 평가는 확실히 근거가 있었다. 초기 기독교 세대가 문제 삼았던 것은 흔히 말하듯이 황제숭배 종교만이 아니라 알려진 세계의 모든 종교였다.

자연에 대한 신성화

내가 여기서 제기하려는 질문은 바로 어떻게 교회와 그리스도인이 근본적으로 비판적인 최초의 입장표명으로부터 점진적으로 신성한 것을 다시 구성하고, 종교적 형식을 다시 세우며, 세상을 다시 신성화하였는가이다. 하지만, 이에 앞서 비신성화가 무엇으로 구성되었나를 좀 더 보여주는 것이 필요하다.

비신성화는 두 가지 차원과 다른 두 시대에서 히브리 신학 사상의 영향

---

[88] 자끄 엘륄, 「종교개혁의 실제」*Actualité de la Réforme*, in Le Protestantisme français, Boegner(éd.), Paris, Plon, 1945.

및 기독교 발전의 영향으로 이루어진다. 모든 사람은 유대 성서나 모세오경 혹은 선지서에서 종교에 대한 맹렬한 공격이 있음을 안다. 그런데 너무 흔히 이 공격은 종교 간의 투쟁과 관계되는 것으로 평가되면서, 이 공격은 가장 단순한 방식으로 해석된다. 이것은 전혀 그런 문제가 아니다. 실제로, 투쟁은 신성한 것에 대항하여 전개된다. 거부되고 배척되는 신은 **자연**의 신이다. 그것은 달의 여신이고, 생식의 신이며, 천둥의 신 등이다. 그래서 자연의 사물이나 혹은 힘을 신성한 것이라곤 정말 아무것도 없는 사물이나 혹은 힘으로 여기는 것이 문제이다. 하나님은 절대 이러한 실재들 속에 존재하지 않으며, 이런 실재들은 순전히 자연적이다. 히브리 텍스트의 특성 가운데 하나는 비꼬는 표현이 많다는 것인데, 이는 자연의 신성한 권세들이 존재하지 않음을 보여주기 위함이다.

수많은 텍스트가 논쟁적인 의미에서 해석되어야 한다는 점이 이제 분명히 알려졌다. 이것은 자연적인 힘을 신성화하는 것에 대항하는 싸움이다. 지상에서 일어나는 모든 것에나 혹은 하늘의 별에는 종교적이거나 신성한 것이라곤 아무것도 없고, 그것들은 단순한 사물이므로, 그것들을 단순한 사물로 여겨야 한다는 것이다. 또한, 그것들에 대한 어떤 특별한 존경심도 없다는 것이다. 이 투쟁은 우선 가나안과 갈대아의 신성한 것에 대항하여, 두 번째는 더 멀리 이집트의 신성한 것에 대항하여 전개된다. 전면에 나타나는 것은 다신교에 대항하는 '유일신교'가 아니라[89], 창세기 1~2장에 표명되듯이 창조물에 대한 개념이다. 모든 것은 오로지 **창조물**이다. 다시 말해, 창조주에게서 비롯되는 대상이자 사물이지만, 자체의 어떠한 성스러운 기원도 포함하지 않고, 어떠한 신비도 지니지 않으며, 어떠한 숨겨진 힘도 내포하지 않는다. 나무는 나무일 뿐이지, 거기에 어

---

[89] 물론, 그것은 이 투쟁에 속하기도 한다! [본문을 역자가 각주로 설정]

떤 목신木神이나 여신이 내주하지 않는다. 물이나 샘이나 혹은 대양은 단지 물일 따름이다. 달이란 때를 표시하기 위한 하나의 "발광체"이다⋯.

성서의 창조물은 전혀 자연신학적이지 않기 때문에 완전히 비신성화되어 있다. 또한, 성서의 창조물은 모험을 벌이고 서로 싸우며 애써 세상의 일을 꾸미고 세상에 늘 존재하는 신들의 대단한 모험을 보여주지 않는다. 번식력이 있고 창조적인 물의 여신은 항상 모든 물 가운데 있다⋯. 이와 반대로, 논쟁거리가 되기도 하는 성서의 창조물에 대한 성서의 이야기에는 그런 내용이 전혀 없다. 하나님이 한마디를 하니 사물이 존재한다. 이것이 전부다. 이것은 하나님이 정말 세상 밖에 있고 전적으로 초월적임을 의미한다. 하나님은 이 창조물의 어떤 부분에도 포함되지 않는다. 하나님은 저편에 있다. 물론 **창조주**와 **창조물**의 관계는 있으나, 이것은 사랑의 관계일 따름이지, 다른 어떤 것, 곧 어떠한 성스러운 관계나 혹은 어떠한 종교적인 관계도 없다. 그리고 이 **창조물** 가운데 하나님의 응답자인 인간이 존재한다. 즉, 인간만이 **창조물**로부터 하나님으로의 유일한 매개자이자, 하나님으로부터 **창조물**로의 유일한 매개자이다.

오직 인간만이 '신성하며', 인간의 삶이야말로 '창조된 사물'의 위상을 넘어서는 유일한 실재이다. 이 설득력 있는 개념으로부터, **자연**의 기능에 깃든 신성한 것이나 혹은 **자연**의 사물에 깃든 신성한 것을 거부하기 위한 투쟁이 이처럼 전개된다. 그러나 이와 동시에 이것은 다신교에 대한 투쟁이기도 하다. 왜냐하면, 신들이 자연의 실재에 연계되는 한에서만, 또 신들이 이 세상에 머무는 한에서만, 다신교가 존재하기 때문이다. 신들의 수가 많다는 것은 **자연**의 기능과 힘과 사물이 다양하다는 한에서 그러하다. **달**은 **태양**과 같은 신이 아니다. 그러나 "**창조**"로부터 하나의 신과 그 자체로 어떤 우월한 가치도 없는 대상들이 존재한다. 그리하여 하나님은 진정 세상 밖에 있고, 이 세상은 신비가 없는 자체의 실재로 귀결된다. 따라서 세상은 인간의 손에 넘겨지는데, 인간은 이러저러한 신성한 힘을 훼손하는 데 전념하지 않고서도 세상을 이용할 수 있다.

이 비신성화는 '보이는 것'과 말씀 사이에 엄밀한 투쟁을 수반한다. '보이는 것', 곧 우리가 그 안에 존재하는 실재는 다양한데, 이것은 사물들의 극단적인 다양성이다. 그리고 이 사물들에 깃들어 있는 신에 대한 가시적 형상을 품는 것이 인간의 성향이다. 신성한 장소처럼 신성한 입상이 존재한다. 그런데 유대 종교사상은 하나님을 표현하는 것이면 무엇이든 거부한다. 이것은 당연한 일이다. 만일 하나님이 자신의 창조물과 완전히 다르다면, 또 창조물 안에 하나님의 어떠한 형상도 없다면, 또 창조물이 중립적인 대상일 따름이라면, 어떠한 형상도 이 초월에 꼭 들어맞을 수 없다. 하나님은 세상에 없다. 신성한 것에 속하는 방식이 항상 되고 마는 '보이는 것' 대신에, 성서는 하나님과 유일한 관계로서 **말씀**을 둔다.[90] 하나님은 말한다. 인간도 말한다. 그 이외에는 아무것도 없다.

이 근본성은 비신성화의 극단적 표현이다. "아무도 하나님을 결코 보지 못했다"와 "너는 그 앞에서 절하고 섬기고자 땅과 바다와 하늘에 있는 사물을 새긴 어떤 형상도 만들지 마라"는 것은, 종교적이고 신성한 영역으로부터 '보이는 것'을 배제하는 두 표현이다. 물론 성서에는 이외에도 논쟁적인 텍스트가 많이 있다.

히브리 민족의 신성화 작업

마지막으로 '신성한 것'과 '거룩한 것'에 대한 엄밀한 구별이 남아 있다. 물론 신성한 것과 거룩한 것 사이에 대립은 그리스와 로마의 많은 종

---

90) 자끄 엘륄, 『말의 굴욕』*La Parole humiliée* (Paris, Editions du Seuil, 1981)

교 가운데 존재한다.91) 그러나 유대인은 같은 유형에 전혀 속하지 않는다. 한편으로, 우리가 보았듯이 어떠한 신성한 것도 없다. 다른 한편으로, 거룩한 것이란 "분리된" 것이다. 하나님이 거룩하다는 말은 하나님이 나머지 모든 것과 근본적으로 분리되어 있고 단절되어 있다는 의미이다. 지상에서 하나님이 선택하고 따로 둔 것은 거룩한 것이다. 거룩한 것은 하나님이 그것을 분리시키기 때문에 단지 나머지 모든 것과 분리된 것이다. 따라서 이 점은 예를 들어 **싸케르**sacer, 92)나 혹은 신의 힘으로 "인정된 것"인 **쌍투스**sanctus, 93)와 아무런 관계가 없다. 이렇게 히브리인의 영적 행동은 거의 전적으로 비신성화 하는 것이다.

거의 그렇다! 왜냐하면, 사실들 속에서 "신성한 것의 복귀"가 아주 빨리 확인되기 때문이다. 그러나 이 점은 두 가지 차원에서 나타난다. 즉, 인정받고 자발적이며 특수한 '신성한 것'이 있는가 하면, 비자발적이고 더 흩어진 오염된 '신성한 것'도 있다고 할 수도 있다. 우리는 성직자와 희생 제사를 유지하는 행위에서 자발적인 '신성한 것'과 다시 마주친다. 만일 이 논리를 끝까지 밀고 나갔다면, 하나님과의 중보 방식인 성직聖職과 희생 제사를 없애야 했을 것이다. 그렇게 되면 창조물과 창조주 사이에는 한 중개물이 있는데, 이것은 신적인 성격을 띤 세상이다.

물론, 관습적인 신성한 것과는 차이가 있다. 즉, 신성해지는 것은 자연적인 실재가 아니라, 예를 들면 초월적인 하나님에 의해 기능을 부여받는 인간이다. 그렇지만, 이 기능은 매우 빨리 신성한 것으로 해석되어 버린다…. 마찬가지로, 예를 들어 희생 제사가 존재하는 것은 단지 다음 같은

---

91) 이 문제에 대해서는 뒤메질(Dumézil), 벤베니스트(Benveniste), 그리고 미르체아 엘리아데(Mircea Eliade)의 작품 등을 볼 것.
92) [역주] 라틴어로서 '신에게 바친, 성별된, 신성한, 거룩한, 성스러운' 이란 뜻이다.
93) [역주] 라틴어로서 '거룩한, 성별된, 신성한' 이란 뜻이다.

점을 인정하기 위해서일 따름이다. 즉, 하나님이 만물의 주인이라는 점과, 우리가 하나님을 만물의 주인으로 인정함을 나타내려고 처음 난 것을 하나님에게 바친다는 점이다. 그러나 매우 빨리 희생 제사는 신성한 것의 온갖 특성을 내포하게 된다. 그러므로 모든 것이 다 완전히 정화되는 것은 아니다. 사람들은 이 비신성화의 논리를 끝까지 이끌고 나가지 못했다. 그러나 가장 중요한 것은 비자발적인 방식으로 신성한 것이 침투한다는 점이다. 신성해지는 장소들이 있다. 그 장소들은 특히 산인데, 갈멜산, 시내산, 그리심산, 호렙산, 시온산 등이다….

 산은 하나님과 만나는 특별한 장소이다. 하나님이 나타났던 곳은 거룩하게 여겨질 뿐만 아니라 실제로 신성하게 여겨진다. 그런데 전통적으로 어디서든 산은 신들이 머무는 신성한 장소라고 알려졌다. 예언자들은 유대인이 제사지내던 곳인 "**산당**"山堂에서 드려진 제사를 비난하면서, 산에다 '신성한 것'을 다시 부여하는 데 대해 심하게 다그친다. 마찬가지로, 사마리아인은 하나님을 산 위에서 계속 섬기려 하고 유대인은 오로지 성전에서 하나님을 섬기려 했을 때, '신성한 것'이 산에 다시 등장함에 따라 사마리아인과 유대인 사이에 분리가 일어난다.

 하지만, 다른 장소들도 신성해진다. 이와 같은 곳은 바로 신성한 것의 "고전적인 장소"인데, 예를 들어 야곱이 천사와 싸웠던 곳, 곧 하나님이 거기 **있는** 곳인 얍복강 나루터 같은 나루터나 혹은 우물이다. 다시 생겨나거나 혹은 이스라엘에 영속하는 이 신성한 것은, 예를 들어 성전에 있는 예배용구가 신성한 물건이 되듯이, 어떤 때는 본래의 의도를 변형함으로써 신성한 것이 된다. 또 어떤 때는 이 신성한 것은 오염에 의해 신성한 것이 된다. 다시 말해, 주변 민족과 모든 면에서 단절하지만, 주변 민족에 의해 유지된 이 신성한 것은, 바로 이스라엘의 신앙 내부에 영속하거나 아니면 이스라엘 민족을 또다시 휩쓴다. 이런 식으로 **달**에 대한 숭배, 또는 예언자들이 송아지라고 우롱조로 부르는 **황소**의 형태로 나타나는 번식력에 대한 숭배가 끊임없이 재등장하는 것이 목격된다.

유일하며 전적으로 다른 하나님을 위해 비신성화 하려는 의지와 일종의 즉흥적 충동에 의한 신성한 것의 재개 사이에 갈등은 끊임없이 있을 것이다. 심어진 "말뚝"인 아세라상의 중요성을 생각해 볼 수 있다. 이것은 조각된 것이 아니므로 우상은 아니지만, 대지의 힘을 집중시키는 일종의 방편으로 나타난다. 예언자들은 끊임없이 아세라상과 싸운다. 결국, 우림과 둠밈94) 및 붉은 암소의 재95) 등과 같은 주술적인 듯이 보이는 종교 의례이면서 **초월적인** 하나님과 전혀 상관없는 종교 의례이지만, 그러면서도 신성한 것과의 관계 전체를 유지하는 것을 나타내는 종교 의례를 생각해야 한다.

초기 기독교의 비신성화 운동

그런데 싹트기 시작하는 기독교는 히브리 사상의 비신성화 과정 및 세상의 세속화 과정 속으로 완전히 돌입할 뿐만 아니라, 나아가 그 과정을 극단적으로 밀어붙인다. 우리가 말한 대로 분명히 유대교적인 창세기 1~2장의 창조론은 유대 사상의 발전에서 그렇게 큰 역할을 하지 못한 듯이 보인다는 점을 기억해야 한다. 이와 반대로, 창조론은 완전히 기독교 사상의 중심에 있고, 이 때문에 기독교 사상에서 창조주와 **창조물**에 대한

---

94) [역주] 우림(Urim)과 둠밈(Thummin). 구약 성서에서 제사장이 하나님의 뜻을 알려고 사용하던 물건을 가리킨다. 출애굽기 28장 30절, 레위기 8장 8절, 에스라 2장 63절, 느헤미야 7장 65절 참조.
95) [역주] 붉은 암소를 불에 태워 그 재를 가지고 행하는 정결 의식과 관련된다. 민수기 19장 참조.

교리는 결정적인 중요성을 띠고 있으며, 사람들은 그 결과들을 극단적으로 밀고 나간다. 마찬가지로 **초월**, 곧 하나님과 **세상** 사이에 전적인 단절이 첨예화되는 것은 바로 기독교 사상에서이다. 그런데 이 단절은 **성육신**에 의해서만 메워지고, 이 성육신으로부터는 어떤 신성한 것도 전개될 수 없다. 기독교의 하나님은 예수 그리스도 안에서 알려지고 다른 어디에서도 알려지지 않는다. 나는 1세기, 곧 기독교 초기 3~4세대에서 표명된 바인 근원적인 기독교에 대해 말하는 것이다. 예수 그리스도 밖에서 하나님은 전적으로 알 수도 없고 접근할 수도 없다. 내가 앞에서 언급한 대로, 훨씬 훗날 12세기에서 15세기까지 '부정의 신학'이라 불리는 것만이 하나님과 관련하여 실행될 수 있다. 다시 말해, 하나님의 존재가 아닌 바가 선포될 수 있다. 하나님이 누구인지 긍정적으로 말하는 것은 불가능하다. 이 때문에, 종교적인 영역에서 보이는 것에 대한 단죄는 여전히 두드러진다. 신적인 신비와 하나님의 계시에서 아무것도 드러내 보일 수 없다. 기독교의 신은 **숨은** 신이다. 마찬가지로 예수의 어떤 형상도 보존되거나 혹은 상상할 수 없다. 그것은 **말씀**만의 종교이며, 예수 자신이 항상 살아있으며 절대 의식화되지 않는 **말씀**의 총체이다.

다음으로, 기독교는 유대교 안에서 신성한 것의 잔재로 나타날 수 있었던 것, 곧 희생 제사와 성직을 거부한다. 예수 그리스도 안에서 성취된 유일한 희생 제사만이 있을 따름이다. 또한, 이 희생 제사는 유대인의 모든 희생 제사 규정을 폐지할 뿐만 아니라, 장래에 희생 제사 지내는 것을 금지한다. 모든 것이 이 계획에 따라 성취되었다. 예수의 희생 제사에 덧붙일 것이라곤 아무것도 없다. 이것이 히브리서 전체의 주제이다. 성직자 집단과 중보자 집단의 폐지처럼 말이다. 바울이 인용한 교회 생활에 필요한 직무에 당연히 성직자는 없다. 신약 성서에서 성직자라는 말이 튀어나올 때, 그것은 이제 신자 전체가 "성직자 집단"이 되었음을 말하고자 함이다. 모든 사람이 다 성직자이므로 아무도 성직자가 아니다.

결국, 세상의 신비한 권세들이 결정적으로 쫓겨나고, 제거되며, 패배한다. 이것이 본질적인 주제이다. 세상에는 "왕권, **절대 권력**exousia, 지배력" 등으로 다양하게 불리는 "영적 권세들"이 있다. 이 권세들은 세상에 머물고 제도와 인간 속에 숨어 있지만, 모든 것은 예수 그리스도의 죽음과 부활에 의해 파괴되고 소멸하였다. 그러므로 이 세상에는 "초자연적인 것"이 더는 없다. 더는 신비도 없고 '이면 세상'도 없으나, 마찬가지로 한편으로는 신성한 것으로 된 세상과 다른 한편으로는 세속적인 것으로 된 세상의 분리나 분할도 없다. 기독교 세상은 온통 세속적이다. 특별히 성별된 장소도 시간도 없다. 바로 그 이유는 하나님은 절대적으로 **전적 타자**이기 때문이고, 이 세상에 있는 아무것도 하나님에게 접근하지 못하기 때문이며, 이 세상에 있는 아무것도 가치나 의미나 에너지나 혹은 질서를 지닐 수 없기 때문이다. 알려진 유일한 새 에너지는 성령을 통한 하나님의 잠재적 임재이나, 성령도 포착할 수 없고 접근할 수 없으며 이용할 수 없는 존재이다….

이 세속화와 비신성화와 비종교화는 결코 이루어진 적이 없던 가장 근본적이었다. 그리하여 사람들은 과학과 기술의 기원을 자주 이러한 사건에서 찾으려 한다. 왜냐하면, 사물들은 사물들일 뿐 그 이상 아무것도 아니기 때문이며, 또한 그 안에 감추어진 신성도 신비스런 권세도 없기 때문이다. 사람들은 사물들을 속속들이 알려고 드는 동시에 한없이 사물들을 이용하려 들 수 있다. 그러므로 출발점은 이러한 사건이기에, 제기되는 역사적이고 사회학적인 질문은 다음과 같다. 즉, 중세 기독교에서 또 지금까지 어떻게 사람들이 신성한 것을 재구성하는데 이르는지, 또 기독교적인 신성한 것을 만들어내는 데 이르는지, 그리고 신성한 것이 결정적 역할을 했던 사회에 이르는지 자문하는 것이다.

2. 기독교의 신성화, 기독교에 의한 자연과 사회의 재신성화

우선 나는 다음같이 내가 제시했던 이론 정립으로 앞의 질문에 답할 수도 있을 것이다. 즉, 기독교는 로마 세계의 다른 종교들을 물리쳤고 이교도의 전통적인 신성한 것을 제거했으며, 그래서 패자에게 속했던 것이 승자로 옮겨지는 일이 생겨났다. 4세기부터 집단적으로나 표면적인 방식으로 때로는 강요에 의하여 아마도 기독교로 개종한 사람들은, 그들을 사로잡고 있던 신성한 것에 대한 확신을 기독교 안으로 옮겨왔다. 콘스탄티누스 이후 기독교가 승리하고, 로마제국이 공식적으로 기독교 국가가 되어 사람들이 여러 이유에서 집단적으로 교회에 들어온 지 2세기 만에, 기독교 신앙으로 근본적인 회심과 이에 따른 예전 신심의 포기와 이에 상응하는 문화적 변화 같은 삼중의 변화가 일어날 수 없었다.

그리스·라틴 신들에게 바쳐진 신전은 몰수당해 기독교 교회로 명명되었으며, 유일한 건축 구조가 모든 이에게 불가피하게 옛 종교를 떠올리게 할 수밖에 없었음은 분명하다. 예를 들어, 성소聖所 앞에 있는 '세속적인' 장소와 신성한 장소 사이에 분리와 같은 것이다. 누군가 새로운 개종자의 상황을 구체적으로 살피려 하더라도, 또 "마음 상태에 대한 이야기"를 늘어놓으려 하더라도, 예전의 신심과 본래 그대로의 생각이 강하게 남아 있을 수밖에 없었다. 나는 이해관계에 의한 개종, 즉 개종한 황제를 따르기 위한 개종[96]이나 혹은 강제에 의한 개종을 제외하고는 개종이 잘못

---

96) 그런데 이 일은, 예를 들어 4~5세기에 기독교 사상 안에 모순된 흐름이 전개될 때 나타나

되거나 위선적이었다고 절대 말하지는 않는다. 내 말은 예전의 정신 구조, 기본적인 이데올로기 주제, 세상과 삶에 대한 해석의 틀이 한순간에 없어질 수 없다는 것이다. 그런데 지속적으로 관건이 되는 것 중 하나는 신성한 것이었다. 이것은 신성한 것과 세속적인 것의 구분이며, 어떤 신성한 것에 대한 인식에 토대를 둔 신성神性과의 관계 유형 등이다.

기독교에 의한 자연과 사회의 재신성화

기독교의 확장이 19세기 역사가들이 말하는 것보다는 덜 빠르고 덜 일반적이었음을 사람들은 대체로 시인한다. 시골은 상당히 이교적으로 남아 있었다. 그리하여 기독교적 신심과 이교적 신심 사이에 민간 신앙에 해당하는 일종의 혼합이 생겨났다. 시골 사람들에게서 그들의 신심을 앗아가는 것은 불가능했다. 그래서 교회는 그 지역의 신에게 세례를 주고 그 신을 성인의 반열에 포함함으로써, 그들의 신심을 흡수하는 쪽을 택했는데, 우리는 이 점을 다시 언급해야 할 것이다. 그런데 이 현상은 매우 일반적이었다. 다시 말해, 우물의 작은 신이나 혹은 언덕의 작은 신이나 혹은 나무의 작은 신이 같은 식으로 통합되었다.

물론, 비천한 자의 신앙과 지식인의 신학적 표명을 구분해야 한다. 지식인의 신학적 표명을 통해서는 기층민에게서 신앙의 대상이 되었던 바가 제대로 표현되지 않는다. 기독교를 설명하는 것이 교리의 역사로는 충분하지 않다. 이교화는 신성화보다 덜 중요하다. 왜냐하면, 지역의 소소한 신이 받아들여진 순간부터, 이 점을 통해 어떤 장소, 곧 신들에게 바쳐지거나 혹은 신들에 의해 성별된 장소는 특별하다고 반드시 인정되었기

는데, 즉 엘리트 전체가 황제를 따랐다는 것이다. 황제가 도나투스파나 혹은 아리우스파였을 때 사람들은 도나투스파나 혹은 아리우스파가 될 수밖에 없었고, 황제가 정통파가 되었을 때 사람들도 정통파가 될 수밖에 없었다.

때문이다. 틀림없이 교회는 우물 숭배나 나무 숭배 등에 맞서 싸웠으나, 어쨌든 교회는 어떤 장소가 다른 장소와 다르고 분리되어 있음을 인정하기에 이르렀다. 특히, 예배 거행 장소인 교회당 자체가 그러하다고 인정되었다. 바야흐로 건물이 일종의 성별 대상이 되고 신성한 장소가 된다. 거기서 어떤 수치스런 일이 일어났을 때, 그 건물은 더는 신을 섬기는 일에 소용될 수 없다. 그래서 또다시 그 건물을 성별 해야 한다.

초기 그리스도인은 신자들이 모이고 하나님의 말씀이 들려지고 성례전[97]이 거행되는 장소에 대해 어떠한 존경도 특별히 표하지 않았다. 그것은 어떤 평범한 장소였다. 그러나 이 장소가 화려하고 위풍당당한 건물이 되는 순간부터, 게다가 우리가 다시 다루게 될 성례전 신학이 바뀌는 순간부터, 다른 모든 장소와 근본적으로 다른 이 장소는 이교 신전과 관련된 신심이 부여된다…. 이 장소에 하나님의 **특별한** 임재가 있는데, 다시 증가하는 것은 바로 신성한 것에 대한 감정이다. 한 술 더 떠서 이교 신전에서처럼 교회당 안에서도 두 부분으로 나누어지기까지 한다. 하나는 신자를 위한 부분으로서 더 '세속적인' 부분이고, 다른 하나는 종교 예식 자체가 거행되는 성직자를 위한 부분이다. 이러한 구분도 예외적인 신성한 장소를 인정하는 완전히 전형적인 경우이다.

교회당이 신성한 장소임을 분명히 나타내고자, 교회에 들어가려면 몇몇 행위, 곧 모자를 벗는다거나, 무릎을 꿇는다거나, 성수聖水를 적시는 것과 같은 어떤 행위를 해야 하는데, 거기에서도 우리는 신성한 행위와 마주한다. 몇 가지 격식과 예방책 없이는 신성한 장소에 접근할 수 없다. 성수는 감히 신성한 것에 접근하려는 신자를 '오염'으로부터, 달리 말하면

---

97) [역주] 성례전(聖禮典)은 눈에 보이지 않는 하나님의 은혜가 눈에 보이는 방법으로 전달되는 예식, 다시 말해 하나님의 은혜를 받는 예식이다. 기독교 교파별로 성례나 혹은 성례전, 주의 만찬이라고 한다.

하나님의 진노로부터 보호한다는 것이다. 이와 동시에 순교자의 무덤, 기적이 일어난 장소, 순교자가 처형된 곳 등 어떤 장소는 정말 말 그대로 신성해진다. 이 장소에 가까이 가기 위한 성지 순례가 있고, 마찬가지로 순교자의 무덤 옆에 묻히고 싶어 하는 의지가 있는데, 이것은 아주 오래전부터 교회 안에 있었다.

이처럼 유대 기독교적인 모든 비신성화는 완전히 사라진 채로 있다. 성서는 땅 전체가 구별 없이 "땅은 주主에게 속해 있다"고 단언하지만, 여기서는 이와 반대로 하나님이 더 가깝고 더 감지되며 더 현존하는 장소가 있다. 나머지는 세속적이기에, 신성한 장소들이 있다. 어떤 장소에 대한 신성한 숭배는 지복직관98)의 장소나 혹은 루르드99)와 같은 기적의 장소에 이르기까지 교회사 전체에 걸쳐 퍼져 나간다. 우리는 거기서 순전히 신성한 것에 직면한다. 또한, 장소가 신성해졌던 동시에, 신성한 시간이 등장하는 것이 목격되었다.

바울은 특별한 날이나 혹은 시간을 준수할 필요가 없고, 이것들은 어떠한 가치도 담지 않은 인간적인 구별이며 규정이라고 분명히 밝히는데도, 일주일의 어떤 날들, 곧 예수가 십자가에 달린 날인 금요일이나 예수가 부활한 날인 일요일은 상당히 빨리 신성한 것으로 여겨진다. 마찬가지로 대림절100)과 사순절101)과 같은 기간이 정해지는데, 이 기간에 인간은

---

98) [역주] vision béatifique: 하나님을 직접 보거나 만나는 축복.
99) [역주] Lourdes: 프랑스 남서부에 있는 소도시. 1858년 베르나데뜨(Bernadette)라는 14세 소녀가 이곳에 있는 동굴에서 18회에 걸쳐 성모 마리아를 보고, 기도와 속죄 행위 및 생활의 회개를 촉구하는 메시지를 들은 것으로 전해지고, 해마다 세계 각지로부터 수많은 순례자가 찾아오는 순례지가 된다. 또한, 동굴 속에 있는 샘물은 성수로서 병 치료에 신통한 효험이 있다고 알려져 이를 찾는 신도와 환자가 많다.
100) [역주] 예수의 탄생일이라 여겨지는 성탄일 전 4주간의 기간으로서 예수의 성탄과 다시 옴을 기다리는 교회력의 절기.
101) [역주] 기독교에서 부활절 전의 40일간의 기간. 몸과 마음을 깨끗이 하고 부정한 짓을 멀

하나님을 향해 마음을 드려야 하고, 성탄절 또는 부활절 축하 행사를 준비해야 하며, 하나님과의 만남을 위해 일종의 정결의식으로써 준비해야 한다. 그런데 이것은 전형적으로 신성한 자세이다.

성서에서 부활절 기간의 성찬식은 매우 폭넓게 열려 있으므로, 이것은 성스러운 행위가 아니다. 이제부터 "신성한 것"에 다가가기 위한 정결의식이 필요해진다. 게다가, 교회는 이와 동시에 중세의 정치적 상황에서 이 신성한 시간을 이용하기에 이른다. 교회는 봉건 제후들 사이에 일어나는 전쟁을 제한하려고 신성한 시간을 이용했다. 즉, 교회는 일주일의 어떤 날들에는 서로 전쟁하는 것이 허용되지 않는다고 규정했으며, 한동안 매우 일반적인 방식으로 이 점을 받아들이게 했다. 우선 실제로 이날들은 금요일과 일요일이다. 이것은 소위 "하나님의 **휴전**"이었다. 이날에는 병사들이 반드시 싸움을 멈춰야 했다. 그다음으로 성찬식을 해야 하는 전날과 성찬식 다음 날은 이웃을 학살할 수 없다고 여겨지면서 휴전을 확대하는 일이 시도되었다…. 그러나 이것은 분명히 너무 광범위했고, "하나님의 **휴전**"은 점차 지켜지지 않았다. 어쨌든 중요한 것은 분명히 어떤 날들의 '별도의' 성격, 즉 신성한 **시간**의 성격을 강조했다는 데 있다.

성찬식의 의미

이 모든 것은 신앙의 내부에서 변화와도 관련이 있었다. 그리고 특히 성찬식과 성례전에 대한 새로운 해석과 관련이 있었다. 이미 예수의 "희생 제사"에 대한 부각은 이러한 길로 이끄는 경향이 있었다. 우리가 언급했듯이, 아마도 예수의 희생 제사는 다른 모든 것을 종결짓는 것이고, 다

리 하는 기간으로서 초기 기독교 교회로부터 중세 교회에 이르기까지 이 기간에는 단식이 주로 행해진다.

시 생겨날 수 없다. 이것은 물론 신성화하는 정신 상태와 더불어, 또 군중에 깃들어 있는 신성한 것에 대한 욕구와 더불어 있었다. 신성한 것에 대한 욕구는 신과의 관계를 세우기 위한 희생 제사의 필요성으로 나타난다. 그래서 사람들은 기념과 기억으로 만족하지 못한다. 성찬식은 단순한 기념식이 될 수 없다. 게다가 성찬식은 완전히 영적 측면을 기반으로 할 때 대중의 신앙심에 만족을 주지 못한다. 그래서 구체적인 것이 필요하다. 신성한 것은 항상 구체적인 표지標識를 요구한다. 이리하여 그리스도 자신의 실제적이고 구체적인 임재로서 성체의 빵에 대한 신앙심인 화체설化體說이 점차 만들어진다.

여기서 우리는 가장 근본적인 변형에 직면한다. 그리스도의 희생 제사는 명확한 종교의식을 포함하는 전례에서 성직자에 의해 실제로 되풀이된다. 물론, 성별된 성체의 떡은 완전히 신성해지는데, 이 점을 통해 우리가 장소 및 '입장 의식' 102)과 관련하여 앞에서 살펴보았던 바가 규명된다. 거기 있는 것은 그리스도 자신이라는 것이다.103)

그리스도의 희생 제사에 대한 신성화의 첫째 결과

일정하게 되풀이되는 희생 제사의 반복과 더불어, 기독교에 집단으로

---

102) [역주] rite d'entrée: 원래 "성부와 성자와 성령의 이름으로 - 아멘"으로 시작해서 "전능한 하나님이 우리에게 자비를 베풀고 우리 죄를 용서하며 우리를 영생으로 인도하도록 - 아멘"으로 끝나는 가톨릭 미사의 통상문 중 하나로서 우리말로 '시작 예식'으로 옮길 수 있다. 하지만, 여기서는 문맥상 바로 앞에서 설명된 교회당 같은 신성한 장소에 들어가려고 해야 하는 모자를 벗는다거나, 무릎을 꿇는다거나, 성수를 적시는 것과 같은 몇몇 행위, 곧 신성한 장소에 접근할 수 있게 하는 신성한 행위나 격식이나 예방책을 가리킨다고 보아 '입장 의식'으로 옮기기로 한다.
103) 한편 복음서에서 예수가 결코 자신을 신성한 인물로도 거룩한 인물로도 제시하지 않고, 또한 매번 자신의 **아버지**를 참조케 하면서 모든 개인적 숭배를 인정하지 않음을 강조하는 것이 중요하다.

들어오는 것은 신성한 것의 거대한 영역인데, 이 점을 통해 두 가지 결과가 초래되므로 더더구나 그러하다. 우선, **사효론**104)과 관련된 것으로, 성례전이 스스로 활동한다는 것이다. 그러나 이 점은 성례전을 시행하는 자에게도, 성례전을 받는 자에게도, 하나님의 활동에도 달리지 않았다. 성찬식은 성체의 빵을 집을 때 일어난다. 성체의 빵은 스스로 활동한다. 마찬가지로, 세례도 스스로 활동한다. 곧, 세례의 물이 활동하고, 세례받은 이는 원죄로부터 "그 자체로" 씻긴다. 신덕105)은 단번에 그에게 주입된다. 그는 그리스도에게 속한 인간이 가진 소멸하지 않는 특성을 받는다. 여기서 우리는 완전히 신성화하는 해석에 직면한다. 힘을 지닌 것은 **대상**이다. 신앙이 결정적이지 못한 채, 성체의 빵을 통해 성찬식이 만들어지고, 세례의 물을 통해 효과가 생겨난다. 중요한 것은 하나님에 대한 신자의 신앙 관계가 아니라, 교회의 규례이며 변형시키는 신성한 힘을 지닌 대상이다.

교회당에 들어갈 때 사용되는 성수聖水도 마찬가지이다. 또한, 종려 주일106)의 축복된 나뭇가지도 그러한데, 이 나뭇가지는 그것이 놓인 집의

---

104) [역주] 事效論(opus operatum 혹은 ex opere operato): 성례전을 통해 본래 활동하는 이는 그리스도이고 성례전 집전자는 단지 그리스도의 도구이기 때문에, 성례전이 교회의 의향에 따라 거행되면 집전자의 개인적인 성덕(聖德)과 관계없이 은총이 성례전을 통해 틀림없이 전해진다는 로마 가톨릭의 이론. 로마 가톨릭에서는 성례전의 효과를 사효적(事效的) 효과와 인효적(人效的) 효과 두 가지로 구분한다. 사효적 효과는 '거행된 성례전 자체를 통해 받는 성례전의 은혜'이며, 인효적 효과란 '성례전에 참여하는 이의 노력과 정성과 열심에 따라 받게 되는 하나님의 은혜' 이다. 따라서 로마 가톨릭에서는 전례를 통해 거행되는 성례전의 효과를 최대화하기 위해 신앙과 교리에 대한 교육의 필요성을 강조한다.
105) [역주] 神德(vertus théologales)은 믿음, 소망, 사랑과 같은 기독교의 덕을 가리킨다.
106) [역주] 기독교에서 부활 주일 바로 전 주일을 가리키는 말. 부활절 직전의 일요일에 그리스도가 어린 나귀를 타고 예루살렘으로 입성한 것을 기념하는 주일이다. 이때의 모습을 신약 성서는 여러 곳에서 묘사하는데, 어린아이와 많은 군중이 길거리에 나와서 자신들의 겉옷을 길에다 깔고, 종려나무 가지를 꺾어 들고 "호산나"라고 외쳤다..

행복을 보장하고 불행으로부터 보호한다는 것이다. 그러므로 모든 신성한 세계에서처럼, 특별한 신성한 책무를 그 자체로 지닌 대상들이 있다. 이 같은 방향에서 교회 안에 가시적인 것의 중요성이 다시 자리 잡을 수밖에 없다. 말씀이나 보이지 않고 인식할 수 없는 하나님으로 만족하기란 불가능하다. 그래서 신성한 것을 현존하게 하는 가시적인 실재에 매달려야 한다. 이 계시에 직접적으로 반대되는 계시의 표지標識로서 가시적인 것을 다시 들여오는 일은 정말 철저한데, 이는 교회 안에 신성한 것을 다시 끌어들이기 위함이다.

모든 것이 가시적이 된다. 다시 말해, 하나님의 진리는 우리의 실재에 속하는 사물들 속으로 통합된다. 이것들은 전형적인 스테인드글라스에 이어, **저능한 이들을 위한 책**libri idiotarum, 곧 무지한 **이교도**로 하여금 신성한 이야기를 단순화시킨 기초개념을 배울 수 있게 하는 그림책이다. 또한, 이것들은 입상立像으로 나타나는데, 그것은 엄청난 진전이다. 물론, 직접적으로 하나님의 입상이 아니라, 하나님과 관계되는 성스러운 세계 전체, 곧 예수와 동정녀와 성인들의 입상이다. 신앙심은 가시적인 것에 의해 방향이 결정된다. 보지 않고 믿는 자가 복되다는 예수의 말씀에도 불구하고 사람들은 봄으로써 더 잘 숭배한다. 그것은 불빛이고, 성직자의 특별하고 구별되는 옷이며, 성체의 빵을 들어 올려 보이는 것 등이다. 성스러운 것을 특징짓는 가시적인 것 전체가 교회에 집단으로 유입되고, 신도들은 물론 그것이 무엇인지 모르는 채, 이를 통해 이교의 길을 다시 따른다. 가시적인 대상은 신성화하는 세계에 특유한 것이며, 매우 빨리 신성한 것 자체가 된다.

결국, 성화상聖畵像:icon이 등장하는데, 성화상이 특히 신성한 대상으로 바뀌게 됨으로써, 성화상에서 계시와 형상의 융합이 거의 완전히 이루어진다. **말씀**의 종교'에 의해 배제된 가시적인 것의 더할 나위 없는 중요성에 대한 자각은, 기독교적인 사상과 경건함과 신앙과 종교의식에 신성한 것을 다시 끼워 넣는 데 있어 결정적인 단계이다. 가시적인 것에 중요성을 부여하는 일은 신성한 대상을 최고로 여기는 것에 해당한다. 그래서 활동력은 더는 하나님의 활동력107)이 아니라, 활동력은 볼 수 있고 장악할 수 있으며 사용할 수 있고 존중할 수밖에 없는 사물들 속에 있다. 게다가, 비신성화하려는 노력을 기울이며 가톨릭의 신성한 것을 그토록 세속화시킨 개신교 안에서도 똑같은 과정이 목격되었다는 점을 분명히 말해야 한다. 곧, 예배당도 어떤 신성한 장소가 되었고108), 성서는 실제로 신성한 책이 되었다. 나는 성서를 한 장이나 혹은 여러 장 찢는 것이 끔찍한 물의를 빚었던 때를 경험했다. 어쩔 수 없이 신성한 것에 대한 감정은 이 감정을 타파하기로 되어 있었던 것 자체를 다시 부여한다.

그리스도의 희생 제사에 대한 신성화의 결과

그런데 희생 제사에 대한, 이 새로운 개념109)에 의해 초래된 두 번째 변형은, 그 자체로서 희생 제사에 구원적이고 속죄적인 가치를 부여하는 것이었다. 만일 누군가 하나님의 마음에 들려면, 무언가를 희생으로 바쳐야 한다는 것이다. 우리는 모든 것을 잃지 않으려고 하나의 희생을 할 수밖에 없었던 너무 행복한 왕이 바다에 던진 반지에 대한 전통적 견해를 다시 발견한다. 희생이 제자리를 되찾는 순간부터, 사람들은 자신들이 갈

---

107) 하나님의 활동력은 오직 신앙에만 감지되고 보이지 않는다. [본문을 역자가 각주로 설정]
108) 프랑스 개신교도들은 1950년 이후부터 예배실을 집단으로 식사도 하고 잔치도 열며 모임도 할 수 있는 보통의 장소로 여기는 경향을 통해 많은 이들에게 빚어졌던 물의를 알고 있다. 즉, 신성한 장소가 더럽혀졌다는 것이다.
109) 이 개념은 이교적 개념이지 결코 기독교적 개념이 아니다. [본문을 역자가 각주로 설정]

망하는 것과 사랑하는 것을 희생으로 바치거나 모든 것을 포기해야 할 것이며, 가장 힘들고 고통스러운 것을 항상 선택하는 덕을 행할 것이다. 고난을 받아들이는 것은 이 희생에 속하고, 고난은 칭송을 받을 것이다. 이것들은 중세 기독교에서 잘 알려졌으나, 성서의 사상과 아무런 관계없는 온갖 경향이다.

그런데 이와 동시에, 또 완전히 일치하는 방식으로, 그리스와 로마 사상에 힘입어 전개된 하나님에 대한 고찰을 통해, 성서가 하나님에 대해 언급했던 바가 근본적으로 변형되었다. 한편으로 하나님의 속성을 분석하는 일이 착수되었는데, 물론 다신교의 신들과는 매우 다른 하나님이지만, 철학에 따라 형성된 하나님이었다. 창조주라는 개념은 **전능함**이 드러난 순간부터 근본적으로 바뀌었고, 이런 하나님과 세상 사이에 관계는 초기 기독교 세대들이 믿었던 바와 아무런 관계가 없었다. 자신의 창조물에 연결된 하나님이 다시 발견되었고, 결국 하나님을 내포한 세상이 다시 발견되었다. 여기서부터 신성한 것은 어디든 있을 수 있었다. 그리고 이 흐름은 신성한 것에 전형적으로 연결된 인물의 재출현으로 이어졌는데, 이것은 곧 중보자인 성직자의 재출현이다.

우리는 신약 성서에서 성직자가 존재하지 않는다고 언급했다. 구제를 위한 집사, 설교를 위한 선지자, 가르침을 위한 교사, 올바른 질서를 감독하기 위한 감독이 있으나, 예수야말로 하나뿐인 유일한 중보자이기 때문에 성직자란 없다. 그러나 신성한 것이 기독교에 다시 등장하는 순간부터, 이 신성한 것을 지니고 나타내는 동시에 중보자의 구실을 해주는 인물이 필요해진다. 사람들은 평신도가 이런 하나님과 이 새로운 신학에 접근할 수 있으리라고는 상상할 수 없다. 성별 되고, 중보하는 일에 헌신하며, 자기 자신이 신성하고, 되풀이되는 거룩한 희생 제사를 할 수 있는 인물을 평신도는 거쳐 가야 한다. 신성한 것의 특징을 나타내며 소소한 신들의 통합에 대해 우리가 말한 바와 아주 유사한 다양한 중보의 틀 속으로, 곧 성인들 속으로 평신도는 들어간다. 평범한 죽을 인생은 신비에 접근할 수도 없고, 신과 직접적인 관계를 맺거나 신성한 것의 세계에 아무런 보호 없이 들어가면 무시무시한 위험에 처할 우려가 있다. 이 평범한 죽을 인생을 위해 반드시 필요한 가림막이 되는 것이 신성한 것을 지닌 성직자와 성인이다. 행운을 가져다주는 신성한 것에 그러한 힘이 있는 나머지, 사람들이 이러한 관계를 감당하지 못하면 신성한 것은 불길해진다.

성직자는 자신만이 수행할 수 있는 신성한 기능을 지닌다. 역할과 중보에 관하여 이교의 성직자가 어떠했는지, 또 그들만이 신성한 것에 관여할 수 있는 신성한 것에 대한 전문가인 특수 계층과 세속적인 것에 남아 있어야 하는 **일반 민중**laos 사이의 분리에 관하여 이교의 성직자가 어떠했는지 드러난다. 그런데 이 구분은 예수가 근본적으로 없앴던 것이다. 하지만, 긍정적인 신성한 것을 지닌 인물이 나타나는 동시에, 물론 그 대신 부정적인 신성한 것을 지닌 인물, 곧 마법사가 나타난다. 여기서 마찬가지로 그 변화를 주목하는 것도 흥미롭다.

성서적으로 마법사는 신앙이 몰아낼 수밖에 없는 영이 들린 자이다. 초대 교회에서 우리는 상당히 오랫동안 지속하는 매우 괄목할 만한 가르침을 발견하는데, 이 가르침은 매우 현대적인 가르침으로서, 곧 마법은 존재하지 않는다는 것이다. 마법의 존재를 믿지 말아야 하고, 마법은 순전히 상상에 속한다. 신도들의 정신으로부터 마법사의 능력에 대한 신심을 몰아내야 하고, 마법사는 경솔한 신앙을 이용한다고 신도들을 확신시켜야 한다. 이러한 가르침은 9세기에도 발견된다. 그러나 마침내 승리하는 것은 반대의 것, 곧 악마에 대한 신심이요, 성직자의 정반대 편으로서 지상에서 활동하는 사악한 초자연적인 권세에 대한 신심이다. 악마를 찬양하는 마법 의식은 미사가 뒤바뀐 것이다. 그리고 이것은 논리적이었다. 곧, 긍정적인 신성한 것을 지닌 특별한 인물이 등장하는 순간부터, 파괴적인 신성한 것을 지닌 반대편이 존재하기 마련이다. 이렇게 해서 전통적인 신성한 것의 세계가 거의 완전히 다시 구성된다. 이 순간, 기독교는 다른 종교들 가운데 있는 신성한 것과 종교적인 것에 대한 표현 중 하나로서 분석될 수 있다.

게다가, 신약 성서에서 거의 사용되지 않는 말이 다시 일반적으로 사용된다. 신성한 노래, 신성한 음악, 신성한 예술, 신성한 책, 신성한 꽃병이 존재하고, 마찬가지로 인간들의 보편적인 역사와 구별된 다른 신성한 역사가 가르쳐진다. 이 어휘의 변화는 정신상태의 변화와 종교적 개념의 변화에서 그 특징을 완전히 나타내고, 유대·기독교 사상이 강력했던 시절에 또 초기 시절에 철저하게 맞서 싸웠던 신성한 것이 재등장하는 데 있어 그 특징을 완전히 나타낸다. 이 역사적이고 엄청난 실패는 다음 같은 점들에 대한 명백한 증거 가운데 하나로 보인다. 즉, 인간의 실존에 신성한 것이 내재한다는 점과 인간으로 하여금 매번 신성한 세계를 재구성하게끔 하는 이 능동적인[110] 힘이 영구불변하다는 점이다. 그런데 이 신성한 세계 없이는 아마도 인간은 자신을 위해 만든 세계에서 존재할 수 없을 것이다. 기독교가 제시한 모험이 아니라 오직 신성한 것만이 인간을 안심시키며, 인간에게 자신의 세계에 대한 안정감을 부여하는 동시에 자신의 삶에 대한 변함없고 객관적인 의미감을 부여한다.

---

[110] 나는 '객관적'이라고는 하지 않는다. [본문을 역자가 각주로 설정]

제4장 도덕주의

처음부터 기독교 도덕이란 존재하지 않는다. 차라리 예수 그리스도 안에 있는 계시는 반도덕적이다. 예수님의 말씀은 도덕적 질서에 속하는 것이 아니라 실존적 질서에 속하는 것이며 존재 자체의 변화를 동반하는 것이다.

도덕과 무관한 하나님의 계시

대부분 우리 현대인의 생각에 기독교는 무엇보다 먼저 도덕이다. 그래서 몇몇 집단을 제외하고 기독교의 영적 측면은 쉽게 잊혀버리고, 사람들이 기독교에 대해 취하는 다른 견해는 기독교 축전으로 귀결된다. 기독교 진리를 문제 삼는 것이 대개 그리스도인의 행위와 관련되어 있다는 점과, 기독교에 대해 내려진 판단이 도덕적 유형에 속한다는 점이 독특하다. 디드로Diderot의 작품을 영화화한 「수녀」*La Religieuse*, 「살렘의 마녀들」*Les Sorcières de Salem*, 텔레비전 영화 「메레뜨」*Mérette*, 1982 같은 반反기독교 영화는 이런 차원에서 기독교를 공격한다. 그리스도인의 성행위나 혹은 가정생활에 대한 사회학적인 설문조사가 보여주듯이, 가장 빈번히 들리는 논점은 "그리스도인이 일반 사람과 다르게 처신하지 않는다"는 것이다. 이를테면, 오늘날 거부되는 도덕은 바로 기독교 도덕이다.

이러한 혼란이 일어난 데에는 그리스도인이 행한 모든 것이 원인이 되었음을 분명히 인정해야 한다. 그런데 하나님의 **계시**는 도덕과 무관하다.

절대 아무런 관계가 없다. 내가 다른 책에서 한 이 방면의 긴 논증을 여기서는 하지 않겠다.[111] 나는 다만 세 가지 기본 주장을 상기하는 것으로 그칠 텐데, 이 주장의 근거를 파악하기 원하는 독자는 나의 다른 책을 참고하도록 부탁하면서, 이 주장을 그대로 받아들여 달라고 요청한다.

첫째, 히브리 성서에서 토라는 도덕주의자가 만들어낸 도덕으로서의 도덕도 아니고, 집단에 의해 체험된 도덕으로서의 도덕도 아니다. 하나님의 **말씀**인 토라는 하나님 자신에 대한 하나님의 계시이고, 삶과 죽음을 구별하는 것에 대한 규정이며, 하나님의 전적인 주권의 상징화이다. 마찬가지로 복음서에서 예수가 언급하는 바도 도덕적 차원의 것이 아니라 실존적 차원의 것이며, **존재**의 근원이 변화되는 데서 비롯되는 것이다. 또한, 마찬가지로 서신서의 교훈에서 바울이 언급하는 바도 도덕이 아니라 모범으로서 유용한 지시사항에 해당한다. 두 번째 주장은 기독교 도덕이란 없다는 것이다. 기존 관념과는 반대로, 예수 그리스도 안에 있는 하나님의 **계시**에는 어떠한 도덕 체계도 없다. 어느 정도 독립적인 방식으로 존재할 수 있는 도덕적 규범도 없고, 보편적인 가치를 지니거나 혹은 하나의 도덕을 만드는 데 소용될 수 있는 도덕적 규범도 없다. 마지막으로 세 번째 주장은 예수 그리스도 안에 있는 하나님의 **계시**는 도덕에 반대된다는 것이다. 복음서나 혹은 서신서에서 도덕을 끄집어내는 것은 솔직히 말해 불가능할 뿐만 아니라, 게다가 복음의 열쇠인 은총을 선포한다든가, 용서를 선언한다든가, 자유를 향해 삶을 열어준다든가 하는 것은 모든 면에서 도덕에 정반대되는 것이다. 왜냐하면, 가장 경건하고 가장 도덕적인 행위뿐 아니라 **모든** 행위는 죄에 포함되기 때문이다.

이미 언급되었듯이, 창세기에 제시된 세상 죄의 기원은 "아는 것"이 아

---

[111] 자끄 엘륄의 『원함과 행함』 *Le Vouloir et le Faire* (솔로몬역간, 2008)을 참조할 것.

니라112) "**선**과 **악**을 **아는 것**"이다. 그런데 여기서 아는 것은 결정을 의미한다. 인간이 **자력**으로 **선한 것**과 **악한 것**을 결정할 수 있다는 것은 하나님이 용납할 수 없는 바이다. 사실 성서적으로 **선**이란 하나님의 **뜻**이며, 그것이 전부이다. 하나님이 결정하는 바는 무엇이든 간에 **선**이다. 따라서 인간이 선한 것을 결정하면서 행하는 바는 바로 하나님의 뜻을 자신의 뜻으로 대체하는 것이다. 이런 인간이 **근본적**으로 죄인이 되는 것은, 도덕을 만들어낼 때이고, **선**을 규정할 때이며, 심지어 **선**을 행할 때이다. 도덕을 만들어내는 것은 하나님 앞에서 자신을 죄인으로 드러내는 것이다. 그 이유는 사람들이 처신을 잘못하기 때문이 아니라, 이와 반대로 처신을 잘하기 때문이며 하나님의 뜻과 다른 선을 행하기 때문이다.

그러기 때문에 예수는 그토록 혹독하게 바리새인을 공격한다. 바리새인이야말로 인간 중 가장 도덕적이고, 가장 잘 처신하는 자이며, 완벽하게 순종하는 덕망 있는 자이다. 하지만, 바리새인은 살아있고 항상 현재적이며 결코 계명 속에 고착되지 않는 하나님의 **말씀**을 점차 **그들의** 도덕으로 대체했다. 복음서에서 예수는 모든 종교적 규범과 도덕적 규율에 대한 위반을 우리에게 끊임없이 보여준다. 예수는 "나를 따르라"는 말을 계명으로 제시하지, 행해야 할 것의 목록이나 혹은 행하지 말아야 할 것의 목록을 절대 제시하지 않는다. 예수는 도덕은 없으나 항상 새롭고 빛을 발하는 하나님의 **말씀**에 순종하는 자유인이 어떤 것인지를 충분히 드러낸다. 바울은 유대교에서 도덕처럼 나타날 수 있는 모든 것, 곧 "인간들에 의해 규정된 규율과 규범" 및 하나님한테서 오지 않는 모든 것을 같은 방식으로 공격한다. 커다란 변화는 우리가 예수 그리스도 안에서 '자유인'

---

112) 하나님이 인간의 지적 발달을 금하다니 이 얼마나 부조리한가! [본문을 역자가 각주로 설정]

이 된다는 것이다. 그러나 자유인의 가장 중요한 특징은 바로 도덕적 계명에 의해 묶이지 않는다는 점이다. 바울은 두 번이나 "모든 것이 허용되어 있다"고 선포한다. 그리고 사도행전에서처럼 "부정한 것은 아무것도 없다"고 바울은 가르친다. 당신은 자신이 원하는 대로 오고 가는 성령처럼 자유롭다. 하지만, 이 자유는 아무런 것이나 의미하지 않는다. 이것은 **사랑**의 자유이다. 법규로 제정될 수도 없고, 틀에 맞춰질 수도 없으며, 원리로도 계명으로도 분석될 수 없는 사랑이 율법으로 대체된 것이다. 타인과 관계는 의무의 관계가 아니라 사랑의 관계이다.

내가 예수 그리스도 안에 있는 하나님의 **계시**가 도덕에 반대되는 것이라 할 때, 도덕을 다른 도덕으로 대체하는 것을 말하고자 함이 아니다. 얼마나 많이 우리는 기독교 도덕이 다른 도덕에 비해 우월하다는 글을 읽었던가! 게다가 잘못된 것은, 기독교 밖에서도 정직하고 덕망 있는 이들, 훌륭한 남편과 아버지, 착한 아들, 양심적이고 진실한 이들이 있으며, 심지어 이들이 그리스도인보다 더 낫다는 식의 언급이다. 천국의 비유, 탕자의 비유, 달란트 비유, 11시에 온 일꾼들의 비유, 불의한 청지기의 비유, 그리고 다른 많은 비유가 기가 막히게 잘 보여주듯이, 이 비유들은 바로 모든 도덕에 대한 공격이다. 이 모든 비유에서 모범으로 제시된 인물은 도덕적인 행위를 하지 않았던 자이며, 오히려 버림받는 자는 도덕적인 행위를 했던 자이다. 물론 이 점은 도둑이나 살인자나 간음한 자가 되라는 권면을 전혀 의미하지 않는다. 오히려 이와 반대로, 여기서 촉구되는 행위는 하나님과의 만남에 방해물로 나타나는 모든 도덕을 뛰어넘으라는 것이다.

사랑은 어떠한 도덕도 따르지 않고 어떠한 도덕도 생겨나게 하지 않는다. 계시된 진리의 큰 범주들 가운데 어떤 것도 도덕과 관계되지 않으며,

도덕을 생겨나게 할 수 없다. 즉, 자유도 진리도 '빛'도 **말씀**Verbe, 113)도 **거룩함**도 전혀 도덕에 속하지 않는다. 분명히 이처럼 유발되는 것은 **존재 방식**, 곧 삶의 어떤 모델인데, 이 삶의 모델은 지극히 불확실하고 끊임없이 위험에 처하며 새롭게 된다. 기독교적 삶이 도덕에 반대되는 이유는 이것이 그저 되풀이되는 삶과 반대되기 때문이다. 살아가는 동안 그대로 되풀이될 수도 있는 고정된 의무란 결코 없다. 이 존재 방식과 관련하여, 도덕은 무엇이든 간에 하나의 금지이고 장애물이며 또한 그 안에 단죄를 내포한다. 바로 예수가 온갖 도덕적인 인물들에 의해 불가피하게 단죄받은 듯이 말이다.

이렇게 기독교 역사상 가장 근본적인 비극 가운데 하나는 자유로운 **말씀**이 도덕으로 변형된 것이었다. 이것은 기독교의 변형 전체 중 가장 결정적인 실패였다. 여기서도 역시 왜 이렇게 되었는지 이해하기란 매우 어렵다. 우리가 이미 지적했던바, 특히 집단 "개종"을 통해 분명히 이에 대한 설명이 시작된다. "기독교" 대중이 이러한 정신의 자유와 사랑의 자유 안에서 살아가기가 어려웠다는 점은 분명하다. 그래서 아주 빨리 규범을 제시해야 했다. 또한, 이 때문에 의무 행위를 지시해야 했다. 소위 "**영에 따라**" 살고자 도덕을 거부하면서 공동체로 돌아갈 때마다, 이것을 통해 구체적으로 무절제가 생겨났고, 인간적이고 영적인 타락이 빠르게 생겨났다. 구글리에마파114)의 경험이나 혹은 장 드 레이드115) 공동체의 경험처

---

113) [역주] 프랑스어로 '말씀'에 해당하는 표현으로는 Parole과 Verbe가 있다. 그 중 Verbe는 요한복음 1장 1절의 내용에 따라 삼위일체의 위격 중 하나인 그리스도를 가리킨다고 볼 수 있는데, 이 둘을 구분하기 위해 Verbe에 해당하면 프랑스어를 함께 적기로 한다.
114) [역주] 13세기 이탈리아 밀라노에서 구글리에마(Guglielma)라는 여성 신비주의자에 의해 고취된 종교 운동. 구글리에마파 사람들은 구글리에마를 성녀로 여기고 성령이 여성으로 강생한 것으로 간주한다. 이 운동은 로마 가톨릭교회의 인정을 받지 못하고 이단으로 처단된다.

럼 말이다.

집단 개종에 대한 세 가지 해결방향

그렇다면, 단지 다음 세 가지 방향 가운데서만 선택이 가능한 듯이 보인다. 첫째, 사도행전이 우리에게 묘사하는 공동체에 비견할 만한 공동체에서 진정 성령으로 살아가긴 하되, 진정으로 회심하고 인간으로서 또 신자로서 완전히 성숙해 있으며 자유의 위험을 견딜 수 있는 매우 적은 수의 신도만 관련될 수 있다는 것이다. 이것은 몇 사람을 초과할 수 없다. 이것은 예수 자신이 기껏해야 70명인 자신의 제자들과 더불어 행한 바와 일치하고, **항상** "적은 무리"일 것이라고 예수가 우리에게 행한 예고와도 일치한다. 그리하여 도덕에서 벗어나 있는 **계시**에 대한 체험적인 참된 이해가 관건이 되고, 사회의 도덕에는 반反도덕과 도전이 관건이 된다.

둘째, 사람들을 기독교 신앙으로 집단 회심시켜서 교회 안에 집단으로 들어오길 바라지만, 수만의 무리가 마치 하나님나라에 있는 듯이 살아갈 것이라고는 기대할 수 없다는 것이다. 이 점은 우선 삶의 방식을 틀에 맞추는 것을 전제로 하고, 다음으로 삶의 방식을 통제하는 것을 전제로 한다. 그럼으로써 기독교는 도덕이 되는데, 다시 말해 예수와 이스라엘 안에서 **계시**가 바랐던 바와 반대의 것이 된다. 어쨌든, 이 도덕은 예를 들어 바울의 텍스트에서 뽑아낼 수도 있는 도덕이 아니라, 당시 사회의 도덕과 다소 같은 것이다. 예를 들어 산상수훈에 속하는 모든 것과 같은 예수가 제시한 많은 방향이 이 도덕과 반대되기 때문에, '권고'와 규범 사이가 터

---

115) [역주] Jean de Leyde(1509-1536)는 독일의 뮌스터가 아나뱁티스트(Anabaptis: 재세례파)에 의해 지배될 때 재세례파의 수장. 재세례파가 지배하는 뮌스터가 뮌스터 주교가 이끄는 군대에 의해 포위되자 자신을 "시온의 왕"으로 선포하고 뮌스터시 재산을 공유하는 동시에 일부다처제나 일처다부제 같은 사람을 공유하는 보편적 공동체, 곧 성도들의 왕국으로 만들려고 시도한다.

무너없이 구분된다. 구체적으로, '권고'란 예를 들어 "가서 네 모든 소유를 팔라" 등과 같이 완전한 이들과 성인聖人과 향상된 그리스도인과 성직자에게만 해당하는 것이고, 규범은 예를 들어 '가짜 십계명'116)에 요약된 것과 같은 모든 이에게 의무적인 도덕이라는 것이다. 이것은 바로 **계시**를 무너뜨리려는 방편이었다. 따라서 이 점이 두 번째 가능성이다.

셋째, 사람들은 도덕 없이 살아가려 하지만, 수가 많아짐으로써 또 다소 제도화되고 조직화된 사회가 됨으로써 도덕과 더불어 살아가려 한다. 이것은 모든 이단 종파의 현상이다. 그러나 상황은 매우 빨리 악화하고, 힘의 관계나 혹은 권위의 관계가 자리 잡거나 그렇지 않으면 전적으로 도덕적 혼란이 자리 잡는다. 위와 같은 것들이 열려 있는 유일한 세 가지 가능성이다.

2세기 말부터 교회는 두 번째 방향으로 나아갔다. 따라서 교회는 복음에 반대되는 도덕적 규율을 늘릴 수밖에 없었다. 그리하여 교회는 어떤 도덕 법전에 맞는 행위를 기독교 생활의 기준으로 삼기까지 하고, 신앙

---

116) [역주] 엘륄은 참된 기독교에 대한 완전한 뒤집힘인 '기독교 도덕'에 대해 언급한다. 즉, 기독교 도덕은 한정할 수 없는 근본적인 메시지를 더는 아무것도 뒤엎지 못하는 메시지로 변모시키기 때문에, 참된 기독교와 정반대되는 것이다. 이처럼 하나님 말씀의 특성은 흩어버리고 뒤엎는 것이어서 너무도 불편하게 여겨질 때, 사람들은 우리를 더는 혼란케 하지 않도록 이 특성을 변형시킨다. 여기서 엘륄이 '가짜 십계명'이라고 부르는 것은 바로 이것이다. 물론 엘륄은 구약 성서 출애굽기의 십계명을 직접 언급하지만, 십계명에 대한 왜곡된 해석을 언급하고 있다. 엘륄은 이스라엘에 대해 자신이 쓴 글 모음집인 『이스라엘, 문명의 기회』*Israeël, chance de civilisation*(p.409)에서, 십계명은 시내산에서 주어진 율법의 요약이 아님을 지적한다. 즉, 엘륄은 "해방자인 하나님은 자기 민족에게 율법을 준다. 우선 십계명이고, 다음으로 해방을 위한 율법이며 (십계명과 화목제사 제물에 관한 율법 바로 다음에 자유에 관한 율법이 온다는 점을 파악하는 것은 아주 중요하다), 생명의 보호에 관한 율법이다"라고 언급한다. 이처럼 엘륄에게 있어 십계명은 유대 율법의 요약이 아니다. 아마도 십계명은 유대 율법의 서론이며, 어쨌든 한 작은 부분이라는 것이다. 그래서 엘륄은 그리스도인이 십계명을 율법의 요약으로 삼은 점을 비난한다. 다시 말해, 십계명을 도덕적으로 사용한 것은 일종의 날조 행위라는 것이다. 이런 맥락에서 엘륄이 언급하는 '가짜 십계명'이란 '십계명에 대한 오용'으로 볼 수 있다.

행위나 기도 행위 등을 도덕적 규율로 변형시키기까지 한다. 또한, 교회는 도덕을 독점하는 기독교에 대한 이미지를 교회 외부 사람에게 제시하기까지 하고, 행위를 가장 우선시함으로써 신학을 근본적으로 변형시키기까지 한다. 각자가 아는 대로, 이것이 루터의 종교개혁으로부터 단절되는 지점이다. 이 경향이 너무도 강한 나머지 기독교적인 자유를 재발견한 첫 세대가 지나자마자, 사람들은 특히 깔뱅과 더불어 도덕적 엄격함으로 되돌아갔고, "그리스도 안에서의 삶"에 대한 도덕의 우위로 되돌아갔다. 이 점에 대해 명백히 밝혀야 한다. 곧, 도덕과 그리스도 안에서의 삶은 불가피하게 서로 배타적이라는 것이다. 만일 바울의 말에 따라 "그리스도 안에서 산다면", 더는 도덕이 없다. 만일 도덕을 준수한다면, 그리스도 안에서 가능한 삶은 없다. 그렇지만, 교회가 취한 이 방향은 교회 대중화의 결과만은 아니었다. 교회가 존재했던 다양한 사회가 굉장히 부도덕했다는 것과 같은 결정적인 사실이 있었다. 이 반도덕주의가 특히 성적인 분야에서 분명했기 때문에, 도덕성을 높이려는 반동은 주로 이 분야에서 일어났다. 그리고 우리가 말한 대로, 이 반동의 주된 희생 대상은 여성이었다. 반反여성주의라는 주제는 기독교가 하나님의 **계시**를 왜곡하는 중요한 경우 중 하나이다. 이것이 우리가 이제 더 자세히 검토하려는 것으로서, 끝 부분에서는 도덕성을 높이려는 교회의 반동 동기를 다룰 것이다.

반反여성주의

기독교가 반여성주의적이었고 여성은 노예상태에 있었으며 대수롭지 않게 취급되었다고 주장하는 것은 현대에 와서 낡은 이야기가 되었다. 사람들은 구약의 텍스트와 바울의 어떤 텍스트를 상기시킨다. 오류와 근거 없는 주장으로 점철된 책인 『점토로 된 발을 지닌 거인』*Le colosse aux pieds d'argile,* 117)에서 괴상한 질라베르처럼, 몇몇 저자들은 때로 이 텍스트들에서 정신분석적인 근거를 찾으면서, 바울을 반여성주의의 창시자로 삼으려 했다. 결국, 어떤 저자들은 그리스도인이 그 시대의 가부장적 풍속에 단지 따랐다고 하면서, 어쨌든 성서와 그리스도인을 정당화하려 애쓴다. 사실 이것은 끔찍한 단죄가 되는 변명에 불과한데, 왜냐하면 이 변명이 그 시대의 풍속과 이데올로기에 대해 그리스도인이 자유롭지 못함을 단지 입증하기 때문이다. 더 정확하고 세밀한 분석이 필요하다.

우선, 예를 들어 주전 2~3세기 유대교에서나 혹은 같은 시대의 로마에서처럼 가부장적 사회가 우세했던 시대가 있었음은 틀림없는 사실이다. 그러나 모든 전통 사회를 가부장적 사회로 규정하는 것은 불합리하다. 항상 그랬듯이 변이가 있었다. 주 후 1세기 로마 사회가 엄밀한 의미에서 더는 가부장적 사회가 아님이 입증될 수 있다. 거기서 여성은 민회民會의 선거권을 제외하고 남성과 동등한 권리를 가진다. 여성은 자녀를 기르려고 결코 집에만 틀어박혀 있지 않았다! 마찬가지로, 주전 1세기 셀레우코스 제국118)에서 혹은 그 훨씬 후에도 여성은 완전히 자유롭다. 예를 들어, 볼테라Volterra 같은 이는 여성이 은행가, 선주, 상인, 온갖 종류의 기업가 같은 가장 수준 높은 모든 직업에 종사하고, 상당한 액수의 자금을 완전히 자유롭게 운용한다는 점을 입증했다. 로마제국을 침략하게 되는 게르만 부족에서도 마찬가지로 여성은 완전히 특권이 부여된 지위를 누리고,

---

117) 질라베르(Gilabert)의 『성 바울, 점토로 된 발을 지닌 거인』*Saint Paul, le colosse aux pieds d'argile* (Montélimar, Métanoïa, 1974)
118) [역주] 셀레우코스(Séleucos) 1세가 기원전 312년에 시리아에 창시한 제국. 알렉산드로스 대왕의 계승 국 가운데 하나로서 통치기 동안 지배 계층은 헬레니즘 문화와 풍습을 잘 계승하여 셀레우코스 제국을 헬레니즘 문화의 중심지로 만든다. 하지만, 과도하게 헬레니즘 문화의 우월성을 강조하여, 피지배 계층의 문화를 무시하고 그리스만을 강요하다가, 피지배 민족의 독립 운동으로 힘이 약해져 나중에 로마에게 멸망하게 된다.

전투에도 참가하며, 남성과 동등한 권리를 지닌다.

로마제국이 붕괴할 때 여성의 지위가 갑자기 퇴보한 것은 사실이다. 남성에게 절대적 우위가 부여되고 가부장적 조직화로 돌아서는 일이 조장된 것은, 그 시대의 끔찍하게 위험한 특성과 지속하는 군사적 위협 때문일 가능성은 충분하다. 그럼에도, 12세기부터 남성과 여성 사이에 사법적이고 경제적인 평등화의 경향이 있게 된다. 물론 여기서 이에 대해 자세한 연구를 하려는 것은 아니다. 18세기까지 가부장적 사회가 있었던 것이 아니라, 다만 때와 장소에 따라 상황의 변화가 있었다. 그러므로 일반화될 수 없다. 18세기 말과 19세기는 모든 분야에서 여성 지위의 놀라운 퇴보를 보여준다. 비역사가들에게서 흔히 나타나는 오류는, 지속적인 진보를 순진하게 믿으면서, 19세기에 상황이 그러했기 때문에 16세기에는 더 나빴으며 13세기에는 훨씬 더 나빴으리라고 생각하는 것이다. 결국 "가부장적 사회"에 대한 논쟁은 타당성이 없다.

기독교의 여성주의

그러나 문제는 다음같이 온통 그대로 남아 있다. 즉, 만일 성서 텍스트들 자체가 검토된다면, 이 텍스트들은 때로 국지적 상황으로 설명되면서, 여성에게 아주 특별히 호의적이거나 아니면 '중립적' 이라는 것이다. 그런데 이 텍스트들은 후기 유대교에서 또 기독교의 어떤 흐름과 교회가 사회에 부여한 어떤 방향에서, 여성에게 완전히 적대적으로 해석되었다. 여기엔 극도의 난관이 있다. 어쨌든 이것을 "엑스(X)"의 방향 설정이라고 하거나 일반화하지 말아야 한다. 게다가 이와 반대로 어떤 빗나감이 있다. 히브리 성서에는 여성이 상당한 위치를 차지한다. 이는 에스더와 유디트[119] 와 라합의 정치적 역할, 수많은 여선지자의 종교적 역할, 리브가의 역할,

이스라엘의 여성 '사사들'의 역할로 드러난다. 하지만, 여성적 상징론의 진수를 보여주는 것은 아가서나 잠언 31장 같은 중요한 텍스트들이다.

보다 신학적으로 말해서, 창세기의 텍스트를 살펴보면 다음 같은 습관적인 오해로 혼란에 빠진다. 곧, 이브는 아담 **다음으로** 창조되기 때문에 열등하다는 것이다. 이런 대단한 논리에 따르면, 분명히 아담도 도마뱀 **다음으로** 창조되었기 때문에 도마뱀보다 열등하다! 이와 정반대로 창조는 상승 행위이다. 다시 말해, 마지막으로 창조된 이브가 창조의 정점이자 성취이자 완성이다. 마찬가지로, 이브는 원래의 진흙에서 창조되지 않고 아담의 일부분에서 창조되었기 때문에 열등하다고 하기도 한다. 이 또한 부조리한 추론이다. **흙**이란 이름을 지닌 아담은 생명 없는 물질에서 창조되는 데 반해, **생명**이란 이름을 지닌 이브는 이미 살아있는 물질, 따라서 우월한 물질에서 창조된다.

물론, 후기 유대교에서와 기독교의 어떤 흐름에서 되풀이된 다음 같은 논쟁이 남아 있다. 즉, 이브가 처음으로 죄를 범하고 죄를 세상에 들어오게 했으므로, 죄에 대한 책임이 있고 마땅히 그녀의 남편에게 순종해야 한다는 것이다. 또한, 다음 같은 불합리한 추론도 있다. 즉, 그러한 시험 가운데서 아담은 여자의 우두머리가 될 수 없음을 완전히 드러냈기 때문에, 또 가장 어설픈 함정에 빠졌기 때문에, 또 우두머리가 될 자격이 전혀 없어서, 왜 아담이 최소한이나마 우월할 권리가 있는지 모르겠다는 것이다. 하지만, 맨 처음 유혹을 받았던 것은 여자인가? 물론 그렇다! 그래서

---

119) [역주] Judith: 구약 성서 외경의 유딧서에 나오는 유대인 과부. 아시리아 군에 포위된 자기 민족을 구하기 위해 적장인 홀로페르네스에게 접근하는데, 홀로페르네스는 그녀를 유혹하기 위해 연회에 초대한다. 연회가 끝나고 단둘이 있게 되자 유디트는 술에 취해 잠든 홀로페르네스의 목을 잘라 포대에 넣어서 돌아온다. 지휘관을 잃은 아시리아 군은 혼비백산하여 도망을 치고 유대인은 아시리아 군을 무찌른다. 따라서 유대인은 유디트를 충성스럽고 고귀한 여성으로 여긴다.

불합리한 논증들이 내세워지는데, 이 논증들에 따르면 여자가 덜 지성적이고, 더 쉽게 유혹당하며, 더 약하기 때문이라는 것이다.

매우 엄밀한 신학적 이유가 있다. 만일 여자가 창조의 성취이자 완성이라면, 나머지 전체를 해하고자 뱀이 타격을 가해야 했던 곳이 분명히 거기라는 것이다! 여자는 저항하지 않았다. 하지만, 남자도 역시 저항하지 않았다. 우리는 "생선 대가리로 말미암아 생선이 썩는다"는 유명한 중국 격언을 단지 기억해야 한다. 이 신화의 의미를 이해하려면 이 점을 숙고해야 할 것이다. 그러나 어쨌든 그녀가 유혹적이었는가? 실제로 그렇다! 이 신화를 잘 이해하고 그것이 의미할 수 있는 바를 헤아리려면, 두 가지 다른 요소를 참고해야 한다. 창조의 첫째 이야기에서는 하나로 된 둘이거나 혹은 두 존재로 이루어진 유일한 하나인 둘 사이에 어떠한 분리도 어떠한 서열도 없다. 한편으로 잘못과 악의 기원을 지닌 유혹적인 여자가 있다거나 다른 한편으로 어떤 존재가 있다는 것이 아니다. 그렇지 않다. 다만, **하나**의 존재가 있다. 악이 행해졌다면 이 존재를 통해서이고, 이 존재가 이러한 양상이나 혹은 저러한 양상으로 시작했는지는 거의 중요치 않다. 여자는 남자 없이 존재할 수 없고, 남자는 여자 없이 존재할 수 없다고 바울은 상기시킨다!

두 번째 근본 진리는, 고린도전서 11장 7절에서 바울이 우리에게 언급하듯이 여자가 남자의 영광이라는 것이다.[120] 이 텍스트의 목적이 전혀 그렇지 않은데도, 이 텍스트는 남자에 대한 하나님의 서열 및 여자에 대

---

120) 물론, 예를 들어 '프랑스 공동번역 성서'(TOB) 같은 가장 현대적인 성서 역본들은 '영광'이라는 말을 더는 사용하지 않는다. 이 역본들은 항상 성서 텍스트를 축소시키고 평범하게 만들며 약화시키려고 신경을 쓴다. 예를 들어, 여기서도 독싸(doxa)라는 말을 번역함에 있어 '영광'이라 하지 않고 '반영'이라고 하는데, 이것은 영광이라는 히브리적인 개념과 관련하여 근본적인 신학적 오역이다.

한 남자의 서열을 나타내는 것으로 흔히 잘못 이해되었다. 문제는 "권세들"과의 관계라는 문제이며 중보라는 문제이다. 이 대목에서, 내가 여기서 고려하려는 텍스트는 영광에 대한 것이다. 내가 칼 바르트와 많은 다른 이들 다음으로 자주 상기시켰듯이, 영광이란 곧 **계시**이다. 하나님은 자신이 어떤 존재인지 스스로 계시할 때 영화로워진다. 예수 그리스도는 인간들에게 하나님을 사랑의 하나님과 **아버지**로 계시하면서 하나님을 영화롭게 한다. 남자는 자신이 하나님의 형상일 때, 다시 말해 남자가 자신의 존재로서 자신이 증언하는 하나님이 어떤 존재인지 나타낼 때, 남자는 하나님의 영광이 되게끔 되어 있다. 여기서 바울은 여자는 남자의 영광이라고 덧붙인다. 다시 말해, 여자는 남자를 드러내는 자이다. 여자는 진리 속에서 이 남자가 어떤 존재인지 나타나게 한다는 것이다!

이 점을 유혹 사건과 관련시켜 보면, 우리는 여자가 자신의 말을 통해 아담의 심층적인 실재가 무엇인지 드러냈음을 알게 된다. 여자는 남자가 약하고, 분별력이 없으며, 변하기 잘하고, 야심이 많으며, 하나님과 동등해지려는 존재로 드러냈다. 여자는 단지 드러내는 자였다! 그런데 과오는 남자와 여자 둘에 있어 비슷하나, 여자가 남자에 대한 소망이 없어서 단죄는 남자에게 더욱 가혹하다는 점을 모든 주석가와 신학자는 상기시켜야 했다. 여자는 이중적인 약속 아래 있음에도, 이중적인 소망을 지닌다. 즉, 여자는 생명을 전하고, **그녀의** 후손은 뱀을 으스러뜨릴 것이다! 게다가, 구약 성서에서 여성의 지위는 일반적으로 긍정적이라고 할지라도, 예를 들어 여자의 부정과 관련되는 것인 의심을 유발하는 몇몇 텍스트가 있다. 그러나 남자의 부정과도 관계되는 모든 텍스트를 잊지 말아야 한다!

게다가, 여자들에 대한 예수의 긍정적인 태도가 흔히 강조되었다. 예수는 남자와 여자를 똑같이 받아들이고, 남자들만큼이나 병든 여자들을 치료하며, 간음한 여자도 막달라 마리아도 배척하지 않는다.121) 물론, 예수가 남자 가운데서만 제자들을 택한다는 점이 지적된다. 이 점에 대해서는 근본적인 대답이 있다. 즉, 예수는 우선 **여자들**에게 자신의 **부활**을 드러낸다. 공관복음이건 요한복음이건, 가장 놀라운 계시를 받은 첫 사람은 **여자들**이다. 이 부활에 대한 '증언자'가 되는 것도 여자들이고, 이 부활의 소식을 제자들에게 전하는 것도 여자들이다. 또한, 영생에 대한 최초의 증거를 받는 것도 여자들이다! 이 점은 신학적 관점에서 일관성이 있음을 주목하자. 왜냐하면, 이것이 바로 이브라는 이름의 성취이며, 뱀에 대한 약속의 성취이기 때문이다. 이 밖의 나머지 모든 것은 부수적이다.

예수가 일부일처제 결혼 및 일부일처제 결혼을 파기할 수 없음을 단언하는 것은 중요하다. 그러나 여자들에 의한 진리의 전달과 관련된 그 시대의 판단을 완전히 뒤집어엎는 것과 비교하면, 이 단언은 아무것도 아니다.122) 이점으로부터, 초대 교회에서 여자들의 결정적인 역할을 잊지 말아야 한다. 즉, 로마서 16장과 골로새서 4장과 빌립보서 4장에 나오는 교회를 창립하고 교회의 중심인물이 되는 여자들, 바울이 자주 언급하는 여자 선교사들, 진정으로 교회를 책임지는 여자들이다. 교회 외부에서 매우 흥미로운 증거로는 로마 황제 트라야누스에게 보내는 플리니우스123)의 유명한 편지가 있다. 이 편지에서 그는 성직자인 그리스도교도 여자들이

---

121) 더 상세하게 일반적으로 이 문제 전체를 알려면 다음을 참조할 것. 오베르(J. -M. AUBERT), 『반(反)여성주의와 기독교』*Antiféminisme et Christianisme*(coll. La femme, Paris, Édition du Cerf, 1975)

122) 오베르(J. -M. Aubert)가 왜 예수는 "여성문제 해결"에서 "더 멀리" 있지 않았는지 자문할 때, 또 그가 예수는 이 사회 상황을 뒤집지 않았다는 사실을 되풀이할 때, 또 그가 사회·정치적 이유와 설명을 찾을 때, 그러기 때문에 내가 그와 일치하지 않는 것은 바로 이 점이다. 이 모든 것은 **부활**의 **계시**와 관련하여 부적절한 듯이 보이고, 또 그가 "복음은 씨앗일 뿐이었다"라고 할 때 이 모든 것은 잘못인 듯이 보인다. 그렇지 않다. 모든 것은 복음 안에서 이루어지고 성취되었다!

있다고 쓰고 있다! 또한, 그녀들이 영적 은사, 구제의 은사, 예언의 은사나 혹은 방언의 은사를 지니고 있음을 유념해야 한다. 그러므로 분명히 여성은 표현할 수 있는 권리를 누리고 남성과 평등함을 얻었다고 할 수 있다. 게다가, 고린도전서 11장 5절에서 바울 역시 여성의 공중 기도의 은사와 예언의 은사를 인정한다. 결국, 바울은 "그리스도 안에는 그리스인이나 유대인도, 남자나 여자도, 노예나 자유인도 더는 없습니다…"라고 하면서, 남성과 여성 둘 사이에 완전한 평등이 있다고 단언한다.

   그러나 바울이 끔찍한 여성혐오주의자였다는 견해가 현재 너무나 공고하기에, 사람들은 바울이 다음 같은 점에 대해 언급하는 **다른** 텍스트들만 유념하려 든다. 즉, 아내가 남편에게 해야 하는 순종, 남자에 대한 여자의 열등함, 교회의 어떤 일에서 여자들에 대한 바울의 불신 등이다. 우리는 이 점을 다시 다루겠지만, 그전에 나는 현대의 독자에게 분명히 충격을 줄 지적을 하나 하고 싶다. 그 시대 사람들에게는 사회 문제, 곧 사회에서 차지하는 위치가 오늘날처럼 전혀 본질적이거나 비극적이지 않았다는 점이다. 또다시 우리의 이념과 이미지와 문제를 과거에 투영하지 말아야 한다. 오늘날에는 열등한 자의 상황은 견딜 수 없으며, 사회적 불평등은 분노할 만하다. 그런데 바울은 빌레몬서에서처럼 사회 전체적으로 물의를 일으키는 것으로서 노예제도를 단죄하지 않으면서, 혹은 결혼에서 여성에 대한 남성의 '우월성'을 인정하면서, 또한 사회 속에서 그 우월성에 대해 언급하지 않으면서, 부당하고 받아들일 수 없는 것들을 말하는 듯이 보인다. 하지만, 이것들은 정의에 대한 **우리의** 개념에 비추어 부당하고,

---

123) [역주] Plinius(61?-113?):고대 로마의 문인이자 정치가. 집정관과 비티니아 총독을 지내고, 트라야누스 황제에 대한 송덕 연설과 법정 변론으로 이름을 떨친다. 11권으로 된 『서한집』이 높이 평가되고 있다.

우리의 사고방식으로는 용납될 수 없다. 거기에는 '지배계급'의 시각에서가 아니라 모든 이들에게 있어 중요한 문제란 없었다. 오히려 계급체제와 불평등은 '정상적'이었다. 그리고 **평등**에 대한 **우리의** 견해나 계급체제가 없는 것에 대한 **우리의** 견해는, 그 반대의 것보다 더 영원히 진실하고 정당하며 선하지 않다는 점을 분명히 고려해야 한다.

바울이 행하는 바는 예수의 가르침에 완전히 일치하는데, 바울이 행하는 바는 이 문제의 영적 근원으로 이 문제를 돌려보내는 것이다. 그런데 바울이 예를 들어 남편에 대한 아내의 순종에 대해 언급하는 텍스트들을 **도덕법**으로 삼는 것이 오류일 수도 있고 또한 오류였다. 다시 말해, 있는 그대로의 텍스트로부터, 즉 경험된 현실에 대한 확인으로부터 텍스트를 하나의 규범이나 당위성의 표명으로 변형하는 것이 오류였다. 머리털을 빡빡 깎는 것은 매춘의 표시였다. 그래서 바울은 기독교 여성들이 매춘부가 아녀서 머리털을 자르지 말아야 한다고 언급한다. 그 텍스트들을 명령으로 삼지 말아야 한다. 훨씬 더 중요한 것은 순종이다. 즉, 바울이 계급체제에 대해 말할 때, 이것은 예수 자신이 이 계급체제에 대해 다음같이 언급하고 보여준 것의 맥락에서이다. 즉, 가장 큰 자가 가장 작은 자의 종이 되어야 하고, 윗사람은 아랫사람을 섬겨야 한다는 맥락이다. 또한, 윗사람은 자신의 권세나 혹은 권위를 절대 행사하지 말아야 하고, 오히려 이와 반대로 윗사람은 자신의 권세와 권위를 가장 약한 자의 재량권에 맡겨야 하며, **자기 자신도** 가장 약한 자의 재량권에 맡겨야 한다는 맥락이다.

예수는 제자들에게 그들을 지배하는 백성의 지도자나 우두머리처럼 행하지 말라고 분명히 말한다. 게다가 예수는 손수 발을 씻기는 모범을 보인다. 이처럼 불가피하게 존재하는 사회 계급체제는 영적으로 뒤바뀐다. 이리하여 에베소서에서 바울이 말한 그토록 비판받는 바로 그 비유,

곧 여자의 남편인 남자는 우두머리이면서 그리스도에 비유되는 데 반해 여자는 몸이면서 교회에 비유되는 비유에서, 이 텍스트에 이어지는 부분, 곧 그리스도가 십자가에서 죽음으로 자신을 버리기까지 교회를 사랑했다는 부분은 일반적으로 잊혀 버린다. 그리스도는 이 교회를 양육하고 보살핀다. 이처럼 남편은 남성우월주의자도 아니며 거만하고 권위적인 남성도 아니다. 남편은 아내를 위해 십자가를 지게끔 되어 있는데, 다시 말해 단죄를 받게끔 되어 있다. 또한, 남편은 아내를 위해 생명을 바치는 것을 감수하면서 아내가 가장 잘 살아가도록 하게끔 되어 있다. 한 걸음 더 나아가, 바울은 **남자가** 자기 부모를 떠나 아내와 결합한다고 말한다. 희생을 해야 하는 쪽도 남자이며, 뿌리가 뽑히는 쪽도 남자이다. 이것은 여자를 가부장적인 가족에 들어가도록 하는 일과 전혀 관계없다!

관계는 다음같이 할당된다. 즉, 남편은 자기 아내를 절대적으로 사랑한다는 것이다. 또한, 아내는 자기 남편을 존경한다는 것인데, 이것은 아마도 다윗이 언약궤 앞에서 춤췄을 때 다윗의 아내 미갈이 보인 불손한 태도에 대한 암시이다…. 달리 말해, 사람들은 바울의 가르침을 단지 절반만 유념하면서, 또 이 절반 짜리 사실 확인을 도덕적 의무와 사법적·사회적 조직화의 유형으로 변형시키면서, 바울의 신학을 완전히 곡해한다.

이 곡해는 우선 교회와 그리스도인에 의해 저질러졌음이 틀림없다. 하지만, 이러한 오류가 생긴 이유를 알아보기에 앞서, 다음 같은 점에 대해 한 마디 덧붙이고자 한다. 즉, 일탈은 빨랐으나 전체적이지는 않았다는 것이다. 여기서 다음 같은 아우구스티누스의 말을 참조해야 한다. "하나님의 형상에 따라 만들어진 것은 그 자체로서 인간의 속성, 곧 남성과 여성 안에 존재하는 속성이자, 하나님의 형상이 무엇인지 이해할 때 여성을 따로 떼놓을 수 없게 하는 속성이다."124) 마찬가지로, 아우구스티누스는 성생활에서 남자와 여자 사이에 전적인 평등을 가르친다. 각자는 자기 배우자의 몸에 대해 '권리'를 갖는다. 아우구스티누스의 다른 텍스트들에 대해 말하자면, 이 텍스트들은 모호할 수도 있으나 특히 잘못 해석되지는 말아야 하는데, 아우구스티누스가 다음같이 언급할 때 그럴 가능성이 있다. 아우구스티누스는 남자와 여자는 비슷하지 않다고 하면서, 그 이유가 여자에게는 이중성이 있어 여자의 영혼은 영적이나 **여자의 몸**은 열등하고 '불완전'하며 영혼을 설명해낼 수 없는 데 반해, 남자에게는 몸과 영혼 사이에 완전한 일치가 있고 둘 사이에 통일이 있으며 몸이 영혼을 반영하기 때문이라고 언급한다.

아우구스티누스의 이 말로부터 사람들은 여자의 열등성에 대한 논거를 이끌어내려 했다…. 그런데 아우구스티누스에 있어 진정으로 가장 중요한 것이 무엇인지 적어도 자문해 볼 필요는 있는가? 영적인 것이자 인간 존재를 하나님과 관계 맺게 하는 것이자 하나님의 참된 형상인 것은 "영혼"인가, 그렇지 않으면 인간을 세상에 참여하게 하는 것은 육체인가? 아우구스티누스가 살았던 어수선하고 들볶이던 세계에서, 여자의 육체는 덜 효율적이고 덜 적합했음이 분명히 사실이다. 하지만, 여자도 "살아있는 영혼"이라는 핵심 사항은 남아 있지 않은가? 나는 오베르J.-M. Aubert처럼 "남자는 그의 존재 전체, 곧 몸과 영혼에서 온전히 하나님의 형상이나, 여자는 그 영혼으로만 그러하다"라고 하면서, 이 텍스트들을 해석하는 것은 잘못이라 생각한다. 다시 말해, 아우구스티누스는 하나님의 유형성有形性:corporalité이라는 개념을 지녔던 것일까? 이것은 완전히 믿을 수 없다. 하지만, 아우구스티누스가 여자가 육체적인 면에서 남자에게 순종해

---

124) 『삼위일체에 대하여』*De la Trinité*, 제12권. [본문을 역자가 각주로 설정]

야 한다고 생각하는 것은 확실하다.

내가 아우구스티누스의 예를 상기시킨 것은, 위대한 신학자들의 방향 제시와 그들의 견해가 일치하지 않았음을 보이기 위함이다. 여성과 관련하여 제기된 질문만큼 불일치가 있었던 논점은 거의 없다. 만일 우리가 여성에게 적대적인 대부분 교회 교부의 문헌들을 취한다면, 우리는 이 문헌들이 항상 다음 같은 두 단계로 이루어짐을 꽤 쉽게 확인할 수 있다. 우선, 도덕적인 종류의 배척이 있는데, 문제는 여성의 부도덕 문제, 즉 성범죄를 유발하거나 또는 성범죄의 계기를 만드는 여성의 부도덕 문제이다. 다음으로, 구약 성서 **계시**의 일반적인 방향에도, 예수 그리스도의 태도에도, 바울의 본질적인 가르침에도 들어맞지 않는 어떤 판단을 정당화하기 위한 다소 성서적이고 신학적인 일종의 이론 정립이 있다. 여성에 대한 교회 교부와 신학자와 교회 당국의 태도 표명을 부추겼던 것, 또 말해진 만큼 그렇게 심각하지는 않은 "기독교 반여성주의"를 유발했던 것은 무엇보다도 다음 같은 사실이다. 즉, 사람들이 하나님의 **계시**에서 교회 질서나 혹은 사회 질서로 옮겨갔거나, 그렇지 않으면 사람들이 영적인 것에서 **도덕**으로 옮겨갔다는 사실이다. 여기에 열쇠가 있다.

바울의 견해에 관한 해석

그러나 여기서 오해하지 말아야 한다! 나는 여자가 남자보다 더 부도덕하다고 말하지는 않는다. 비록 때로 신학자들의 태도 표명이 그랬더라도 말이다. 근본 문제는 **사회**의 부도덕 문제였다. 우리는 이 메커니즘을 분석해 볼 것이다. 그러나 그토록 많은 것을 기록하게 했고, 끔찍한 결과를 가져왔으며, 모든 기독교 반여성주의자에게 정당화의 구실이 되었던 바울의 텍스트부터 우선 살펴보자. 바로 그 고린도전서 14장 34~35절인데,

여기서 바울은 여자들에게 모임에서 말하는 것을 금한다. 여자들은 순종하면서 얌전히 있어야 하고, 여성은 가르치지 말아야 하며,딤전2:11 말할 때는 머리를 덮어야 한다는고전11:5 것이다.

  이 텍스트와 마주하여 일반적으로 두 가지 해석이 있다. 즉, 어떤 이들에게 있어 이 텍스트는 실제로 예배와 성서 해석에 대한 모든 적극적 참여에서 여성을 제외하는 것이다. 그러므로 이 텍스트는 다분히 반여성주의적인 태도 표명이다. 그리고 사람들은 바울이 유대인이었고 심히 반여성주의적인 유대 사회에 의해 강한 영향을 받았다고 하면서, 이 태도 표명에 대해 바울을 변호하려 애쓴다. 달리 말해, 바울은 자신이 여성에 대해 다소 비판적인 텍스트를 쓸 때마다, 실제로 하나님의 **계시**를 설명했던 것이 아니라 그 사회의 일반 견해를 설명했다는 식이다…. 두 번째로, 현재의 경향은 오히려 이 구절들이 하나의 해석이라 여기는 것이고, 무엇보다 이 엄격한 명령이 바울의 가르침 거의 전체에 모순되기 때문에 바울의 것이 아니라 여기는 것이다. 고린도전서 11장에서 바울은 여자가 모임에서 기도하거나 혹은 예언할 때 머리에 무엇을 쓰라고 권고한다. 따라서 바울이 몇 페이지 떨어진 곳에서 스스로 모순되는 말을 할 수 없으므로, 이 구절들은 잘못되었다는 것이다.

  내 생각에 이 두 설명은 부정확하고, 두 번째 설명은 웬만히 넘길 수 없는 '실패작'이다! 이 지시가 어떤 문맥에 놓여 있는지 알아야 한다. 바울은 방언이 무질서의 원천이고, 또 아무도 방언에서 아무것도 이해하지 못하기 때문에 방언을 경계한다고 설명하면서, 방언의 은사에 대해 언급한다. 그는 분명하고 이해할 수 있는 예언을 훨씬 더 좋아한다. 그는 회중이 모일 때 모든 것이 순서대로 진행되고, '예언자들'은 '차례대로' 말하도록 요구한다. 하나님은 무질서의 하나님이 아니다. 이것은 예배의 질서와 관계된 것이다. 그런데 기억해야 할 것은 그리스와 동방의 복합적인 예배, 신비 의식의 거행, 신령에 사로잡히기, 황홀경, 여자 예언자의 감정 폭발, 열광적인 헛소리 등에서 여성이 차지하는 상당한 중요성이다. 이것은 거의 언제나 주신제125)로 귀결되었다. 방탕하고 난잡한 연회로 말이다! 이처럼 자신의 생각이나 감정을 자유로이 표현한 것이 거의 언제나 여자들이었음을 입증하는 많은 증거가 우리에게 있다.

따라서 바울이 말하는 바는 "성도의 모든 모임에서" 주신제에서처럼 하듯이 행하지 말라는 것이다. 또 모든 것이 질서 있게 진행되어야 하고, 말하는 자들은 한꺼번에 소리를 지르지 말라는 것이다. 그리고 전통적으로 가장 "영감을 잘 받는" 여자들은 여기서는 이와 반대로 입을 다물고 방언을 하지 말라는 것이다. 왜냐하면, 이 텍스트에서 문제 되는 것은 바로 이 점이기 때문이다. 만일 여자들이 예언하려면 "머리에 무엇을 쓰라"는 것인데, 이것이 본질적으로 의미하는 바는 여자들은 자신들이 말하는 바를 통제하는 권위에 복종해야 한다는 것이다. 따라서 고린도전서의 이 두 텍스트는 모순되지 않는다! 그러나 이 점은 남자들에 대한 똑같은 권면과 정확히 일치한다.고전14장:31~32 즉, "예언자들의 영이 예언자들에게 순종한다"는 것인데, 다시 말해, 질서와 순서에 따르고, 자신을 통제하며, 흥분하지 말고, 억제할 수 없는 떨림에 사로잡히지 말라는 것이다. 달리 말해, 바울은 주변의 사고방식이라든가 사회의 반여성주의 등을 반영하기는커녕, 오히려 예배에서 이교도의 예배 형태를 본받지 말고 여성이 이교

---

125) [역주] 酒神祭(culte orgiastique)는 고대 로마에서 그리스 신화의 디오니소스인 술의 신 바쿠스를 기리던 축제. 그리스에서 열리던 디오니소스 축제가 이탈리아 남부에 전파된 뒤 로마에서도 성행한다. 처음에는 여자들만 참석하여 비밀리에 열리나 나중에는 남자들도 참석이 허용되며, 한 달에 5차례나 열릴 정도로 성행한다. 종교적 제의를 빙자하여 방탕하고 난잡한 축제로 변질되자, 원로원에서 위법으로 판정하여 금지령을 내린다.

도의 예배에서와 같은 역할을 맡지 않도록 권고한다. 그렇지만, 이렇게 함으로써 바울이 도덕화하고 있음은 사실이다.

사회적 경향과 거리를 두기는 하지만 바울이 문화적 환경에 영향을 받았다고 할 수 있는 점이 단 하나 있는데, 이것은 "천사들 때문에" 여성이 머리에 무엇을 써야 한다는 문제이다. 어쩌면 이것은 창세기에서 인간의 여자들에 의해 유혹을 받은 하나님의 아들들이란 사건에 대한 암시일 수 있다. 그러나 오히려 나는 바울이 그토록 경계하는 영들에 의한 갑작스런 영감을 생각한다. 즉, 베일은 그 자체로 마법적인 보호가 아니라, 영감을 받을 때 여자가 **하나**의 권위에 순종해야 함을 여자에게 상기시키게끔 되어 있는 "심리적" 장벽이다. 이 권위는 반드시 남자의 권위가 아니라, 한편으로 천사들 위에 있는 예수 그리스도의 권위이자, 다른 한편으로 교회 내 질서의 권위이다. 그러므로 이것은 영들에 의한 직접적인 영감에 대한 믿음이다.

사회 부도덕에 기인한 도덕주의

그러면 우리가 설명을 시도하는 것의 흐름을 계속 따라 가보자. 여성을 반대하는 유대인의 태도가 주전 2세기부터 점점 더 엄격해진다는 사실로부터 우선 시작해야 한다. 우리는 성서 텍스트에서 여성이 중요한 역할을 하고 있으며 **창조**에서 특별한 위치가 있음을 언급했다. 그런데 여성에 대항하는 식으로 변화가 일어나는데, 예를 들어 다음 같은 사실로 구체적으로 나타난 변화이다. 즉, 예루살렘 첫 성전에서는 물론 두 번째 성전에서도 남자와 여자 사이에 어떠한 분리도 없이 여자들은 모든 의식과 희생 제사에 참여가 허용됐지만, 헤롯 대성전에서 처음으로 분리가 생겨나고 여자들은 성전 외부로 밀려난다. 2세기부터 이 시대의 회당들에서도 여자들은 따로 있게 되고 일반적으로 열등한 위치에 놓인다. 마찬가지로 이 시대에도 예를 들어 손님이 있을 때 여자가 식사에 참여하지 못하는 등과 같은 금지사항이 많이 생겨난다.

거기에 가부장적 풍속이 반영되었다고 하는 것은 터무니없다! 왜냐하면, 타락이 있었기 때문이다. 소위 "가부장적" 사회에 훨씬 더 가까웠음에도, 왜 주전 7, 8세기 텍스트에서 여성의 상황이 더 나았던 것일까? 나는 상황이 뒤바뀌어 있다고 생각한다. 유대는 2세기에 셀레우코스 제국에 속해 있었다. 그런데 이 제국에서 그리스의 타락과 동방의 타락이 융합된 것이라 할 수 있는 전반적인 타락은 터무니가 없을 정도였다. 모든 면에서, 특히 성적인 면에서 도덕과 존중과 수치심과 정숙함이 완전히 사라져 있었다. 우리는 전반적으로 타락하고 사악하며 부패한 사회와 마주하고 있다. 인간의 삶은 아무런 값어치가 없었다. 여성의 처지는 거의 완전히 자유로운 동시에 전적으로 타락하는 처지였다. 여성은 독립적이었으나 이와 동시에 온갖 욕망에 빠져 있었고 온갖 음욕에 말려들어 있었다. 여자들이 남자들보다 더 나쁜 상태는 아니었지만, 이러한 종류의 상황에서 늘 그렇듯이, 이 독립의 주된 피해자가 된 것은 여자들이었다.

이때 이 타락에 직면한 경건한 유대인들은 이에 반발한다. 그들은 이 당연한 상황을 닮기는커녕 오히려 이 상황에 맞선다. 그들은 사회가 더 방임적일수록 더욱 엄격해진다. 이처럼 그들은 부도덕에 대한 두려움으로 말미암아, 또 자신들의 하나님에게 충실하도록 애쓰고자 반발한다. 하지만, 풍속을 통해 단지 **도덕적** 측면만이 거론되기 때문에, 그들은 이 논쟁을 도덕적 측면에 국한한다. 그래서 그들은 금지사항과 제약사항을 표명하고자 성서에 있는 영적 이해에서 벗어난다. 여자들에 관해서, 그들은 이스라엘의 딸들이 헬레니즘 세계의 여자처럼 행동하지 않게끔 애쓴 것이 분명하다. 손님이 있을 때 여자의 식사 참석을 금한 일이 전형적인 예이다. 즉, 당시 연회는 성관계로 끝맺는 것이 당연한 관례였다. 거기에는 반反여성주의는 없으며 도덕주의가 있다. 게다가 잘 알려진 대로, 헤롯 일가와 그 왕조에 대해 경건한 유대인들이 품은 심한 적대감은 헤롯 궁정에 만연했던 바로 이 부도덕이 원인인데, 살로메와 세례침례 요한의 죽음에 대한 이야기는 이 점을 정확히 반영한다. 경건한 유대인들이 자신들의 왕이 행한 그따위 처신을 어떻게 참을 수 있었겠는가? 문제는 그러하다.

그런데 이것은 교회와 기독교 세계의 역사 내내 다시 생겨나는 상황이다. 초기 기독교 세대들에게 이 경건하고 도덕화하는 유대교의 영향이 있었다는 점은 의심의 여지가 없다. 그러나 바울이 토라가 아니라 토라에 대해 행해진 도덕화하는 해석을 거부하고 단지 인간의 계명에 불과한 것을 거부할 때, 그는 이 **영향에 대항해서 싸운 것이다**…. 그러므로 나는 여자에 대한 바울의 가르침이 이러한 유대교에서 비롯된다고 생각하지 않는다. 그는 끊임없이 각 문제를 **계시**의 영적 영역으로 가져가려 했으며, 모든 문젯거리를 예수 그리스도의 **성육신**, **죽음**, **부활**에 결부시키려 했다. 그는 결코 도덕에 빠지지 않는다. 그러나 만일 그의 텍스트 전체에서 이런저런 텍스트를 끄집어낸다면, 그 텍스트를 법적 규범으로 삼을 수 있음은 아주 명백한데, 바로 이것이 매우 일반적으로 행해졌던 바이다.

로마제국의 부도덕

이렇게 말하고 나면, 동방의 타락이 로마제국에 끼친 영향이 주전 1세기부터 생겨난다는 점을 확인해야 한다. 그리고 전적인 부도덕에 빠져드는 것이 오직 부유층이라고 생각하지 말아야 한다. 하층 계급도 노예들을 통해 부도덕에 빠진다. 카토[126]의 애가와 플리니우스나 혹은 타키투스[127]

의 준엄한 판단들은 비통한 정신의 산물이 아니라 일반 풍속의 반영이다. 노예에 대한 가혹 행위, 돈과 다양한 재산의 엄청난 낭비, 정치적 부패, 사기, 일부다처제, 노예를 첩으로 삼기, 여성도 자기 남편과 이혼할 권리를 가짐으로써 "합의" 이혼의 급증, 일반화된 매춘, 동성애, 소아성애128) 등인데, 소아성애에 대해 수에토니우스129)는 이것이 그야말로 상상을 초월할 정도까지 나아갔음을 보여준다. 온갖 짓이 행해질 수 있었다. 즉, 법과 질서의 이 로마 세계 안에 모든 것이 준비되어 있었다. 황제 옥타비아누스 아우구스티누스가 단행한 심한 제압에도 부도덕은 퇴조하지 않고, 아우구스티누스가 죽고 나자 부도덕은 전보다 심하게 터져 나온다.

그럼에도, 부도덕이 법과 질서의 사회인 로마에서 내적으로, 다시 말해 심각한 무질서나 불안정과 혼잡한 분위기를 가져오지 않은 채 전개되었다는 점을 인식해야 한다. 로마는 실제로 잘 관리되고, 잘 돌아가는 사회였다. 오히려 악습은 민중에 있어 서커스 놀이처럼 보완적이고 자극적인 매력이었다. 초기 기독교 세대가 히브리 성서를 진지하게 읽었던 한에서, 또 예수의 복음을 모델로 받아들였던 한에서, 그들이 이 풍속에 격분했던 점은 어쨌든 이해할 만하다. 그러기 때문에 "야고보서"나 혹은 계시록에서처럼 이미 바울에게서 우리는 이 풍속에 대해 격노하는 단죄와 마주친다. 왜냐하면, 이 풍속은 너무도 일반화되었고 '자연스러웠던' 나머지 그리스도인도 이 풍속을 따랐는데, 이는 로마서 서두나 혹은 고린도전

---

126) [역주] Cato(기원전 234-149): 로마의 정치가이자 장군이자 문인이자 웅변가. 라틴 산문학의 시조인 로마 최고의 역사서 『기원론』을 남긴다.
127) [역주] Tacitus(55?-117?). 로마의 역사가. 제정(帝政)을 비판한 사서를 저술하고, 주요 저서로 『역사』, 『게르마니아』 등이 있다.
128) [역주] 어린애를 성적 대상으로 삼는 행위.
129) [역주] Suetonius(기원전 75?-?). 로마 제정기의 전기 작가. 그가 저술한 12 황제의 전기인 『황제전』은 전대의 공문서나 서간 등 생생한 사료를 자료로 삼은 점에서 귀중히 여겨진다.

서가 보여주는 대로이다.

이처럼 기독교 도덕이란 없으며 신앙은 도덕에 반대되는 것이지만, 예수 그리스도를 따르는 일은 실제 삶에서 일련의 결과를 전제로 한다. 즉, 하나님의 사랑에 따라 살고 하나님의 말씀을 믿으면서 사는 것은, 이 악습 및 타락과 조금도 양립할 수 없다. 중요한 것은 그리스도 안에서 삶의 결과와 관련된 것이지, 비본질적인 도덕 계명과 관련된 것이 아니다. 이것은 신앙이란 나무의 산물인 '열매'와 도덕의 산물인 '행위' 사이에 아주 명백한 대립이다. 그러나 매우 빨리 큰 변화가 일어난다. 2세기부터 교회의 지도자들은 **무엇보다도 먼저** 도덕적 행동에 집착하기 시작한다. 도덕이 나머지 모든 것의 기준이 된다. 그리하여 세상 도덕에 대립하는 기독교 도덕이 만들어지나, 이내 그리스도인은 기독교 도덕을 모든 사람에게 적용하려 한다. 그리스도인이 권력을 잡을 때 자신들의 도덕을 사회 전체에 강요하려 한다. 이 순간 우리는 그리스도인이 도덕 그 자체의 방향으로 내디딘 첫 발자국과 마주한다. 그래서 사람들은 도덕의 위상이 무엇인지 아는 일에 몰두한다. 예를 들어, **자연**에 들어맞는 자연 도덕이란 개념이 만들어지고, 이 도덕은 하나님의 율법에서 최고로 표현될 수도 있다. 따라서 이 율법은 일종의 강요된 공통 기초가 된다. 그러나 이것은 단지 시작에 불과했다.

게르만 대이동기의 부도덕

교회와 기독교 안에서 도덕이 승리한 두 번째 큰 단계는, 게르만 민족의 '침범'과 더불어 모든 것을 휩쓰는 부도덕의 새 물결이 있던 때이다. 더욱 정확히 말해, 이것은 4세기에서 7세기에 이르는 시기이다. 주목할 만한 점은 이 '야만인들'이 대이동을 하기 전에는 품행이 아주 정직했다는 것이다. 침략을 하고 외국에서 정복자로 정착할 때, 또 두 사회 집단의 모든 토대가 실제로 흔들릴 때, 모든 것이 변한다. 로마제국은 4세기에 전개된 부도덕의 다른 형태를 겪었는데, 특히 일반화된 부정직, 부정행위, 책임회피, 가족 지상주의, 사기, 수많은 공직자의 비리 등이다. 야만인들이 폭력을 일삼고, 재산을 강탈하며, 완전히 뻔뻔스럽게 와서 정착한다. 또한, 야만인들은 마음에 드는 것을 탈취하고, 거주민을 착취하여 자신들을 살찌우며, 자신들의 관습을 강요한다. 이런 힘의 관계와 도둑질은 부도덕의 새 물결에 호의적이었음이 분명한데, 부도덕의 새 물결은 모든 "야만적인" 왕국에서 악화하면서 진행되다가, 결국 메로빙거 왕조130)와 더불어 절정에 이른다.

우리가 예를 들어 그레구아르 드 뚜르131) 같은 이 시대 증인들의 말을 믿는다면 또한 믿을 수 있다면, 이 당시 사람들은 폭력, 화재, 재산의 야만적 파괴, 도둑질, 살인 등이 자행되는 믿기지 않는 세계에 산다. 인간의 생명은 전혀 가치가 없고, 모든 형태의 살인이 사회의 모든 계층에서 용납된다. 가장 직접적이고 가장 단순한 도둑질은 일상적으로 이루어진다. 가장 강한 자는 가장 약한 자가 가진 것을 취한다. 무장한 무리가 끊임없이 나라를 종횡무진으로 활동하고, 이러한 사회를 덮친 것은 무시무시한 테

---

130) [역주] 프랑크 왕국 전반기의 왕조. 이 왕조의 창시자 메로비스(Merovius)의 아들 힐데리히 1세(Hilderic I)의 뒤를 이은 클로비스(Clovis)는 프랑크 왕국을 건립하는데, 서고트 왕국과 부르군트 왕국을 토벌하고, 갈리아 지방과 남서 독일 지방까지 세력을 확대하며, 가톨릭교로 개종하여 로마 교회와 제휴를 도모한다. 원래 프랑크 왕국은 로마와 같은 관료제 국가로 발전하나, 게르만족 고유의 재산 균분 상속의 원칙 때문에 항상 분열의 위기에 놓이고, 각 분국 왕들의 싸움이 잦으므로 대토지 소유에 바탕을 둔 귀족 세력이 점차 강대해져, 정치상의 실권은 이들 귀족 중 가장 세력이 강한 각 분국 궁재(宮宰)의 손으로 넘어간다. 결국, 피핀 3세(Pippin III)의 쿠데타로 메로빙거 왕조의 마지막 국왕 힐데리히 3세가 폐위되고, 카롤링거 왕조가 그 뒤를 이어 프랑크 왕국을 지배한다.
131) [역주] Grégoire de Tours(539?-594): 프랑스 뚜르(Tours)의 주교로서 교회와 프랑크 족 역사를 기술한 역사가.

러이다. 그러므로 부도덕은 더는 로마 시대의 것과는 완전히 같지 않다. 이제 본질적인 성격은 폭력이지만, 그것은 성적인 관점에서 유괴, 강간, 일부다처, 가장 약한 자의 비열한 굴종, 경우에 따라서는 여성의 비열한 굴종에 해당하는 폭력과 더불어서이다. 이 점은 질서정연한 세계에 더는 자리 잡는 것이 아니라. 이와 반대로 무법천지인 세계에 자리 잡는다.

이것은 또한 예를 들어 부르군트족이나 혹은 서고트족의 바로 그 "야만인의 법들"을 통해 나타나는 것으로, 이 법들은 모든 상황과 수단 및 개인에 대한 특별 형벌을 담은 온갖 유혈 범죄의 거대한 목록이다. 그러나 이 법들을 적용할 수 있게 하는 정책이나 사법적 행정의 결핍으로 말미암아, 이 법들은 단순한 상징에 불과했음이 분명하다! 그래서 또 분명한 것은 교회가 이 새로운 부도덕의 물결에 대항하여 싸워야 했다는 점이다. 교회는 또다시 도덕화했다. 교회는 풍속을 완화하려 했고, 품행을 규정하는 법을 세우려 했으며, 품행을 규범화하려 했고, 가장 약한 자들을 보호하려 했다. 이러한 시급함 가운데서, 또 이런 사회적·도덕적 재난[132] 속에서, 교회는 복음에 기초를 둔 마음에서 우러나온 진정한 회심보다 받아들일 수 있는 공통의 도덕을 세우는 일에 훨씬 더 전력하였다. 또다시 교회는 신앙을 도덕으로, **계시**를 윤리적 법전으로 점진적으로 변형시켰다.

한 번 더 말해, 이것은 교회가 의도한 행위가 아니라, 이 행위를 요구하는 시대의 부도덕이라는 상황 자체였다. 상황은 점차 정상화되고, 10세기에서 13세기 사이의 3세기 동안 상대적인 행복을 누리는 듯이 보인다. 기억 속에 잘못 남아 있는 봉건제도와 중세에 대한 끔찍한 묘사에도 불구하고, 이 시기에 사회생활과 도덕 생활은 훨씬 더 균형 잡히고 만족스럽다.

---

132) 우리 사회에서 폭력과 불안정을 개탄하는 우리는 이런 사회적·도덕적 재난에 대해 짐작조차 할 수 없다. [본문을 역자가 각주로 설정]

그래서 복음으로 돌아가려는 교회의 노력이 생겨난다.

그렇지만, 변형되었던 것은 변형된 채 그대로 남아 있다. 기독교는 무엇보다도 도덕이 되어버렸다. 기독교는 도덕적인 것으로 받아들여지고 행동 규칙이 된다. 자유도 위반도 문제 밖이고, 사람들에게 "네가 원하는 것을 사랑하고 행하라"고 말하는 것도 문제 밖이다. 또한, 모든 것을 신앙으로 집중시키거나 모든 것을 신앙에서 벗어나게 하는 것도 문제 밖이다. 오히려 그렇게 하면 너무 위험하고 너무 불확실하다. 개인의 책임에도 주도권에도 더는 호소하지 말아야 한다. 어디서나 복음의 이름으로 전개되는 주된 덕성은 **순종**이다. 다시 말해, 문제가 되는 것은 교회의 사악함이나 지배 의지가 아니다. 교회는 우리가 상상할 수 있는 것보다 훨씬 더 끔찍한 상황에 직면해야 했다. 결국, 순종이 절대적 무질서에 대항하여 싸우고 가장 강한 자의 우월성에 제한을 가하기에 충분히 효과적인 방법이었다.

한 가지 비유를 들어보자. 오늘날 세계에는 곳곳에서 고문이 자행된다. 만일 인정된 어떤 도덕적 권위가 이 도덕적 권위에 대한 형리들의 순종, 곧 가장 강한 자에 대한 엄정한 순종이 아니라 이 제도에 의해 보호되는 자에 대한 순종을 확립함으로써 고문을 제거하게 된다면, 우리는 꽤 만족할 것이다! 적지만 이런 일은 일어났다. 정연한 권위에 대한 순종은 가장 강한 자의 폭력을 대체했다. 이는 도덕적 면에서 명백한 진보였다.

중세의 부도덕

결국, 현재 우리의 부도덕 물결에 앞서 교회가 직면해야 했던 부도덕의 세 번째 큰 물결은 14~15세기 부도덕이다. 끔찍한 종교전쟁 시대에 앞서, 또다시 사회 전체가 온통 부패하지만 새로운 방식으로 부패한다. 물론 봉건시대의 전쟁과 폭력이 계속 있었다. 그러나 이것은 폭력의 영역, 전쟁133)의 영역, 수많은 유혈 반란134)의 영역, 온 나라를 돌아다니며 엄청난 불안을 안겨주는 대규모로 조직된 강도 패거리들이 벌이는 강도질135)의 영역 사이에 야릇한 혼합이다. 사람들이 의식하는 죽음의 위협 때문에, 또 흑사병 같은 대규모 전염병으로 말미암아, 온갖 쾌락을 즉시 즐기려는 부도덕을 여기에다 더해야 한다.

이것은 일종의 광란적인 쾌락이다. 이제 곧 죽을 것이기 때문에 모든 것이 허락된다.136) 그리고 잘 알려진 대로 이것은 가장 사악한 것을 포함하여137) 온갖 형태로 된 즉각적이고 광란적인 향락을, 죽음의 임박함에 대한 응답으로서 추구하는 것이다.

이러한 풍토에서 요술, 마법, 주술, 죽은 자에 대한 초혼招魂, 악마를 찬양하는 마법 의식, 루시퍼 숭배가 급격히 전개된다…. 물론, 나는 이전 세기들에 이것들이 존재하지 않았다고 말하지는 않는다. 하지만, 전에는 이것이 개별적인 경우로서 완전히 산발적이었던데 반해, 14세기부터는 이것은 광란의 세상에서 진짜 전염병이 된다. 또다시 교회는 틀에 집어넣고 도덕화하며 제도화하려고 애쓴다. 교회는 마법사를 추종하는 자들을 순수한 복음으로 회심시키려 애쓰는 대신, 예를 들어 힘과 강압을 이용하고, 화형으로 위협하며, 지속적인 제도로서 종교재판소를 발전시킨다.

그러자 교회의 이같은 영적 책임 회피에 직면하여, 한편에선 신비주의

---

133) 프랑스와 영국의 백년전쟁은 한 예에 불과하다.[본문을 역자가 각주로 설정]
134) 스코틀랜드 제임스 왕가의 반란은 천여 개의 예들 가운데 하나이다.[본문을 역자가 각주로 설정]
135) 12~13세기 소규모 산적 질과는 아무런 관계없다.[본문을 역자가 각주로 설정]
136) 이 시대에 나온 데카메론은 이 사실을 나타낸다.[본문을 역자가 각주로 설정]
137) 여섯 명의 아내를 차례로 죽인 푸른 수염의 사나이는 이 시대에 나온 것이다.[본문을 역자가 각주로 설정]

가 다른 한편에선 이단이 터져 나온다. 신비주의는 어떤 경우 완전히 경탄스럽고 존중할 만하며 경탄의 대상이 되기에 마땅하지만, 대개 그것은 의심스러운 최면상태의 표현, "억압되거나 자유분방한" 성性의 표현, 모호하고 때론 사악한 품행의 표현이다. 이단은 어떠한가? 그들 중에 후스[138], 위클리프[139], 사보나롤라[140] 등 많은 이들이 교회의 순수성, 복음의 근원으로 복귀, 그리스도 안에서 자유의 확인, 사랑의 우위를 위한 참 신앙의 투사로 나타난다. 그러나 너무 늦었다. 교회는 이미 도덕적이고 제도적인 면에서 대응하는 습관에 젖어 있었던 것이다. 교회는 어떤 대가를 치르더라도 도덕과 질서의 투사가 되고자, 가난한 자의 주主이자 사랑 안에서 인간들에게 자유를 주는 구세주의 신실한 종이 되기를 그만두었다. 순종은 지나쳐 버린다. 이제 사람들은 제도와 도덕의 승리라는 절대적인

---

[138] [역주] Jan Hus(1372-1415): 체코의 종교 개혁자이자 체코 민족 운동의 지도자. 성서를 유일한 권위로 강조하고, 교황을 비롯한 고위 성직자의 성직 매매 등 세속화를 강력히 비판하며, 보헤미아의 독일화 정책에 저항한다. 교황 알렉산더 5세는 후스에게 그동안의 주장을 철회하도록 명령하고, 후임 교황 요하네스 23세도 후스를 파문하지만, 후스는 여전히 신념을 굽히지 않는다. 따라서 로마교회는 이것을 철저히 단속할 필요를 느끼고 1414년에 콘스탄츠 공의회에 후스를 소환하여 그의 저서에 있는 이단 사상으로 지목되는 부분을 취소할 것을 요구하나, 후스가 거절하자 그를 화형에 처한다.

[139] [역주] John Wycliffe(1320-1384): 영국의 선구적 종교개혁자. 교황 권으로부터 영국의 정치적 · 종교적 독립을 표방하면서 반교황 정책을 취한다. 특히 교회령 재산에 대해 공격하며, 성직자의 악덕을 비판하는 등 교회개혁 운동에 앞장선다. 신앙과 구원에 관한 최고의 권위는 성서에 있다고 확신하고, 1378년 교회 분열을 계기로 가톨릭 교리도 비판한다. 교회의 성사(聖事) 가운데 특히 성찬설(聖餐說)을 성서에 의하여 비판하고, 참된 복음을 설교한다. 콘스탄츠 공의회에서 이단으로 단죄되자 그의 유해는 그의 많은 저서와 함께 불태워진다. 그의 주장은 뒤에 후스에게 계승되어, 후스 전쟁을 일으키게 한다.

[140] [역주] Girolamo Savonarola(1452-1498): 이탈리아의 도미니크회 수도사이자 종교개혁가. 교회혁신을 위한 설교와 예언자적 언사로 신도들을 지도하여, 시민의 정신적 지도자와 같은 지위에 오른다. 교회 내부 개혁에는 많은 사람이 동조하나, 1497년의 사육제에서는 시민의 사치품과 이교도적 미술품 및 서적을 불태운 이른바 '허영의 소각'을 비롯한 과격한 방법을 취함으로써 크게 반감을 산다. 교황 알렉산드르 6세와의 불화, 프란체스코회와의 대립 등으로 지지 기반을 잃어 화형에 처해진다.

것에 매인다. 모든 것이 여기로 귀결될 수밖에 없다. 교황들은 법으로 성직자의 부패에 맞서 싸운다. 교회는 조직으로 교회의 통일을 위하여 싸운다. 교회는 점점 더 큰 도덕적인 엄격함으로 주변의 부도덕에 맞서 싸운다.

교회가 이 네 시기 동안 부도덕의 도전에 대처하려는 의지 속에서 길을 잘못 들었기 때문에, 그리스도 안에서 하나님 **계시**의 **진리**는 완전히 상실된다…. 교회는 타락을 그 근원에서, 다시 말해 영적 토대에서 바로잡는 대신, 그 결과들을 처리하려고 애썼는데 이것이 곧 비도덕화이다. 이교나 혹은 이교의 재출현 때문에 나쁜 풍속이 유발된다고 내가 말하고자 하는 것이 아님을 이해해 주었으면 한다! 주전 4세기의 로마 사회는 이교적이었으나, 도덕적인 면에서는 완전히 뛰어났다. 우리는 이 전반적인 부도덕의 상황처럼 복잡한 상황과 마주해 있다. 곧 전쟁, 침략, 금은의 대량 유입, 흑사병 등과 같은 사건들 및 사회의 전통 구조에 대항하는 기독교의 투쟁이다. 기독교의 설교는 옛 신심과 종교를 파괴할 뿐 아니라, 인간을 기준도 전통도 근거도 없이 자주 남겨둔다는 점이 중요하다. 기독교의 설교는 사랑을 질서로, 형제애를 교계 제도로, 자유를 법으로 바꾸려 한다. 이 점이 몇 사람이나 소집단이나 극소수에는 통용되지만, 한 사회에는 통용되지 않음이 분명하다. 부도덕은 이교 문화와 기독교 설교 사이에 충돌에서 생겼는데, 기독교 이전 시대는 그렇지 않았다. 이 점에서 옳았던 이는 소위 **배교자** 율리아누스141) 황제이다.

---

141) [역주] Julianus(331~363). 로마의 황제. 황제가 되기 전 가톨릭교회의 성직자인 부제(副帝)에 임명되기도 하나, 황제로 즉위하고 나서는 기독교에 박해를 가하고 신플라톤 철학과 미트라교에 의해 이교의 부흥과 개혁을 기도한 인물로 알려져 후세에 '배교자'로 불리고 있다.

교회와 사회의 혼동

결국, 부도덕에 반대하는 교회의 반발, 교회의 엄청난 도덕적이고 법적인 노력, 윤리적이고 사법적인 면에서 나쁜 풍속에 대한 교회의 엄청난 대처 노력은, 교회와 사회를 혼동하는 오류에 분명히 기인한다. 교회는 사회의 가장 중요한 것을 은폐한다. 사회는 공식적으로 기독교적이라 명명된다. 정치적이고 사회적인 관심거리와 문제는 교회에 맡겨진다. 교회는 사회 질서를 유지하고 모든 일에 기독교 원리를 적용하게끔 되어 있기에 말이다. 이렇게 해서 **계시**는 도덕이 되는데, 이는 선지자와 복음과 초기 기독교 세대를 가장 심하게 왜곡하는 일이다. 왜냐하면, 그 기원 자체로써 공식적인 도덕이 되어버린 이 "기독교 도덕"이 퍼져 가면 갈수록, 형식을 중시하는 신앙심과 위선이 더 퍼져갔기 때문이다. 사정은 달라질 수 없었다.

이 점을 잘 이해하도록 성직자의 독신을 예로 들어보자. 어떤 그리스도인이 독신의 소명을 받고, 하나님을 섬기는 가능한 방법 가운데 하나로 그렇게 하나님에게 헌신하며, 성직을 요청하는 것은 매우 좋았다. 그러나 독신이 모든 성직자에 대한 법과 의무와 규범으로 변할 때, 또 모든 소명을 떠나서 독신이 성직자의 **조건**이 될 때, 다음 두 가지 중 하나가 일어난다. 곧, 성직에 대한 **진실한** 소명이 있으나 독신의 소명을 갖지 않은 이들이 성직에서 제외되거나, 그렇지 않으면 이들에게 독신이 강요되어 거짓과 위선으로 가려진 '과오들'이 불가피하게 생겨난다는 것이다. **악**인 것은 바로 **법**이다. 다른 곳에서처럼 여기서도 마찬가지다. 이렇게 언급하는 이는 내가 아니라 바울이다.

그러므로 왜곡이란 부도덕과 윤리적 타락이 연속으로 터져 나옴으로써 생긴 **계시**에 대한 도전에 대처할 작정으로, 복음을 **법**으로 변형시키는 일이었다. 물론, 그리스도인과 교회는 성적인 폭력의 분출과 이 다양한 타락에 맞서 대응하지 않을 수 없었다. 하지만, 오류는 기독교가 다음 같은 바울의 모범을 다시 따르기는커녕, 이것을 도덕과 법의 측면에서 다루는 데 있었다. 즉, 바울은 매번 부도덕의 문제로부터 영적인 문제로 거슬러 올라가 그리스도의 계시의 핵심을 되찾는데, 거기서부터 신앙이나 혹은 사랑과 긴밀히 결합한 어떤 행동 모델이 나온다. 이것은 교회가 더는 하지 않았던 일이다. 그때 교회는 모든 사람의 수준 그 자체를 벗어나지 못했고, 도덕의 문제를 도덕의 측면에서 다루었다.

이것은 정치적 문제나 혹은 사회적 문제에서 신학자들이 지금 저지르는 똑같은 오류이다. 그들은 예수의 행동에 대한 매우 신실한 해석가인 바울이 제시한 길을 따르기는커녕, 모든 사람의 수준과 영역에서 벗어나지 못하고 있다. 즉, 정치적 문제는 정치에서 다루어져야 하고, 사회적 문제는 사회적 영역에서 적절한 해석 및 정치적 처방과 더불어 다루어져야 한다는 것이다. 이것은 여전히 복음을 도덕으로 변형시키는 일이고, 4세기, 6세기, 7세기에서와 똑같은 오류이다. 게다가 다음같이 중요치 않은 똑같은 처신을 하면서 말이다. 즉, 일단 사람들이 도덕적이고 정치적이며 사회적인 해결책을 제시하기로 작정했다면, 어쨌든 그리스도인이기 때문에 거기에 신학적 용어와 성서 구절로 약간 겉치장을 하는데, 사람들은 그리스도인으로 하여금 아무 말이나 하게 한다. 콘스탄티누스 치하에서처럼 오늘날에도, 신학은 정치적 입장이나 혹은 도덕주의적 견해를 밝히고서 정당화와 떳떳한 양심이라는 미명으로 등장하여, 기독교적으로 지칭되는 것을 정당화하기에 이른다. 이렇게 나아가면서, 사람들은 신앙의 내용을 이데올로기로 삼는다.[142]

반反여성주의의 핵심

우리는 이제 반여성주의 문제로 되돌아가야 한다. 나는 복음에 대한 **법**의 승리와 사랑에 대한 도덕의 승리가 십중팔구 반여성적 태도 표명의 본질적인 원인이라 주장한다. 내가 이미 언급했듯이, 소위 잘못된 가부장적 영향이나 혹은 제한된 유대교의 영향보다 훨씬 더 이러한 승리는 반여성적 태도 표명의 본질적인 원인이 된다. 모든 신빙성과 일관성에 맞서 신학자와 교회로 하여금 여성을 배척하도록 유도한 것이 바로 이 점이다! 이 주장이 꽤 단순하고도 쉽게 검증될 수 있는 것은, 무엇보다 열정적으로 도덕 문제에 몰두한 바로 그 신학자들이 가장 반여성주의적이기도 하다는 사실을 통해서인데, 테르툴리아누스[143]가 좋은 예이다. 물론, 나는 여자가 남자보다 더 부도덕할 수도 있기 때문에 또는 여자가 남자에게 부도덕의 함정이 될 수도 있기 때문에, 이 도덕으로 말미암아 여자가 배제된다고 말하려는 것이 아니다. 그 이유는 훨씬 더 깊다. 도덕주의적 태도는 본질적으로 남성적 태도이다. 이것은 판단과 폐쇄와 엄격함의 태도이자, 차변과 대변을 계산하는 태도이자, 분류하고 선정하는 태도이자, "해야 할 것"과 "하지 말아야 할 것"을 결정하는 태도 등이다. 그런데 이 모든 것은 여성적인 차원에 속하는 것이 아니다.

내가 여기서 주장하는 바를 이해시키려면, '남성'과 '여성'을 내가 어

---

142) 이 점은 사회주의 신학의 모든 시도나 혹은 복음서에 대한 마르크스주의적 해석의 모든 시도에서 잘 볼 수 있다.

143) [역주] Tertullianus(160-220): 북아프리카 카르타고 출신의 기독교 저작가로 터툴리안이라고도 한다.. 로마의 기독교 박해에서 신자들의 영웅적 순교에 감동되어 기독교로 개종하고서 이교도, 유대인, 이단자로부터 기독교를 지키려고 온 힘을 쏟는데, 엄격한 성격 탓으로 몬타누스파의 이단으로 기울어진다. 신학에 관한 많은 책을 쓰고, "불합리하기 때문에 나는 믿는다"라는 유명한 말을 남긴다. 주요 저서로 『호교서』(護敎書), 『영혼의 증명에 대하여』 등이 있다.

떻게 이해하는지 자세히 설명해야 하는데, 이것은 성(性)으로 특징지어진 '남자' 나 혹은 '여자' 와 같지 않다.144) 나는 남자나 여자의 유전자에 따라 전형적인 성격이 부여되고 결정지어진 남자와 여자의 본원적 "본성"이 있다고도 생각하지 않는다. 또한, 모든 여자가 '여성' 일 수도 있듯이 모든 남자가 '남성' 이라고도 생각하지 않는다. 대부분 사회에는 매우 일반적으로 역할 분배가 있었으며, 이 역할 분배는 심지어 남자 집단과 여자 집단에서조차 대립된 다른 행동과 감정과 가치로 귀결되었다. 남자나 여자 각자의 유전적 유산도 배제하지 말아야 하지만, 유전적 유산은 결정적이지도 않으며, 유전적 유산을 통해 특수한 사회적 역할이 부여되지도 않는다. 남자나 여자 각자는 유전적 유산의 결과이면서도 문화적 환경의 결과인데, 이 결과의 비율을 정하기란 불가능하다.145) 예를 들어, 여자는 모성이라는 자신의 소명으로 말미암아, 생명의 가치관이라든가 사소한 것을 존중하는 가치관이라든가 약한 것을 배려하는 가치관 쪽으로 더 향한다. 이뿐 아니라, 사회 · 정치적 기능에서 배제됨으로 말미암아 여자는 일련의 다른 가치관 전체를 발전시키게 되었고, 정치적인 것이나 경쟁이나 힘과는 다른 토대 위에서 인간 상호 관계를 수립하게 되었다. 이것이 전쟁의 위험이건, 야수의 위험이건, 인간에 대한 자연환경의 공격이건, '원시' 시대의 실제 생활방식 및 본질적으로 위험한 **역사** 초기의 실제 생활방식

---

144) [역주] 여기서 엘륄은 '남성'(masculin)과 '남자'(homme), '여성'(féminin)과 '여자'(femme)를 구분하여 설명한다. '남성' 과 '여성' 은 각각 '남성적 특성' 과 '여성적 특성' 을 포괄적으로 나타내는 사회학적 개념으로 볼 수 있고, '남자' 와 '여자' 는 성적인 개념, 곧 암컷과 수컷으로 구별되는 생물학적 개념으로 볼 수 있다.
145) 인간의 형성 과정에서 본성적인 것과 문화적인 것에 대한 양적 분할이 불가능함에 대해서, 그리고 부모로부터 물려받은 유전적 요소를 분류해보려는 의도가 어떤 오류를 가져 왔는가에 대해서, 자까르(A. Jacquard)의 『과학을 내걸고』*Au péril de la science*(Paris, Editions du Seuil, 1982)를 참조할 것.

을 통해, 대체로 여자는 뒷전으로 밀려나면서 '남성'은 권위와 지배 전체를 차지하게 되었다. 그러므로 다음 같은 두 종류의 가치가 있다고 할 수 있다. 첫째는 힘, 지배, 권력 장악, 가장 대단한 것에 대한 추구, 정복 정신, 용기, 질서 등과 같은 남성적 가치이며, 둘째는 사랑, 감수성, 가장 하찮은 것에 대한 보호, 상상적인 것, 선물 등과 같은 여성적 가치이다.

물론, 이 점은 모든 '남성'과 모든 '여성'이 그렇다는 것을 의미하지 않는다. 여성적 가치를 놀랍게 구현하는 남자들이 있는데, 우선 이런 모든 이들 가운데 처음은 예수 그리스도이다. 또한, 남자처럼 되고 남자같이 행동하며 남성적 역할을 구현하려는 의지만을 가진 여자들이 있다. 불행하게도 이것이 현재의 많은 여성해방운동의 경향으로, 이 운동은 여자가 남자와 같아지고 남자의 가치들을 채택하며 사회에서 남성적 구실을 하려는 기대만을 품을 따름이다.

이 간략한 설명은 도덕과 법이 남성적 가치에 속한다는 점을 이해시키기 위해 반드시 필요했다. 명백하고 확고한 의무와 더불어 규범에 따라 인간관계를 수립하는 일, 행동 가운데 명확한 질서를 세우는 일, 인증하는 일, 살아있는 것을 법제화하는 일, 충동을 규제로 억제하는 일, 도덕적이건 사법적이건 간에 그 법에 따라 허구적으로 세워진 질서 안에서 예견된 모든 것을 성취하게 시키는 일, 모든 위반과 불복종을 제재하는 일, 가능한 한 정확한 그물로 행동을 옥죄는 일, 결함과 범법행위에 대한 처벌 단계를 정하는 일, 이러한 규율에 대한 복종과 연관시켜 인간 전체를 분류하는 일 등, 이 모든 일이 바로 '남성적 특성'에 속한다. 이는 충동적일 수도 있는 사회를 질서 있게 하고, 모호해질 수도 있는 관계를 더 분명히 밝히는 힘의 정신과 의지를 표현하는 것이다. 그런데 사회악이나 혹은 부도덕에 직면하여 '남성적 특성'은 법을 만들고 규범과 처벌을 정하는 한

가지 해결책만을 고려할 따름이다. 물론 내가 다시 언급하겠지만 이러한 남성적 기질의 태도를 보인 여자들도 있는데, 그녀들은 엄하고 강직하며 명령적이고 법의 전형이 되는 여자들이다. 에르베 바쟁146)과 그의 책 『폴꼬슈』Folcoche를 생각하는 것으로 충분하다. 그러나 바로 이 책의 마지막 부분을 잊지 말아야 하는데, 거기서 주인공 폴꼬슈는 결국 여성적이고 늙고 상처 입은 전혀 다른 모습으로 등장한다. 그녀가 일생 "본성에 거스르는" 역할을 맡았음을 드러나게 하는 구현해야 할 '의무'가 그녀에게 이제 더는 없다는 것이다. 정신분석학자들은 법을 구현하는 이가 남자임을 잘 알고 있다.

교회의 반反여성주의

우리가 이미 암시했던 엄청난 부도덕의 시대에서, 여자는 도덕적이고 사법적인 규범으로 모든 문제를 해결하려 들지 않았을 수도 있다. 여자는 이해와 사랑과 관용과 유연성을 기초로 하여, 또 가장 약한 자에 대한 보호를 기초로 하여, 다른 인간 상호관계를 확립하기를 지향했을 수도 있다. 이것은 분명히 즉각적인 성공을 거두지 못했을 수도 있고, 또한 이것은 거친 환경에 대해 확실하고 단도직입적인 대응이 아니었을 수도 있다. 이런 방향에서 행동은 훨씬 더 완만하고 훨씬 덜 명백했으리라는 점은 확실하다. 하지만, 이 행동은 더 근본적이었을 것이고, 훨씬 더 문제의 핵심에 다가갔을 것이다.147)

---

146) [역주] Hervé Bazin(1911-1996). 프랑스 소설가. 『아들의 이름으로』Au nom du fils 와 같이 주로 폐쇄된 사회의 인간관계를 파헤치는 장편소설과 더불어, 제재의 문제성과 견실한 사실적 수법으로 독자층이 넓다.
147) 이것은 우리가 오늘날에도 폭력 문제와 청소년 범죄 문제와 더불어 마주치는 바이다. 힘의 억압과 축적은 남성적인 반발이다. 다른 사람을 이해하고 용납하는 데 기초한 전문화

정부가 법을 만들고 경찰과 재판소가 있다는 점에 대해 내가 여기서 이의를 제기하지는 않는다. 나는 다만 이것이 궁여지책이며 최악의 경우를 막을 수 있게 해도, 결코 아무것도 해결하지 못한다는 점을 말할 따름이다. 그런데 비극은 이러한 행동과 태도를 그리스도인과 교회가 채택한다는 데 있었다. 그러나 복음적인 가르침 전체는 이에 역행한다. 잘못된 사랑을 하나님에게서 오는 참된 사랑으로 대체하고, 그리스의 정복적인 사랑인 에로스를 섬기는 사랑인 **아가페**로 대체하며, 지배 정신을 섬김의 정신으로 대체하고, 지나치게 까다로운 법률 지상주의를 열려 있고 유연한 인간관계로써 거부하며, 개인 상호적인 것을 위해 사회적인 것을 인정하지 않고, 모든 사람에게 유효한 규범을 개인적인 판단으로써 거부하며, 행동을 중시하는 것이 아니라 마음을 중시하고, 폭력 정신을 비무력非武力으로써 진정시키며, 성적 방탕을 남녀의 참된 사랑의 승리로써 제한하고, 질서의 준엄함에 맞서 살아 있는 것의 유연함을 매사에 보존하는 것, 이것이야말로 그리스도인과 교회로부터 기대할 수 있었던 것이었다. 다시 말해, 이것은 그러한 사회 한가운데서 확실히 큰 희생과 고통을 치르고야 얻는 여성적 가치의 구현이며 보존이다.

교회는 속박 정신과 지배 정신을 택했고 복음을 거부했다. 교회는 우리가 그 방법을 보았듯이 믿음, 소망, 사랑 위에 법과 도덕의 우위를 확립했다. **따라서**148), 교회는 여자를 제외하거나 부수적인 역할에 한정시켰으며, 여자를 법과 도덕적 판단에 굴복시켰다. 교회가 겪은 가장 큰 상실은 이 복음을 도덕으로 대체한 데서 기인하는데, 이 대체를 통해 복음에 대

된 완만한 예방 작업은 여성적인 대응이다. 내가 보기엔 이것이 유일하게 효력이 있는 것이다.
148) '따라서' 라는 표현을 쓰는 것은 무엇보다도 편협하게 언급하지 않기 위함이다. [본문을 역자가 각주로 설정]

한 살아있는 증인으로서 여자를 배척하는 결과가 초래된다. 다시 한 번 도덕은 에덴동산의 악과 유혹의 표현이 되었다. 그리고 교회는 여자를 이러한 도덕의 판단에 종속시키면서, 교회의 중심된 영적 소명을 상실했다.

나는 우리가 꽤 놀라운 이 돌변에 대한 진정한 설명을 거기서 파악한다고 생각한다. 이 돌변에 따르면 어떤 성서 **계시**에 따라 여자는 완전히 약화되는 동시에 혐오와 불신의 대상이 되는데, 이와 반대로 성서 **계시**는 여자를 인류를 위한 하나님의 뜻 한복판에 둔다. 그러므로 이것은 좋은 소식과 은총과 기쁨과 자유와 사랑인 동시에 인간관계에서는 유연함과 섬세함과 약자에 대한 배려와 약자의 보호와 열린 마음인 '복음'을, 주변 사회의 부도덕에 의해 유발되는 동시에 유일한 해결책이자 가능한 유일한 해답으로 여겨지는 '의무와 판단의 도덕'으로 변형시키는 일이다. 여자를 자신의 위치와 영적 소명에서 배제하게끔 하고, 여자를 책임 권역 밖으로 몰아내는 것이 바로 이 점이다. 이 작업을 남자들이 추진했는데, 남자들은 마치 그것이 군사적이고 폭력적인 침략이기나 한 듯이 집단에 대한 방어자로 행동했다.

이 순간부터 여자를 무력화하는 일과 이를 신학적으로 정당화하는 일이라는 두 가지 작업이 수행되어야 했다. 왜냐하면, 우리가 교회와 기독교적 환경 속에 있음을 잊지 말아야 하기 때문이다. 성서 전체에서 우리에게 제시된 대로인 예수 그리스도 안에서 하나님의 **계시**가 사회적 **선**의 가치가 아닌 생명의 모든 가치를 **살아있는 자**인 여자에게 부여했던 만큼, 여자를 무력화하는 일은 더더욱 중요했다. 그리하여 잘 알려지고 검토된 다음 세 가지 방법으로 교회 안에서 여자는 무력화되었다. 첫째, 모든 여자에게 타당한 것으로 그냥 입증된 침묵, 수동성, 순종, 겸손의 의무이다. 둘째, 솔직히 말해 바울의 모호한 가르침과 반대로 다른 모든 것보다 우월한 처녀성의 위치이다. 바울은 **어떤 경우에** 또 어떤 동기에서 처녀로 있는 것이 결혼보다 우월하다고 판단하나, 다른 곳에서는 여자가 어머니가 됨으로써 구원을 얻으리라고 선언한다. 분명히 바울의 이 선언은 개인의 상황을 말하는 것이 아니라 이브에게 그녀의 후손이 뱀을 으스러뜨리라고 한 약속에 대한 언급이다. 그런데 처녀로 있는 것은 여자의 사회적 역할에서가 아니라, 여자의 진리 자체에서, 다시 말해 생명의 소지자와 전달자가 되는 것에서 여자를 배제하는 것이다. 셋째, 특히 동정녀 마리아와 더불어 여자를 이상화하는 것인데, 이것은 처녀성의 연장 선상에 위치한다. 동정녀 마리아는 경청과 신앙의 모델인데 반해 순종의 모델이 되고 마는데, 이건 전혀 다른 것이다. 또한, 동정녀 마리아는 여자가 이데올로기적으로 그만큼 높여지기 때문에 여자의 가치하락 속에서 완벽한 떳떳한 양심을 가질 수 있게 한다. 이것은 불편한 현실에서 벗어나고자 이상 속에 투사하는 잘 알려진 메커니즘이다.

　이 무력화 과정이 전개되었던 동시에, 신학자들은 여자를 배제하고 낮추는 일이 성서적으로 또 신학적으로 토대가 있음을 입증해야 했다. 우리가 다음같이 비난하고 특징지은 성서에 대한 그릇된 읽기가 전개되는 것은 바로 이때이다. 즉, 여자에 관한 영적인 텍스트들을 제거하고, 여자에 대적해서 읽힐 수 있는 텍스트들을 문맥 밖으로 빼내며, 이 텍스트들을 다른 텍스트들과 관련시켜 과장하는 것이다. 예를 들어, 여자가 마지막으로 창조된다거나 혹은 아담의 갈비뼈에서 창조된다는 사실처럼, 결국 어떤 텍스트들을 뒤집어 읽게 된다. **계시**를 도덕으로 바꾼 이 비극적인 대체의 주된 결과는 그러한데, 이 결과는 2천 년 동안 하나님의 뜻이 왜곡된 모습의 하나였다.

제5장 : 이슬람의 영향 [149]

> 교회의 개혁은 하나님께서 계시한 기독교와 서구의 교회가 선포한 기독교 사이에 상당한 차이가 있음을 아는 데서부터 시작하여야 한다. 특히 하나님의 계시와는 상반되는 이슬람교가 얼마나 서구의 기독교문화(도덕, 의식, 신앙관, 삶의 태도 및 가치)에 영향을 미쳤는지를 알게 될 때 개혁의 소리는 힘을 발휘하게 될 것이다. —편집자주

기독교에 대한 이슬람의 영향력

기독교에 대한 이슬람의 영향, 다시 말해 예수 그리스도 안에서 하나님의 계시가 겪은 왜곡과 뒤집힘에 대한 이슬람의 영향은 별로 강조되지 않았다. 그렇지만, 기독교에 대한 이슬람의 영향은 9세기와 11세기 사이에 상당했다. 이슬람에 의해 공격을 받고 어떻게 보면 포위당해 있는 기독교 세계, 그래도 안정되고 강한 기독교 세계라는 이미지에 따라 사람들은 오랫동안 살았다. 기독교 자체가 주장했듯이, 보편적인 소명을 갖고 한없이 정복하는 이슬람은 자신의 제국을 세 방향으로 끊임없이 넓혀 왔

---

[149] 다른 많은 책 중에서 수르델(D. Sourdel)의 『중세 이슬람』 *L'Islam médiéval*(Paris PUF, 1979) 을 참고할 것. 그리고 무슬림 신비주의의 영향에 대해서는 미르체아 엘리아데(Mircea Eliade)의 『신심과 기독교 사상의 역사』 *Histoire des croyances et idées religieuses* (Payot, 1983. t. Ⅲ, §283) 와 『이슬람과 기독교』 *Islam et Christianisme* (대장간, 2010)를 참고할 것.

다. 남쪽으로는 주로 해안을 따라가면서 검은 대륙 아프리카에서 확장하는데, 13세기에는 잔지바르Zanzibar 섬까지 내려간다. 또한, 북서쪽으로는 스페인을 정복하고, 프랑스를 한편으로 리옹Lyon까지 다른 한편으로 뿌아띠에Poitiers까지 침공한다. 그리고 북동쪽으로는 소아시아 전역과 더불어 콘스탄티노플을 점령하기까지 한다. 뒤이어 이슬람은 터키인과 더불어 발칸 반도 국가와 오스트리아와 헝가리 등을 계속 위협한다. 이것은 매우 이원론적이며 매우 호전적인 견해이다. 그리고 전쟁 중에 적들 사이에 깊은 접촉을 상상하기 어려운 것과 마찬가지로, 이 지속적인 전쟁 속에서 어떻게 이슬람이 기독교에 영향을 끼쳤겠는가?

삐렌느의 뛰어난 저서인 『마호메트와 샤를마뉴』150)는 이 지속적인 전쟁 위협의 경제적 · 정치적 결과를 훌륭하게 보여주었다. 그러나 그 후로 **관계들**에 대한 연구가 얼마나 부족한지가 강조되었다. 그런데 12세기에 아랍 철학자 이븐루시드151)의 번역과 주석에 힘입어 아리스토텔레스 사상이 유럽에 침투되었다는 점이 **더구나** 철학 영역에서 완전히 알려졌던 만큼, 또 11세기부터 이븐시나152)의 영향이 확인될 수 있던 만큼, 더더욱 이 점은 신기하다. 더욱이 아랍의 영향은 계산법과 대수뿐만 아니라 의학,

---

150) 삐렌느(H. Pirenne), 『마호메트와 샤를마뉴』 Mahomet et Charlemagne (Paris, Payot, 1937)
151) [역주] Ibn Ruchd(1126-1198). 스페인의 아랍계 철학자이자 의학자. 라틴명은 아베로에스(Averroes)이다. 아리스토텔레스의 모든 저작에 대한 주석을 완성하면서 아리스토텔레스의 사상을 가장 바르게 복원하는 것을 일생의 목표로 삼는다. 그는 종교도 철학도 다 함께 똑같은 진리에 도달함을 목적으로 하는 점에서 상호 모순이 아니라는 신념을 갖고서 이 작업에 몰입한 것으로 보인다.
152) [역주] Ibn Sina(980-1037). 페르시아의 철학자이자 의사. 라틴어명은 아비세나(Avicenna)이다. 철학에서 토마스 아퀴나스에게도 영향을 끼친 그가 심리학에서 영혼의 기능을 분류한 것은 스콜라 철학에서 표준이 되기도 한다. 아리스토텔레스에 플라톤을 가미한 철학으로 이슬람 신앙을 해석하는데, 개별 영혼은 영원히 멸하지 않는다는 주장은 그 일례라 볼 수 있다.

농학, 천문학, 물리학 등 학문 영역에서 대단하다고 알려졌다. 이 모든 것은 인정되고 잘 알려진 바이다.

좀 더 멀리 나아가면, 12세기에는 아랍의 영향이 "물질을 분해하는 연금의 1단계 과정 기술", 마술, 다양한 "점술", 연금술, 화금석[153] 찾기, 음악에서 나타난다는 점을 부인할 수 없다. 물론, 군사기술과 기병대 등에 대한 아랍의 영향 및 관개灌漑술 같은 어떤 기술 영역에서와 심지어 건축에서 아랍의 영향도 완벽히 알려졌다. 결국, 온갖 종류의 많은 변화가 일어난 것은 십자군의 탓이며 십자군 군사가 아랍인과 맺은 관계 탓이라는 점이 일정하게 강조되었는데, 이것은 버찌 나무나 살구나무 같은 열매 맺는 나무를 프랑스로 가져온 것에 불과할 수도 있다. 이 모든 것은 매우 흔한 얘기다. 그런데 이 점은 양립할 수 없는 것으로 나타난 두 적 사이에 문화적이고 지적인 관계와 교역과 지식이 유포되고 있었음을 분명히 의미한다. 실로, 이 지식은 꽤 일방적으로, 곧 이슬람과 아랍 세계로부터 훨씬 더 뒤진 "미개한" 서구로 유포된 듯하다.[154]

내가 알기로, 이러한 관점에서 절대로 연구되지 않은 두 영역이 남아 있는데, 그것은 법률과 신학이다! 그런데 이 학문분야들에서 교류의 결과

---

153) [역주] 化金石(pierre philosophale): '현자의 돌', '철학자의 돌', '마법사의 돌' 이라 하기도 한다. 값싼 금속을 금으로 바꿀 수 있는 전설 속에 존재하는 물질로서, 오랫동안 서구 연금술의 최고의 가치로 여겨지고 연금술사가 추구하는 궁극의 물질이다.
154) 게다가 이 점은 어떤 이슬람 열성파들로 하여금 아랍인이 결국 패배하고 격퇴된 것을 유감으로 생각하게 했다. 유럽이 완전히 장악되었다면 얼마나 놀라운 문명화된 제국을 맞이했을 것인가. 역사에서 1950년경까지 통용되던 태도 표명과 반대되는 이런 태도 표명을 통해, 이슬람의 공포, 끔찍한 잔인성, 일반화된 고문, 노예제도를 망각하게 되고, 또한 이슬람의 관용을 강조하는 훌륭한 포교자들에도 불구하고 존재하는 절대적 불관용을 망각하게 된다. 우리는 이점을 다시 다룰 것이다. 여기서는 이슬람이 자리 잡은 곳은 어디에나, 북아프리카와 소아시아의 그토록 활기차고 굳센 교회들이 단지 사라졌다는 점을 확인하는 것으로 충분하다. 그리고 로마와 게르만 민족이 높이 샀던 본원적으로 다른 모든 문화가 아랍인이 정복한 모든 장소에서 소멸하였다는 점을 확인하는 것으로 충분하다.

가 나타나지 않는다면, 지적이고 상업적이며 경제적인 면에서 교류가 일어났음을 어떻게 믿고 받아들이고 수긍하겠는가? 예를 들자면, 환어음은 아마도 아랍인에 의해 만들어졌으며 서구인에 의해 채택되어 해상 무역을 원활히 했다는 점이 인정된다. 하지만, 법률의 다른 많은 분야도 영향을 받을 수밖에 없었다. 예를 들면, 나는 농노의 신분 규정이 무슬림의 딤미[155)의 서구적 모방이었다고 생각한다. 종교적 법률의 중요성도 마찬가지이다. 나는 교회법 일부가 아랍 법률에 그 기원을 둔다고 확신한다. 그리고 이 점은 사실상 우리를 '기독교'로 이끌고 간다.

이 점이 신학에 영향을 미치지 않고서는, 철학에 대한 영향도 어떻게 인정되고 받아들여졌겠는가! 물론, 토마스 아퀴나스가 해결한 문제는 바로 고전 신학과 아리스토텔레스의 철학 사이에 대립 문제였음을 모두가 안다. 하지만, 아랍인을 매개로 이 둘 사이가 이어지고, 그리스 철학과 기독교 신학은 한 묶음으로 논해진다. 그런데 아랍 해석자들이 아무리 충실했을지라도, 이 아랍 해석자들에 의해 그리스 철학이 전달되었다. 그 시대에 사람들이 문제를 파악하는 것은 바로 아랍·무슬림 사상을 통해서이다. 그러므로 아리스토텔레스와 관련되지 않으면 아랍의 영향은 아무 것도 없다고 생각할 수는 없다.

게다가, 아주 자연스런 공통점과 대조점이 있다는 것이 재빨리 인정된다. 즉, 기독교와 이슬람은 유일신론의 두 종교이자 어떤 책에 근거를 둔 두 종교이다. 이슬람에서 가난한 자에게 중요성을 부여하는 것도 마찬가지이다. 그리스도인이 알라를 거부하는 것은, 아마도 하나님의 **아들**로서 예수 그리스도가 부인되기 때문이다. 그리고 하나님에 의해 영감 된 것으

---

155) [역주] dhimmi: 이슬람 율법에 따라 통치되는 국가에서 비(非)무슬림 신민(臣民)들 가리키는 용어이다.

로 여겨질 수 없는 코란도 거부된다. 역으로 하나님의 단일성을 위해 삼위일체가 거부되고, 성서 전체는 코란에 딸린 전제조건이나 서론이나 서문으로 병합된다. 요컨대, 기독교 성서를 가지고 이슬람교도는 전에 그리스도인이 히브리 성서를 가지고 행했던 바를 그대로 행한다. 그러나 이 공통의 기초 위에서 불가피하게 만남과 논쟁과 토론이 이루어지고, 이로 말미암아 접근 방법이 생겨난다. 심지어는 거부당하고 인정되지 않을 때에라도, 제기된 질문은 받아들여질 수밖에 없다.

이슬람 지식인과 신학자가 기독교 지식인과 신학자보다 훨씬 강했던 것 같다. 이슬람은 영향력이 있었으나 기독교는 그렇지 못했던 것 같다. 여기서 나의 관심을 끄는 것은 소수 지식인 동아리 안에 어쩔 수 없이 남아 있었던 철학적 문제나 혹은 신학적 표명이 아니라, 이와 반대로 이슬람의 영향을 통해 어떻게 삶 앞에서 실천과 종교의식과 신심과 태도가 변했는지인데, 이 모든 것은 신심의 영역에 속하고 도덕적 행동 영역이나 혹은 사회적 행동 영역에 속한다. 이것은 기독교 세계를 형성한다. 또한, 모두가 다 알듯이, '예루살렘 프랑크 왕국'[156)에서 팔레스타인에 진주한 프랑스 기사들은 이슬람에서 유래하는 많은 풍속과 관습을 재빨리 채택했다. 그러나 중요한 것은 이 특별한 예가 아니다. 중요한 것은 유럽으로의 도입이고, 무의식적인 모방이라는 사실이며, 쳐부수려 했던 영역에 의해 선택되고 정해진 영역 위에 놓였다는 사실이다. 그러므로 나는 순수 신학, 예를 들어 토마스 아퀴나스와 성서 신학의 차이나 아리스토텔레스의 영향 등을 한편으로 제쳐놓으려 하는데, 이는 다른 문제에 관심을 쏟

---

156) [역주] 예루살렘 프랑크 왕국. 일차 십자군 전쟁 때인 1099년 프랑크족에 의해 동방에 세워진 기독교 왕국. 이 왕국은 가자 연안에서 베이루트까지 지배하면서 팔레스타인 지방에서 확장되어 나가고, 내륙 쪽으로는 요단강 계곡까지 점령하며 나중에는 요단강 건너편 홍해까지 점령한다.

기 위함이다.

이슬람적인 통합

나는 모든 점에서 이슬람 정신이 예수 그리스도 안에서 하나님의 **계시** 정신과 반대된다고 생각한다. 근본적인 요점은 하나님이 육신을 입을 수 없다는 것이다. 그렇다면, 하나님은 모든 것을 자기 뜻대로 명하는 최고 재판관일 수밖에 없다. 다음으로, "종교·정치·법"의 절대적 통합이다. 하나님의 뜻의 표현은 불가피하게 법으로 나타나기에, 종교적이지도 않고 하나님에 의해 영감 되지도 않은 법은 없다는 것이다. 거꾸로 말해, 하나님의 모든 뜻은 법적 용어로 표현되어야 한다는 것이다. 이슬람은 히브리 성서의 잠재적 성향을 극도로 밀고 나갔다. 하지만, 이 모든 것은 영적인 것의 상징체계였고 예수 그리스도에 의해 초월 되었는데도, 이슬람과 더불어 우리는 그런 식으로의 법적 표명으로 되돌아간다.

나는 다른 책에서 "법을 소유하는 것"과 "객관적인 법"이라는 이중적인 표명이 **계시**에 반대됨을 보여주었다. 이 점은 물론 **자연법**과 고전 신학을 지지하는 모든 이들에 의해 반박당할 따름이다. 하지만, 인간들 사이에 단지 사랑의 관계만을 세우고, 모든 것을 은총 위에 세워지게 하며, 완전히 무상無償의 관계157) 모델을 인간에게 부여하려는 경향이 있는 사랑의 계시가, 은총의 반대인 "차변과 대변"으로 또 사랑에 반대인 "의무"로 모든 것이 측정되는 법과는 진정 반대된다고 나는 생각한다.

우리가 하나님나라에 있지 않은 한, 누구도 사랑과 무상無償의 이 순수한 관계, 곧 완벽하게 투명한 이 관계에 도달할 수 없다. 따라서 법은 불가

---

157) [역주] 인간이 하나님으로부터 아무 대가를 치르지 않고 은총을 거저 받았듯이, 인간이 타인에게 어떤 것을 주거나 타인으로부터 어떤 것을 받는 데 있어 돈이나 상응하는 대가를 주고받는 관계가 아니라, 아무 대가 없이 거저 주고받는 관계를 말한다.

피하게 존속한다. 그러나 더 좋은 방법이 없어서 법을 단순히 유용한 것으로서 인정해야 하고, 또 항상 악으로 남아 있는 필요악으로서 법을 인정해야 한다. 그런데 법에 대한 이러한 이해 태도는, 이와 반대로 법을 극도로 미화하는 이해 태도와도 아무런 공통점이 없었을 것이고, 법을 하나님의 뜻의 표현으로 삼거나 '종교적' 세계의 법적 용어로 된 표명으로 삼는 이해 태도와도 아무런 공통점이 없었을 것이다. 법은 하나의 각별한 가치가 된다. 그리스도인은 이미 이런 식으로 특히 로마 사회의 영향을 많이 받았다. 우리가 본 대로, 누구도 이 로마법의 가치를 배제하거나 극소화할 수 없었다. 그런데 모든 것이 아랍인과 더불어 새로운 국면을 맞게 된 것이다. 이제 이것은 법과 하나님의 뜻을 긴밀히 통합하는 일이 된다.

법학자가 곧 신학자이고, 신학은 철학적이 되는 만큼이나 사법적이 된다. 삶은 윤리 안에 포함되는 만큼이나 또 그 이상으로 법 안에 포함된다. 종교적인 것 전체는 법적이 된다. 종교적 사건을 다루는 재판관만이 존재하고, 법 해석은 신학이 된다. 이 점은 기독교 세계의 법률화에 엄청난 자극을 주게 된다. 교회법은 이슬람에서 이루어졌던 바를 본떠 증가한다. 모든 것이 흡수되지 않았던 것은 봉건 군주와 왕이 교회 권력의 이러한 성장에 매우 적대적이었기 때문이며, 세속적인 관습이 이 신성화에 굳건히 대립했기 때문이다. 그렇지만, 법적인 정신은 근본적으로 교회에 침투했는데, 나는 이것이 이슬람의 영향 아래에서 이루어진 동시에 이슬람 종교법에 대한 **대응으로** 이루어진 것이라 단언한다. 이왕이면 누구 못지않게 잘해야 했던 것이다.

게다가, 이 점은 교회 권력기관에 꽤 도움이 되었으며, 교회 권력기관에 통치 수단을 제공했다. 사람들은 모든 것이 이슬람 세계에서처럼 교회

법과 종교재판으로 귀결되기를 바랐을 수도 있다. 그래서 교회는 분열 없이 다스렸을 수도 있다. 그러나 이슬람에는 종교·법률과 정치권력 사이에 분리하기 어려운 상호관계가 있다. 여기서도, 우리가 보았던 바인 콘스탄티누스 주의와 더불어 나타났던 것이 이슬람과 더불어 새로운 자극을 받는다. 모든 정치적 수장은 신자들의 **지배자**가 되기도 한다. 교회와 정치권력 사이에 분리란 없으며, 정치권력이 종교적 수장이 된다. 종교적 수장은 알라신의 대리자로서, 그의 정치적 행위나 군사적 행위 등은 영감을 받은 행위가 된다.

그런데 이 점이 유럽에 잘 알려지자, 이 순간부터 왕이나 혹은 황제의 요구는 더는 교회의 세속적 조력자가 되는 것이 아니라, 영적 권세의 소지자가 되는 것이다. 왕이나 혹은 황제는 자신이 개인적으로 하나님에 의해 선택되고 전능자로부터 택함 받았음을 인정받기를 원한다. 이를 위해 그는 예언적인 말과 기적을 행하는 힘을 지녀야 하고, 그의 말과 인격은 신성해져야 한다.

물론, 이 점은 이슬람 이전에 부분적으로 존재했다. 그렇지만, 이런 신학과 예배의식 전체 및 이런 제국적인 개념 전체는 우선 비잔틴에서 이슬람과 최초로 접촉하면서 전개되고, 그다음에 단지 서구에서 퍼져 나간다는 점은 그냥 그런 것이 아니다. 왕권은 교회와 결탁에 의해서뿐만 아니라, 서구가 그랬던 것보다 훨씬 더 신정 정치를 여전히 유지하는 이슬람의 영향에 의해 종교적이 된다. 물론, 신정 정치에서는 오직 하나님만이 왕이지만, 신정 정치에서는 지상에 있는 하나님의 진정한 대리자가 정치적 수장이다. 왜냐하면, 아주 정확히 언급되었듯이, 그것은 "비종교적인 신정 정치", 다시 말해 종교 조직도 성직자도 교회 제도도 없는 신정 정치이기 때문이다. 사람들은 신정 정치에 환호할 수 있었지만, 이는 오직 정치권력만이 종교적이라는 점을 전제로 했다. 이슬람은 교회 · 국가라는 이중성에 관심을 두지 않는데, 이 이중성에는 교회와 국가 사이에 갈등이 수반되지만, 정치권력에서 이 갈등이 전제로 했던 제한도 수반된다.

지상에서 하나님의 유일한 대리자가 되고 결과적으로 콘스탄티누스보다 훨씬 더 멀리 나아가려는 서구의 왕과 황제의 염원과 갈망과 욕망이 완전히 이해된다. "황제는 밖에 있는 감독이다"라는 말은 그들에게 충분하지 않다. 나는 이슬람적인 모델이, 왕들이 교회의 속박에서 벗어나는 데 유리하게 작용했고, 또 14세기부터 정치권력에 완전히 의존하는 교회를 만들려는 왕들의 의도에 유리하게 작용했음을 확신한다. 물론 이 거창한 논쟁에서, 이러한 논거는 두드러질 수 없었다! 이 끔찍스런 이교도 infidèle, 158)를 모델로 삼는다고 선언하는 것은 얼마나 놀라운 고백인가!

거룩한 전쟁론

그런데 정치권력의 대단한 중요성이 두 배로 커져도, 신앙 전파를 위한 전쟁의 중요성과 이 전쟁에 대한 예찬이 물론 존재한다. 이 전쟁은 모든 이슬람교도의 의무이다. 이슬람은 **보편적인 것**이 되어야 한다. 온갖 수단으로 모든 백성을 강요하면서 모든 백성에게 이슬람의 권력을 그처럼 확장해야 하는 것이 아니라, 모든 백성에게 참된 신앙을 확장해야 하고 반드시 전쟁을 확장해야 한다. 이와 동시에 여기서부터 본래 호전적인

---

158) [역주] 프랑스어에서 '이교도'에 해당하는 표현으로 'païen'과 'infidèle'을 들 수 있다. 'païen'은 본래 기독교가 로마제국의 공식 종교가 되기 전 로마 제국의 종교 쪽에서 다른 종교를 믿는 사람을 얕잡아 지칭할 때 쓴 표현이고, 기독교가 로마제국의 공식 종교가 된 이후에는 기독교 쪽에서 로마제국의 기존 종교 및 미신이나 다른 종교를 믿는 사람을 지칭할 때 쓴 표현이다. 반면에 'infidèle'는 다른 종교를 믿는 사람을 적대적 입장에서 일종의 '배교자'처럼 간주하며 지칭할 때 쓰는 표현으로서, 특히 기독교와 이슬람 사이에 상대편 종교를 믿는 사람을 지칭할 때 자주 쓰인다.

정치권력의 중요성이 대두한다. 신앙과 정치권력, 이 둘은 밀접하게 결합해 있다. 정치적 수장은 신앙을 위해 불가피한 전쟁을 이끌고 가므로 종교적 수장이 되며, 하나님의 유일한 대리자로서 이슬람을 확장시키기 위해 싸워야 한다. 전쟁의 이 엄청난 중요성은 오늘날 지식 계층에서는 완전히 희미해지는데, 이 지식 계층에서 사람들은 이슬람에 대해 감탄하고 또다시 이슬람을 모델로 제시하려 한다. 전쟁은 이슬람에 내재한다. 또 전쟁은 이슬람의 교리에 포함되어 있다. 전쟁은 때로는 문명적 사실이기도 하고 때로는 종교적 사실이기도 하지만, 이 두 사실로부터 분리될 수 없다. 전 세계는 아랍의 정복으로 말미암아 이슬람화되는 운명에 놓여 있기에, 전쟁은 '다르 알 하르브' [159]라는 개념 자체에 긴밀히 연결되어 있다는 것이다. 이 점에 대한 증거는 신학적일 뿐 아니라 역사적이다. 이슬람교는 전파되자마자 곧 즉각적인 결과로서 군사 정복이 시작된다. 이것은 632년부터 651년까지, 곧 예언자 마호메트가 죽은 지 20년 만에 이루어진 전격적인 정복전쟁으로서, 서쪽으로는 이집트와 키레나이카[160]에 대한 침입, 중앙으로는 아라비아의 남은 부분에 대한 침입, 동쪽으로는 아르메니아와 시리아와 페르시아에 대한 침입이다. 그다음 세기에는 북아프리카와 스페인 전체 및 동쪽으로는 인도와 투르키스탄[161]까지 침입한다. 이 모든 것은 덕행과 종교적 신성함에 의한 것이 아니라 전쟁에 의한

---

[159] [역주] '다르 알 하르브'(Dar al-harb). 이슬람에 따르면, 세계는 '이슬람의 집'이란 뜻인 '다르 알 이슬람'(Dar al-Islam)과 '전쟁의 집'이란 뜻인 '다르 알 하르브'로 나누어져 있다. '이슬람의 집'은 이슬람 정부가 다스리고 이슬람의 성스러운 법이 준수되는 모든 땅을 말한다. 이슬람에 의해 아직 정복되지 않은 바깥 다른 세계는 '전쟁의 집'이라 불리는데, 그곳에서 이슬람교도는 소수로서 박해받고 있으며, 엄밀히 말해 그곳은 영원한 '지하드'의 상태, 곧 성전(聖戰)의 상태에 있다.
[160] [역주] Cyrenaica: 리비아 동부의 지방 명이자 1970년대 초까지 리비아의 주(州)중 하나였던 곳.
[161] [역주] Turkistan): 파미르 고원을 중심으로 한 좁은 뜻의 중앙아시아 지역.

것이다.

300년 동안 기독교는 설교와 선과 모범과 도덕성과 가난한 자에 대한 격려를 통해 퍼져 나갔다. 그리고 로마제국이 기독교로 될 때 전쟁은 그리스도인에 의해 힘들게 용인된다. 전쟁은 비록 기독교 황제가 이끌고 나가나 여전히 의심스러운 채로 남아있고 나쁘게 판단된다. 전쟁은 자주 단죄된다. 그리스도인은 로마제국의 정치력과 군사력을 내적으로 약화시킨다고 비난받는다. 사실 그리스도인은 성전聖戰의 빛나는 이미지가 스며들기까지, 전쟁에 대하여 비판적인 자세를 취한다. 달리 말하면, 소위 기독교 국가들에 의해 주도된 전쟁에서 일어난 잔혹상이 어떠하든지 간에, 전쟁은 항상 복음과는 본질적으로 모순되며, 그리스도인은 다소 언제나 이 점을 알고 있었다. 그래서 전쟁은 평가 대상이 되었고 문제시되었다.

이와 반대로 이슬람에서 전쟁은 항상 정당했고 신성한 의무였다. 이교도infidèle를 회심시키기로 되어 있는 이 전쟁은 의롭고 정당한데, 그 이유는 이슬람 사상에서 되풀이되듯이 이슬람이야말로 자연과 완벽한 방식으로 일치하는 유일한 종교이기 때문이다. 만일 인간이 자연적으로 남아 있다면 그는 반드시 이슬람교도일 것이다. 그런데 혹시 그가 이슬람교도가 아니라면, 과오를 범했거나 참된 신앙에서 등을 돌렸기 때문이라는 것이다. 그래서 그에게 이슬람을 강요하기 위해 전쟁을 벌임으로써, 그를 자기 자신의 본성으로 이끌고 간다는 것이다. 그런데 이것은 입증되어야 했다. 이와 동시에 이 전쟁은 성전聖戰, 곧 **지하드**Djihad이다. 그러나 속아 넘어가지 말아야 한다. **지하드**에는 다르고 보완적인 두 의미가 있다. 우선, 그것은 영적이고 도덕적이며 내적인 전쟁이다. 이슬람교도는 자기 자신 안에서 이 전쟁을 수행해야 하는데, 이는 악마와 악한 권세에 대항하여 싸우기 위함이고, 애써 하나님의 뜻에 더 잘 순종하기 위함이며, 완전한 복종soumission에 이르기 위함이다. 하지만, 이와 동시에 또 완전히 일관된 방식으로, **지하드**는 외부의 악마에 대항하는 전쟁이다. 참된 신앙을 확장시키려면 거짓 종교를 파괴해야 한다. 그러므로 이 전쟁은 **언제나** 종교적 전쟁이며 **성전**聖戰이다.

이렇게 해서 우리는 이슬람이 기독교에 직접적으로 끼친 두 개의 다른 엄청난 영향에 직면한다. 8세기 이전에 기독교는 **계시**가 **자연**에 일치한다고 절대 주장하지 않았다. 전통적으로는 성서에 기초하여 이와 반대로 주장되었다. **자연**은 타락해 있고, 육체는 악하며, 인간은 본성 자체로 죄인이자 불신자incroyant라는 것이다. 물론, 나는 교부들이 이미 성서에 따른 주장과 그리스 철학 사이에 모순이라는 문제와 마주쳤음을 아는데, 그리스 철학의 어떤 유파는 따라야 할 모델로서 자연을 제시한다. 그러나 **자연**과 성서 **계시** 사이에 결코 혼동이 없었다. 심지어 **자연**의 긍정적 가치를 인정하는 이들에 있어서도 타락한 자연에 대한 신중함이 늘 있었다. 나는 **자연**과 이슬람 사이에 이슬람적인 동일화를 통해 그리스도인에게 예민한 방식으로 질문이 제기된다고 생각한다. 즉, 사람들은 이교도infidèle가 이런 것을 말하게 내버려둘 수 없었다! 적어도 똑같이 말해야 했다는 것이다.

다음 같은 신학들이 알려졌다. 즉, 11세기부터 **자연**과 **계시**를 일치시키려 하고, 빛에 대한 디오니시오스의 정말 모호한 설명처럼162) **자연**에서 계시의 원천을 찾으려 하며, "자연" 신학을 만들어내려 하고, 타락은 근본

---

162) [역주] Dionysios는 그리스어로 신비주의 신학에 대한 기독교 논문을 집필한 저자로서 기독교 영성의 원류가 되는 사람 중 하나이다. 신플라톤주의의 영감을 받고 알렉산드리아 기독교 유파의 영향을 받은 그는 신약 성서의 사도행전에서 바울의 설교를 들은 철학자에 속한 아테네인으로 여겨지기도 한다. 빛에 대한 그의 설명은 "우리가 성부 하나님에게 다가갔던 것은 존재하는 빛이면서 '아버지 같은 빛' 인 예수에 의해서이다. 여기서 성부 하나님에게는 '주된 빛' 이라는 속성을 준다. 따라서 성부 하나님은 '주된 빛' 인 데도,

적이지도 전적이지도 않음을 입증하려 하며, **자연**과 **계시**를 **초자연**으로서 은총에 의해 완성된 **자연**에 맞추려 하는 신학들이다. 이렇게, **자연**에 관한 한 성서 **계시**에서 멀어지는 기독교 사상과 기독교 신학의 엄청난 일탈에는 최소한 두 가지 원인이 있는데, 곧 그리스적인 원인과 아랍적인 원인이다. 내 생각엔 아랍적인 원인이 결국 더 중요하다. 그런데 이 방향을 통해 이슬람에서 우리가 보았던 똑같은 결론에 곧장 도달한다. 즉, **자연**과 **계시** 사이에 일치가 있는 것은, 하나님163)을 인정하지 않게끔 하는 단죄받을 만한 무분별 때문이라는 것이다. 왜냐하면, **자연**에서 하나님을 보려면 눈을 떠서 **자연**을 바라보기만 하면 되기 때문이다. 또한, 참된 종교를 식별하려면 자기 자신을 알기만 하면 된다. 이토록 단순한 일을 하지 않는다면 죄를 짓는 것이다. 나름대로 기독교가 **자연**에 일치하는 종교가 된 이상, 이제 인간으로 하여금 그리스도인이 되도록 강요해야 한다. 다시 말해, 인간으로 하여금 자기 자신의 고유한 본성을 되찾도록 강요해야 한다! 그래서 강요된 회심이 생겨난다.

폭력을 쓰고 사형에 처함으로써 색슨족164)을 회심시키는 샤를마뉴Charlemagne의 유명한 이야기는 이슬람이 2세기 전부터 행했던 바를 정확히 모방한 것에 불과하다. 그러나 전쟁이 기독교로 회심시키는 것을 목적으로 삼는다면, 전쟁이 매우 빨리 성전聖戰의 양상을 띤다는 점이 이해된다. 이것은 이교도와 이단에 대항하여 전개되는 전쟁인데, 이슬람 세계

예수는 '아버지 같은 빛'이다. 이 점은 '빛에서 비롯된 빛'이라는 니케아 신경을 떠올리게 하는 듯이 보인다."라는 것이다.
163) 물론, 기독교의 하나님이다! [본문을 역자가 각주로 설정]
164) [역주] 색슨족. 게르만족의 일파로서 작센인이라고 하기도 한다. 3세기경부터 엘베·베젤강 유역에서 북서 독일에 걸쳐 거주한다. 인접한 프랑크인과 충돌이 잦아 샤를마뉴는 여러 차례에 걸쳐 정복에 나서 색슨족의 영토 거의 전부를 병합한다. 색슨족 일부는 5세기 중엽 이후 브리튼 섬에 이주하여 앵글로색슨 제 왕국을 세운다.

내부에서 이슬람 안의 이단에 대한 전쟁이 어느 정도로 무자비했는지 알려졌다. 그렇지만, 성전聖戰이란 개념은 이슬람의 **지하드**에게서 직접 나온다. 만일 이슬람의 **지하드**가 성전이면, 이교도와 이단에 대항하는 싸움 및 기독교를 보호하거나 혹은 구하고자 하는 싸움도 **역시** 분명히 성전일 수밖에 없다. 성전이란 개념은 기독교에서 나온 개념이 아니다. 황제들은 이슬람이 출현하기 전에는 이 개념을 절대 내세우지 않았다.

반세기 전부터 역사가들은 십자군이 **성지**聖地 해방과 관련된다는 설교나 강연과 일치하는 예전에 받아들여진 아주 어리석은 견해와는 다른 설명을 십자군에서 찾는다. 십자군에는 경제적 목적이 있음이 "밝혀졌다." 혹은 왕국들의 힘을 소진시킴으로써 교황 자신의 우위를 확보하거나 산산조각이 난 기독교 세계의 통일을 다시 이루는 것 같은 다양한 정치적 동기에서, 십자군이 교황에 의해 부추겨졌음이 밝혀졌다. 그렇지 않다면, 그것이 왕들에게 있어 그들과 권력을 다투는 영주들을 파멸시키는 수단이 되거나, 제노바와 피렌체 및 바르셀로나의 은행가들이 십자군에게 돈을 내놓고 엄청난 이익을 보고자 함이 밝혀졌다. 그러나 한 가지 근본 사실이 있다. 즉, 예를 들어 보장되고 확보된 구원을 포함하여 십자군은 지하드를 정확히 모방한다는 것이다. **지하드**에서 죽는 자는 곧바로 낙원에 간다는 점이 십자군에 있어 되풀이된다. 이것은 일치가 아니라, 매우 정확한 동일시이다.

절대적 신앙의 표현으로서 예찬을 받고 나서 교회와 기독교의 책임으로 그토록 비난받은 이 십자군은 기독교에 기원을 두는 것이 아니라 이슬람에 기원을 둔다. 여기서 우리는 기독교를 이미 갉아먹었던 악에 대한 끔찍한 확증을 발견하는데, 곧 권세와 폭력과 지배의 유혹이다. 누구든 악한 대적에 맞서 그 대적과 똑같은 무기와 수단으로 싸울 때, 어쩔 수 없이 그 대적과 자신을 동일시한다. 정당한 대의명분은 악한 수단에 의해 불가피하게 손상된다. 예수 그리스도의 비폭력과 비무력은 대적이 일으킨 전쟁에 맞서 싸우려고 전쟁으로 변하고, 대적이 일으킨 전쟁이 성전聖戰이기 때문에 우리의 전쟁도 성전이 된다. 이것은 분명히 예수 그리스도에 대한 신앙 및 기독교적인 삶의 주된 왜곡 가운데 하나였다.

그러나 한 걸음 더 나아가야 했다. 왕이 지상에서 하나님의 대리자가 되고 전쟁이 거룩해지는 순간부터, 어쩔 수 없이 하나의 다른 질문이 생긴다. 즉, 전쟁이 거룩하지 않을 때 그 전쟁은 어떤 것일까? 이 질문은 로마의 기독교 황제들과 더불어서는 결코 제기된 적 없는 것 같다. 로마제국을 지키려면 전쟁은 필연이었다. 그 이상은 넘어서지 않았다. 물론, 게르만의 침략 시기와 게르만 왕국 시기에도 그러했다. 전쟁은 하나의 사실이며 지속적인 상태였다. 누구도 전쟁을 정당화하려 하지 않았다. 그러나 심지어 전쟁이 종교적 목적에 의해 정당화되지 않고 적법한 왕에 의해 추진되더라도, 이슬람의 성전聖戰 개념으로부터 전쟁이 선할 수 있다는 개념이 생겨나기 시작한다. 정치권력은 전쟁을 추진할 수밖에 없고 이 정치권력은 기독교적이며, 따라서 이 정치권력은 기독교 왕처럼 행하여 전쟁을 추진하고자 몇몇 규범과 방향과 기준을 따라야 한다는 견해에 사람들은 점차 도달한다. 이렇게 우리는 "그라티아누스 법령집"[165]과 토마스 아퀴나스에 이르기까지 전쟁이 정당하도록 하는 조건들에 대한 한없는 논쟁에 휩싸인다. 하지만, 이 모든 것은 성전에 대한 첫 충동에서 비롯된다. 기독교 세계 전체가 잘못을 저질렀던 이 끔찍한 배반을 고취한 것은 결국

---

[165] [역주] 이탈리아의 가말돌리회 수사 그라티아누스가 1140년경 편찬한 교회법령집. 그라티아누스 교령집이라고도 하고, 내용은 3부로 구성되어 있다. 제1부에는 법원(法源), 교인에 관한 규정, 제2부에는 교회의 물건, 재판 및 소송에 관한 규정, 제3부에는 성사(聖事)와 준성사(準聖事)에 관한 규정 등이 들어 있다.

이슬람의 모델이다.

자연적인 그리스도인 가설

남은 문제는 신앙심 및 하나님과의 관계와 관련된 뒤집힘이라는 전혀 다른 뒤집힘을 검토하는 것이다. 첫째, 우리가 이미 우연히 언급했던바, 곧 이슬람은 자연에 완벽하게 들어맞기 때문에 태어나는 어린아이는 이슬람교도로 태어난다는 점이 끼친 영향이다. 이슬람 현인들은 본래 이슬람교도인 어린아이가 진리에서 벗어나 유대인이나 혹은 그리스도인이나 혹은 이교도païen 등이 되는 것은 부모의 영향이나 '문화적' 환경의 영향 같은 나쁜 영향에 의한 것이라 할 것이다. 그런데 복음적인 사상은 이에 완전히 대립한다. 누구든 오직 회심을 통해서만 그리스도인이 된다. 이것은 본래 타락한 옛 사람의 변화인데, 이 변화는 성령의 활동으로 실현되고 옛 사람을 새 사람으로 만든다. 회심이 자각되고 인정될 때, 또 "진심 어린 신앙과 입으로의 고백"이 있을 때, 오직 회심을 통해서만 한 명의 그리스도인이 탄생한다. 자연적인 출생에 대립하는 이 **새로운 탄생**은 신앙에 대한 명백한 식별을 전제로 하는 듯이 보였던 세례라는 외적 표지標識에 의해 확인된다. 그러나 점차 이 엄격함은 약화하고, 교부들이 하는 성사聖事에 대한 분석 문제 전체가 대두하며, **사효론**事效論, 곧 성사가 자체적으로 효력이 있다는 경향이 생겨난다. 세례는 더는 회심시키는 은총의 표지가 아니라, 그 자체로 구원의 도구가 된다. 따라서 원죄를 물려받기 때문에 본래 단죄된 어린아이가 구원받으려면, 그 아이가 죽을 우려가 있기 전에 태어나면서 즉시 세례를 받아야 한다. 이 결과로, 탄생 시점이 구원과 연결된다. 그러나 이와 동시에 근본적으로 더는 악하지 않은 **자연**이 재평가되기 때문에, 다음 같은 확신이 주어진다. 즉, 영혼은 "본래" 선하고 구원받았으며, 단지 방해물과 악이 있을 따름이고, 세례를 통해 해결되는 일종의 장애물에 불과한 원죄가 있을 따름이라는 확신이다.

이후 매우 빨리, 사람들은 **자연적으로 기독교적인 영혼**이라는 표현방식에 이르는데, 이것은 "자연적인 이슬람교도"에 정확히 대응한다. 그런데 이 신앙의 자연성, 곧 거의 유전적인 방식으로 그리스도인의 '신분'이 옮겨간다는 개념은 예수 그리스도의 일에 반대된다. 여기서 '신분'이라고 한 것은, 이 순간부터 사회에서 그리스도인이라는 것은 교회와 사회에 동시에 속하게 하는166) 일종의 신분이나 상태가 되기 때문이다. 기독교 세계가 교회에 겹쳐진다는 점을 강조해야 하는데, 실제로 교회는 이슬람이 가르친 바를 정확히 꼭 빼어 닮은 것이다. **영혼이 자연적으로 기독교적**이 되는 순간부터, 사회는 어쩔 수 없이 "그리스도인"으로 이루어지며, 다른 식으로는 될 수 없다. 이미 기독교 황제들과 더불어 이런 방향으로 충동이 있었으나, 여기서 결정적이 된 것은 이슬람의 모델이다. 매번 우리는 같은 주제를 발견한다. 즉, 이슬람에 대항해야 하지만, 이 점을 통해 이슬람을 모방하기에 이른다.

그런데 우리가 언급했듯이, 이 점은 복음서와 바울 서신서에서 나타나는 바와 정반대이다. 이것은 예수 그리스도의 죽음이 지닌 유일한 속죄적인 가치를 부인하는 것이다. 만일 "인간의 본성"이 전적으로 하나님에게 이를 수 없는 것이 아니라면, 만일 인간의 본성이 본래 하나님의 뜻에 합치된다면, 예수 그리스도의 죽음은 무슨 소용이 있겠는가? 그렇다면, 물론 하나님이 우리 가운데로 올 필요도 없었고, 예수가 인류에 퍼져 있는 죄로 말미암아 죽음을 감수하기까지 자기 **아버지**의 뜻에 순종할 필요가

---

166) 이 점은 파문이 교회와 사회에서 동시에 축출되는 것이기 때문에 잘 확인된다. [본문을 역자가 각주로 설정]

없었다. 인간이 하나님과 합치될 수 없음은 인간이 예수의 인격 안에 있는 거룩함과 의義와 사랑과 진리를 거부한다는 사실로 입증된다. 이슬람에 대한 모방을 통해 예수 그리스도의 죽음이 지닌 궁극적인 중요성이 부지불식간에 사라져버렸다.

신비주의와 복종

하나님과의 관계 영역에서 기독교가 이슬람의 영향을 받은 것으로 드러나는 두 가지 다른 양상이 있는데, 곧 신비주의 신학과 순종이다. 신비주의 신학은 본질적으로 기독교적이 아니다. 심지어 나는 신비주의 신학이 차라리 반反기독교적이라고 결국 말할 것이다. 나는 이 말이 어떤 이들에게서 고통이나 혹은 분노를 자아내게 하리라는 것을 안다. 하지만, 나에게는 성서에서 신비주의자들의 예가 절대 보이지 않는다. 바울은 "내가 일곱 번째 하늘까지 들려 올라간 사람을 아는데, 그의 몸과 더불어서 인지 혹은 그의 몸이 없는 채로 인지 나는 모른다" 등과 같이 자신의 경험을 암시하기도 한다. 그러나 이것은 하나님과 연합을 추구하는 확고한 의지도 아니고 인간의 상승 운동도 아니다. 그는 붙들리고 붙잡혔던 것이다. 그에게 있어 이것은 외부의 힘이고, 엘리야를 태우러 오는 불 마차나 혹은 다니엘을 옮기는 손과 같은 것이다. 딱 그뿐이다. 우리는 구약 성서에서 선지자들을 본다. 신약 성서에서 사도들을 만난다. 영적 은사가 열거되는 데 있어, 신비적인 은사에 관한 것은 없다. 우리에게 예수 그리스도를 닮으라는 말은 있어도, 우리의 금욕을 통해 하나님과 연합하라는 말은 없다.

사도들이 영적 능력을 부여받을 때 이것은 하늘에서 내려오는 불꽃에 의해서이다.[167] 이것은 하나님과 연합의 문제가 아니다. 오직 예수만이 하나님과 완전히 연합된 존재이다. 연합이 있다면 하나님이 우리를 향해 왔거나 "내려왔다는" 사실을 통해서이지, 결코 우리의 영적인 강력함이나 우리의 심리적 행동이나 하나님을 향해 올라가려는 우리 노력의 결과가 아니다. 하나님과 연합의 가능성이라는 개념 자체는 "낙원"을 향한 모든 귀환을 감시하는 그룹168)들이 나타남으로써 배제된다. 내가 자주 쓴 것처럼 하나님을 향한 어떠한 상승도, 어떠한 접근도 가능하지 않다. 그런데 이것이 바로 신비주의자들이 열정적으로 추구하는 바이다. 그들은 하나님과 연합을 원한다. 그래서 어떤 규율 전체가 존재하고 또 내적 공허로까지 나아가는데, 이 내적 공허 속에서 영혼이 성령으로 채워지고 하나님을 향한 접근의 길이 열린다는 것이다. 이것은 성서가 우리에게 보여주는 바와 반대된다.

게다가, '신비적'이라는 말이 '잠자코 있다'와 '말이 없다'라는 의미인 그리스어 '뮈에인' $\mu\nu\varepsilon\iota\nu$ 에서 비롯된다는 자주 제시된 어원이 받아들여지면, 이 대립은 훨씬 더 근본적이 된다. 하나님 자신이 말씀이고 우리로 하여금 말씀으로 증언하도록 촉구하는데도, 어떻게 이 점이 온통 말씀에 속한 하나님의 일과 더불어 이해될 수 있겠는가! 이 이상 대립하는 것은 없다. 사실 모든 신비적 경험이란 "말로 표현할 수 없는" 경험인데, 이것에 대해 바울은 맹렬히 반대한다. "왜 너희는 하늘에서 찾느냐?" 등과 같은 말씀처럼, 예수가 온 이후부터는 하늘을 바라보는 일이 더는 중요한 것이 아니라, 땅 위에 있으면서 매우 구체적인 방식으로 예수 그리스도 안에서

---

167) [역주] 사도행전 2장 3-4절 참조.
168) [역주] 구약 성서에 나오는 사람의 얼굴 또는 짐승의 얼굴에 날개를 가진 초인적 존재. 케루빔이라 하기도 한다. 하나님의 보좌나 성스러운 장소를 지키는 하나님의 수행원이나 하나님의 영광을 상징하는 특별한 종으로 여겨진다. 기독교, 특히 가톨릭에서는 지천사(智天使)로 번역되어 천사의 하나로 되어 있다.

성취된 하나님의 뜻을 체험하는 일이 중요하다.

그런데 신비주의 신학은 이슬람교의 근본적 양상이다. 틀림없이 이것은 동방과 상관관계가 있다. 우리는 황홀하고 신비적인 현상이 어느 정도로 추구되는지, 추상적인 지식을 얻고 하나님 안에서 융화되고자 마약과 신체 단련 비법이 어느 정도로 사용되는지 알고 있다. 금식, 진을 빼는 춤, 절대적 침묵, 해시시169) 등은 모두 하나님 안에서 용해되기에 좋다는 것이다. 이슬람의 대단한 신비주의자들이 넘쳐난다. 여기서도 이슬람과의 관계 이전에 이미 기독교 안에 신비주의 경향이 있었고 특히 영지주의와 신플라톤주의에서 나온 흐름 전체가 있었음이 인정될 수 있으나, 이 흐름은 기독교적인 삶과 교회의 영광스러운 한 부분을 이루지 못했다. 이와 반대로, 신비주의 신학은 본질적으로 이슬람과 연결되고, 영적인 발전에 속한다. 게다가 착각하지 말 것은, 내가 하나님을 향해 올라가려는 의지에 대해 말할 때 이것은 교만이나 정복을 의미하지 않는다는 점과, 신비주의자는 자신이 하나님 안에서 없어진 객체임을 인정한다는 점이다. 그러나 여기서도 여전히 성서의 방향은 이와 반대이다. 나는 이슬람의 영향이 여기서 유일했다고 하는 것이 아니라, 그 영향이 기독교 신앙의 표현으로서 신비주의 신학의 발전 가운데 **결정적**이었다고 하는 것이다.

나에게 본질적인 것으로 보이며 게다가 신비주의 신학에 낯설지 않은 마지막 양상이 있는데, 이슬람은 하나님의 뜻에 대한 복종이라는 것이다. 신비주의자가 하나님에게 자리 전체를 남겨 두고자 자기 자신을 비우는 것과 마찬가지로, 이슬람교도에게는 다른 종교적 방향이 없다. 순종 obéissance 그 이상인 것이 복종soumission이다. 처음 보기에는 이 점이 성서 **계시**에 완전히 들어맞는 듯하다. 일상의 신앙심에서 멕투브170)라는 표

---

169) [역주] 해시시. 인도 대마에서 뽑은 마약의 일종.

현, 곧 '그것은 운명이다' 라는 표현방식이 어느 정도로 중요해지는지 알려졌다. 주권적이고 미리 존재하며 영원하고 불변하는 하나님의 뜻에 복종해야만 하고, 역사 전체와 역사의 모든 사건과 각자의 삶에서 일어나는 모든 것이 하나님에 의해 이미 예견되고 미리 고정되며 정해진다. 실제로 이것은 인간에게 자유를 열어주고, 인간으로 하여금 인간의 역사를 만들도록 내버려두며, 자신이 만들어내는 다소 놀라운 모험에 인간과 동행하는 성서의 하나님과 반대이다. 하나님은 "섭리"[171]도 결정 원인도 아니고, 고집 센 인도자도 결코 아니다. 성서의 하나님은 항상 노예상태로 다시 빠지는 인간의 자유를 끊임없이 회복시키고, 끊임없이 인간과의 대화에 돌입하는 존재이다. 하지만, 이 대화는 인간에게 선한 것을 알려주고 인간을 경계시키며 인간을 하나님의 뜻에 연결하기 위할 따름이지, 결코 인간을 속박하기 위함이 아니다. 여기서 여전히, **전능한 자**이기 때문에 전지全知한[172] 하나님을 향한 경향, 이 경향은 그리스 사상의 어떤 측면들에 침범당한 기독교 사상 속에 존재했지만, 구원과 사랑이라는 주제들은 지배적으로 남아 있었다. 나는 그리스도인을 이러한 길로 이끄는 것은 바로 이슬람 신앙심의 엄격성이라 생각한다.

만일 하나님의 전능함이 사랑과 하나님의 자율성보다 우세해지고 하나님의 초월이 성육신과 해방보다 우세해지면, 이와 동시에 하나님의 전지함은 이미 확고하고 바꿀 수 없고 변함없는 기성의 틀 속으로 역사와 사건들이 포함되는 것으로서 이해되어야 한다. 이 결과로, 하나님과의 대화나 혹은 욥처럼 하나님으로부터 대답을 요구하는 독백 **속으로** 기울어

---

170) [역주] Mektoub: 아랍어로서 '숙명'을 나타낸다.
171) "섭리"라는 용어는 결코 성서적이 아니다. [본문을 역자가 각주로 설정]
172) 전지하다는 것은 모든 것이 이미 언급됨을 전제로 한다. [본문을 역자가 각주로 설정]

지는 것이 아니라, 변하지 않는 바로 비인간적인 의지 **아래로** 기울어지기만 하면 된다. 성서 전체, 곧 구약 성서와 마찬가지로 복음서는 우리에게 운명도 없고 숙명도 없으며 모든 것이 사랑으로 대체됨을 알려주는 데 반해, 또 초기 그리스도인이 체험했던 것은 바로 이 기쁜 자유임에 반해, 점점 은밀하게 운명이 다시 도입되는 것이다.

나는 민간 신앙이 **운명**fatum과 관련된 로마 사상 속에서 지속하였고, 운명에 대한 해방이라는 개념이 침투하기가 매우 어려웠다는 점을 시인한다. 또한, 나는 철학 사상이 신학자로 하여금 이 유형의 문제에 관심을 두게 했다는 점도 시인한다. 즉, 만일 하나님이 **전능한 자**라면, 예를 들어 마태복음 10장 29절173)에 대한 해석 오류와 더불어, 모든 것을 행하는 것은 하나님이며, 하나님은 **자기 원인**174)일 뿐만 아니라, 원인의 **원인**이고, 미래는 과거와 마찬가지로 하나님 앞에 있다는 말이다. 그러므로 하나님에게 있어 우리의 미래는 이미 기정사실이다. 그러므로 우리는 아무것도 체험하지 못하고, 아무것도 이루지 못하며, 거기서 아무것도 바꿀 수 없다. 그러나 이것은 철학적 논리의 문제이지, 성서가 우리에게 계시하는 바와 아무 관계가 없음을 분명히 이해해야 한다. 이러한 논리는 성서의 하나님을 하나님에 대한 로마적인 개념과 동일시하려는 경향을 보인다. 민간 신앙의 잔재와 철학적 추론을 연결하기에는 새로운 지원이 부족했

---

173) [역주] 마태복음 10장 29절. "참새 두 마리가 단돈 한 닢에 팔리지 않느냐? 그러나 그런 참새 한 마리도 너희의 아버지께서 허락하지 않으시면 땅에 떨어지지 않는다."
174) [역주] 自己原因(Causa sui): '궁극 원인' 혹은 '최고 원인'이라 하기도 한다. 하나의 현상은 그 원인으로서 일정한 존재를 조정할 수 있다. 그러나 이 존재도 틀림없이 다른 원인에서 유래하는 것이므로, 인과관계는 수많은 연쇄를 소급하게 된다. 그러나 무한한 소급은 불가능하다. 따라서 이 연쇄의 극에서 첫째 원인이 조정되는데, 이것이 '궁극 원인'이다. '궁극 원인'은 자기의 존재 원인을 남에게 맡길 수 없는 '자기 원인'이며, 여러 가지 원인의 원인이다. 이와 같은 존재는 일신교의 창조신이며, 기독교의 하나님이 그 전형이다.

다. 그런데 히브리 하나님을 절대자로 내세움으로써, 히브리 하나님의 한 측면만을 고려한 것에 불과한 전능한 하나님에 대한 자체의 특별한 개념과 더불어 이 새로운 지원을 했던 것이 이슬람이라 나는 생각한다.

여기서부터 운명은 전지한 하나님에 합쳐진다. 신자는 모든 것이 미리 정해져 있고 자기가 아무것도 변화시킬 수 없음을 알기 때문에, 완전한 평화 속에 살 수 있다. "그것은 운명이다"라는 표현방식 자체는 오직 책의 종교로부터만 올 수 있었다. 그런데 히브리 성서에도 복음서에도 이러한 표현방식이 없다. 그런데 이 표현방식에 힘입어, 철학 사상과 기독교 사상을 이미 사로잡았던 예정설 개념은 확립되고 확고해진다. 또한, 깔뱅의 '이중 예정설'로 나아가는데, 이것은 원하든 원치 않든 간에 성서의 하나님을 **운명**이나 **아난케**[175] 등으로 변형시킨다. 그리고 이 점은 이슬람 사상에서 유래한다. 그래서 미리 정해진 것은 역사적 사건일 뿐만 아니라 영원한 구원이나 혹은 영원한 버림이다. 그런데 결국 이 확신이 기독교 세계에 널리 유포되었고, 이교異敎는 자체의 신심 속에서 이 확신을 '숙명의 하나님' Dieu-fatalité으로 연결하게 한다.

여성의 신분 훼손

마지막으로, 우리는 직접적으로 신학적인 영역에서가 아니라, 신심의 사회적인 어떤 결과들, 곧 모든 점에서 기독교 윤리에 반대되는 결과들에 관하여, 이슬람이 가져온 약간 다른 것들을 고려해야 한다. 우리는 성전聖戰과 관련하여 이 결과 중 하나를 이미 발견했다. 두 번째 결과는, 우리가 이미 그것을 검토했기 때문에 그것에 관해 내가 더는 길게 논하지 않을

---

175) [역주] 아난케(Ananke). 그리스 신화에 나오는 제우스신의 정부(貞婦)로서 운명과 필연의 여신.

텐데, 여성의 신분에 관한 것이다. 이슬람과 더불어 다른 한 가지 어려운 문제가 제기된다. 즉, 현대의 이슬람교도는 여자가 남자와 전적으로 동등하고 전적으로 자유로우며, 이슬람은 여성해방운동이었다고 주장한다. 그렇지만, 여자가 이슬람 지역보다 더 예속되었던 곳은 세상 어디에도 없다고 어쨌든 말할 수 있다.176) 어린 소녀의 중매결혼, 가난한 가정 탓에 남자의 노예상태로 전락한 여자, 부잣집 규방에 있는 여자, 아무런 권리도 재산도 없는 여자, 이 모든 것은 이론의 여지가 없다. 게다가 여자에게 영혼이 있는지에 대한 바로 그 질문은 사실 **이슬람 신학자들**에 의해 제기된 질문이다. 그런데 교회가 이 질문을 제기했다고 비난받았으며, 또 잘못된 점은 11~12세기에 교회가 여성에겐 영혼이 없음을 주장했다고 우기는 일이다. 시류에 영합하여 퍼뜨려진 반反기독교적 전설과 달리, 이슬람 신학자들이 이 질문을 제기하기 전에는 기독교 안에서 이것은 결코 문제가 되지 않았다. 특히, 르끌레르끄H. Leclerq가 『기독교 고고학 사전』*Dictionnaire d'archéologie chrétienne* 에 실린 이론의 여지가 없는 논문177)에서 밝혔듯이, 흔히 참조되는 585년의 마꽁Mâcon 공의회는 이 문제에 관심을 두지 않았다. 이렇게 논쟁거리가 된 억측 전체는 그레구아르 드 뚜르Grégoire de Tours가 쓴 몇 줄을 오독誤讀한 데서 기인한다. 문제는 '호모' homo라는 단어를 여자에게 적용할 수 있느냐는 순전히 문법적인 것이지,178) "여자는 영혼이 없는 인간인가"라는 신학적인 것이 아니었다. 기독교도 교회도 결코 여성

---

176) 부스께(G.Bousquet)의 탁월한 연구인 『이슬람의 성적 윤리』 *L'Ethique sexuelle de l'Islam*(Paris, Maison-neuve, coll. "Islam d'hier et d'aujourd'hui", 1966)를 볼 것. 마호메트 자신의 실천은 여자들에게 특히 모범적이 아니었다. 그런데 모든 점에서 예언자를 닮아야 한다고 분명히 말해진다.
177) 5권, 1349쪽.
178) '호모'라는 단어는 총칭적인 단어이기에, 사람들은 그렇다고 대답했다. [본문을 역자가 각주로 설정]

에게서 "영혼"을 부인하지 않았다. 다른 점에서 볼 때, 여성의 신분이 상당히 훼손된 것은 이슬람의 지배에 굴복한 서방 나라들에서임이 분명하다. 여기서 이 점을 자세히 연구하기란 불가능하다. 하지만, 이 문제는 내가 지적하는 토대 위에서 완전히 재론되어야 할 것이다.

노예 제도

나는 기독교 역사의 믿을 수 없을 만큼 고통스러운 현상들을 언급하면서, 두 개의 다른 영역에서는 더 긍정적으로 바라볼 것이다. 첫째는 노예제도와 관련된다. 노예제도는 로마 세계에서 급작스레 사라진 것이 아니라, 기독교의 영향하에서 점진적으로 사라진다. 오늘날 터무니없게 또 어떤 증거도 없이 주장되듯이, 노예제도가 사라진 것은 기술의 개량 때문이 아니다! 그러나 카롤링거 왕조[179] 제국의 지역에서 아주 드물게 노예제도가 유지되었다고 지적된다. 여기에는 두 가지 흐름이 있는데, 북유럽 곧 슬라브인에게서 오는 흐름과 지중해로부터 오는 흐름이다. 그러나 이것은 무시할 만하고 아주 부수적이다. 기독교 세계에 더는 노예가 없다는 포괄적인 주장은 사실인 채로 남아 있다. 예를 들어, "누구든지 프랑스 왕국에서 자유롭다"는 선언은 틀림없다. 심지어 어떤 노예가 프랑스에 도착했을 때, 프랑스 땅에 발을 들여놓는다는 사실만으로도 그가 자유롭게 되

---

179) [역주] 카롤링거 왕조. 메로빙거 왕조를 이어 프랑크 왕국의 후반을 지배한 왕조. 메로빙거 왕조 말기 프랑크 왕국의 권력은 궁재(宮宰)에게 집중되는데, 688년 피핀 2세(Pépin II)가 프랑크 왕국 전체의 궁재가 된다. 피핀 2세의 아들 카를 마르텔(Charles Martel)은 732년 이슬람교도의 침입을 격퇴함으로써 프랑크 왕국의 실질적 지배자가 되고, 751년 카를 마르텔의 아들 피핀 3세는 쿠데타로 메로빙거 왕조 최후의 왕 힐데리히 3세(Childerich III)를 폐위시키고 스스로 왕위에 오른다. 피핀 3세의 아들 샤를마뉴(Charlemagne)는 서유럽의 정치적 통일을 달성하여 로마 교황으로부터 황제의 칭호를 받는다.

었다는 점이 아마도 이론적으로 받아들여졌다. 이 점은 기독교 사상과 잘 맞아떨어졌다.

그런데 15세기부터 아프리카에 대한 지식이 발전함에 따라, 특히 17~18세기에 자기 나라에서 강제로 끌려나와 아메리카로 옮겨진 아프리카인 노예제도의 잔혹한 역사가 알려졌다. '기독교'와 서구 문명에 대해 얼마나 비난이 가해졌던가! 그리스도 안에서 **계시**가 조금이라도 진지하게 받아들여졌다면, 이 점을 통해 노예제도는 전적으로 또 근본적으로 가차없이 금지되어야 했을 것이다. 중세에 노예 상인은 분명히 파문당했을 것이다. 그런데 이상한 일은 양심적인 역사가들을 제외하고 아무도 얼마 안 되는 서구 뱃사람들이 단순한 양떼도 아닌 민족들에게서 수천의 노예를 거둬들일 수 있었음이 어찌 된 일인지 알려는 기본적인 질문조차 하지 않는다는 점이다. 백여 명의 프랑스 선원이 심지어 총을 가지고 많은 노예를 한꺼번에 쓸어가고자 수백 명의 강경한 전사로 이루어진 한 부족을 공격한다고 생각하는가? 이것은 전적으로 상상일 뿐이다. 이와 반대로, 수세기 전부터 검은 대륙에서 이슬람교도가 노예들을 정기적으로 거둬들였다는 점을 알아야 한다. 아프리카의 노예제도는 최소한 10세기부터 이슬람교도가 한 것이다. 이때 아프리카 부족들에 대한 공격은 본격적인 침략으로서 수많은 군대에 의해 자행되는데, 이 점에 대해 우리는 다시 언급하게 될 것이다.180)

이슬람교도는 서구인이 한 것보다 훨씬 더 많은 흑인 노예를 동양으로 강제로 이송했다. 흑인 아프리카에는 11세기에 아랍인이 세운 대규모 노

---

180) 전쟁 외에도 포로를 노예로 삼거나 혹은 가축과 여자를 탈취하기 위해 포로를 잡는 것만을 목적으로 하는 잔혹한 원정 제도가 있었다. 이것이 바로 '약탈'(razzia)로서, 매우 적합한 아랍어이다.

예시장이 15개나 있었는데, 동쪽으로는 마다가스카르Madagascar 앞에까지 이르렀고, 서쪽으로는 니제르Niger까지 미쳤다. 10세기에서 15세기까지 이슬람 무역 전체의 주된 상품은 노예이다. 게다가 그들은 아프리카의 우두머리들을 서로 충동질시켜 한 우두머리가 이웃을 포로로 만들어 아랍 상인에게 노예로 다시 팔아넘기도록 하는 전략을 실행하기 시작했는데, 유럽 상인도 이 전략을 이용했다. 서구의 선원은 수 세기 전부터 확립된 이 실행 방법을 활용함으로써 쉽게 노예를 획득했다. 물론 노예제도라는 사실은 그 자체로 끔찍하고 반反기독교적이다. 그러나 우리는 이름만이 그리스도인인 서구인의 실행 방법에 대한 이슬람의 직접적인 영향 앞에 있다.

게다가 유엔이 이 점을 확인했듯이, 아랍 상인에 의한 흑인 노예무역이 오만Oman만 주변의 여러 나라에서 오늘날에도 계속 존재하고 있다는 점을 상기해야 한다.

식민지화

끝으로 한 가지 사항을 살펴보자. 그것은 식민지화이다. 이 점에서도, 30여 년 전부터 기독교는 식민지화를 불러일으킨 것으로 공격을 받았다. 그리스도인은 세상에 대한 침략을 두둔하고 자본주의적 실행 방법을 정당화했다고 비난받았다. 또한, 선교사가 상인들에게 문을 열어주었다는 식의 표현은 관례적이 되었다. 틀림없이 이 공격과 비난과 표현은 옳다. 틀림없이, 의식을 가진 진지한 그리스도인이라면 '제3세계' 민족들을 침략한다거나, 그들의 땅을 가로챈다거나, 그들을 반노예 상태로 만든다거나, 혹은 그들을 몰살시키거나, 그들의 문화를 파괴한다든가 하는 짓은 용납하지 말아야 했을 것이다. 우리에 대한 판단은 가혹하다. 라스카사스

Las Casas가 전적으로 옳다. 그런데 누가 식민지화를 생각해 냈는가? 그것은 이슬람이다. 이 점은 이론의 여지가 없다.

나는 여기서 전쟁이라든가 아랍인이 지배한 왕국이 아프리카에 세워진 점에 대해 다시 말하려는 것이 아니라, 실제로 식민지화에 대해 말하고자 한다. 다시 말해, 군사적인 방법과 다른 방식으로 침투해서, 지배자가 바라는 바를 민족들이 정확히 행하도록 일종의 협약에 의해 민족들을 복종시키는 것이다. 이슬람은 두 가지 침투 방식이 있었는데, 곧 상업적인 방식과 종교적인 방식이다. 이것은 바로 500년 후에 서구인의 경우와 마찬가지이다. 이슬람 선교사는 온갖 수단으로 아프리카인을 이슬람으로 개종시킨다. 토착 종교의 파괴, 이에 따른 부족과 아프리카 왕국의 독립적인 문화 파괴와 같은 이슬람 선교사의 개입으로 생긴 결과가 기독교 선교사의 개입으로 생긴 결과와 같지 않았다고 어떻게 받아들이겠는가. 이것이 아프리카 세계에서 '내부' 문제라는 어리석은 주장을 내세우지 말아야 한다! 이슬람교도는 정복을 통해 북아프리카에 들어왔고, 이 아랍인은 백인이다. 잔지바르Zanzibar 섬과 앙골라Angola까지 진출한 이슬람 선교사는 정복되지 않고 굴복하지 않은 아프리카 민족들을 이슬람 세계의 영향권으로 끌어왔던 것이다.

그러나 또 다른 방식은 무역이다. 아랍 상인은 전사들보다 훨씬 더 멀리 나아간다. 아랍 상인은 500년이 지나 서구인이 하게 되는 것처럼 행동한다. 곧 무역소를 세우고, 지방 부족들과 교역을 한다. 그런데 10세기와 11세기에 사람들이 찾으려는 상품 중 하나가 금이라는 점을 확인하는 것은 흥미롭다! 가나Ghana 전 지역과 니제르 남쪽, 그리고 오늘날의 탄자니아Tanzania 동쪽 해안에 아랍인의 금 거래소들이 있다. 15세기에 서구인을 충동시킨 것은 금에 대한 갈망이라고 할 때, 이것은 단순히 이슬람을 이어나가는 일이다! 이처럼 아랍인에 의한 식민지화의 메커니즘은 유럽인에게 모델 구실을 한다.

마지막으로 오해가 없도록 분명히 밝히자. 나는 유럽인이 행한 짓을 전혀 변명하려 하지는 않았다. 또한, 나는 '잘못'을 다른 어떤 사람에게 뒤집어씌워 "죄 있는 자"가 이슬람교도이지 그리스도인이 아니라고 결코 말하려 하지도 않았다. 다만, 기독교적 행위 가운데 있는 몇몇 왜곡을 **설명하려는** 것이다. 나는 이 왜곡의 모델을 이슬람에서 발견했다. 성전聖戰과 노예매매를 생각해낸 것은 그리스도인이 아니다. 그리스도인의 엄청난 죄는 다름 아닌 이슬람을 모방한 데 있었다. 때로는 이것은 이슬람의 예를 따랐던 직접적인 모방이 되기도 하고, 때로는 예를 들어 십자군처럼 이슬람을 무찌르기 위해 이슬람과 같은 짓을 했던 뒤바뀐 모방이 되기도 한다. 두 가지 경우에서 비극은 복음의 진리를 완전히 망각한 것과 기독교 윤리를 뒤집어놓은 것이었는데, 이는 아주 명백히 더욱 효과적으로 보이는 행동을 위함이었다. 즉, 이슬람 세계는 12세기와 그다음 시대에 경탄을 불러일으키는 하나의 문명 모델이었다. 그리하여 이 똑같은 신기루를 추구하는 일에 발 벗고 나서고자, 그리스도 안에서 **계시**의 진정성을 망각해 버린 것이다.

제6장 정치적 왜곡

성서는 기독교인들이 정치에 무관하기를 원하지 않는다. 그러나 성서는 정치에 어떠한 가치도 부여하지 않으며, 정치권력에 어떠한 정당성도 제공하지 않고 있다는 점에서 정치적이지 않다. 그러나 오늘날의 기독교는 "모든 권세는 하나님께로부터"란 말을 정치권력에 정당성을 부여하는 수단으로 이용해 왔다.

1. 출발점

국가정치에 대한 성서적 비판

국가정치에 관해 상당히 오해가 있었던 만큼, **국가정치**에 관한 성서적이고 복음적인 사상의 개요를 살펴보는 일이 아마도 필요할 것이다. 이러한 가르침 전체는 정치권력에 대한 정당화와 합법화 작업으로 대거 이루어졌다. 이것은 이스라엘에서는 다윗으로부터, 특히 기독교 세계에서는 바울의 너무도 유명한 **"모든 권세는 하나님으로부터"**라는 말에서 비롯된다. 물론, 나는 권력과 정치에 대한 성서의 가르침 전체를 되풀이하려는 것이 아니다. 나는 독자로 하여금 이 문제에 대한 나의 여러 논문을 참조하게 하면서[181], 다만 내가 도달한 주요 명제들을 상기시키려 할 뿐이다.

---

181) 특히 다음 같은 것들을 볼 것. 자끄 엘륄, 『그리스도인과 국가』 *Les Chrétiens et l'Etat* (Mame, 1967), 『무정부주의와 기독교』*Christianisme et anarchisme*(대장간역간, 2011), 『정

중심 개념은 이스라엘이 나라로서 존재했음에도, 이미 구약 성서에서 특히 신약 성서에서 교회라는 "**새 이스라엘**"은 반反국가라는 것이다. 결코, 이 개념은 비정치적apolitique이 아니라, 정치에 어떤 가치를 부여하기를 거부한다는 의미에서 **반反정치적**이다. 또한, 정치권력이 불가피하게 우상숭배로 이끌어가는 권력 · 우상pouvoir-idole이라는 의미에서, 이 개념은 반국가적이다. 기독교는 정치권력에 어떠한 정당성도 부여하지 않고, 오히려 정치권력을 근본적으로 문제 삼게끔 한다. 나는 세 종류의 자료를 상기시키면서, 다만 그것들을 열거하려 할 따름이다. 첫째, 구약 성서에는 비정치적인 체제인 "사사들"의 체제가 있는데, 하나님만이 유일한 왕으로 남아 있으며, 사사는 하나님에 의해 직접 선택되고 위기의 때를 위해 주어진다. 이것은 반국가적인 체제로서 어떠한 지속적인 권력 조직도 없다. 둘째, 왕정의 시초로서, 왕정은 히브리 백성이 하나님의 뜻을 거슬러서 원한 것이다. 사무엘상 8장 왕정 조직은 늘 타당성을 지닌 적절한 논거들과 더불어 단호히 단죄되었다.182) 셋째, 역대기에서가 아닌 열왕기에서 이스라엘 및 사마리아 왕에 대한 이상한 평가가 나오는데, 거기서 우리는 세상의 관점으로 보아 '위대한' 왕, 다시 말해 영예롭고 부유한 정복자가 하나님 앞에서 나쁜 왕으로 끊임없이 지칭됨을 본다. 역으로, 실패밖에 몰랐던 패배한 왕이 신실하고 경건한 이로 평가된다.183) 마지막으로, 왕

치, 절대악』*La Politique, mal absolu* (in *La Foi au prix du doute*, Paris, Hachette, 1980), 「법에서 소외와 시간성』*Aliénation et temporalité dans le droit* (in *Temporalité et Aliénation*, Castelli e.a, Paris, Aubier, 1975), 「이스라엘에서 군주제의 기원』*Les origines de la monarchie en Israël* (in *Mélanges Brethes de la Gressaye*, 1970), 「기독교와 마르크스주의』*L'Idéologie marxiste chrétienne* (대장간 역간, 2011)

182) 여기서, 하나님이 요구하는 다윗 안에 있는 위대성을 반박하거나 다윗이 하나님에 의해 선택된다는 점을 반박하는 것은 아니다. 다윗은 왕정과 상관없이 선택된다. 하나님은 다윗을 정치와 상관없이 증인으로 삼는다. 나는 이 점을 다른 데서 길게 설명했다.

183) 여기서도 오해를 피해야 한다. 이 왕들이 선하고 의롭다고 선포된 것은 그들이 패배하고

권의 헛됨과 쓸모없음과 무의미를 가혹하게 나타내는 전도서의 충격적인 평가가 있다.

두 번째 종류의 방향은 복음서에 있다. 여기서도 다만 나는 몇 가지를 열거할 따름이다.

- 사탄은 예수에게 세상의 모든 왕국을 주겠다고 유혹한다. 이것은 왕국과 정치권력이 사탄에게 속해 있음을 의미하는데, 예수도 이 점을 부인하지 않는다.

- 세금을 내는 문제에 대해 예수는 확실히 대답하기를 거부한다. "가이사의 것은 가이사에게"라는 말은 두 영역이 있다는 의미가 아니라, 모든 것이 하나님에게 속한다는 의미이다. 만일 시저가 동전 같은 물건을 만든다면, 그것을 그에게 돌려주기만 하면 되는데, 이 점은 중요하지도 않고 흥미도 없다는 것이다.

- 물고기 주둥이에서 얻은 두 드라크마로 성전 세를 낸다.[184] 비합리적이고 단지 우롱하는 기적으로서, 여기서도 이것이 중요하지 않은 물건임을 은연중에 밝힌다. 또한, 유산 문제로 다투는 두 사람을 중재하여 판결해 주기를 예수는 거부한다. 예수는 자신이 법적인 문제를 해결하러 온 것이 아니라고 선언한다. 예수는 법과 아무런 상관이 없다. 다음으로, 열심당원과의 관계이다. 예수에게는 최소한 두 명의 열심당원이 있었으나 예수께서는 그들을 '중립화' 시켰다. 예수는 그들의 정치 투쟁에 개입하지도 않고 그들을 의지하지도 않는다. 그리고 이 점은 예수가 잡히던 순간 모든 저항을 거부한 것과 베드로에게 방어하지 말라고 명령한 점으로

초라하기 때문이 아니다. 여기에는 단순한 상호관계가 있다. 즉, 그들은 하나님 앞에서 경건하고 의로우므로, 그들은 정치적으로 성공하지 못한 가련한 왕이 된다.
[184] 이것은 정치적이었다. [본문을 역자가 각주로 설정]

드러난다.185)

마찬가지로 사두개인과 바리새인, 다시 말해 로마인에게 협력한 자와 로마인에게 반대한 자 모두 같은 오류에 빠져 있기에 예수는 그들을 거부한다. 예수가 보기에는 이도 저도 옳지 않다. 예수는 이 정치적인 비극 속에서 견해를 밝히기를 거부한다. 만일 예수가 열심당원을 자신과 함께 하길 청한다면, 예수는 징세청부인 같은 침략자의 협력자도 청한다. "내 나라는 이 세상에 속하지 않는다"라는 예수의 선포는 어쨌든 다음과 같은 점을 의미한다. 즉, **그의 나라**는 하나의 나라이긴 하나 정치적 왕정과는 아무런 관계가 없고, 그것은 **오로지 하늘나라**를 추구하는 것과 땅 위에서도 나타나는 **그의 의義를 추구하는 것**186)과 단지 관련되어 있으며, **나머지 모든 것은 너희에게 더해질 것이라는 점이다.** 그러므로 정치적 행동과 국가와 관련된 것은 어떠한 관심도 끌지 않는다.

마지막으로, 예수가 "그 힘이 위에서 당신에게 주어지지 않았다면, 당신은 나에 대한 어떠한 힘도 행사하지 못할 것이다"라고 빌라도에게 한 대답이다. 이상하게도, "위에"라는 말이 사실상 하나님을 지칭하기에, 사람들은 이 텍스트를 예수가 빌라도의 권력을 합법화한 것으로 삼는다. 예수와 빌라도의 관계에 대한 이야기 전체 속으로 이 문장이 다시 놓일 때,

---

185) "너희는 검을 가지고 있느냐?"라는 예수의 질문과 "둘이면 충분합니다."라는 제자들의 대답에서 어떻게 진정한 조롱을 보지 않겠는가? 그들이 "무기고"를 가졌다든가, 예수가 반란을 일으킬 준비가 되었다는 등의 개념을 거기서 끄집어내는 것은 불합리하다. 이 모든 것은 우리 이야기와 모순된다. 이와 반대로, 예수는 제자들이 생각할 수 있었던 방어책을 조롱하는 것이다.

186) 1960년 세계교회협의회(COE, WCC)에서 한 대표자가 "너희는 먼저 정치적 나라를 구하라, 그리하면 나머지 모든 것이 너희에게 더해질 것이다."라는 말로 연설을 마침으로써, 이 문장이 비열하게 왜곡된 점을 상기해야 한다.

[역주] '정치적 나라' (royaume politique)는 '하나님나라' (royaume de Dieu)를 빗대어 표현한 것이다.

이 점은 매우 이상하다. 이 문장 바로 다음에 "그러기 때문에 나를 당신에게 넘겨 준 자가 당신보다 더 죄를 지었다"라는 말이 뒤따른다. 누가 예수를 "넘겨 주는가? 유다인가? 가야바인가? 누구의 죄가 더 심한지 가리는 것은 아주 미미한 문제이다. 예수는 유다가 빌라도보다 더 죄를 지었다고 말한 것으로 보이지 않는다. 그게 무슨 중요성이 있는가? 나는 **위에**라는 것이 하나님도 아니고 황제도 아니라, 반역의 **힘**이자 하나님에게 대항하는 천사인 정치권력의 힘exousia이라면, 예수와 빌라도 둘 사이에 유일한 관계가 성립된다고 생각한다. 그렇지 않다면, 이 선언187)을 예수의 일반적인 태도, 곧 침묵188)과 빈정거림189)과 두 번에 걸친 어긋난 대답190) 같은 무관심과 거부의 태도와 어떻게 일치시키겠는가? 누구도 이보다 더 잘 권위를 매몰차게 대할 수는 없다. 그리고 나서 예수가 이 권위가 하나님에게서 온 것이라고 선포한다면, 이것은 명백히 잘못이다.

결국, 한마디로 말해, 예수가 판결을 받고자 빌라도의 권위에 복종한 순간부터, 이를 통해 예수가 이 권위를 정당화하며 인정함을 보여준다는 식의 매우 놀라운 견해를 떠올려야 한다. 위대한 신학자들이 이 점을 옹호했다는 점이 어리둥절하다. 이에 대한 반론은 두 가지이다. 우선 만일 사정이 그렇다면, 예수는 자신의 실천에서 **부당한** 권위를 정당화할 수 있다. 왜냐하면, 빌라도가 군중의 뜻에 따랐듯이, 그 권위가 권력을 행사하기를 거부하기 때문이며, 또한 그 권위가 무고한 자를 단죄하기 때문이

---

187) 사람들이 이 선언에서 빌라도가 하나님으로부터 그 권력을 받았음을 예수가 인정한 것으로 본다. [본문을 역자가 각주로 설정]
188) 예수는 세 번에 걸쳐 빌라도의 질문에 대답하기를 거부한다.[본문을 역자가 각주로 설정]
189) "당신이 왕이냐?"라는 빌라도의 질문에, "그렇게 선언하는 것은 당신이다!"라고 예수는 대답한다. [본문을 역자가 각주로 설정]
190) "당신이 왕이냐?"라는 빌라도의 질문에, "내 나라는 이 세상에 속하지 않는다"라거나 "나는 진리에 대해 증언하러 왔다"라고 예수는 대답한다. [본문을 역자가 각주로 설정]

다. 다음으로, 이 논증을 계속 연장해 볼 필요가 있을 것이다. 왜냐하면, 예수가 군인들이 자신을 체포하도록 가만히 있었기 때문이고, 따라서 이 점은 예수가 경찰과 군대 조직 역시 정당화한다는 것을 의미할 수도 있는데, 이것은 좀 믿기 어렵다! 그러므로 전체적으로 나는 예수의 태도가 비정치적일 뿐만 아니라 사실상 반국가적이고 반정치적이라고 말하지 않을 수 없다.

나열과 회상과 참조일 따름인 이러한 열거 가운데 계시록도 포함해야 한다.191) 계시록에서는 정치권력이 전쟁과 동일시되고 적색 말인 검과 동일시되며, 또 거기에는 정치권력의 파멸이 단호히 예고된다. 로마의 이미지인 바빌론은 정치권력으로서 지상에서 악 전체를 집중시킨다. 이렇게 일치되는 지속적인 방향 앞에서 바울의 두 텍스트192)와 베드로 서신193)의 아주 모호한 텍스트194)는 어떻게 평가되어야 할까? 나는 성서의 가르침이 매우 명백하다고 여긴다. 이것은 정치권력에 대한 영원한 항거이다. 또한, 이것은 "반反권력", "긍정적" 비판, 이스라엘에서 왕과 선지자의 대화처럼 타협을 모르는 대화, 반反국가주의, 정치적인 것을 다른 영역에 있게 하는 관계의 중심 이탈, 정치적인 모든 것에 대한 극도의 상대화, 반反이데올로기, 권력이나 지배를 갈망하는 모든 것에 대한 문제 제기, 정치적인 것에 대한 문제 제기를 고무하는 일이다. 마지막으로 이것은 현대 용어를 쓰자면 이 단어로 19세기 무정부주의 이론을 지칭하지 않는다는 조

---

191) 자끄 엘륄, 『요한계시록, 움직이는 건축물』 *L' Apocalypse, architecture en mouvement* (Paris, Desclée de Brouwer, 1976)을 참고할 것.
192) [역주] 로마서 13장 1절과 디도서 3장 1절.
193) [역주] 베드로전서 2장 13절.
194) 이 텍스트는 베드로가 황제나 영주에 대해 말하지 않고 왕에 대해서 말하기 때문에 매우 모호하다. 사실 로마 황제는 왕이란 칭호로 불리지 않았기 때문에 왕을 로마 황제라고 생각할 수 없다.

건에서 "무정부주의"를 고무하는 일이다.

정치적 예수 상에 대한 비판

그렇지만, 이렇게 간략한 언급으로 끝낼 수는 없다. 내가 다른 곳에서 다루지 않았던 한 가지 문제, 곧 복음서 텍스트에 나타난 문제를 최소한 검토해야 한다. 예수의 시대를 연구하는 역사가와 신약 성서 전문가에게서 나타나는 현재의 한 풍조는, 4세기 이후부터 매우 자주 선포된 예수의 메시지를 바울이 전적으로 왜곡시켰을 뿐만 아니라, 복음서 기록자들도 예수의 의도를 완전히 왜곡했다는 주장으로 나타난다. 예수는 "영적인" 관심사가 전혀 없이 오히려 자기 시대의 정치적 문제에 완전히 매인 빈민층 출신의 매우 구체적인 인물이었을 거라는 추측이다. 또한, 예수의 메시지는 무엇보다 사회적이고 정치적이었을 것이며, 바로 이 점이 폭동이나 혹은 지속적인 저항운동에 직면했던 로마인을 불안케 했을지 모른다는 것이다. 이 저자들이 말한 바로는, 계급투쟁의 맥락이든 반反로마적 투쟁의 맥락이든 이 맥락 속에 예수를 위치시켜야 하며, 초기 기독교 공동체는 이런 유형에 속했을 수도 있다. 뒤이어 "영적 해석"spiritualisation이 생겨났고, 예수의 메시지는 종교적이고 영적인 영역으로 집어넣어졌으며 비현실적인 모습을 띠게 되었다는 것이다.

그런데 난처한 일은, 그들이 이 주장을 뒷받침하기 위해서 성서 텍스트에서 찾을 수 있는 것이 극히 드물고, 성서 텍스트 밖에선 아무것도 찾아내지 못한다는 점이다. 복음서 기록자들에 의해 다듬어진 텍스트를 토대로 예수의 이런 방향을 어떻게 입증할 수 있을까? 두 개의 검, 상인을 회초리로 쫓아내는 예수, 부자를 저주하는 예수, 제자들 가운데 있는 열심당원 같은 보기 드문 행위나 혹은 말씀이 모인다. 그렇지 않으면 두 개의 판본 가운데서 딱 잘라서 결정된다. 가장 좋은 예는 바로 그 "가난한 사람은 복이 있다"이다. 누가복음에는 "가난한 사람은 복이 있다"라고 되어 있는데, 이것을 경제적으로 가난한 사람이나 돈과 재산에서 가난한 사람으로 이해해야 한다는 것이다. 그런데 "마음이 가난한 사람은 복이 있다"라고 되어 있는 마태복음은 부차적이며 완화된 텍스트라는 것이다. 이것이 바로 제자들이 영적으로 해석하고, 혁명적인 힘을 제거하며, 예수의 메시지를 비현실화한 증거라는 것이다.

나는 이런 식의 설명이 나를 분노하게 한다는 점을 말할 수밖에 없다! 많은 저자가 마태복음 이후의 것으로 여기는 누가복음이 왜 예수에 대한 최초의 판본으로 여겨지는 걸까? 누가가 바울의 영향을 자주 받는다는 점이 인정되는데도, 예수의 가르침을 종교적 것으로 이렇게 바꾸어버리는 큰 잘못을 저지르는가? 도대체 어떤 기준에 따라 처음 것이 물질적인 판본이고, 다른 판본은 예수에게서 나오지 않은 약화된 것이라고 표명되는가? 내가 접한 논거들은 취약한데, 이 논거들을 떠올려 보자. 즉, 인간의 우선적인 관심사는 먹고 물질적으로 살아가는 것임이 '명백하고', 종교적인 것은 그다음에야 올 따름이라는 것이다. 또 예수가 단죄받고 나서 제자들은 두려움에 떨며 정치적 선동을 포기하고, 정치적 추적과 같은 날벼락을 자초하지 않도록 이 메시지를 순전히 종교적으로 변형시킨 점도 분명하다는 것이다. 그리고 '영적인 것'이 크게 중요하지 않다는 점과 '영적 해석'은 하나의 약화이며 완화라는 점은 훨씬 더 분명하다는 것이다. 결국, 이 점은 비록 공공연히 호의적으로 다루어지기는 하나 기발하면서도 늘 생생한 루아지Loisy의 표현과 일치한다. 사람들은 하나님나라를 기다렸으나 실제로 온 것은 교회라는 것이다. 예수에게서 절대 아무것도 이해하지 못했던 순진한 제자들은 **하나님나라**가 오지 않았기 때문에 세상에 자리 잡고 말았으며, 또한 예수가 말했던 바를 변형시키면서 "종교적인 것" 속에 안주해 버렸다는 것이다. 게다가, 그들은 멍청하게도 깜박 잊고서 본래 메시지의 어떤 흔적을 이렇게 존속하도록 내버려두었다는 것이다. 그리고 그들은 스승의 말을 너무도 심하게 왜곡할 만큼 비뚤어져 있었기에, 실제로 그들은 자신들의 몰이해를 드러냈으나, 그 몰이해를 **거꾸로** 드러냈다는 것이다. 요한복음은 예수가 말할 때마다 예수의 말이 물질적이고 구체적인 측면에서 이해됨을 보여줌으로써 이런 작업의 정점에 있다. 그런데 예수는 이것이 곡해임을 드러냄으로써 또 자신의 모든 말을 영적 측면에서 이해해야 함을 드러냄으로써 즉시 바로잡는다. 달리 말해, 첫째 세대와 둘째 세대 간의 미묘한 왜곡은 곡해된 것을 뒤바꾸는 데 있었다. 정말로 뒤틀려져야 했다는 것이다.195)

  나는 복음서에 대한 전투적이고 정치성을 띤 이 같은 해석은, 비록 이것이 매우 정직하고 탁월한 주석가에 의해 이루어지더라도, 하나의 날조라고 생각한다. 사실 주석에는 순수하게 과학적인 작업이란 없고 가치의 선택이 있다. 즉, 우리 서구의 전문가들은 자기 자신들의 개성을 드러낸다. 자신들의 담론 속에서, 그들은 물질적인 것이 정신적인 것보다 더 중요하다고 여기며, 원시인은 오직 권력과 재산과 소비라는 문제에만 관심을 둔다고 여긴다. 그들의 현대적 시각에서 종교는 하나의 액세서리이다. 사실 '마음이 가난한 사람은 복이 있다'라고 하는 것은, '돈에 가난한 사람은 복이 있다'라고 하는 것보다 덜 심각하고 덜 충격적이다. 그들은 자

---

195) [역주] 첫째 세대와 둘째 세대 제자들이 영적인 메시지인 예수의 메시지를 물질적인 것으로 이해한 곡해를 다시 영적인 것으로 돌리려고 한 것에서 예수의 메시지의 왜곡이 있었다고 복음을 정치적이고 전투적으로 해석하는 이들은 주장한다는 것이다. 그들은 이러한 첫째, 둘째 세대의 해석을 또다시 뒤틀어 물질적으로 예수의 메시지를 해석해야만 한다는 것이다.

기 시대의 경제적 사고방식을 흡수했음을 드러내고, 또 어떤 이들에게 있어 그들은 계급투쟁 이데올로기를 지지했음을 드러낸다. 그들이 보기에 정치가 가장 중요한 실재이기 때문에, 그들은 정치적 예수를 만들어낸다. 그들은 복음서 기록자들이 "영적으로 해석했다"고 설명하는데, 이는 그들이 이 상황에 있었다면 그들 **자신이** 행했을 수도 있기 때문이다.

그들은 예수가 불가피하게 계급투쟁과 로마인에 대항하는 투쟁과 정치적 분쟁에 전념했다고 하는데, 왜냐하면 그들도 예수의 입장이었다면 그러했을 수도 있기 때문이라는 것이다. 그들의 주장을 정당화하려면, 그들이 결코 다루지 못하는 상당수의 수수께끼를 해결해야 할 것이다. 그 중 다섯 개를 들겠다. 먼저 예수가 에세네파 사람들과 아주 가까웠거나 그렇지 않으면 그들 가운데 한 사람이었다는 점이 흔히 인정된다. 그런데 가장 최근의 연구들을 통해, 에세네파 사람들은 사회적·정치적 측면에서 전에 생각되었던 것과는 반대로, 비교적 유복한 '부르주아 계층'에 속했고, 로마인과 협력하는 일에 호의적이었으며, 어쨌든 정치적 대립자가 아니었음이 드러난다…. 그렇다면, 어려운 일이지만 예수가 에세네파 사람들과 아무 상관없었음을 인정하고, 두 번째 질문으로 넘어가자. 모든 혁명 집단과 무장 지하단체와 게릴라 활동의 경험으로 미루어 보아, 그것들을 이끄는 우두머리가 죽자마자 **곧바로** 모든 것이 와해하고 그 활동은 사라진다. 이 모든 경우, 강력한 조직과 구조와 제도가 있어 정당이 지속하거나[196], 그렇지 않으면 카리스마적인 인물이 있어 그가 죽자 아무것도 남지 않거나[197], 그 중 하나이다. 죽은 예수나 예수를 추종하는 소수의 정치적 게릴라 집단이 어떻게 유지된단 말인가? 그런 식으로는 설명될 수

---

196) 이것은 레닌주의자들이 할 줄 알았던 것이다. [본문 내용을 역자가 각주로 설정]
197) 체 게바라의 예는 수없이 반복될 수 있다. [본문 내용을 역자가 각주로 설정]

없다. 그 집단이 종교적이 됨으로써 유지되었다고 할 수도 있을 것이다. 그러나 "우두머리가 없는 이 사람들은 왜 지속하기를 원했는가?"라는 질문에는 전혀 답을 할 수 없다. 아마도 15년 동안은 다른 어떤 카리스마적인 우두머리도 예수를 대신하지 않게 됨이 분명한데도 말이다….

세 번째 질문은 "바울과 복음서 기록자들은 비정치화 영적 해석이란 작업을 수행하면서 무슨 목적을 추구할 수 있었나?"이다. 이것은 내가 바울이 모든 것을 왜곡했고, 잘못된 예수를 만들어냈다는 등의 글을 읽을 때 언제나 제기하는 질문이다. 무엇이 바울의 목적이 될 수 있었나? 바울의 동기는 무엇이었나? 유대 분파의 우두머리가 되는 일이었나? 위대한 철학자가 되는 일이었나? 그러나 바울의 교리는 직업적인 철학자들에게 조롱거리가 되었다. 그리스도를 믿는 신앙으로 말미암아 바울은 자신의 사회적 배경과 가족과 문화와 결별할 수밖에 없었고, 자신의 뿌리가 잘릴 수밖에 없었다. 숱한 희생을 대가로 치르며 바울은 무엇을 찾을 수 있었을까? 바울은 종교의 창시자가 되려고 했을까? 그렇다면, 어째서 바울은 자기가 중심인물이 되는 대신 오히려 십자가에 달린 자를 참조케 하는가? 그리고 바울은 자신의 가르침을 전하기 위해서가 아니라 25년 전의 한 형편없는 패배자로부터 전적으로 다른 어떤 것을 만들어내려고, 왜 숱한 마술사와 예언자와 반역자 가운데 이 패배자를 택하는가? 달리 말해, 이런 조작 속에서 바울의 관심과 동기가 내게 입증되지 않는 한, 나는 이 주제에 대해 석학과 주석가의 주도로 이루어진 학술 논문들을, 아마도 "학문적"이지만 아무런 주제도 없는 단순한 억측으로 여길 것이다. 바울이 단지 멍청이였음을 인정하지 않는 한 그렇다는 것인데, 그가 어리석었다는 점은 바울의 서신을 통해 특별히 입증되지 않는다.

네 번째 질문은 다음과 같다. 만일 복음서 기록자들과 제자들과 초기 기독교 집단들이 예수의 메시지를 완화했다면, 만일 그들이 박해 때문에 또 시저의 통치를 피하려고, 진지하고 심각하며 위험한 정치 영역에서 중요하지도 않고 위험도 없는 종교 영역으로 예수의 메시지를 넘겨버렸다면, 그들이 대단히 성공했던 것은 정말 아닌 듯하다! 이 경우에 박해와 순교자를 어떻게 설명하겠는가? 우리가 아는 상황에서 순교에 과감히 맞섰던 초기 그리스도인이, 순교를 피하려고 예수의 메시지를 변형시켰다는 것을 진정 믿을 수 있겠는가? 이것은 터무니없을 뿐만 아니라, 그 시대를 잘못 이해한 것이다. 왜냐하면, 당시에 종교적 범죄가 정치적 반란보다도 더 중대했기 때문이다. 이것은 유대인이 보기에도 그러했을 뿐만 아니라, 특히 **황제 숭배** 종교와 관련되었을 때 로마인이 보기에도 그러했다. 그런데 그리스도인이 거부하게 되는 것은 바로 이 **황제 숭배**종교이며, 이것은 용서받기 어려운 범죄였다. 요한계시록과 같은 글은 이 문제에 대해 충분히 명백하게 표현했음이 틀림없다. 만부득이한 경우에, 그리스도인이 서로 용기를 주도록 부활을 만들어냈거나 혹은 부활을 증언했다고 할 수도 있고, 또한 나중에 하나님나라의 실현과 관계되는 문구들을 만들어냈다고 할 수도 있다.198) 그러나 이것은 예수의 메시지에 대한 영적 해석은 결코 아니다. 이것은 교회의 "신학"과 지연의 "신학"과 소망의 "신학"과 기다림의 "신학" 전체를 공들여 만드는 것도 아니다. 달리 말해, 여기서도 박식한 주석가들이 한편으로 그들의 합리주의적 지식인의 사고방식으로, 다른 한편으로 19세기 인간의 사고방식으로 이 문제를 판단한다고 나는

---

198) 현재 준비하는 책 『거룩함의 윤리』*Ethique de la sainteté* 에서, 나는 한편으로 현재의 천국과 다가올 하나님나라 사이에 차이를 밝히겠고, 다른 한편으로 예수가 하나님나라의 도래와 실현을 잠깐 알렸다고 생각하는 것은 비상식임이 모든 것을 통해 드러난다는 점을 밝히겠다. 깨어 있음과 기다림에 대한 설교는 예수의 가르침에 쓸데없이 덧붙여진 부록이나 부수적 양상이 전혀 아니라, 이와 반대로 결정적인 축 가운데 하나이다.

생각한다.

마침내 마지막 질문으로서 이것은 가장 심각한 질문이다. 만일 예수 그리스도 이후 이 인간 집단, 곧 초기 그리스도인이 정말 예수의 메시지를 변형시키고 조작하려 했다면, 어떤 방향에서 그렇게 했을까? 그들은 로마인에 대항하는 지방 반란 계층에 있었고, 자신들의 우두머리가 죽음으로 말미암아 격분했다. 그들은 우선 설교를 통해 빈민층과 노예 계층과 패배자 계층을 장악했다. 그들 집단이 최초의 충돌에서 와해하지 않았다면, 앞에서 보았듯이 어떤 변형이 가능했겠는가? 분명히 그것은 정치적인 것의 방향으로 변형이었다. 다시 말해, 이런 상황에서 그들은 자신들이 의심받는 점과 반대되는 것을 행했어야 했다. 즉, 그들은 예수에게 있는 "종교적"인 것과 카리스마적인 것을 정치적이고 반란적인 메시지와 조직으로 변형시켰어야 했다. 우리가 본 것처럼 그들은 순교를 두려워하지 않았기 때문에, 그들은 곧장 이 운동을 정치화하기에 이르렀어야 했다. **만일 예수의 설교가 정치적인 것에서 영적인 것으로의 돌변이 아니었다면,** 그들은 어쩔 수 없이 로마인에 대항하는 유대 반란의 길로 들어서고, 정치성을 띠며, 당파를 결성하고, 음모를 꾸몄을 것이다. 또한, 동쪽으로, 곧 로마인의 적대 세력이자 아주 가깝고 위험한 세력인 파르티아 왕국[199]으로 나아갔을 것이다. 이와 반대로 그리스와 로마로 나가려고 생각하는 것은 완전히 어리석었다! 달리 말해, 이런 종류의 집단이 하는 정상적이고 자발적인 사회적 운동은 예수의 말씀을 영적으로 해석하는 데 있지 않

---

199) [역주] 파르티아 왕국. 고대 이란의 왕국. 영토를 확장하는 과정에서 서아시아 지역을 두고 로마와 경쟁하나, 기원전 92년에 로마와 우호 협정을 맺는다. 이 협정으로 로마는 시리아 지역을 차지하고 이후 얼마간 평화기가 있으나, 양국의 서아시아에 대한 주도권 싸움은 오랫동안 계속된다. 이로 인해 파르티아 왕국의 국력은 피폐해져, 기원 226년 사산왕조 페르시아의 공격을 받고 멸망한다.

고, 그 반대로 예수의 말씀에 정치성을 띠게 하는 데 있었을 것이다. 즉, 그들은 가난한 자와 노예에게 말을 건네면서 팔 복 중 첫 번째 복을 가난한 자와 노예에겐 아무런 의미도 없는 "마음이 가난한 자는 복이 있다"는 말로 변형시키는 대신에, "돈과 권세에서 가난한 당신들은 복이 있다"는 말을 몹시 강조했을 것이다. 하나님은 당신들과 함께 있다는 것이다.

사실, 일반적인 해석은 "민중의 아편"에 대한 마르크스의 사상에 지배되고 있다. 즉, "마음이"라는 말이 첨가된 것은 가난한 자를 반란에서 돌이키게 하기 위함이라는 것이다. 그러나 "지배 계급"이나 "국가 기구"나 "제도화된 교회"의 선언과 관련될 때 완전히 이해될 수 있는 것도, 가난한 자 집단의 선언이나 다른 가난한 자에게 말을 건네는 힘없는 자 집단의 선언이 될 때 터무니없어진다. 이처럼 복음에 정치성을 띠게 하는 해석 전체는 그 해석을 취하는 것이 어느 쪽이든 간에 잘못이다. 우리는 성서가 반권력적·반국가적·반정치적 **말씀**을 우리에게 제시한다는 확실한 태도를 견지해야 한다.200)

2. 권력에 의한 뒤집힘201)

30여 년 전부터 개신교 교회 안에서, "콘스탄티누스 주의"는 악 전체의 주요인이 되면서, 기독교의 모든 오류와 일탈의 시초와 원인으로 비난받았다. 전통적으로 콘스탄티누스에게 돌려진 칭송은 이렇게 뒤바뀌어

---

200) 하지만, 나는 다시 한 번 반복하는데, 이것이 비정치적인 것, 영적인 것, 도피, 그리고 자체에 갇혀 있는 경건한 종교를 의미하지 않는다.
201) 미셸 끌르브노(Michel Clevenot)의 『기독교의 새로운 역사』*Nouvelle Histoire du christianisme*(t. Ⅱ, Les chrétiens et le pouvoir, Paris, Editions du Cerf, 1982)는 흥미 있는 책이나, 저자의 노골적인 "유물론적" 관점이 있기 때문에 조심해서 읽어야 한다.

버렸다. 이 칭송에 따르면, 기적에 의해 그리스도인이 된 콘스탄티누스는 이교와 이단에 직면하여 참 신앙이 승리하게 했고, 사방으로 기독교가 폭발적으로 확장되도록 했다는 것이다. 또한, 디오클레티아누스[202]가 그리스도인에 대해 무자비했기 때문에 마지막 박해가 바로 얼마 전에 있었으나, 기독교는 콘스탄티누스 덕분에 박해를 두려워할 필요 없이 로마제국 전체에서 자유롭게 전파될 수 있었다는 것이다. 역사가들이 당연히 콘스탄티누스의 '개종'을 자세히 검토했다. 나중에 클로비스[203]의 개종과 꼭 마찬가지로, 이런 회심의 진지함과 진실성에 대해 질문을 던진다고 해서, 반反기독교적이 되는 것은 아니었다.

이런 개종이 교묘한 책략의 방향에서 너무도 잘 진행되는 나머지, 이런 개종에서 종교적이기보다는 정치적인 동기가 발견될 수 있다는 점이 선입관 없이 밝혀졌다. 될 수 있는 한 가장 많은 "지지자"를 규합해야 했고, 로마 가톨릭교회는 상당한 뒷받침이 되었다. 가톨릭교회는 **여론의 형성자**였다. 여론, 군대, 로마 속주屬州에서 가장 비중 있는 것이 무엇인지 예상해야 했다. 이교도인가, '이단'인가, 가톨릭인가? 콘스탄티누스는 가톨릭교회를 택하고 이득을 얻는다. 이 모든 것은 그럴듯하나, 우리 연구와는 아주 간접적으로만 관계된다. 사실 우리는 교회 **내부**에 또 신앙의 내부에 있어야 한다. 우리의 질문은 "콘스탄티누스의 회심이 진심이었나?"

---

202) [역주] Diocletianus(245-316): 로마 황제. 전통수호의 뜻에서 옛 다신교를 회복하여 많은 신전을 세운다. 치세 말기인 303년 기독교에 대해 대대적인 박해를 가하다가 실패로 끝나 퇴위한다.
203) [역주] Clovis(564-511). 프랑크 왕국의 초대 국왕으로 메로빙거 왕조의 창시자. 전 프랑크족을 통합하여 프랑크 왕국을 수립하고, 3,000명의 부하와 함께 세례를 받아 로마가톨릭으로 개종한다. 이는 다른 게르만계 부족국가가 아리우스파?의 신앙을 신봉하던 것과는 달리 로마 교황과의 우호관계를 보증하는 일이어서 장래 프랑크 왕국 발전의 중요한 포석이 된다.

가 아니라, "어떻게 이 회심이 기독교 진리의 왜곡으로 귀착되는가?"이다. 주목되는 것은 회심에 대한 이야기 자체이다. 이것은 "이 표지標識로 너는 승리할 것이다"라는 유명한 말에 곁들어, 또 특별한 깃발인 라바룸 204)을 만들라는 그리스도의 명령 및 십자가 표지와 더불어 하늘에 나타난 바로 그 **십자가**의 환상이다.205) 이것은 312년 막센티우스206)에 맞선 "삭사-루브라"Saxa-Rubra전투 이전의 일이다.

고트족에 대한 전쟁에서 나타난 잔혹성처럼 전쟁에서 정상을 벗어날 정도로 잔인했고, 또 자기 장인을 죽게 할 정도로 잔학했던 콘스탄티누스의 과거를 참조할 필요는 없다. 이것은 흔히 있는 일이었다. 요컨대, 하나님이 회심시키는 사람은 성인聖人이 아니다. 바로 회심은 이 경우에 참될 수 있었다. 그렇지만, 회심에 대한 이야기 자체를 통해 복음의 깊은 변질이 드러난다. 왜곡 대부분이 이미 일어났다. 노예와 특히 관련되고 인간적 측면에서 예수의 역사적 실패를 드러내는 형벌 도구인 십자가가 어떻게 **군사적이고 정치적인 승리**의 표지標識로 제시될 수 있었단 말인가! 십자가는 죽음에까지 이르는 하나님의 사랑에 대한 입증을 통한 구원의 표지이지, 다른 아무것도 아니다. 십자가는 군사적 승리의 표지도 될 수 없고, 특히 **강력한** 정치적 우두머리에게 주어진 표지도 될 수 없다. 다시 말

---

204) [역주] labarum: 로마제국의 군기. 콘스탄티누스는 로마 근교의 밀비우스(Milvius) 다리에서 막센티우스와 벌인 전투에서 승리하는데, 이 전투에서 콘스탄티누스가 라바룸을 처음 사용하여 하나님의 도움으로 이긴다는 기독교 전설이 전해진다. 그리스도인에게 많은 영감을 준 이 전설의 내용은 전투의 전날 밤 콘스탄티누스의 꿈에 예수 그리스도가 나타나 내일의 전투에서 이긴다고 하면서, 그리스도 교도를 나타내는 문자 가운데 X와 P를 합친 문자 라바룸을 병사들의 방패에 그리게 하라고 조언하는데, 이를 충실히 따른 콘스탄티누스가 결국 전투에서 승리한다는 것이다.
205) 이 모든 것에 대해서는 호르누스(J.-M. Hornus)의 『복음과 군기』Evangile et Labarum (Genève, Labor et Fides 1966)를 참고할 것.
206) [역주] Maxentius(?-312). 로마 황제. 콘스탄티누스 대제와 전투를 벌이다가 밀비우스(Milvius) 다리에서 전사한다.

해, 십자가는 하나님의 연약과 겸손의 표지이다.

구약 성서를 통해 하나님은 말더듬이 모세, 어린아이 사무엘, 가장 하찮은 신분의 사울, 골리앗 앞에서 다윗 등을 택하듯이, 자신을 대리하고자 가장 약하고 보잘 것 없는 자를 택하는 것을 본다. 또한, 바울은 하나님이 세상의 약한 것을 택해 강한 것을 부끄럽게 한다는 말을 우리에게 되풀이한다. 따라서 이 경우 하나님이 콘스탄티누스를 위풍당당한 군사적 우두머리인 아우구스투스로 선택한다는 것은 대단히 모순된다…! 이 환상과 기적은 전적으로 불가능하다. 그러나 하나님이 **역사**를 이끌며 하나님이 정치를 주도하는 힘이라는 견해와 우리가 마주치는 이미 탈선된 기독교의 맥락에서는 불가능하지 않다. 이것은 표면상으로는 구약 성서에 들어맞는 듯 보일 수 있는데, 실제로 구약 성서에서 우리는 하나님이 역사적 사건에 개입하고 왕정 계승을 이끌어 나가는 것을 본다. 이 점에 대해 할 말이 많이 있을 것이다! 유대인의 성서에서 하나님은 자신의 백성인 이스라엘 백성과 관련하여서만 **역사**에 개입하는 존재로서 우리에게 나타난다. 우리에게 이야기된 바는, 하나님이 자신의 백성을 인도하지만, 자신의 백성에게 크나큰 자유와 실제적인 자율의 가능성을 남겨 두면서 그렇게 한다는 것이다. 아브라함의 하나님은 **자연**의 기계공이 아닌 이상으로 **역사**의 기계공도 아니다. 하나님은 운전자가 자동차를 몰듯이 **역사**를 이끌지 않는다. 중국인이나 혹은 아즈텍 인의 역사가 이 이스라엘의 하나님에 의해 조정된다고는 어디에도 언급되지 않는다. 그리고 이 점은 예수가 자신의 나라가 이 세상에 속하지 않는다고 선언한 것을 생각할 때 더욱 거짓이 된다. 콘스탄티누스의 환상과 더불어서 예수의 하나님이 이 계시 전체에 어긋날 수도 있다는 것이다. 곧, 예수의 나라는 이 세상에 속하고, 이 나라는 정치권력으로 세워져야 하며 군사적 승리로 자리 잡혀야 한다고 말이다. 이것은 믿을 수 없다! 정치 공작과 선전 공작으로서는 잘되어 가겠지만, 교회와 신앙에 대한 결과로서 이것은 재난이 될 것이다. 그래서 우리는 **계시**의 측면에서 콘스탄티누스의 "기적"을 전적으로 의심해야 한다.

권력에 대한 교회의 정당화

자신의 약속에 충실한 콘스탄티누스는 밀비우스Milvius 다리 전투의 승리로부터 교회의 지지를 받고 나서 교회에 호의를 베푼다. 가톨릭 기독교는 국가종교가 되고, 한 가지 교환이 이루어진다. 즉, 교회는 정치권력을 부여받고, 대신 황제에게 종교권력을 부여한다. 여기서 우리는 똑같은 왜곡에 놓인다. 즉, "어떻게 예수가 지배와 구속의 권력 속에서 자신을 드러낼 수 있을까?"라는 것이다. 정치에 참여함으로써[207] 또 권력을 추구함으로써, 여기서 계시에 대한 왜곡이 나타난다고 우리는 힘 있게 말해야 한다. 교회는 하나님의 힘과는 **다른** 힘으로 복음을 쉽게 전파하는 일에 의해, 또 국가도 기독교화하고자 자기 영향력을 쉽게 사용하는 일에 의해 유혹당하고 침투당하며 지배당했다. 예수가 거부한 **유혹**을 놀랍게도 받아들인 것이다. 즉, 사탄이 예수에게 이 땅의 모든 나라를 주겠다고 하면서 그 모든 나라를 보여줄 때, 예수는 거부한다. 하지만, 교회는 받아들인다. 교회가 누구한테 그것들을 받는지 모르는 채 말이다!

나는 이 결탁을 맺은 교회 우두머리들의 선한 의도와 선의와 진지함을 조금도 의심하지 않는다. 그들은 분명히 잘하려고 생각했으나,[208] 이 문

---

207) 자끄 엘륄, 『의심을 거친 신앙』 *La foi au prix du doute* (Paris, Hachette, 1980)에서 「절대 악으로서 정치」 *La politique, mal absolu*.
208) 우리가 아주 거리낌 없는 양심으로 우리 사회에 있는 힘의 수단을 사용할 때 오늘날 우리와 마찬가지이다. 예를 들어, 우리가 복음을 전파하려고 텔레비전을 사용할 때, 이 점이

제를 **계시**에 비추어 보지 않았다. 그 결과는 거의 직접적이 되고 약 1,500년을 지속하게 된다. 기독교는 국가종교가 되고, '기독교 진리'와 '정치권력' 사이에 결합은 우리가 잘 아는 복합체를 만들어 내기에 이른다. 국가는 진리를 나타내고, 교회는 힘을 행사한다. 황제는 교회에 보조금을 풍부하게 주고, 모든 것이 쉽도록 해주며, '선교'를 돕는다. 그리고 교회는 황제의 정당성을 입증해 주고, 황제가 **지상**에서 하나님의 대리자임을 보장해 준다. 로마서 13장에 나오는 바울의 우발적인 본문은 국가와 관련된 **절대적인 텍스트**가 되는데, 라틴어로는 "모든 권세는 하나님에게서" Omnis potestas a Deo로 번역된다.[209] 그래서 황제는 이교도를 몰아내고 교회에 주려고 이교도의 신전을 몰수한다.

사람들은 교회가 누리는 편의에 대해 걱정하는데, 교회는 이 편의와 더불어 이 점을 받아들인다. 교회는 박해에서 벗어나기가 무섭게 박해자가 되어 버린다. 교회는 단순한 평온에 이르고 나자 이내 권력으로 부패한다. 교회는 항상 순교자와 성자의 모습 속에서 존속한다. 그런데 교회는 다른 쪽에서 순교자를 만들어낸다. 그리고 교회가 제국의 힘에 대한 보장이기 때문에, 진리는 절대로 하나여야 한다. 그래서 교회는 이단을 몰아내기 시작하는데, 먼저 로마제국과 교회의 결탁에 대한 타당성과 진실성에 의문을 제기하는 자들을 몰아내기 시작한다. 커다란 논쟁이 이 문제를 둘러싸고 일어난다.

내포하는 긍정적인 것과 더불어 이것은 콘스탄티누스 주의에 속한다.
209) 아무튼 신학자들이 이 표현을 그렇게 숙고하지 않았다는 것은 놀라운 일인데, 왜냐하면 "모든 권세"(Omnis potestas) 아무런 폭력이나 아무런 지배를 포함할 수 있기 때문이다. 이렇게 전쟁에서 이긴 자는 하나의 권세(potestas)이다. 그러므로 그가 하나님을 대리하는가? 그런데 불행히도 이 점이 결국 받아들여지고 만 것이다. 권력에 접근하는 방법이나 혹은 권력행사의 특성에 대한 온갖 토론에도 불구하고, 이 표현을 절대적 원리로 삼는 순간부터 이 모든 것은 부수적이 된다.

기독교 세계에서는 무정부주의 경향이나 정치적인 것과 결탁을 거부하는 경향이 끊임없이 발견된다. 하지만, 이 경향들은 즉시 단죄된다. 황제는 로마제국의 통일을 보장하고자 교회의 통일을 무엇보다도 필요로 한다. 교회는 이 순간부터 국가의 선전 도구로 사용된다. 교회는 기독교의 소식을 전파하는 동시에, 시저에 의해 표현된 하나님의 뜻을 전파한다. 교회는 이것이 예수의 생애와 인격에 모순됨을 이해하지 못한다. 이것은 두말할 것도 없이 왕과 황제와 더불어 추구되는 권력 행사에 의한 뒤집힘이다. 이 뒤집힘을 통해 비통하고 우스꽝스런 결과가 야기된다. 교회는 하나의 정치적 권세가 되지만, **항상** 자리 잡은 정치적 권세나 혹은 형성중인 정치적 권세에 봉사한다. 계속해서 교회는 신성로마제국을 위해서 그렇게 될 뿐만 아니라, 이 제국에서 분리되는 프랑스 왕을 위해서도 그렇게 된다. 교회는 비극적이거나 혹은 파란만장한, 때로는 피비린내가 나고 부당한 왕위 계승에서 권력을 탈취하는 모든 왕을 축복한다. 교회는 모든 것을 정당화한다. 그리고 이것은 자리 잡은 권력과 제휴하는 것을 받아들이는 순간부터 필연적 귀결이 되었다.

교회는 군주제 아래서 군주주의자였던 것과 마찬가지로 공화정 아래서는 공화주의자가 된다.210) 그리고 항상 이것은 반박할 수 없는 신학적 논거와 더불어서이다. 하나님의 군주적 통일성을 반영하는 군주 제도가 물론 필요했다. 그러나 하나님이 자신을 위해 땅에서 선택한 백성을 반영하는 공화제도 필요했다. 혹은 하나님이 백성의 뜻에 참여함을 나타내고자 민주제도도 필요했다. 한편, 4세기에 **프랑크족을 통한 하나님의 행동**

---

210) 누군가는 이런 방향 전환이 느렸다고 하겠지만, 이것은 논거가 되지 않는다. 즉, 적응하고 신학적 토대를 찾아내기엔 언제나 시간이 필요하다! 로마제국에 가담한 것도 몇 년 만에 이루어지지 않았다.

이라는 말이 표명되었을 때, 잘 세워진 전통이 이미 있었다. **역사**에서 하나님의 행동은 프랑크족 백성이 이루어낸다는 것이다. 히틀러가 권좌에 올랐을 때, 독일 교회는 히틀러적인 **독일 그리스도인**이 되었다. 교회는 공산주의 체제 국가에서 너무도 유명한 베렉츠키[211]와 흐로마드카[212]와 더불어 공산주의자가 되었다. 그리고 그때마다 자리 잡은 권력이 선한 것임을 입증하기 위해 신학적 논증이 발전했다. 수치스러운 것은 교회의 변절이 아니다. 이것은 인간의 연약함을 나타냈을 따름이라고 해두자. 또한, 그리스도인도 아무것에나 적응할 태세가 되어 있는 평범한 사람일 따름이라고 해두자. 게다가 교회가 자리 잡힌 국가와 협력하는 것을 받아들인 순간부터, 교회는 이 국가가 취하는 어떤 형태에도 협력할 수밖에 없다! 그러나 치욕스런 일은 우선 교회가 적응하는 행위를 매번 정당화하려는 동시에 자리 잡은 권력을 정당화하려는 것이다. 다시 말해, 계속 교회가 정당화의 구실을 하고 국가를 위한 선전 도구가 된다는 것이다.

공산주의 국가도 마찬가지다! 소련에서 스탈린이 1943년부터 자신의 선전을 위해, 특히 전쟁 비용을 충당하는 공채를 발행할 때, 정교회를 이용한 점을 잊지 말아야 한다. 어떻게 교회가 그토록 애국적인 일에 참여하기를 거부할 수 있었겠는가. 조국은 하나님이 원하는 것이 아닌가? 조

---

211) [역주] **Albert Bereczki**: 헝가리의 신학자. 이 인물에 대해서는 『칼 바르트, 정치적 윤리』 *Karl Barth: une éthique politique*에서 다음 같이 소개된다. "공산주의에 대한 바르트의 의견은 헝가리의 신학자 알버트 베렉츠키와의 편지교환에서 특히 분명해진다. 처음에 바르트는 1944년 여름 헝가리의 유대인을 구하는데 개입했던 이 사람에 대해 대단한 호의를 품고 있었다. 신중하고 사려 깊은 바르트는 헝가리 개혁교회의 주교로 베렉츠키를 선출시키려는 계획을 지지했다. 1948년 베렉츠키는 세계교회통합회의 중앙위원회 위원으로 선출되었고, 이 자격으로 그는 동유럽국가에 대항하는 세계교회통합회의 선언을 방해하려 했고, 이 기구로 하여금 서유럽국가에 적대적인 결정을 내리도록 압력을 가하려 했다."

212) [역주] **Josef Hromadka**: 체코의 신학자로서 공산주의 체제와 타협한다.

국이라는 신학적 주제는 많이도 사용되었다. 그리고 다음으로 교회가 사회주의자가 되려고 사회주의 체제를 지지하고, 가난과 정의라는 신학적 주제를 뒷받침한다. 이 신학적 진리들은 우리가 보기에 오직 권력을 사회주의자가 잡았다는 이유만으로 진실하다는 점을 고려해야 한다. 5세기 때나 17세기에는 그런 진리들이 인정되지 않았다. 반대로 그 시대에 매우 분명했던 신권神權 군주제를 반영하는 주제는 오늘날 더는 군주가 없다는 이유로 사라졌다.

그래서 교회의 잘못은 정치적 **권력**과 정치적 **행동**에 대한 이런 정당화 과정 속에 있다. 나는 우리가 **혁명** 신학에서도 똑같은 태도와 오류를 발견한다고 언급하고 싶다. 이 신학도 역시 콘스탄티누스 주의에 속한다. 나는 "하지만, **혁명**은 자리 잡힌 권력이 아니고, 승리한 것도 아니며, 다만 권력의 반대편에 있다"는 답변이 있음을 안다. 그런데 교회가 떠오르는 권력에 지나치게 자주 기울었지만, 붕괴하는 기존 권력에 반드시 기울어지는 않았음을 이해해야 한다. 먼저 콘스탄티누스와 더불어 바로 그렇다. 가톨릭교회가 콘스탄티누스를 지지했을 때 콘스탄티누스에겐 아직 권력이 없었다. 마찬가지로 루터가 황제에 맞서 독일 귀족계급과 협력할 때도 그러했다. 깔뱅이 귀족계급과 대부분의 군주제 맞은편에 떠오르는 부르주아 계급과 협력할 때도 마찬가지였다. 그러나 이 모든 경우에 정치 체제를 신학적으로 정당화하려는 것과 정치 체제에 기독교 상표를 붙이려는 것은 잘못이다. 이 점은 교회가 그 대가로 자신의 권한을 부여받는 것을 전제로 한다. 소위 **혁명** 신학은 가장 운 좋게 성공하는 정치적 운동이자 가장 운 좋게 내일의 독재를 수립하는 정치적 운동을 정당화하는 메커니즘이다.

나는 이 점에 대해 사람들이 이렇게 말할 것을 안다. 첫째, 교회가 순전히 영적이지 말아야 하며, 정치에 무관심하지도 말아야 한다. 둘째, 모든 정치 체제가 동등하지는 않다. 혹은 칼 바르트가 힘주어 말한 것처럼 "모든 고양이가 다 회색은 아니다.".

이 말들은 자명한 사실이다. 1935년 이래 나는 교회가 정치적으로 의사를 표현해야 한다는 점과 해야 할 선택들이 있다는 점을 줄곧 주장하고 있다. 하지만, 이 선택들과 관련하여 근본적인 두 가지 차이점과 더불어 나는 그렇게 주장한다. 첫째, 정치적인 방향에서 교회는 **다른 길을 만들어 내야 한다**. 현시대에 순응하지 말라는 것이다. 따라서 "사회는 우리에게 서너 개의 선택을 제시하는데 우리는 어느 것을 택해야 하나?"라고 말하는 것보다 더 잘못된 것은 없다. 실제로, 교회는 **새로운 것**을 만들어내고 혁신하며 제안해야 하지, 어떤 형태이든 정치권력을 위한 선전 도구나 정당화 도구의 구실을 **절대** 하지 말아야 한다. 두 번째 차이점은 만일 모든 정치체제가 동등하지 않다면, 그리스도인은 순전히 인간적 이유로 자신에게 가장 잘 맞는 것을 선택할 수 있다는 것이다. 내게는 민주주의가 독재보다는 더 바람직한 것으로 보인다. 나는 자본주의보다 사회주의를 더 좋아한다. 그렇지만, 하나님은 엄밀히 그런 것과 아무 상관이 없다. 더 정확히 말해, 아마도 하나님이 이런 방향에서 활동하지만, 나는 이에 대해 아무것도 모른다는 것이다. 성서는 하나님의 뜻에 일치하는 어떤 체제를 선포하도록 어떠한 수단도 내게 주지 않는다. 어쨌든 나는 그리스도인으로서 **역사**를 하나님의 뜻과 동일시하지 말아야 한다. 우리는 어떤 권력이 자리 잡을 때 하나님이 그 권력을 세웠다고 절대 간주하지 말아야 한다.

수치스러운 일은 여전히 교회가 자신의 권한을 보장하고자, 또 이득을 얻고자 정치권력을 이용하려고 애쓴다는 점이다. 이것은 순수한 은총이었던 것을 "교환 조건"이라는 방편으로 바꾸어 근본적으로 뒤집는 일이다. 때로는 교회가 소비에트 체제나 혹은 히틀러 체제에서처럼 모든 양보를 대가로 치르고 자신을 유지하는 가능성을 산다. 이렇게 하면서 교회는 순교자를 인정하지 않는다. 순교자란 선동자도 아니고, 완고한 자도 아니며, 우선 하나님에게 자신을 바치는 자이다. 사람에게 복종하는 것보다 하나님에게 순종하는 것이 낫다. 때로는 교회는 맘몬의 통치를 거쳐 가면서 자신이 행한 지지에 대한 대가를 이득, 영예, 자격, 돈으로 받는다. 때로는 교회가 의식을 거행하고 전도하며 선행을 하고 복음을 전하고자, 교회에 부여되는 편의를 얻으려고 자신을 팔기도 한다…. 그러나 사탄이 이 일을 즐거워한다. 왜냐하면, 이때부터 복음이 **모퉁이 돌** 곧 예수 그리스도 위에 기초하는 것이 아니라, 그 덕분에 복음이 전파된 세상의 권세 위에 기초하기 때문이다! 그래서 복음은 이 세상의 군주에게 무서운 것을 아무것도 더는 제시하지 못한다. 이 이중적인 수치로 말미암아 교회에 대한 충분한 문제 제기가 절대로 이루어지지 않을 것이며, 오늘날의 교회에 대해서도 마찬가지이다.

교회의 국가화

정치권력 안에서 또 정치권력을 위해서 **계시**가 이렇게 상실된 데서 나온 결과는 다양하다. 우리는 그중 셋을 들 것이다.

무엇보다도 아연실색하게 하는 사건은 **교회**가 나름대로 하나의 국가가 되는 것이다. 교황은 국가의 수반이 된다. '이시도레 메르카토르의 가짜 문서들'[213] 가운데 있는 콘스탄티누스의 '위장 헌납'과 더불어서 말이

---

213) [역주] les faux d'Isidore Mercator: '이시도레 메르카토르'는 교황의 가짜 교서를 책임지는 학자나 일군의 학자들에게 부여된 필명 중 하나로서, '이시도레 메르카토르의 가짜 문서들'은 11세기 초반에 만들어진다. 이 학자들은 세속 권력에 맞서 주교의 지위를 옹호할 목적으로 내용이 덧붙여진 공의회 문서와 더불어 초기 교황이 저자라고 알려진 가짜

다. 사실 교황으로 하여금 생활할 수 있도록 주어진 최초의 땅들은 사유재산으로서가 아니라 정치적 영토로서 카롤링거 왕조에서 오는데, 아마도 피핀 3세214)로부터 교황 스테파노 2세215)에게 넘겨진 것이다. 처음에는 5도부都府, 216) 및 라벤나217) 총독 령의 22개 도시가 걸려 있었는데, 이는 교황과 정당화해야 할 카롤링거 왕조 사이에 동맹을 확인하기 위함이었다. 정치적 흥정이 한창 이루어지는데, 이것은 구약 성서 및 신약 성서 **전체**와 얼마나 동떨어진 모순인가! 교황이 국가의 수반이 되는 순간부터, 교황은 막무가내로 정치적인 왕으로 처신하고, 자신의 통치 영역을 끊임없이 확장하는 것을 멈추지 않는다. 따라서 이것이 하나님의 가장 큰 영광을 위해서였다고 진정 말할 수는 없다. 계속해서 13세기까지 이탈리아의 로마냐 지방, 마르케 주州, 스폴레토 시, 베네벤토 시 일부 및 프랑스의 브네생Venaissin 백작 령으로 뻗어간다. 그리하여 그 영토는 여기저기 섞여서 이탈리아의 약 4분의 1이 된다. 그리고 피렌체에 대한 전쟁이 알려

문서를 만들어 낸다.
214) [역주] Pippin Ⅲ, Pépin Ⅲ (715-768): 쿠데타로 메로빙거 왕조 최후의 왕 힐데리히 3세(Childeric Ⅲ)를 폐위시키고 스스로 왕위에 오른 카롤링거 왕조의 왕으로서 '땅딸보 피핀' (Pépin le Bref)이라고도 불린다.
215) [역주] Stephanus Ⅱ (?-757): 제92대 로마 교황. 로마 황제로부터 교황권을 독립시키고, 프랑크 왕국과 동맹하여 로마를 위협하던 랑고바르드족에 대항한다. 프랑크 왕국의 왕 피핀 3세를 만나 랑고바르드족이 점령한 지역을 교회에 돌려달라고 요청하고, 피핀 3세와 그의 아들인 샤를마뉴를 로마 황제로 인정한다. 랑고바르드족이 다시 로마를 침략하려 하자 스테파노 2세는 프랑크족에게 도움을 청하고, 그의 뜻을 받아들인 피핀 3세는 랑고바르드족을 물리치고 정복한 곳을 그에게 헌납하는데, 이것이 최초의 교황령이다.
216) [역주] 5도부(Pentapole): 여기서는 이탈리아의 마르케(Marche) 주(州)에 대부분 속한 5개 대도시를 포함한 지역을 가리키며 '비잔틴 5도부' 라 하기도 한다. 아드리아 해 연안에 있는 마르케 주는 기원전 3세기 로마의 지배 이후 북부가 비잔틴 제국의 통치를 받고 나머지는 교황령이 되나 16세기부터 모두 교황령이 된다. 라벤나(Ravenna) 총독 령에 속하기도 한 5도부는 754년 피핀 3세에 의해 교황 스테파노 2세에게 주어진다.
217) [역주] Ravenna: 아드리아 해에 가까운 옛 도시로서 포강 하류에서 운하로 아드리아 해와 연결된다. 비잔틴 제국 시대에는 동서 교역의 중심지로서 경제적 번영을 이룬다.

져 있는데, 교황권이 피렌체를 합병할 수 있었다면 어떻게 되었을까….
달리 말해, 이 기간 전체에 교황은 다른 군주들과 똑같은 군주처럼 처신한다. 부유함, 성생활, 독살, 예술, 권력투쟁 등 이탈리아의 다른 모든 궁정에서와 같은 잘못이 교황의 궁정에 있었다 한들, 이런 상황에서 무엇이 놀랍겠는가? 기독교 세계와 관련하여, 이 점을 통해 다음 같은 중대한 결과가 야기된다. 곧, 교황이 다른 국가수반에게 이야기할 때, 교황 자신의 말은 불가피하게 어떤 외국 군주의 말처럼 들려진다는 것이다.218) 교황이 국가수반으로서 처신할 때도 이 점은 불가피하게 교황의 자질 문제로 되돌아온다. 교황은 이 악마의 끈을 끊을 수 없다. 가장 선하고 순수하며 진정한 그리스도인으로 하여금 하나의 갈망만을 갖게끔 하는 것은, 매우 거룩한 삐에르 드 모롱Pierre de Moron, 곧 교황 첼레스티노 5세219)가 했듯이 자리에서 물러나는 일이다.

국가 간의 정치적 단절

이 정치화의 두 번째 결과는 매우 빨리 국가들 사이에 단절이 생겼다는 것이다. 서구세계는 봉건 조직에 의하여 지배되었는데, 봉건 조직에서는 왕국 간에 경계가 명확하지도 일정하지도 않았고, 기본 정치 구조는 **영주제도**였으며, 신성로마제국과 더불어 유럽의 통일이라는 상상이 있었다.

---

218) 예를 들어 주교를 임명하기 위해 프랑스 왕이나 혹은 영국 왕이 외국 국가수반으로부터 나오는 것으로서 교황의 교권 간섭을 자기 나라에서 거부할 때, 그 거부를 정당화하는 것은 바로 이 점이다.
219) [역주] Celestinus Ⅴ(?-1296): 성인(聖人)으로 추증된 제192대 교황. 전임 교황이 세상을 떠난 후 정치적 상황으로 2년간 교황 자리가 비자, 만장일치로 교황으로 선출된 그는 더는 교황직을 공백으로 둘 수 없어 교황직을 받아들인다. 아라곤과 나폴리, 프랑스와 잉글랜드 사이에 평화를 정착시키기 위하여 노력하나 큰 성과를 거두지 못한 그는 계속 교황직을 맡는 것이 교회와 자신에게 해가 된다고 생각하여 추기경들과 의논한 끝에 사임하는데, 스스로 물러난 교황은 첼레스티노 5세가 처음이다.

서구 세계가 이런 봉건 조직에 의해 지배되었던 한, 로마에 하나의 머리를 둔 하나의 기독교 세계상일 뿐더러, 쪼개지지 않은 보편적이고 세계적인 하나의 교회에 일치하는 기독교 세계상이 그려질 수 있었다. 하지만, 14세기부터 왕들은 영주제도와는 다른 정치조직을 만들 것을 작정하기 시작하고, 더 넓고 다른 특성이 있는 결합체인 왕국으로 이 정치조직들을 결집한다. 그러는 동안 매우 이상하게도, 백성 가운데서 새로운 것으로 여겨질 수밖에 없는 감정, 곧 민족 감정이 곳곳에 나타난다. 논란의 여지없이, 이 민중적 민족 감정은 프랑스, 영국, 아일랜드, 폴란드, 스웨덴, 덴마크, 보헤미아 등에서 나타난다.

교회 자체가 극도로 정치화되어 있는데도, 어떻게 이런 상황에서 교회가 국경을 초월하여 정치 투쟁을 넘어서서 통일되고 보편적인 채로 남아 있으려 할 수 있었겠는가! 그래서 정치적인 것과 종교적인 것의 결합을 통해, 국가 단위에서 교회의 파열이 일어나고, 교회들은 정치권력에 복종한다. 교황은 국가수반이 되기를 바랐다. 프랑스 교회, 후스파[220] 교회, 영국 국교회처럼 다른 국가에서 국가적이 된 교회 지도부에서 교황은 조금씩 배제되어 갔다. '교회의 대분열'[221] 때, 또 여러 나라가 자기들의 성향에 맞는 교황을 임명케 하려 했을 때, 이런 결별들은 교황청 자체에서조차 반향을 일으키게 된다. 정치에 얽힌 교회의 '국가적' 성격은 점차 교

---

220) [역주] 체코의 종교 개혁자이자 체코 민족 운동의 지도자 얀 후스의 가르침을 따르던 기독교 운동.
221) [역주] 로마 가톨릭교회의 관점에서 기독교 역사상 두 개의 주요한 분열이 있다. 하나는 '동방교회의 대분열'이라고도 불리는 1054년에 일어난 분열로서 로마 교회와 콘스탄티노플 교회와 정교회 사이의 분열이고, 다른 하나는 '서방교회의 대분열'이라고도 불리는 14세기에 일어난 분열로서 이 시기에는 서로 경쟁하는 교황들이 선출된다. 일반적으로 '교회의 대분열'은 이 두 번째 분열을 지칭하는데, 서방 교회에서는 이 분열 이전에도 교황 권에 대한 이의제기로 20여 차례 분열이 일어나나 1378년에 시작된 이 분열이 특히 오래간다는 역사적 이유에서 이 분열이 '교회의 대분열'로 규정된다.

회가 종교 기관이 되기만을 열망할 때까지 무한히 계속되지만, 국가는 교회가 국가의 정치에 소용되기를 바란다. 조금씩 교회가 종교적 조직체가 되기만을 열망하나, 국가가 교회를 자체의 정략적 도구로 쓰이게 하려 할 때까지, 정치에 얽매인 교회의 이 "국가적" 특성은 무한히 지속할 것이다.

정확히 말해, 이러한 교회가 반정치적이고 반국가적인 본래의 메시지를 포기했기 때문에, 단지 영적이 되는 것으로 더는 충분하지 않았다! 그리하여 교회는 영적인 권위를 행사하면서, 일례로 우파에 대한 옹호 같은 각 나라 국내 정당들의 투쟁에 가담하는 것, 투표 지침을 내리는 것, 다시금 정치 문제에 참여하지만, 국가라는 틀 안에서 정치 문제에 참여하는 것 외에는 선택의 여지가 없었다. 따라서 교회가 오늘날 간혹 노조나 혹은 노동자 계급과 관련을 맺듯이, 쿠데타에 동조하거나 부르주아 계급의 뜻을 따른다. 그렇지 않으면 "국가적 대의명분"에 동화되는 교회가 되거나, 프랑스에서 잔 다르끄Jeanne d'Arc가 기묘하게 이용되듯이, 조국을 종교적이고 기독교적인 가치로 삼는 교회가 된다.

이 점을 통해 영성을 핑계로 교회의 기괴한 분열이 초래되는데, 그러한 교회는 의견이 만장일치가 될 리 없다. 한 나라 안에 좌파 교회와 우파 교회가 있고, 조합을 옹호하는 교회와 위계질서를 옹호하는 다른 분파의 교회가 있으며, 피임을 찬성하는 교회와 피임에 반대하는 교회가 있다. 마찬가지로 자기 나라의 승리, 곧 하나님이 준 승리를 찬양하는 테데움[222] 교회가 있을 텐데, 다른 쪽에서는 분명히 프랑스인의 하나님이지만 '고트 미트 운스'[223]라고 말하는 독일인의 하나님도 있다는 것은 자명하다. 바로 이것이 '정치적 카니발'이 교회에 강요한 기괴함의 절정이다! 이것이 바로 정치의 신화를 벗기고, 정치를 신성하게 여기지 않으며, 정치

---

[222] [역주] Te Deum: 가톨릭에서 신의 은총을 찬미하는 장엄한 라틴어 성가.

를 과소평가하는 것인 교회의 소명을 따르는 대신, 교회가 정치를 극히 중요시함으로써 치른 대가이다!

교회의 법제화

이제 사법적이고 행정적인 오염이라는 세 번째 종류의 결과가 남아 있다. 정치는 법을 만들어낸다. 정치에 오염된 교회는 그 나름대로 법을 만들고, 국가의 행정 모델에 따라 조직되며, 정치권력에 따라 만들어진 법을 정당화하고 말았는데, 그 법은 하나님의 뜻에 일치하는 것처럼 제시된다. 물론 이 점을 통해 긍정적인 면이 제시될 수 있었다. 4-5세기 로마법은 기독교의 영향 아래 아주 긍정적으로 변화되었다는 점이 무척 부각되었다. 즉, 노예의 보호, 여성의 법적 지위 향상, 결혼과 가족에 대한 새로운 법적 관점, 형법의 완화 및 다른 허다한 것들이 있다. 비온도 비온디 Biondo Biondi는 기독교화된 이러한 법에 대해 여러 권의 책을 저술했다. 이것은 틀림없다. 그러나 언제나 문제 전체는 가장 만족스러운 인간 사회의 조직자가 되려고 하나님의 **말**의 **전달자**이기를 그만두는 교회가, 이러한 사법적 개선을 통해 치렀던 대가가 무엇인지 아는 데 있다. 끊임없이 교회는 예수가 분명히 거부했던바, 곧 소송 당사자들 사이에 심판자 구실을 하고 만다. 이 때문에 교회는 덤터기를 쓴다. 어떻게 교회가 이것을 피할 수 있을까? 판결을 내려주고서 덤터기를 쓰는 격이다! 그래서 교회는 즉시 가장 강한 집단을 섬기든가 약자들을 보호하든가 한다.[224] 하지만, 이와 동시에 지배자와 관계를 맺지 않고서 교회가 어떻게 그렇게 한단 말인가. 주교들이 비천한 자를 보호할 수 있다는 것은 주교들 자신이 권력

---

223) [역주] Gott mit uns: 독일어로 '우리와 함께 하는 하나님'이라는 뜻이다.
224) 그건 좋은 일이다.[본문을 역자가 각주로 설정]

당국에 의해 강한 자로 인정받기 때문이다. 영주와 평민처럼 갈등이 비교적 단순했을 때, 교회는 명확한 선택 앞에 있었다. 하지만, 부르주아 계급과 더불어 복잡한 사회 경제적 조직에 이를 때, 교회는 그렇게 원하지도 추구하지도 않는데도 부자와 지배자 같은 강한 자의 편에 있을 수 있다. 교회가 이같이 되는 것은 교회가 사회 조직에 밀접하게 뒤얽혀 간혹 자기도 모르게 이용되기 때문이다. 노동과 봉사와 겸손이라는 도덕 및 청빈의 가치라는 도덕, 이 모든 것은 부르주아 계급에 의해 사용될 것이다. 그런데 이것은 진정한 복음적인 메시지이기 하나, 이 메시지의 절반이나 혹은 사분의 일에 불과할 따름이다.

이처럼 4세기 주교들은 도시의 수호자가 되는데, 제국이 권한을 남용하는데 맞서 도시를 보호하고 강한 자에 맞서 도시 안에 비천한 자를 보호하는 일이 필요했기 때문에 그것은 놀라운 성과였다. 이것은 아주 좋았다. 그러나 예를 들어 아우구스티누스는 히포의 주교로서 행정 업무를 과도하게 맡은 것에 대해, 또 주교의 영적 직무와 설교 일에 실제로 전념할 수 없는 것에 대해 한탄한다! 그런데 행정 업무를 위해 정치권력에 의해 주교들이 이렇게 이용되는 일은 영적으로 늘 정당화되는 법이다. 그리스도의 대리자들에게 주어진 직무가 마치 그러하기나 한 듯이 "행해야 할 선"은 늘 존재한다는 것이다. 권력에서 교회는 권력 표현의 평범한 매개물인데도, 역사에서 사정은 늘 이러하다. 하지만, 권력에 의해서는 이 점은 드물게 인정된다. 나뽈레옹Napoléon이 "교구 사제는 백성을 장악하고 주교는 교구 사제를 장악하며 나는 주교를 장악한다"라고 언급했을 때, 그의 냉소적 표현과 더불어서 말이다.

사법적이고 행정적인 오염의 다른 측면, 곧 반대 양상은 교회가 그 자체로 사법적이고 행정적인 조직이 된다는 것이다. 교회는 국가라는 모델에 따라 조직되고, 로마법을 본떠 법을 만들며, 제도화되고 철저히 계급화된다. 교회는 이 모든 것을 국가보다 더 잘 만든다. 교회법은 모델이 되고, 교회법령집은 너무도 완벽한 나머지 세상에서 어떠한 법보다 더 오래 간다. 교회 행정조직도 마찬가지이다. 하지만, 문제는 교회가 규정을 만들어내려고 생겨난 건지, 교회의 일생이 법전으로 귀결되는 건지, 교회가 세상에 행정 모델을 제시하는 거룩한 목적을 가진 것인지 아는 것이다. 실제로, 교회는 일시적이고 덧없는 예수 그리스도의 진리보다 법을 선호한다. 교회가 폭력과 권세와 전쟁을 근본적으로 거부하기는커녕, 일례로 정당한 전쟁 논리를 공들여 만들어 낼 때, 매사에 교회는 법을 도입한다. 마찬가지로 교회는 14세기나 16세기에서처럼 법률 문서를 공들여 만들어 냄으로써, 또 더 나은 행정 조직에 의해 영적이고 종교적인 위기를 해결하려는 유혹을 끊임없이 받을 것이다. 정치적인 것에 의한 계시의 왜곡은 더 멀리 나아갈 수 없었다.

저항하는 교회

물론, 내가 방금 기술한 바는 교회의 일생 일부분만을 나타낼 따름이다. 이와 동시에, 영적인 재再용출이 언제나 있다. 그것은 우리가 이 책의 마지막 장에서 살펴보아야 한다. 교회는 그러한 것일 따름이었다. 그러나 교회의 반응과 관련하여 두 가지 지적을 할 필요가 있다. 우선, 교회는 이중적인 모습을 띤 것처럼 자주 나타날 수 있었다. 흔히 가해지는 비난은 다음과 같다. 즉, 교회는 평화와 관용의 모습을 드러내지만, 자체의 억압과 불관용을 감춘다. 그래서 사람들은 어떤 때는 이런 모습을 또 어떤 때는 저런 모습을 보임으로써 늘 자신을 정당화할 수 있다. 또 사람들은 교회의 가장 깊숙한 부분에서 교회의 미덕을 드러낼 무엇인가를 늘 발견할 수 있다. 두 번째로, 교회가 반드시 기존 권력 편에 서지는 않았다. 우리가 이미 언급한 대로, 간혹 교회는 태동하는 권력 편에 서기도 하고, 가장 많은 정치적 기회를 얻은 권력 편에 서기도 한다. 하지만, 교회는 간혹 기존 권력에 격렬히 대항하기도 했다. 결코, 초대 교회의 전통은 완전히 사라지지 않았으며, 4세기와 5세기에는 우상숭배 대상인 입상이나 표상을 부수러 하산하는 과격한 은둔자들도 있었다. 또한, 정치적이고 사회적인 혼란을 일으키는 천년왕국설 유형의 흐름도 늘 있었다. 그런데 비록 그들이 제도와 종교적 권위를 지닌 교회에 의해 이단으로 판결되었지만, 그들을 그리 쉽게 몰아낼 수 없었다. 한편으로, 우리가 방금 살펴본 정치에 의해 타락한 제도화된 교회에 충실한 진정한 그리스도인이란 없고, 다른 한편으로, 예수 그리스도에 대한 신앙을 표방하지 않는 모호하고 불확실한 정신주의적 흐름이나 혹은 혁명적 흐름도 없다.

예수 그리스도의 교회는 사법적이고 교조적인 장벽에 의해 한정되지 않는다는 점을 이해해야 한다. 교회는 구도자로 구성되는 동시에 제도로 구성되고, 교황권과 피오레의 요아킴[225]으로 구성되며, 루터와 뮌처[226]로 구성되고, 비텐베르크[227]의 구도자들과 엄격한 계율준수를 하는 루터파

---

225) [역주] Joachim de Flore(1130-1202). 이탈리아 태생의 시토 수도회 승려이자 가톨릭 신학자로서 로마 가톨릭교회의 역사에서 비합법적으로 교황 권을 행사한 '대립 교황' 을 요한계시록에 나오는 짐승과 동일시하기도 한다. 따라서 그는 자신의 저서들을 통해 교황권에 대립한 인물로 알려져 있다.
226) [역주] Thomas Müntzer(1489-1525). 종교개혁시대 독일의 급진적 사회개혁운동 지도자. 그의 복음운동은 급진적 사회개혁으로 기울어져, 가난한 자를 위하여 교회와 수도원 강탈을 주장한다. 따라서 영주제와 타협하여 기존 질서의 존중을 역설하는 루터와 정면으로 대립하고, 루터파로부터 공격을 받고 쫓겨나 피신하기도 한다. 그의 운동은 한때 성공을 거두어 하층 시민, 광부, 농민의 봉기로 어떤 시의 정권을 장악하나, 영주군의 공격을 받고 도피한다. 이후에 농민봉기를 도우려고 민병을 거느리고 가다 영주 연합군에게 패하여 결국 참수된다.
227) [역주] 비텐베르크(Wittenberg). 독일 작센안할트 주에에 있는 도시로서 1517년 시작된 종교개혁의 발상지로서 유명하며, 루터의 묘지 및 그의 유명한 '95개조' 를 써 붙인 '테제

교도로 구성되며, 세벤느228) 지역의 예언자들과 깔뱅Calvin의 가차없는 준엄함으로 구성되고, 보쉬에229)와 '절대군주제 반대론자들' 230)로 구성된다.231) 달리 말해, 영적이고 종교적인 의미로 이해된 교회 안에는 정치권력에 적대적인 흐름, 곧 혁명적이고 무정부주의적 경향을 띤 흐름이 늘 있었다. 하지만, 사회 전체가 교회로서 인정했던 것, 특히 정치권력이 교회로서 인정했던 것은 그러한 흐름이 아니었다. 이 수많은 운동이 "실패했던" 것은 그 운동들에 내재하는 본성, 곧 영적 흐름은 지속하기 위해 만들어지지 않는다는 점에 우선 기인한다. 이 운동들이 정치권력에 맞서면 반드시 정치권력도 이 운동들을 공격한다. 정치권력은 진정한 교회란 자신의 우군인 교회이며 훌륭하고 견고한 제도 교회라고 선포했는데, 이 교회와 더불어 협약을 맺고 일관된 정치를 이끌어 갈 수 있었던 것이다. 이 때부터 이러한 교회는 가능하고 용납되며 인정된 유일한 교회로서 공식적으로 제시되었다. 다른 교회들은 국가에 의해 단죄되었던 동시에 공인된 교회에 의해 단죄되었기에 말이다.

의 문'이 있는 성교회(城敎會)를 포함하여 루터가 설교를 한 '시 교회', 종교개혁 역사박물관인 '루터 관', 루터가 살았던 집인 아우구스티누스 수도원 등 종교개혁과 관련 있는 역사적 건물이 많다.
228) [역주] 세벤느(Cévenne). 프랑스 남부 고원지대에 있는 지역. 종교사적으로 이 지역은 1685년 퐁텐느블로(Fontainebleau) 칙령에 뒤이어진 탄압에 대항하여 봉기를 일으킨 프랑스 개신교도인 위그노(Huguenots)를 지칭하는 까미사르(Camisards)의 본거지로 알려져 있는데, 이 전쟁은 1702년에 시작되어 본격적인 평화가 이루어진 1715년에 끝난다.
229) [역주] Bossuet(1627-1704). 프랑스의 신학자이자 설교자이자 역사가로서 '낭트칙령'을 폐지하는 데 관여하며 가톨릭과 개신교의 교회 일치를 위해 노력한다. 1682년 프랑스 교회의 독립과 절대 왕권을 옹호하는 4개조로 된 왕권신수설을 발표한다.
230) [역주] monarchomaques: 서구 유럽에 16세기 말 확립되는 절대 왕권에 반대하는 풍자문 작성자들로서 성 바르돌로매 학살 사건 이후 프랑스 개신교 진영에서 그 첫 인물들이 등장한다.
231) [역주] 여기서 엘륄은 대립하는 인물과 집단을 나열함으로써 교회가 이런 대립하는 다양한 요소들로 구성됨을 설명한다.

때때로 이 공인된 교회는 권력이 도를 넘어섰을 때 은거와 대립으로 돌아갈 수밖에 없었는데, 프랑스 대혁명에서 1790년 성직자 기본법이 공표될 때 이 법에 대해 선서를 거부한 사제들이 이런 경우이다. 예를 들어, 히틀러 체제에 반대하는 1933년 바르멘Barmen 교회회의에서 고백 교회가 그러하고, 공산주의 체제에 맞서는 1953년 비진스키Wyszinski 추기경과 폴란드 교회도 그러하다. 그러나 이것은 역사 행로의 우발 사건일 따름이다. 화합이 가능해지자마자 이 저항하는 교회는 권력이 변하거나 혹은 합리적이 되었을 때 그 자체로서 권력에 대해 저항하기를 포기했다. 권력이 우상숭배 성향을 띠거나 혹은 이단적인 성향을 띨 때를 제외하고, 또 권력이 교회를 박해하기 시작할 때를 제외하고, 교회는 정치권력을 인정하고 떠받칠 수밖에 없다고 일반적으로 설명되었다. 이것은 가톨릭교회나 혹은 깔뱅 교회에 의해 마찬가지로 인정된 원리이다. 그런데 결국, 교회와 국가 간의 결탁은 지속적이지도 의견 일치를 이루는 것도 아니지만, 정치적인 것들과의 빈번한 교류에 의한 **계시**의 타락은 지속적이고 결정적이었음을 잊지 말아야 한다.

요약하자면, 국가의 인정을 받음으로 말미암아, 또 그리스도인과 교회가 정치에 끼어듦으로 말미암아 생겨났던 것은 변동인데, 이것은 바로 뒤집힘이다. **계시**는 인간질서와 사회와 권력 속에서 불가피하게 하나의 결별이었다. "나는 지상에 불을 던지러 왔다. 나는 평화를 주러 온 것이 아니라 칼을 주러 왔다. 나는 같은 집 식구들을 분열시킬 것이다"라고 하는 예수는 많은 이에게 있어 결별과 실추의 계기가 된다. 또한, 예수는 "세상이 너희를 미워하거든 세상이 너희보다 나를 먼저 미워했다는 것을 알아두어라"고 한다. 대화를 통해 인간의 삶에서 늘 결별이 생겨나듯이, 마찬가지로 **계시**의 개입을 통해 모든 집단과 사회에 결별이 생겨나고, 어떠한 제도와 기존 권력이든 간에 그 제도와 기존 권력은 불가피하게 문제시된 다.232) 그런데 정치권력과의 부적절한 관계를 통해 이 점은 변모되었다. 어떤 때는 기독교가 순응의 종교나 사회에 통합된 종교가 되었고, 사회 결속을 위해 유용한 것으로 받아들여졌다. 따라서 이것은 기독교의 근원 이나 진리에서 기독교의 존재와 반대된다. 다른 어떤 때는 기독교가 정치

---

232) 체제가 "부당하다거나" 혹은 "우파"에 속한다거나 혹은 "유물론적"이라는 사실과 이 점이 아무런 관계가 없음을 지적하자. 현재의 혁명 신학은 그 대상을 완전히 놓치고 있다. 사람들이 참조할 수 있으며 그 분석이 나의 분석과 일치하는 저서는 코스마오(V. Cosmao)의 『세상을 변화시키기』 Changer le monde(Paris, Edition du Cerf, 1981) 라는 책이다. 그는 "기독교의 왜곡"에 대해 이야기한다. 하지만, 그의 관점은 꽤 다르다. 즉, 본질적으로 그의 관점을 이루는 것은 제3세계와 관련된 활동이다. 그는 "해방신학자" 가운데 하나이다. 그러나 그는 왜 교회가 예언적이고 복음적인 메시지를 결국 저버렸는가를 알려는 질문을 제기하기에 이른다. 그의 일반적인 주제는 사회는 모두 두 가지 "사회학적 법칙"에 따른다는 것인데, 나는 이 두 법칙에 완전히 동의한다. 이 두 법칙에 따르면, 자체의 무기력에 빠진 "사회들은 불평등 가운데서 조직화하고", "사회들은 그 사회들의 주인이 되는 신들로 만들어진다.". 예수 그리스도 안에서 하나님의 계시는 분명히 이 두 법칙에 어긋나며, 그 계시를 통해 평등이 생겨나는 동시에 거짓 신들은 파괴되기 마련이다. 그런데 그는 기독교가 "세속 종교"의 역할, 다시 말해 국가의 역할을 거치면서 기독교 세계가 되었다는 점을 입증한다. 계시가 정치권력에 의해 인정되는 순간부터, 계시는 행정을 위해 만들어진 조직망의 토대 위에서 구조화되고 조직화한다.
수도회 소속 교회뿐 아니라 재속(在俗)교회도 로마제국의 조직을 본뜬 조직망 속에서 구조화된다. 로마제국이 무너질 때 교회는 결속의 유일한 요인으로 남는다. 이처럼 저항의 동인으로부터 불평등 속에서 사회의 구조화로 넘어감으로써 기독교는 불평등 속에서 조직화하는 사회들을 신성화하는 요인이 된다. 공식 종교가 되는 기독교는 모든 시민 권력이 고려해야 하고 시민 권력을 창출하려면 의존하게 되는 "준거로" 구성된다. 보편화하고 있었던 무질서에 정반대되는 로마제국의 형상은 교황권으로 집중된다. 교황은 서로마 제국 황제의 계승자로서 나타난다. 하나님은 질서의 수호자가 된다. 5세기부터 6세기까지 전반적인 무질서 속에서 안전이야말로 우선적인 관심사가 된다. 정치적 종류의 새로운 구조들의 출현을 조장하기 위해 교회는 그 구조들을 신성화한다. 교회는 한 집단을 위한 상대적인 안전을 유일하게 보장할 수 있는 직업 군인들이 사회 권력의 첫째 반열에 오르는 것을 허용한다. 하지만, 불안정하고 불행이 누적된 상황에 직면하여, 영생은 안정감을 주는 유일한 가망성임을 드러낸다.
이러한 영생의 종교는 사회 체제에 대한 신성화에 대응되는 것인데, 사회 체제 속에서 원칙적으로 군주들은 사제들에게 복종하나 사제들은 반드시 군주들의 편이 된다. 기독교는 어떤 사회, 곧 기독교 세계의 조직자가 된다. 그리고 이 사회에서 교회는 타락한 역할을 맡

적인 실재나 혹은 구체적인 실재 앞에서의 도피가 되었고, 영적인 것과 내적인 삶의 문화와 신비적인 것으로의 도피가 되었으며, 이 세상 밖으로의 도피가 되었다. 이 두 가지 왜곡은 보완적이다. 신학적으로, 이 두 가지 왜곡은 육체적인 것 앞에서 부끄러움으로 얼굴을 가리게 할 수 있는 성령과 사람들이 순응하는 육체적인 것을 분리하면서, 성육신을 부정하는 것

는 동시에 유익한 역할을 맡는데, 체제를 신성화함으로써 타락한 역할을 맡고, 가난한 자들을 보호하며 힘없는 자들을 옹호함으로써 유익한 역할을 맡는다. 이같이 세워지고 제도화된 기독교는 세상의 "세속 종교"가 된다.

서구 세계가 15세기에 세계적인 확장에 관여되어 있을 때 그 점은 빠르게 실패가 된다. 유럽인이 세계를 정복하면서부터 정복자와 사제 사이에 연결이 드러난다. 여기서 우리는 코스마오의 아주 새롭고 흥미로운 양상을 보는데, 곧 기독교 세계의 구조들을 강제로 이식하는 일이 식민지화의 구성요건이었다는 것이다. 그 민족들은 모든 영역에서 종속되고, 교회는 문화적이고 이데올로기적인 종속에 이바지한다. 그러나 예를 들어 라틴 아메리카에서 세워진 교회들은 모태 교회의 주변에서 민중들로부터 생겨나지만, 원래의 복음적인 진리를 지닌 가난한 자들의 교회라는 것이다. 그는 거기에 체험된 **계시**가 소생하는 과정이 있다고 판단한다. 신학자들에 앞서 라틴 아메리카의 가난한 자들은 복음의 하나님이 해방자임을 발견한다. "기독교 문명"을 수호한답시고 부여받은 권한으로 말미암아 이 "새로운 그리스도인들"을 박해하는 것은, 이 새로운 그리스도인들의 신앙고백과 초기 그리스도인들의 신앙고백 사이에 연속성이 있다는 징표이다. 그들은 질서를 유지하는 일과 "하나님의 법"을 수호하는 일이 똑같다는 것을 문제 삼는다. 결국, 엑스(X)에 대한 증인들은 16세기에 패배했다. 예수의 하나님은 새로운 제국의 요체가 된다. 코스마오가 기독교의 이러한 왜곡에 할애하는 설명은 이렇게 간단히 요약된다.

그는 우리가 지적한 것에다 한편으로 기존 권력에 대한 신성화라는 역할을, 다른 한편으로 세속 종교로서 기독교 제도의 궁극적인 실패와 더불어 세상에서 기독교 세계 체제의 확장을 덧붙인다. 물론, 아메리(Amery)에 있어서처럼 이러한 정확한 분석은 이 세상의 변화에 대한 연구에 토대 구실을 한다. 그가 보기에 중심 문제는 무엇보다 저개발이란 문제이다. 저개발에서 빠져나오려면 어떤 조건이어야 하는가. 첫째, 하나님이 질서의 수호자와 권세로 변모되었을 때 무신론은 사회 변화의 조건이 되고, 따라서 밀려오는 무신론은 선이 된다는 것이다. 하나님과 교회가 더는 부당한 질서의 보증인이 되지 않는다. 체제에서 신성함을 박탈해야 하고 체제를 비기독교화해야 한다. 진정으로 하나님을 입증하려면 기독교 사회를 포기해야 하고, 사회정의를 위해 투쟁해야 한다. 다시 말해, 불공정한 방식으로 조직되는 사회의 자연적인 경향에 맞서 싸워야 한다. 무신론으로부터 더 정의로운 사회 건설이 생각할 수 있게 된다. 이 무신론을 통해 계시된 진리에 그 자체가 재발견되는 기회가 부여된다. "종교 비판은 기독교가 기독교 세계로 파묻한 이후부터 기독교 역사상 가장 유익한 역사적 우발사건이 되었을 것이다." "역사적 필연인 무신론은 하나님의 복

이다. 사회학적으로, 이 두 가지 왜곡은 교회에 대한 정치적인 것의 작용 결과이고, 또 교회가 이러한 작용을 받아들인 결과이다.

> 귀를 위한 영역을 준비할 수도 있는데, 그 영역은 기존 무질서의 수호자가 된 하나님을 부정하기 위해서와 마찬가지로 사회의 균형을 위해서도 섬광을 발한다." 하지만 그때 모호함으로 가득한 일탈이 생겨난다.
> 코스마오가 세상이 죄 가운데서 구조화되기에 세상의 변화에 대한 참여가 예수 그리스도 안에서 하나님에게로 회심의 조건이 된다고 언급할 때 코스마오의 견해,를 따르는 것이 정말 올바르다면, 한편으로 인간들이 하나님은 자신들의 해방자이고 창조자임을 발견하는 것이 예속으로부터 스스로 해방될 때라는 점과, 다른 한편으로 꽤 불확실한 실체인 인류가 그 재화가 모두에게 귀속되는 지구가 맡고 있을 수도 있는 역사상 유일한 집단적 주체라는 점이 내게는 덜 분명한 듯이 보인다. 코스마오가 기독교의 왜곡을 분석할 때 그가 분명히 파악하는 그만큼이나 이 뜻밖의 사건의 해결책은 모호하고 불확실한 채로 남아 있다. 정의(?)를 위한 투쟁은 하나님의 말에 대한 경청의 선결 조건이다. 그는 공산주의에 대해 태도 표명을 하지 않지만, 무지에 근거해 있을 따름인 공산주의에 대한 그의 호감이 느껴진다. 그는 혁명과 하나님의 임재를 동일시하는 오류를 범한다. 그는 어떠한 폭군들을 쓰러 뜨려야할지 자세히 설명하지 않는다.
> 그가 민중의 관점에서 복음서를 읽어야 한다고 밝힐 때, 그는 성령을 몰아낸다. 그는 끊임 없이 인간에게 주도적 행위와 가능성을 회복시키는데, 이 점에서 그는 전통적인 가톨릭 신학자로 남는다. 이처럼 그가 "하나님은 인간에게 자신의 형상을 따라 자신이 존재하게 하도록 권유한다." (하나님의 형상이 되는 것은 인간에게 달렸다) 라고 기술할 때, 그것은 "인간은 소명에 의해 조물주가 되고, 세상을 조직하면서 자기 힘으로 자신이 존재하게 한다"라는 표현으로 즉시 보완된다. 결국, 아주 고전적인 방식으로 코스마오에 있어, 뜻이 확정되지 않은 정의는 엄밀히 말해 기독교 신앙을 표현하는 것으로 인정된 유일한 가치이다. 『세상을 변화시키기』라는 저서에서 자유와 진리는 거의 문제가 되지 않는다. 그는 모든 것을 인간의 행동과 실천으로 귀결시킨다. 그가 신학의 역할은 신앙의 실천을 이해하는 것이라 밝히면서, 그것들을 명명하지 않은 채 귀납적 신학을 위해 소위 연역적 신학을 거부하는데, 이 점은 내게 받아들일 수 없는 듯이 보인다. 이 저서는 기독교 세계의 오류들에 대한 새로운 해석을 위해 매우 중요한데, 사회주의화하는 어떤 이데올로기와 어떤 모호함이 벗겨진다면, 정치를 포함하여 인간의 모든 것과 관련된 계시의 요구를 진정으로 자각하는데 도움을 줄 수 있다.

제7장 허무주의와 기독교

> *하나님은 스스로 성육신하시어 낮고 천한 곳에 계시지만 교회는 하나님을 하늘 높은 곳에 모셔놓고 인간이 접근할 수 없게 신성시하였다. 교회는 주님의 뜻을 아는가 모르는가?* 편집자 주

허무주의의 원인과 형태

우리가 이론적이거나 혹은 철학적인 허무주의의 문제들을 다루려 하지 않는다는 점을 먼저 말해두기로 하자. 여기서 우리의 관심을 끄는 것은 체험된 허무주의인데, 그것은 19세기 말 러시아 허무주의자들의 실천 같은 좁은 의미에서 허무주의적 실천이 아니라, 삶 앞에서의 어떤 태도이다. 게다가 여기서 나의 관심을 끄는 것은, 모든 시대에 되풀이되는 어떤 표현인 인간에 내재한 허무주의라는 영속적인 문제가 아니다. 나의 관심을 끄는 것은 바로 현대 허무주의의 특수성, 더 정확히 말해 점진적으로 증대하는 허무주의의 특수성 및 오늘날 허무주의가 꽃피기까지 서구 세계에 완만히 뿌리내린 허무주의의 특수성이다. 우리는 허무주의가 어디든 퍼져 나가고 승승장구하는 것을 보는 이상, 이 문제는 불가피해진다. 실제로, 나치의 허무주의 이래 세계적인 허무주의가 다양한 형태로 전개된다.

아마도 허무주의는 다음 같은 두 사실에 기인한다. 첫째, 허무주의는 우리 세상을 이루는 모든 것과 종교처럼 인간이 결국 의미를 부여하고자 힘들여 만든 모든 것과 예술에서 미美나 정의나 진리 같은 가치처럼 특히 서구인이 세운 모든 것이 근본적으로 의심됨으로써, 또 그 자체로 지배적이고 충분한 듯이 보이는 어떠한 가치도 없다는 점이 발견됨으로써, 체험해 볼만한 어떠한 가치도 어떠한 의미도 우리 사회가 우리에게 제시하지 못한다는 사실에 기인하다. 둘째, 허무주의는 우리가 새로운 가치들을 재구성하고 만들어내며 결국 새로운 삶의 틀과 새로운 의미의 가능성을 수립하기에 충분한 힘도 활력도 에너지도 결심도 확신도 더는 갖고 있지 않다는 사실에 기인한다. 이것이 개인의 독단적인 결정에 따라 이루어질 수 없다는 점을 고려해야 하지만, 그 결과로 모두가 이 가치들을 실제로 믿고 받아들인다.

이처럼 우리는 완전히 놀라운 현상에 직면해 있고, 온통 허무주의적인 사회에 직면해 있다. 그런데 이 사실은 역사에 이미 존재했다. 막바지에 접어들거나 사라져가는 사회는 자체의 가치들을 부인한다. 하지만, 이 점은 일종의 붕괴와 밀접한 관계가 있다. 바로 이것이 우리 사회의 특성인데, 허무주의는 권세에 연결되어 있고, 어떠한 붕괴도 예고하지 않으며, 우리 경제와 기술의 견고한 구조들을 문제 삼지 않는다. 허무주의는 생산 제일주의와 소비와 효율성을 정확히 반영한 것이자 역으로 모방한 것으로 나타난다. 이 사회가 거부함으로써 체험되고 유발된 허무주의는 명백히 밝혀지지도 않고, 어떤 "선도자들"에 의해 되풀이되지도 않는다.

물론, 문인들은 본의 아니게 허무주의를 앞다투어 표현한다. 문인들에게서 허무주의의 명백한 흔적이 발견될 수 있지만, 문인들은 결코 허무주의의 선구자가 아니다. 예를 들어, 헨리 밀러[233]같이 가끔 본의 아니게 허무주의를 표명하는 지식인과 작가는 그들이 공통된 감정을 표현하는 한에서만, 또 그들이 그 시대의 정확한 반영인 한에서만, 그들의 작품이 선택되고 읽히는 것이지, 그들이 먼저 만들어내고 솔선해서 할 때는 절대 그렇지 않다. 게다가, 허무주의는 한 세기 전에 존재하는 가치들이나 혹은 더 전통적인 가치들과 관련해서만이 반드시 효력을 나타낸다. 이처럼 예술가들이 예술은 미를 위해서도 의미를 위해서도 쾌락을 위해서도 이루어지는 것이 아니라고 밝힐 때, 예술가들은 절대적 무위無爲라는 완전한 허무주의로 빠져든다. 그러나 이것은 하나의 유희이다. 어떤 사람에게 있어 그가 빠져든 허무주의는 유희가 아니지만, 그의 목을 조이는 것은 바로 삶의 부조리이다. 예술가들에게는 허무주의적이지 않을 가능성이 있는 모든 것을 파괴하고 거부하는 허무주의가 있는데, 그것은 「폭식」[234]이나 혹은 「마지막 여인」[235] 같은 영화이다.

예술가들은 주체와 저자와 주인공의 허무주의를 실행한다. 묘사해야 할 주체도 연극에서 주인공도 더는 없다. 소리와 색채와 의성어만 있을 따름이다. 인간은 사라진다. 문제는 바로 이러하고, 이것은 모든 것이 구조의 유희로 귀결되는 구조주의가 표현하는 바인 동시에, 우발 사건일 따

---

233) [역주] Henry Miller(1891-1980). 미국 소설가. 파리 생활의 경험을 토대로 한 대표작 『북회귀선』은 소설이라기보다 일종의 초현실파적인 파리 생활의 스케치이지만, 그의 반문명적 사상이 신선한 문체로 생생하게 묘사된 작품이다. 그의 작품 특성은 유연한 필치로 남녀의 성생활을 적나라하게 그려내는 것이어서, 그는 현대의 가장 논쟁의 대상이 되는 작가 중 하나이지만, 성性을 방패로 한 통렬한 문명 비판자로도 알려졌다.

234) [역주] *La Grande Bouffe*. 마르코 페레리(Marco Ferreri)가 감독한 영화. 각기 다른 직업을 가진 네 친구가 주말에 모여 음식을 왕창 먹고 집단 자살하려는 내용이다. 소비 사회에 대한 비판임을 자처하는 이 영화가 나올 때 많은 논란을 불러일으킨다.

235) [역주] *La Derniére Femme*. 마르코 페라리(Marco Ferreri)가 감독한 영화. 혼자 아이를 키워야 하는 남자가 탁아소에 맡긴 아이를 데리러 가다 만난 보육전문가인 여인을 만나 동거하면서 생겨나는 갈등으로 말미암아 전기 칼로 결국 스스로 거세하고 만다는 내용이다.

름이었던 인간의 종말을 예고하는 자신의 유명한 문장에서 푸꼬236)가 표현하는 바이다. 주체는 가증스러운 듯이 보이고, 주체는 제거된다. 그것은 객체의 승리이며, 특히 허무의 승리이다. 결국, 의미의 허무주의란 아무것에도 어떤 의미가 더는 없어야 하고, 성과도 기록된 페이지도 없다. 의미를 찾는 것은 나약함과 지적 결핍처럼 보인다. 거기서 구조주의 언어학은 진보의 절정에 이르렀다. 하지만, 이것은 지식인과 작가의 문제만은 아니다. 정치적 허무주의도 존재한다. 이것은 나치주의 같은 극단적인 교리에 의해서라기보다 수단이 극도로 밀집된 데서 나타나는 무력함에 의해, 또 현실에 대한 근본적인 불일치에 의해 더 특징지어지는 정치적 허무주의다. 마비 환자 같은 무력함이 드러나는 것은, 가장 극단적인 힘과 엄밀함과 절대주의와 통제 속에서이다.

추상과 이데올로기에 의해, 또 권력을 통해 야기된 유혹과 최면에 의해 정치 전체가 실재 밖에서 돌아가는 사이에, 권력은 현실에 대한 다른 모든 정치적 이해를 차단하고 다른 형태를 발견하려는 다른 모든 가능성을 차단한다. 이러한 허무주의는 나치주의자와 자유주의자와 공산주의자에게서도 똑같다. 하지만, 우리가 언급했듯이 이 방향들과 일반적인 실천이 일치되지 않는다면, 이 모든 것은 별로 중요하지 않을 것이다. 의미 앞에서 도피하는 것, 의미 없이는 살아갈 수 없는 것, 자살을 시도하거나 혹은 자살하는 것은 주로 젊은이에게서 일어난다. 이것이 자아에 대한 허무주의이다. 그러나 이것 역시 테러행위이며, 사회에 대한 근본적인 비관주

---

236) [역주] Michel Foucault(1926-1984): 프랑스의 철학자. 정신 의학에 흥미를 느끼고 연구하면서 서양문명의 핵심인 합리적 이성에 대한 독단적 논리성을 비판하고, 소외된 비이성적 사고, 즉 광기의 진정한 의미와 역사적 관계를 파헤친다. 또한, 인간의 지식은 어떤 과정을 거쳐 형성되고 변화하는지 탐구하고 해답을 모색한다. 이 과정에서 각 시대의 앎의 기저에는 무의식적 문화의 체계가 있다는 사상에 도달한다. 그리고 억압적인 권력의 구조를 예리한 통찰력으로 파헤치며, 정신병의 원인을 사회적 관계 속에서 밝히려 한다.

의이다. 더 근본적으로, 이것은 그 수준이 어떠하든 간에 현실을 고려하기를 거부하며 특히 자체의 활동을 거부하는 허무주의이다. 즉, 이것은 이상적이고 교조적으로 틀을 맞추려고 50년 전부터 실재를 배제하는 공산주의자의 허무주의이다. 가치를 만들어 낼 수 없다는 것은 있는 그대로의 실재와 마주치기를 거부하는 것과 불가피하게 겹친다.

허무주의와 기독교

하지만, 이렇게 허무주의에 대해 간략히 개괄적으로 기술한 이후, 내가 다루려는 주제는 허무주의와 기독교의 관계이다. 신학적 문제를 다루지 않고서도 두 방향이 즉시 식별된다. 우선, '주의' 主義에 의해 깊이 영향을 받은 집단적이고 사회학적이며 역사적인 영역이다. 기독교는 사회적 역할을 맡았는데, 이 사회적 역할은 사람들이 기대하는 바와도 일치하지 않았고, 신앙을 전제로 하여 기대될 수 있는 바와도 일치하지 않았다. 반면에, 신앙으로 **계시**에 동조하는 사람에게 있어 진리가 되며 그런 식으로 여겨지게 마련인 기독교적인 메시지의 실재, 곧 성서에 따른 **계시**가 있다. 그러나 어려움은 두 측면을 그리 분명하게 대립시킬 수 없다는 점에 기인한다. 기독교는 교회 권력 당국에 의해 대표될 뿐 아니라, 숨겨진 흐름과 은밀한 활동에 의해서도 대표된다. 역으로, 진정한 신자는 홀로 있는 것이 아니라, 자신의 신앙으로 말미암아 신자들의 어떤 공동체에 속해 있으며, 역사·사회적인 행동에 대해 이 공동체에 내려질 수 있는 판단에 연계된다. 이와 동시에, 진정한 신자는 역사적 연속성에도 연계된다.

내가 개인적으로 신앙에 동조한다는 점을 통해, 나는 신앙의 사회학적이고 정치적인 차원과 더불어 역사적 흐름에 참여한다. 나는 선조가 행했던 모든 것을 단죄하면서, 내가 진실하고 참되며 순수하다고 밝힐 권리가 없다. 나는 지나간 시대의 교회를 거부할 수 없다. 나는 "성도의 교제"[237]에 의해 이 교회에 속해 있다…. 그런데 첫눈에는 기독교가 모든 면에서 허무주의에 반대되는 듯이 보일 수도 있다. 하지만, 불행히도 사정이 그리 단순하지 않다. 기독교는 현대 허무주의의 역사적인 악 전체의 근원에 있다![238]

1. 책임

허무주의 출현에 대한 기독교의 책임은 절대적 **초월**, 신성의 박탈, 죄라는 세 가지 주제로 귀결될 수 있는 듯이 보인다.

전적 타자, 절대자, 초월자로 표명되는 유대 · 기독교의 하나님은 성육신에도 불구하고 더는 **지상**에 존재하지 않는다. 하나님이 정화되고 추상적이 되고 숨겨질수록 더 인간은 박탈되고 자신의 지상의 차원으로 귀결되고 격하된다. 그것은 하늘에 있는 접근할 수 없고 너무도 순수한 하나님이며, 인간에게는 어떠한 준거도 없다. "하나님이 죽으면 모든 것이 가능해진다"가 아니라, "하나님이 영원한 자라면 인간은 혼자서 해결하기만 하면 된다"는 것이다. 그런데 이 점은 다음 같은 부수적인 결과와 더불어 생겨났다. 즉, 하나님의 절대성은 인간의 보잘것없는 가치들, 단순한 상대적인 유용성, 존경의 지표와 행동 혹은 순종의 지표와 행동을 허무로 만들어 버렸다. 상대적인 모든 것은 평가 절하되었다. 그것은 하나님의 절대성이거나 그렇지 않으면 허무였다. 어쩌면 내가 부풀려 말하는 것일

---

237) [역주] communion des saints
238) 물론 기독교가 현대 허무주의의 유일한 요인도 유일한 원인도 아님을 상기시키는 것은 아마 쓸데없는 일이다!

수도 있다. 하지만, 이 계시를 감당할 수 없음이 너무도 생생히 느껴졌기에, 몇 세대에 걸쳐 신학자들은 사회문제와 도덕과 정치 등과 같은 인간의 가치들을 회복시키는 데 전력했고, 인간이 살아가는 데 없어서는 안 되는 듯이 보이는 모든 것과 계시 사이에 통합을 추구하는데 전념했다.

마찬가지로, 사람들은 예술이나 혹은 법을 정당화하려고 애썼고, 절대적 신성神性과 필연 사이에 연속성, 곧 자연의 중재에 힘입어 흔히 세워진 연속성을 수립하려 애썼다. 그렇다고 해도 기독교는 기독교가 표명했던 바가 부정되는 것을 어디서든 받아들였다는 점에서는 변함이 없다. 결국, 사람들은 그 이름이 불릴 수 없는 하나님이자, 다른 신들이나 인간의 가치들과 유사할 수 없는 하나님이자, 따라서 몰아내거나 혹은 축소할 수 없는 영원한 비판 요인인 하나님을 부인할 수 없었다. 거기에는 사용할 수 없는 초월적인 차원이 있었고, 이 때문에 가장 박식한 이론 정립에 있어서조차 하나님은 파악할 수 없는 존재가 다시 되고 말았다. 그런데 이 파악할 수 없는 존재에 의해 그 이론 정립은 즉시 재검토되었다. 이처럼, 초월은 한편으로 하나님을 세상 밖으로 몰아내는 것이었고, 세상을 배경도 없고 의미도 없으며 삼차원도 없는 세상의 유일한 실재로 한정시키는 것이었다. 이와 동시에 초월은 이 세상 안에 있던 모든 것을 상대화하는 것이었고, 결국 세상을 가치 없게 만드는 것이었다. 방어물도 없이 힘도 없이, 말 그대로 인간은 어찌할 바를 모르는 채로 있었다. 인간은 자신을 보호하며 자신에게 의미를 부여하고자, 신성한 것을 만들어냈고 무언가를 신성화했다. 하지만, 계시의 절대성 속에 있는 기독교는 이 신성한 것을 파괴했고, 그 대신으로 아무것도 제시하지 않았다. "신앙을 가진" 자만이 여전히 존속할 수 있었다. 그러나 다른 모든 사람은 어떻게 되는가…. 마찬가지로 기독교는 인간이 그 종교들에 힘입어서 또 그 종교들로부터 오는 정신적이고 심리적인 용기와 더불어서 존속할 수 있었던 종교들을 파괴했지만, 기독교는 종교가 아니므로 그 종교들을 대체할 수 있던 아무것도 인간에게 제시하지 않았다. 기독교는 인간의 종교적 욕구를 충족시키지 않으며, 오히려 기독교의 본질과 진리에서 인간의 종교적 욕구와 어긋난다.

기독교는 기독교 자체가 다른 종교들보다 우월한 종교라고 내세우지 않았으며, 오히려 모든 종교가 날조된 신적인 세계에 인간을 묶어두기에 기독교는 반反종교이다. 아마도 기독교는 끊임없이 다시금 하나의 종교가 되곤 했지만, 기독교는 가치 통합을 위해서인 듯이 비판을 제기했고, 다른 것으로 돌릴 수 없는 부분을 제시했다. 다시 말해, '기독교적인 종교' religion chrétienne는 예수 그리스도 안에서 계시된 절대성에 의해 끊임없이 재검토되었다. 그래서 인간은 자신의 종교적인 세계에 살았을 때보다 더 초라하고 헐벗은 상태에 놓였다.

이것은 도덕과 똑같은 과정이었다. 사회에 의해 인정되고 받아들여진 도덕들을 만들어내는 일이 가능했다. 그러나 성서의 하나님은 도덕들에 대해 완전히 부정적이다. 진리인 하나님의 계명이 있다. 어떠한 도덕도 **지금 여기서**hic et nunc로 부터 수립될 수 없다. 기독교 도덕을 수립하려는 온갖 노력에도 불구하고 기독교 도덕이란 없다. 기독교적인 모든 도덕은 **계시**를 받았던 자에 의해 파괴되는 즉시, 도덕의 원리와 실현에서 성령의 근본주의에 따라 부인되곤 했다. 도대체 인간에게 무엇이 남았다는 말인가? 분명히 이 모든 것을 어떤 것으로 대체해야 했는데, 이것은 성령을 탈취하는 교회 당국이었다. 이스라엘의 하나님, 그다음으로 예수 그리스도의 하나님은 타협이 없는 절대자였는데, 이 점을 통해 세상의 질서와 우주적인 균형이 파괴된 동시에, 사회의 질서와 균형이 파괴되었다. **천국**과

지상 사이에 어떠한 연결도 가능하지 않았다. 근본적이 되고자 이 계시는 지상을 향해 인간을 내던졌다. 하지만, 이것은 신들이 없던 **지상**, 곧 의미도 신성한 것도 더는 없던 **지상**이었다. 자연이 부여받은 신성한 것을 통해 인간의 지나친 지배에 맞서 이 환경이 보장되었다. 신성한 것은 존중심을 불러일으켰다. 그러나 이제, 기독교에 의해 초래된 비신성화로 말미암아 자연계는 단지 사물로 구성되는데, 이것은 어떠한 존중심도 불러일으키지 않는다. 그래서 어떠한 한계도 더는 없다. 인간은 영혼 없는 이 세상에 대해 아무 짓이나 할 권한을 은연중에 부여받는데, 자신의 상상력과 수단이라는 장애물 외에는 다른 장애물이 없다. 인간의 수단이 늘어날 때 자연 그대로의 자산의 사용도 늘어나는데, 그것은 낭비이자 탕진이다.

물질적인 것과 영적인 것 사이에 균형에 대한 염려가 더는 없듯이, 금기사항도 금지된 영역도 더는 없다. 모든 것은 이용될 수 있고 이루어질 수 있다. 누군가가 이런 관점에서 혹은 저런 관점에서 행동하든 결국 마찬가지이고, 즉각적인 유용성이라는 기준만이 있다. 물론 이 점은 기독교 정신과 완전히 반대되지만, 기독교가 세속화되었을 때 세상을 기독교화한 데서 생겨난 분명한 결과 중 하나이다. **지상**을 향한 초월의 근본성에 의해 내던져진 인간은, **지상**에서 어떠한 기표記票:signifiant도 가치도 발견하지 못한다.

이 과정에는 기독교 자체에 대한 비판이 수반되었는데, 이 기독교 비판은 기독교 안에 포함되어 있었으며 비판적인 **초월자**로 말미암아 생겨날 수밖에 없었다. 우리가 언급했듯이 기독교는 가치뿐 아니라 사회적 실천을 동화했거나 혹은 없앴기에, 기독교에 대한 거부는 허무주의로 귀결된다. 여기에는 사회적이고 정치적인 실천들의 허무주의도 포함된다. 다시 말해, 이것은 아무런 대책 없이 사회적이고 정치적인 실천들을 온갖 방향에서 불러일으킬 가능성이다. 또한, 이것은 어떠한 외적 기준이 더는 없어서 이 지나침에 대해 의문을 제기하지 않은 채, 그 실천들을 극단으로 밀고 나갈 가능성이다. 수단들은 그 자체로 법이 된다. 이 허무주의는 자유의 색깔을 띤다. 오늘날 어리석은 이들은 끊임없이 도덕과 법이라는 금기사항을 물리치려 한다. 그들은 히틀러가 전형적인 모델인 허무주의 정신에 자신들이 사로잡혀 있음을 단지 모른다.

기독교적 확신으로부터 허무주의를 확장시키는 마지막 요인은 분명히 죄의 중요성이었다. 아마도 가톨릭은 그 위험을 얼핏 보았고, 이 때문에 가톨릭은 죄의 중대성을 완화했으며, 인간이 죄에 억눌리는 것을 피하도록 일련의 인간적인 수단들 전체를 만들어냈다. 하지만, 근본적인 기독교와 종교개혁은 인간의 이런 상황을 늘 강조했다. 그런데 인간이 행하는 모든 것과 인간의 존재 전체는 이 숙명 속에 있다. 인간은 자기 힘으로 아무것도 할 수 없고, 어떠한 선이나 미나 진리에 도달할 수 없다. 모든 것은 의도되자마자 부패하고 날조된다. 각각의 행위와 결정과 계획은 죄의 근본 상태를 드러낸다. 인간이 하나님으로부터 분리된 순간부터 인간은 빠져나갈 수 없는 악 가운데 자리 잡고 있고, 인간이 행하는 모든 것을 통해 악이 생겨난다. 실제로 인간은 하나님으로부터 분리되어 있다. 아마도, 기독교는 이러한 인간을 은총 속에 위치시켰다. 우리는 이 점을 다시 보게 될 것이다. 하지만, 모든 것을 왜곡시키고 **계시**의 균형을 깨뜨리는 두 현상이 생겨난다. 우선, 복음을 전하는 설교에 의해 저질러지는 인간의 이 상황에 대한 과장이다. 18세기부터 19세기까지 주로 개신교 설교자들의 한 가지 흐름이란, 우선 죄인인 인간에게 호통을 치고 가차없는 파멸을 예고하는 것이었다. 몇 세대에 걸쳐 그리스도인은 그러한 설교만을 들었을 따름이다. 다음으로, 앞서 언급한 사항에서처럼 기독교의 세속화인데, 기독교의 세속화는 구원자인 하나님에 대한 준거를 상실하면서 악하고 완전히 타락한 인간에 대한 이러한 관점을 계속 간직했다. 이 점을 통해 허무주의에 이를 수 있을 뿐 아니라, 다음 같은 확신에 이를 수 있음이 이 상황에서 이해된다. 즉, 어떠한 치료책도 해결책도 보상도 없어서, 근본적인 비관주의에 빠져 있고 극단적인 상황에 있으며 개인적인 차원에 있고 자살의 지경에 놓인 이러한 인간으로부터 선한 아무것도 기대할 수 없다는 확신이다.

기독교에서 비롯된 이 다양한 방향들은 **계시**의 성과가 아니라 역사적으로 **계시**의 산물인데, 이 방향들은 역사적으로 구현되었다. 우선, 잘 알려진 이 사항에 대해 강조할 필요가 없는데, 이것은 신성의 박탈을 통해 기술의 발달과 무제한적인 세상의 개발이 허용되었다는 점이다. 인간은 허무주의에 빠져 있으면서도 자신에게 모든 것이 허용된다고 생각했다. 또한, 그리스도인도 창세기에 힘입어 이 가능성을 입증하는데 전념했는데, 땅을 개발하도록 하나님이 인간을 선정했다거나[239], 그렇지 않으면 창조는 단순한 초안으로서 인간이 창조를 성공적으로 수행하는 책임을 맡았다는 것이다…. 재빨리 두 흐름은 결합한다. 즉, 인간은 이 땅을 도를 넘어서 개발할 모든 자유를 갖고 있으며, 그렇게 하도록 하나님이 인간을 선정하기조차 하고, 따라서 인간이 행하는 바는 정당하다는 것이다. 하지만, 이와 동시에, 인간은 근본적으로 죄인이고 자기 안에 있는 절대적인 악을 확신하는데, 이 점을 통해 인간의 활동이 사라지는 것이 아니라 인간의 기쁨과 삶의 이유가 사라진다. 이처럼 세상에 대한 부정은 자기 자신에 대한 부정으로 이어지고, 죄인인 인간에 대한 악용은 암담한 의무와

---

[239] 하지만 인간은 땅으로 자신이 원하는 것을 만드는 데 자유로웠고 따라서 땅을 파괴하는 데도 자유로웠다! [본문을 역자가 각주로 설정]

불길한 힘에 넘겨진 세상에 대한 악용으로 연결되며, 종말에 대한 강박관념으로 연결된다.

죄의 결과로서 문명의 모든 소산은 그 기원부터 치욕의 흔적이 남아 있고, 사회에게서 오는 모든 것은 악하며, 모든 것은 파괴될 수밖에 없다. 이러한 기독교적 확신에 의해 지나친 파괴 행위가 완전히 준비되었다. 지나친 파괴 행위는 공식적으로는 배제되고 잊혀지지만, 인간의 가장 깊은 곳에는 남아 있다. 이처럼 신성한 것을 파괴함으로써 자연에 대한 허무주의가 생기고, 죄에 대한 확신으로 말미암아 인간과 사회에 대한 허무주의가 생긴다. 아마도 다음 같은 문제가 남아 있다. 즉, 내가 여러 번에 걸쳐 기독교의 '속화' 俗化:laïcisation나 혹은 '세속화' sécularisation에 대해 언급했지만, 이 모든 것은 사라졌어야 했다는 것이다! 여기서 우리는 아주 특이한 현상에 직면한다. 무엇이 사라지는가? 예수 그리스도의 신성, 하나님이 **아버지**라는 사실, 은총과 용서, 하나님의 일에 의한 구원 계획과 해방 계획, 우리가 있는 세상이 창조된 것이라는 사실, 섭리, 약속, 부활, 새로운 창조를 향해 방향 설정된 역사의 의미가 사라진다. 바로 이것이 세속화 과정에서, 정신분석학과 역사학과 심리학 같은 다양한 과학에 나타나는 과학적인 부정에서, 정치적 부정에서, 조잡한 상식에서, 마르크스주의적 유물론의 공격에서 문제시되는 메시지이다. 하지만, 나머지는 세심하고 소중하게 간직된다.

아마도 현대 철학과 심리학과 정신분석학은 인간을 "해방하기" 위해 죄와 죄의식과 책임감이라는 개념에 확고히 맞서 싸웠다. 그리하여 아주 이상한 현상이 생겨났다. 즉, 인간은 죄, 특히 원죄가 중요하지 않고 책임이란 없다고 마침내 확신하고서 원하는 바를 제한 없이 행할 수 있다. 그런데 이 점은 "선"을 위한 자유롭고 열린 행동으로 즉시 나타나는 것이 아나라, 광적인 이기주의와 타인에 대한 경멸과 독점 의지와 지배 의지로 나타난다. 인간은 자신이 죄인이 아니라고 확신하기 시작했던 순간, 인간은 자신의 주변에서 무엇을 보며, 텔레비전에 의해 전달되는 수많은 영상을 통해 인간에게 무엇이 제시되는가? 페스트, 기근, 살육, 집단 학살, 아무리 고결한 의도라도 매번 수많은 처형으로 끝나는 전 세계에서 쿠데타, 잔인하고 독단적인 독재의 정착, 억압과 살인과 증오로 변한 사회주의, 기술 수단에 의한 지구의 피폐가 매일 우리 눈에 비친 지옥의 광경이다.

물론, 우리는 죄라는 용어로 그것을 더는 표현하지 않는다. 하지만, 어떻게 인간이 악하다는 확신을 하지 않을 수 있을까? 만일 인간이 악하다는 점이 받아들여지지 않는다면, 악한 것은 인간이 아니라 정치 체제와 조직과 제도라는 것이다. 그래서 분명히 그것들을 파괴해야 한다는 것이다. 억눌리고 숨겨져 있으나 늘 잔존하는 기독교적 이미지에 덧붙여지는 이 광경은, 치유될 수 없는 이 절대적인 악이 소멸할 수밖에 없다는 확신에 이르게 한다. 또한, 절대적인 악이 치유될 수 없다는 점과 관련하여, 하나님만이 절대적인 악에 대처할 수 있겠지만, 하나님은 존재하지 않으며, 이 점은 우리가 처한 재난을 통해 충분히 입증된다. 가장 합리적인 이들도 지금 일어나는 일을 보면 죽음의 현기증에 사로잡힌다. 죄에 대한 확신으로부터 세상에 내려진 판단을 통해, 파괴의 광신자, 알렉산드리아의 수도사와 고행자, '창고 약탈자'240), 천년왕국설 신봉자, '요한계시록의

---

240) [역주] circoncellions: 고대 로마 시절 추수 때나 올리브 수확기에 곡물창고를 옮겨 다니며 품을 팔던 계절노동자나 아프리카 일용노동자를 가리킨다. 그들은 자신들의 빈곤을 토지 주인이나 로마 관리들의 책임으로 돌리면서, 창고의 비축 물을 차지하려고 무장을 갖춰 곡물창고나 물품창고를 습격하기도 한다. 그들은 자신들의 열악한 경제적 상황을 로마에 의해 탄압받던 도나투스파 교도의 상황에 견주면서, 재빨리 도나투스파 교도들과 혼합된다. 따라서 그들의 운동은 가톨릭에 반기를 들 뿐 아니라 로마에도 반기를 드는 것이 된다. 그들은 로마의 탄압을 받아 군대에 의해 학살당하기도 하고 집단으로 화형이

기사' 241)가 주기적으로 나타나곤 했다. 하지만, 이제, 엄습하는 악의 구체적인 장면이 예전의 내용에 덧붙여진다. 될 수 있는 한 빨리 지옥인 이 사회를 없애야 한다. 이러한 종류의 허무주의적 현기증이 일반화되어 유혹하는데, 이 현기증은 집단 자살 가능성이 존재함으로써 또 우리 역사와 인류를 끝장내는 무기의 힘으로 유발되고 적어도 북돋워진다.

기독교로부터 이러한 허무주의까지의 흐름은 이렇게 이루어졌다. 우리 수중에는 더는 아무것도 남아 있지 않다. 기독교는 기독교가 아닌 모든 것을 파괴했고, 나아가 기독교 자체를 파괴한 자체의 모순을 그 안에 지니고 있었다. 우리는 엄청난 파괴 수단 앞에 있을 따름이다. 또한, 우리는 약속으로 가득한 수단이지만 그 수단이 적용되면 모든 분야에서 재난을 불러일으키는 수단 앞에 있을 따름이다. 기독교의 책임은 다른 곳으로 전가될 수 없을 것이다.

2. 모순

어쨌든 우리 앞에 남은 이해하기 어려운 문제는 다음과 같다. 즉, "어떻게 이런 일이 일어날 수 있었는가?"이다. 또한 "어떻게 기독교 **계시의**

나 처형을 당함으로써 순교자로 떠받들어지는데, 사회적 요구가 종교적 광신으로 이어진 것이라 볼 수 있다.

241) [역주] 요한계시록의 기사. 요한계시록 6장에 나오는 네 마리 말을 탄 기사로서 천상의 신비한 인물을 가리킨다고 여겨진다. 부활한 예수의 형상인 어린 양이 네 개의 첫 봉인을 열 때 그 말들이 나타나기 때문에, 그 기마행렬은 세상 종말의 시작을 예고한다고 본다. 네 말의 상징적 의미에 대한 해석이 다양한 시대에 걸쳐 등장하는데, 흰말을 탄 기사는 하나님의 말씀을, 붉은 말을 탄 기사는 전쟁을, 검은 말을 탄 기사는 기근을, 푸르스름한 말을 탄 기사는 역병에 의한 떼죽음을 상징한다고 일반적으로 알려졌다. 엘륄도 자신의 저서 『잊혀진 소망』*Espérance oubliée* (대장간, 2009, p.413) 에서 흰말을 하나님의 말씀으로 보고 네 말의 경주를 역사의 흐름으로 간주한다.

진정한 표현뿐 아니라 기독교적인 삶242) 자체가 그렇게 완전히 뒤바뀌고 근본적으로 변질할 수 있었는가?"이다. 늘 같은 질문이지만, "어떻게 순수한 금이 싸구려 납으로 변했는가?"이다. 또한 "인간의 행복과 자유를 목표로 삼는 사회주의가 무자비한 독재인 스탈린주의나 혹은 마르크스주의가 되었는가?"이다. 그리고 "과연 악마는 존재하는 걸까?"이다. 결국, 문제를 기독교에 한정시키기로 하자. 왜냐하면, 기독교와 기독교 **계시**보다 더 허무주의를 완전히 부인하는 것이 없기 때문이다.

다음 같은 반론은 이제 배제해야 한다. 즉, "**계시**가 언급하는 바나 혹은 예수의 삶이 나타내는 바는 별로 중요하지 않다. 유일하게 중요한 것은 그리스도인이 **역사**를 통해 행했던바, 곧 그리스도인이 문명의 흐름과 문명의 유형으로서 만들어낸 바이고, 또한 개인 자격으로 그리스도인이 경제적 측면에서, 곧 자본주의자로서 어떻게 처신하는가이다. 개별적으로 독실한 그리스도인이 있을 수 있으나, 그들은 중요하지 않다…." 이 질문은 심각하면서도 잘못되어 있다. 실제로 첫 번째 오류는 기독교 국가나 혹은 기독교 사회를 만들려는 것이었는데, 기독교는 이 **계시**에 대한 신앙에 기초한 인격의 변화일 따름이었다. 기독교는 집단적이 아니다. 사회도 아니고 하물며 권력도 아닌 특수 집단인 교회 안에서만 다수성이 존재한다. 두 번째 오류는 기독교 이데올로기의 몇몇 편린과 뒤섞인 사회·경제적 혼합물 전체를 휩쓸어가는 집단 저작물에 따라 기독교를 판단하는 것이다. 그렇기는 하지만 기독교 세계라 불렸던 것이 결국 이것이었는가? 또 그리스도인들은 이것을 내세웠는가?

기독교 신앙은 반反허무주의이다. 성서는 근본적인 구조에서 모든 허

---

242) 기독교적인 삶의 모범이며 기독교적인 삶에 실제로 유일하게 부합하는 것은 예수의 삶인데, 예수의 삶에 대해서는 어떠한 부인도 성립되지 않는다.[본문을 역자가 각주로 설정]

무주의를 배제한다. 나는 세 가지 점을 상기시킬 것이다.

기독교의 반反허무주의

먼저 **창조**인데, 창세기에서 창조에 대한 이야기는 구체적인 실재에 대한 묘사가 분명히 아니다. 즉, 중요한 것은 존재하는 바를 설명하는 일이 아니며, 이것은 기원의 신화와 조금도 관계된 것이 아니다. 하지만, 결정적인 사실은 **창조주**의 현존 및 이 창조주와의 관계이다. 다시 말해, **새로운 것과 아르케**243)를 만들어내려는 의지, 곧 독단적이거나 부정적인 의지가 아니라, 긍정적이며 사랑에 통합된 의지이자 사랑을 표현하는 의지를 나타내는 결단이 존재한다는 것이다. 현존하는 세상은 이러한 의지에 따라서만이, 또 이러한 의지와 관련하여서만이 존재할 따름이다. 그래서 어떠한 비관주의나 허무주의가 있을 수 없다. 하지만, 이러한 의지, 곧 이 의지의 비제약적인 절대성은 이 의지의 실상에서는 변함없이 그대로 존속하나, 이 의지의 표현과 "방식과 수단"에 있어서만은 변하기 때문에, 인간 쪽에서 거부와 결별이 있을 때 비관주의나 허무주의가 있을 수 있다.

이 창조주와의 관계는 인간이 자유로운 동시에 자율적이 아님을 전제로 하고, 또한 긍정적인 면에서 인간이 스스로 자기 자신과 세상에 대한 규범이 될 수 없음을 전제로 하는데, 인간이 스스로 이러한 규범이 될 수 있는 것은 부정적인 면에서일 따름이다. 출발부터 인간은 책임을 지기로 되어 있는 책임자로 임명되지만, 단지 책임자일 뿐이다. 인간에게는 강요되거나 미리 정해진 어떠한 행위도 없다. 창조주로서 하나님의 지명이란, 인간이 하나님과의 관계에서 독립하려 할 때 사랑으로서 하나님은 창조

---

243) [역주]Arkhè: 고대 그리스 철학의 한 개념으로서 세상의 기원과 토대와 시작 혹은 만물의 처음 원리를 의미한다. 따라서 우리말로는 '처음, 시초'로 일반적으로 옮길 수 있고, 철학 용어로는 '원리'로 옮길 수 있다.

물의 결정과 독립조차도 존중하는 것을 의미한다. 하지만, 이 창조주는 **존재** 자체이기 때문에 어떠한 허무주의도 있을 리 없다. 인간은 모든 것을 문제 삼을 수 있으나, 하나님의 죽음과 관련된 인간의 호언장담에도 불구하고 인간은 자신의 창조주에 도달할 수 없다. 귀착점으로 남아 있는 것은 창조주이다. 아무것도 역사적 우여곡절에 좌우되지 않는다. 물론, 상황적인 사건에 중요성이 있다. 왜냐하면, 인간이 **창조주**와의 긍정적인 관계나 혹은 부정적인 관계를 나타내고 **새로운 것**의 가능성을 열거나 혹은 닫는 것은 거기서이기 때문이다. 하지만, 세상은 창조물이기 때문에, 세상은 인간의 결정을 근거로 하는 것이 아니라 창조주의 사랑을 근거로 한다. 인간이 이러한 창조를 이해한다면, 개발과 파괴에 자신의 온 힘을 쏟을 수 없다. 문제 되는 것이 **자연**이나 혹은 어떤 환경이 아니라 **창조**라는 사실 자체에 의해 인간의 수단은 제한되어 있다.

    기독교 **계시**와 허무주의 사이에 근본적인 모순의 두 번째 측면은, 역사가 내재적 방식으로 보유할 수 없으며 인간이 없앨 수도 있는 어떤 의미, 하지만 역사가 받아들이는 어떤 의미가 역사에 부여된다는 사실에 기인한다. 여기서 우리가 놀라게 되는 새로운 이유와 마주친다. 실제로, **자연**과의 관계 및 하나님과의 관계 문제를 철학 용어가 아닌 역사 용어로 처음으로 제기한 것은 이스라엘이다. 다시 말해, 이 하나님은 거기서부터 예수와 더불어 임마누엘244)이 나오는 **역사** 속에 있는 하나님이며, 자신의 행동의 흔적을 이 역사 속에 남기는 하나님이라는 것이다. 역사에서 하나님은 인간과 더불어 나아간다. 따라서 **역사**에 어떤 의미가 있다면, 이것은 형이상학적 의미도 초역사적 의미도 아니다. 유대·기독교의 독특함은 다음과 같다. 즉, **역사**에는 그 자체로 내재적이고 내포된 의미도 없지

---

244) [역주] 임마누엘. 히브리어로 '하나님이 우리와 함께 있다'는 뜻이다.

만, 그렇다고 측정할 수 없는 미지의 외부세계로부터 오는 의미가 있지도 않다. 역사가 역사의 전개에 따라 의미를 띠게끔 하고, 각 상황과 뜻밖의 사건에다 읽어내야 할 어떤 의미가 있게끔 하며, 역사에 긍정적인 결말이 포함되게끔 하는 것은, 사건·인간의 흐름 속에 있는 하나님의 현존이다. 따라서 무한한 반복이든, 끊임없는 진보이든, 불가피한 엔트로피245)이든, 사회주의를 향한 어쩔 수 없는 전진이든, 소음과 광기, 곧 멍청한 자에 의해 기술된 미친 자의 역사이든 간에, 오늘날 의례적인 해석방식을 우리로 하여금 거부하게끔 하는 것은 사건·인간의 흐름 속에 있는 하나님의 현존이다.

이 모든 것은 기독교 사상과 기독교적 삶과 기독교 신앙에서 받아들일 수 없을뿐더러 기만적이기도 하다. 왜냐하면, 긍정적이지만 묘사할 수 없는 어떤 의미 속에서 전개되는 관계, 곧 그 관계 속에서 창조주가 종말이 무질서나 혹은 **허무**도 아니고 세상에서 가장 좋은 것의 단순한 반복도 아님을 단언하는 관계가, 역사가 진행됨에 따라 역사에 자리 잡기 때문이다. 설사 긍정적인 종말이 우리에게 보장되더라도, 우리의 주도적 행위에 맡긴 지금의 앞으로 나아감은 막연하고 불확실하다. 궁극적인 성과는 하나님이 그 실현들을 떠맡으면서 받아들이고 구해내며 다시 취하는 인류의 계속된 실현에 달렸다. 달리 말해, 성서의 **계시**에서 다음 같은 두 가지 경향이 거부된다. 즉, 하나님은 모든 것을 다하고 인간은 아무것도 할 게 없으며 인간의 행위는 아무것도 아니라는 경향, 혹은 더 나쁜 것으로서

---

245) [역주] 엔트로피. 열이 높은 쪽에서 낮은 쪽으로 이동하고 농도의 농담이 있을 때 서로 섞여 균일해지려는 것과 같이, 불안정한 물질이나 계(系)가 평형적이고 안정된 상태로 되려 할 때 엔트로피는 증대된다. 엔트로피는 어떤 물리계 내에서 일하는 데 사용할 수 없는 에너지를 나타내는 하나의 척도로서, 일은 질서로부터 얻어지기 때문에 엔트로피의 양은 계의 무질서나 무작위의 정도를 나타내는 것이기도 하다.

하나님이 모든 선을 행하고 인간은 악만 저지른다는 경향이 거부된다. 마찬가지로 인간이 모든 것을 다하고 역사의 의미와 목적을 전적으로 책임지며, 따라서 인간이 실패하는 것은 전 세계적인 재난이자 실패라는 경향이 거부된다. 하지만, 내가 암시했던 놀라움은, **계시**에 대해 완전히 명확하고 통찰력 있는 이 가르침으로부터 초월주의 신학이 도출될 수 있었다는 것인데, 이 신학에 따르면 마치 인간이 진정 세상에 홀로 있는 듯이 인도자도 소망도 현존도 없이 세상에서 홀로 곤경에서 벗어나야 한다.

역사의 흐름에서 하나님 · **인간**이라는 관계로서 우리에게 나타나는 과정은 약속 · 실현 · 소망 · 실현 사이의 작용이다. 다시 말해, 구체적인 상황에서 우리는 하나님의 한정되고 분명한 약속 아래 있다. 다소 긴 유예기간 속에서 우리는 이 약속의 성취와 실현을 받아들인다. 성취된 모든 약속을 통해 새로운 약속이 생겨나고, 역사적인 동시에 영원한 다른 지평을 향한 도약이 있다. 왜냐하면, 역사성이란 그 속에 여호와의 약속이 스며든다는 이유에서만이 가치를 띠기 때문이다. 옛 약속의 실현과 새 약속의 출현이 결합함으로써, 우리는 **소망** 가운데서 현재 상황을 체험하게끔 되어 있다. **소망**은 우리로 하여금 행동하게 한다. 행동하는 것은 헛되지 않고, 아무리 하찮을지라도 참여하는 것은 유용하다. 왜냐하면, 언제나 하나님의 약속 실현은 하나님에게서 오는 제약적이지도 궁극적이지도 않은 계명, 요청, 개입과 인간의 주도적 행위 사이의 결합이기 때문이다. 그런데 인간의 주도적 행위는 비정상적이거나 혹은 부정적일 수도 있지만, 결코 최종적이지도 않고 돌이킬 수 없지도 않다. 또한, 인간의 주도적 행위는 과거의 허무에 빠지거나 지옥으로 예정된 것이 아니다. 인간의 주도적 행위는 마침내 초월적인 시한이 만료된 인간의 온갖 시도에 대한 "요약"으로서 성취된 하나님의 **새로운 것**에 이르기까지, 곧 최종적이고 진정으로 새로워질 상황에 이르기까지, 늘 새로운 상황 가운데서 하나님에 의해 재연된다.

이 역사의 흐름에서, 경험을 통해 각 약속의 실현을 볼 줄 아는 이들에게 있어 '소망'이 가능하다. 다시 말해, 상황이 그토록 음울하고 비극적일지라도 인간의 온갖 예측에 맞서 또 가능한 미래에 대한 온갖 판단과 평가에 맞서, 어쨌든 여전히 존재하는 진리가 있고, 여전히 꿋꿋이 버티는 인간이 있으며, 목표를 향한 여전히 더 가능한 발걸음이 있고, 내일을 만드는 열린 역사가 있다고 분명히 밝히는 것이 가능하다. 이것은 결단과 의사표명에 해당하는데, 집단적인 면에서뿐 아니라 개인적인 면에서도 마찬가지이다. 하지만, 이 모든 것은 헛되고 근거 없는 의사표명도 아니며 불합리하고 사리에 어긋나는 반현실주의적인 신앙행위도 아니라, 이와 정반대로 이미 알려지고 되살려지고 유지된 실재, 곧 역사적으로 체험된 개인적이고 집단적인 실재이자 전혀 다른 요인으로 환원되지 않는 실재에 입각한 확고한 의사표명이다.

이처럼 우리는 기독교가 자체의 체험에서만큼이나 심오한 진리에서 근본적으로 반反허무주의라고 단언할 수 있다. **무無**와 죽음과 허무, 또한 이와 상관되는 죽음의 본능과 무의미와 절망, 그리고 불안으로서 조롱은, 하나님이 자신의 행동과 예수 그리스도 안에서 자신의 존재와 우리와의 관계로 우리에게 드러내는 바와 반대된다. 정확히 말해, 이 점을 통해 우리는 허무주의가 이미 초월되고 극복되고 추월되어 있음을 알아야 한다. 허무주의란 퇴보된 끝장난 태도이다.

3. 뒤바뀜

따라서 제기되는 질문은 "어떻게 그러한 진리가 뒤집히고 뒤바뀌는 일이 일어날 수 있었는가?"이다. 물론, 우리가 반反허무주의로서 간략히 방금 기술한 바는 늘 존재했고, 기독교 세계의 흐름과 기독교계에서 늘 유지되었으며, 늘 다시 언급되고 되풀이되고 다시 발견되었는데, 근원으로 되돌아가는 움직임이 늘 있었다는 것이다. 하지만, 요컨대, 첫 번째 사항, 곧 앞에 나온 '책임' 부분에서 우리가 언급했던 바와 반대되는 것도 있었다. **계시**가 현대 허무주의의 근원이 될 정도로까지 어떻게 **계시**가 뒤집혔는지를 이해하도록 해야 한다. 거기에는 세 가지 과정이 있는 듯이 보인다. 이 과정은 관계라는 유동적인 체험을 정해진 기정 상황으로 변형시키는 것이고, 객관화시키는 것이며, 분리시키는 것이다. 사실상 변화란 우리가 끊임없이 확인하는 변화인데, 역사를 형이상학으로 변화시키는 것이다. 그것은 순간적인 것을 명백히 밝히고 고착시키기 위해 순간적인 것을 포착하려는 시도이다. 그것은 **변용**變容,[246]을 목격하고서 모세와 엘리야와 더불어 이제부터 영원한 빛 가운데 남으려고 초막을 세우기를 제안하는 제자들의 잘못이다. 그것은 활로를 향한 예견할 수 없는 움직임을 고정되고 포착할 수 있으며 설명할 수 있는 반복된 체계로 고착시키려는 시도이다. 이를 통해 순간 속에서 양립을 모색하기에 이르는데, **시간과 영원**, 절대와 상대, 그리스도 안에서 인성과 신성 등과 같이 양립할 수 없는 것을 지속적인 방식으로 양립시키려는 것이다. 요컨대, 이것은 살아 있는 것을 설명된 것과 내포된 것으로 바꾸는 것이다. 이것을 통해 권력,

---

246) [역주] Transfiguration은 마태복음 17장에 나오는 내용을 가리킨다. 예수는 베드로, 야고보, 요한 세 제자를 데리고 높은 산에 올라간다. 거기서 제자들은 예수의 모습이 변형되고 모세와 엘리야와 더불어 이야기를 나누는 것을 목격한다. 그때 베드로는 "우리가 여기 있는 것이 좋으니 예수가 원하면 여기에 초막 셋을 짓겠다."라고 예수에게 말한다.

예를 들어 교회 안에서 권력과 권력관계가 세워지게 된다. 이 순간부터 사람들은 모순되고 빠져나올 수 없는 상황에 빠져들고, 부정과 전적인 거부와 조롱을 통해서만이 인간에게 자유가 주어지는 듯이 보이는 해결할 수 없는 어려움에 빠져든다. 하지만, 이것은 인간이 결국 그 거짓과 허무를 겪을 소멸하기 마련인 자유이다. 이것은 서구의 18세기 이래로 우리가 실제로 체험한 바이다.

두 번째 오류는 앞의 것과 아주 유사한데, 이것은 객관화이다. 다시 말해, 항상 인격적인 관계에서 **창조주**가 이루어내는 **계시** 안에서 참된 것으로 제시되는 바의 변모인데, 이때부터 이것은 객관적인 율법과 닫힌 계시가 되어버린 고정되고 고착된 텍스트, 곧 자체적으로 가치 있는 텍스트로 받아들여진다. 이것이 모세 오경과 관계되든, 산상수훈과 관계되든, 팔복과 관계되든, 늘 똑같은 과정이 있다. 즉, 기록된 말은 그 자체로 유효하다는 것이다. 기록된 말은 그 자체를 위해 자세히 살펴지기 마련이고, 문자와 내용에서 참되다. 그러므로 기록된 말은 일반화할 수 있고, 모두에게 어디서든 적용될 수 있으며, 자체적으로 의미 있는 구조로 되어 있다. 기록된 말은 객관적이고 따라서 "과학적인" 객관성을 부여받는다. 그러한 태도가 취해지는 순간부터 모순이 즉시 생겨나는데, 이 모순을 통해 이 텍스트가 한정된 문화적 환경과 관련되는 모호한 증언에 기초해 있고 불확실하며 비非객관적이라는 점이 분명히 드러난다…. 그래서 무언가로 대체하는 데만 해결책이 남아 있으나, 우리가 보았듯이 기독교 이후에 대체란 불가능하고, 나타나는 모든 것은 기독교에 대한 거부에서 나온 기독교적 대체물이다. 이처럼 공산주의는 재현된 기독교이지만, 공산주의가 객관성을 주장하기 때문에 공산주의는 지탱될 수 없다. 그리하여 거기서 빠져나가기 위한 유일한 출구는 허무주의가 된다.

마지막으로, 세 번째 움직임은 **분리**인데, 이 움직임에 의해 그리스도인이 허무주의에 대한 책임이 있었다고 나는 확인한다. 이미 객관화 과정도 분리였는데, 이것은 **말**과 그 **말**을 하는 자 사이의 관계를 끊었던 분리이면서, 인격과 인격의 선포 사이의 관계를 끊었던 분리이다. 예를 들어, 예수의 말은 그 말을 하는 것이 예수이기 때문에 참되다는 사실이다. 하지만, 성서에 포함된 계시의 세계 내부에 또 다른 분리가 있다. 계시는 분리될 수 없는 방식으로 모든 요소가 다 같이 유지될 때만이 "성립되고" 반反허무주의적이 된다. 구체적으로, **초월자** 하나님이 우리 역사 속에 성육신하는 하나님일 때만이, 숨은 하나님이 계시되는 하나님이고 또 계시되는 하나님이 숨은 하나님일 때만이, 거룩함이나 구별됨이 사랑의 조건이고 또 사랑의 조건이 거룩함이나 구별됨일 때만이, 신앙을 통해 열매가 필연적으로 생겨나고 행위가 반드시 신앙의 소산일 때만이, 모든 것이 하나님에 의해 성취되나 성취해야 할 모든 것이 우리에게 있을 때만이, 하나님이 더할 나위 없이 자유롭고 우리도 선견과 예정설에도 불구하고 전혀 결정지어지지 않은 채 자유로울 때만이, 행위가 전혀 쓸모없기는 하지만 하나님 앞에서는 반드시 필요하기에 구원을 순수한 은총으로 받을 때만, 계시는 "성립되고" 반反허무주의적이 된다.

나는 성서 **계시**의 뚜렷한 모순들의 예를 더 길게 열거할 수도 있다. 실제로 이 모순들은 이성적으로 해결되지 않는다. 하지만, 우리와 관계를 맺는 것이 절대적인 하나님이요, **초월자요, 전적 타자**인 그곳에서 누가 이성을 논할 수 있겠는가? 일관되고 살아 있는 방식으로 이 **계시**의 전체가 유지되는 한, 이 계시를 통해 삶 속에서 나아가고 또 삶을 향해 나아간다. 사람들이 합리적이고 모순되지 않은 체계를 수립하고자 어떤 텍스트와 어떤 측면과 어떤 진리를 분리하고 선택하자마자, 사람들은 허무주의 속으로 비참하게 떨어진다. 일례로, 그것은 서구 허무주의의 태동에서 우리가 그 중요성을 보았던 죄이다. 죄를 원죄와 개인의 죄로 나누고, 인간을 그 자체로 죄인인 인간으로 묘사하는 것이 잘못이었다. 이것은 하나님이 없는 인간이다.247) 하지만 하나님이 하나님일 때 어떻게 인간이 하나님 없이 존재할 수 있단 말인가!! 그래서 처참한 동시에 우스꽝스러운 다음 같은 논쟁이 목격되었다. 즉, "죄를 통해 인간에 있어 모든 것이 타락했는가? 인간에게는 여전히 건전하고 보전된 어떤 것이 있는가?"라는 논쟁인데, 가톨릭교도는 그렇다고 할 테고, 개신교도는 아니라고 할 것이다. 죄는 그 자체로 하나의 범주가 되고, 죄인인 인간은 하나의 **본성**이 된다. 성서가 죄와 죄인인 인간을 이런 식으로 절대 기술하지 않는다는 점과 우리가 죄를 아는 것은 은총과 용서의 선포로부터 일 따름이라는 점은 단지 잊혀 진다. **타자**도 아니고 그 자체로 인간도 아닌 바로 우리가 죄인이며, 객관적인 방식으로가 아니라 이 말씀을 듣는 내가 바로 죄인이라는 점을 우리가 거기서 발견하는 것은, 우리가 하나님의 **말씀**을 완전히 진지하게 받아들이는 순간부터이다. 내가 내 죄의 깊이가 어떠한지 아는 것은 내가 십자가에 못 박힌 그리스도를 믿는 순간부터이다. 그러므로 내가 나를 죄인으로 인정할 수 있는 것은 죄를 용서받은 자로서이다. 우리가 논리적인 듯이 보이는 질서를 끊임없이 다시 세웠는데도 말이다. 즉, 인간은 객관적으로 죄인이고, 하나님은 인간을 용서한다는 것이다. 왜냐하면, 우리의 논리에서 우리는 어떤 아이가 불순종했을 때나 불순종한 이후에도 아이를 용서하기 때문이다.

---

247) 좀 더 자세히 말하면, 이 때문에 나는 '하나님 없는 **인간**'에 할애된 부분을 가지고 빠스깔(Pascal)의 『빵세』*Pensées*를 재구성하는 것이 잘못되었다고 생각한다. 빠스깔은 이런 것을 쓰기에는 너무 선한 신학자였던 것이다!

이러한 논리로부터 우리는 일반 법칙을 이끌어내고, 죄인인 인간의 보편성을 정립한다. 그리고 우리는 죄인인 인간에 대한 추상적이고 집단적인 선포, 곧 죄에 대한 설교부터 먼저 한다. 성서적으로 우리에게는 은총과 용서의 설교만이 있을 따름인데도 말이다. 우리가 소송 걸고 트집 잡는 방식을 확립했는데도, 죄에 대한 성서 **계시**는 소급적인 방식으로 나아간다. 하지만, 용서가 더는 들리지 않고 인간이 더는 용서받지 못함을 느끼는 순간부터, 죄의 잔재만이 남아 있을 따름이다. 당연히 기독교는 인간을 죄의식으로 짓누르고 악에 속박시켰다고 비난받는다. 죄의식에서 빠져나오고 악을 회피하고자, 인간을 위한 신의 뜻과 법과 모든 도덕 등이 부정되는데, 그것은 허무주의에 빠진 부정이다. 그래서 가난한 자나 혁명 등과 관련된 부분을 **계시**에서 선택하여 예수와 복음을 정치적 메시지로 삼으려는 경향 전체와 더불어 똑같은 위험과 똑같은 거짓이 사람들에게 나타난다.

위의 세 가지 경우에서 사라지는 것은, 어떤 의미를 부여하는 **존재**의 활발하고 현실화된 살아 있고 변하는 현존이다. 인간이 더는 고려할 필요가 없는 자연에 대한 인간의 절대적 지배이건, 더는 용서되지 않고 속죄 받을 길 없는 죄이건, 그것들이 허무주의의 요인이 되는 것은 이 때문이다. 그래서 "왜 계시에서 결국 사라지는 것이 늘 살아 있는 부분이나 **새로운 것인가?**"라고 자문해야 한다. 왜냐하면, 그것이 **계시** 안에서 위치될 수도, 포착될 수도, 합리적이지도, 객관화할 수도 없기 때문이며, 또 우리가 이런 종류의 실재에 도달하지 않으면 우리가 아무것도 더는 확신하지 못하는 듯이 보이기 때문이다. 어느 때보다 오늘날 우리는 명백한 확실성과 확실한 미래와 단순한 의무와 분명한 행동노선을 갈구하는 타산적인 자들이다. 우리는 사랑이나 혹은 은총 같은 오락가락하는 것들의 불확실성을 몹시 싫어한다. 하나님이 우리를 사랑한다고 하는 것은 우리를 조금도 안심시키지 않는다. 우리는 하나님이 여러 가지 명확한 일을 요구한다고 사람들이 우리에게 말하는 것을 더 좋아하며, 사람들은 이 일이 행해졌을 때 마침내 평온해진다. 우리는 하나님과의 계속된 관계를 원하지 않고, 의무를 청산하기를 더 좋아한다. 하나님이 은총을 베풀거나 혹은 해방하는 것은 우리에게 있어 전혀 만족스럽지 않다. 우리는 우리의 덕성으로 하나님을 매어두는 쪽을 택하고, 하나님은 자신이 원하는 바를 결정하는데 자유롭지 않다고 확신하는 쪽을 택한다.

이처럼 우리는 하나님과의 관계를 객관화하려고 끊임없이 애를 썼다. **자연**은 하나님에 의해 창조되었기 때문에 우리는 우리의 기준점이 될 수도 있는 **자연**이란 개념을 공들여 만들어냈고, 자연에 일치하는 것으로 충분해졌다. 우리는 지상에서 하나님을 대표하는 교회적인 통치권이나 혹은 정치적인 통치권을 만들어냈고, 그 통치권과 더불어 분명한 관계가 확립될 수 있었다. 우리는 법을 하나님 뜻의 표현으로 삼으면서 법을 과대평가했다. 그런데 우리는 사랑의 통치권을 정치적인 것의 통치권으로 대체했고, 자유를 의무로 대체했다. 하지만, 허무주의로 들어서게 했던 것은 바로 이러한 정립이었다. 왜냐하면, 무한히 이루어질 수는 없는 사회적 통제가 충분히 이루어지던 동안 줄곧, 이 모든 것 중 아무것도 차단되고 억눌린 단순한 질문인 "왜"라는 질문에 맞설 수 없었기 때문이다. 즉, "왜 법과 국가에 복종해야 하고, 왜 그러한 도덕을 받아들여야 하는가?"라는 질문에 아무도 대답할 수 없다. 이 질문이 나타나는 순간부터, 우리가 하기로 되어 있는 모든 것, 곧 행동을 위한 행동과 권력을 위한 권력과 소비를 위한 소비와 성장을 위한 성장 속에 표현되는 모든 것, 다시 말해 이제 무기력한 하나님이 남아 있는 우리가 처한 상황에 의해 남겨진 공허를 채우는 모든 것의 의미가 없음이 명백히 드러난다. 또한, 이 모든 것 중 아무것도 결국 우리를 만족하게 할 수 없어서, 파괴와 공허와 우연이 우리를 유혹하고, 유일한 출구이자 숙명적인 운명으로서 마침내 나타나는 허무로 가차없이 우리를 이끌어 간다. 그래서 어차피 허무를 겪을 바에는, 사랑이 더는 존재하지 않을 때, 불합리해진 인간적인 시도를 끝내면서 될 수 있는 한 빨리 허무가 닥치게 해야 한다.[248]

---

[248] 우리가 처한 이 상황에 대한 최근의 가장 멋진 증언은 로멩 가리(Romain Gary)의 『서정적인 광대』 *Les Clowns lyriques*(Paris, Gallimard, 1980)인데, 이 책은 허무주의에 대한 묘사인 동시에 허무주의에 맞서는 절망적인 항의이다.

제8장 문제의 핵심, 견디기 어려운 것

> 예수 그리스도에 의해 계시된 기독교는 반인간적이어서 우리로서는 쉽게 용납하고 받아들일 수 없다. 그러나 교회는 예수 그리스도와는 상관없는 기독교를 만들어서 인간이 쉽게 호의적으로 용납하고 받아들일 수 있게 치장하였다. 교회는 스스로 자축하고 자랑하고 있으나 왜곡된 기독교에 대한 책임은 면할 길이 없을 것이다. 편집자 주

뒤집힘이 일어난 이유

기독교를 통해서나 그리스도인이 되는 것을 통해 신약 성서가 의미하는 바가 인간의 생각과 들어맞고, 인간의 마음을 끌기에 적절하며, 마치 이것이 인간 자신의 발명품이나 인간의 마음에서 나온 교리인 양 인간의 비위를 맞춘다고 가정한다면, 아무런 문제가 없을 것이다. 하지만 "반대되는 면"이 있다. 어려운 점은 그리스도인이 되는 것을 통해 신약 성서가 의미하는 바가 바로 인간에게 더욱 상반된다는 것이다. 이것은 인간에게 있어 걸림돌이다. 인간은 이 상반되는 것에 대항해야 하거나, 그렇지 않으면 계책을 쓰거나 무슨 수를 써서라도 이 상반되는 것에서 벗어나려고 애써야 한다. 예를 들어, 기독교를 정반대의 것으로 이름 짓는다거나, 그 다음으로 그리스도인이 되는 엄청난 은총에 대해 하나님에게 감사드리는 식의 속임수에 힘입어서 말이다! "아무것도 신약 성서의 기독교보다 더

인간의 기분을 상하게 하고 인간으로 하여금 화가 치밀어 오르게 하는 것은 없다. 기독교가 진정으로 전해지면 기독교는 수백만의 그리스도인도 얻을 수 없고 지상에서의 대가와 이익도 얻을 수 없다…! 그래서 혼란이 생겨난다. 인간들의 동의를 얻으려면, 전해진 것이 그들의 취향에 맞아야 하고 그들의 마음을 사로잡아야 한다…. 바로 여기에 어려움이 있다. 어려운 점은 공인된 기독교가 신약 성서의 기독교가 아님을 보여주는 것이 전혀 아니라, 신약 성서의 기독교 및 신약 성서가 그리스도인이 되는 것을 통해 의미하는 바가 인간에게 얼마나 불쾌감을 주는 것인지 보여주는 일이다."249) "서기 30년이나 오늘날이나 마찬가지로 기독교 계시는 결코 인간의 마음에 들 수 없다. 기독교는 언제나 인간에게 있어 마음속 깊이 철천지원수였다. 역사를 통해 사제들이라는 매우 존경받는 사회계급이 대대로 존재한다는 점이 입증되는데, 그들의 역할이란 본래의 기독교와 정반대되는 것으로 기독교를 만드는 일이다."250)

견디기 어려운 계시의 특성

우리는 지금껏 이 뒤집힘의 윤곽을 추적했고, 역사를 두루 살펴보았으나, 문제의 핵심에는 이르지 않았다. 즉, '어떻게'라는 문제 이후에 나타나는 '왜'라는 문제이다. 사실상, 지금껏 우리는 "어떻게 아브라함과 이삭과 예수 그리스도의 하나님의 **계시**를 통해 그 기원과 그렇게 동떨어지고 상반되는 기독교가 생겨날 수 있었던가…?"에 분석적으로 답하려고 애썼다. 실제로, 사회학적인 종류의 온갖 설명은 이 "어떻게"를 넘어설 수 없었다. 이 **역사**의 흐름에는 그 "왜"를 붙들어 맬 지점이 없다. 이 사회학

---

249) 키르케고르, 앞에 나온 책, 167쪽. [본문을 역자가 각주로 설정]
250) 키르케고르, 앞에 나온 책, 240쪽. [본문을 역자가 각주로 설정]

적 움직임의 와중에서 음울한 어떤 음모와 보이지 않는 어떤 손과 숨겨진 어떤 악마를 의심해야 할 것이다. 또 다른 측면, 곧 우리가 다시 다룰 영적 측면으로 넘어가지 않고서는, 어떤 것을 통해서도 이 점에 대해 언급할 수 없다. 지금으로서는 확증된 사실에 그쳐야 한다. 우리가 "도대체 **왜** 상황이 이처럼 되었는가?"라는 질문을 제기한다면, 우리는 포괄적이고 집합적인 유형의 고찰로는 이 질문에 답할 수 없다. 이 **계시**가 전해진 평범한 아무런 인간과 **계시**와의 관계를 고찰해야 한다. 그런데 이러한 고찰을 통해 더 비극적인 소리가 만들어진다.[251]

우리가 처음에 말했던 엑스(X)가 세상 온갖 세력의 끔찍한 음모의 희생물이 되었다는 느낌을 우리는 가질 수 있었고, 또 권력과 유혹이 이 **계시**와 하나님의 일을 평범하고 추종적이며 약점 있는 기독교로 변형시키기 위해 결집했다는 느낌을 우리는 가질 수 있었다. 그리고 사람들은 더 이상의 저항이 없었다는 점에 놀랄 수 있다. 더 강한 반발이 없었다면, 성령이 위엄과 빛 가운데서 나타나지 않았다면, 그리스도인과 교회가 그렇게 쉽게 굴복한 듯이 보인다면, 무엇보다 이것은 그 자체로서 엑스(X)가 전적으로 받아들일 수 없고 견디기 어려우며 참을 수 없고 공존하기 어렵다는 점에서 비롯됨을 바로 여기서 깨달아야 한다. 그런데 지적인 영역에서만 그런 것도 아니고, 아테네 철학자들에게 부활을 전하는 바울이 놀람

---

[251] [역주] 이 문장을 잘 이해하려면 기독교를 악보에 비유하고 교회를 오케스트라에 비유하여 어떤 연주곡을 상상해 보아야 한다. 기독교라는 악보는 선율이 아름답지만, 교회라는 오케스트라에 의해 잘못 연주됨으로써, 이를 통해 만들어진 소리는 선율이 아름다운 하모니라기보다 비극에 가깝다. 이처럼, 계시가 전해진 평범한 아무런 인간과 계시와의 관계를 고찰하는 것을 통해 훨씬 더 비극적인 음악이 만들어진다. 따라서 '더 비극적인 소리'는 다음 같은 점을 의미할 수도 있다. 즉, 기독교가 실추된 원인이 인간이 자신에게 주어진 계시를 체험할 때 드러나는 어려움에 기인한다고 볼 때, 기독교에서 비롯된 결과는 훨씬 더 비극적이 된다는 점이다.

감이 될 때에만 그런 것도 아니다. 그것은 이 **계시**에 대한 설명이 어렵기 때문도 아니고, 동정녀 탄생, 기적, 부활 등과 같은 "신비들"이 있기 때문도 아니다. 이와 정반대로, 우리는 평범한 사람에게 있어 완전히 긍정적이고 받아들일 수 있는 요인들 앞에 있다. 이것은 종교적이고 놀랍고 탁월한 것이다. 모든 시대에서 인간은 종교적 평온, 영생에 대한 보장, 경건한 위로의 말에 목말라한다. 인간은 점쟁이와 마법사를 믿으며, 기적에 대해 반감을 갖지 않는다. 과학의 시대가 인간을 합리적이고 "성숙하게" 만들었다고 여기는 것이나, 이 때문에 기적과 죽은 자의 소생에 대해 인간에게 더는 말할 수 없다고 여기는 것이나, 불트만[252]에게 있어 과오이긴 하나 "비非신화화해야" 한다고 여기는 것은, 19세기나 혹은 1950년대의 아주 단순한 견해였다. 얼마나 유치한 짓인가! 인간은 언제나 쉽게 믿고[253], 언제나 신비로운 길로 들어갈 준비가 되어 있다.[254]

    계시가 견디기 어려운 것은 **계시**가 신화적인 모습이나 혹은 전설적인 모습을 띠기 때문이 아니다. 이와 반대로, **계시**가 신화적인 모습이나 혹은 전설적인 모습을 띤다는 점을 통해 **계시**가 가장 잘 받아들여질 가능성이 늘 있지만, 이것은 **계시**를 변질시킴으로써 또 **계시**를 신성한 것과 놀라운 것과 종교로 간주함으로써이다. 그래서 견디기 어려운 양상은 정도가 더 심해진다. 우리는 훌륭한 답을 내놓으려고 어떤 것 자체에 대한 재신성화를 일으키는, 앞에서 다룬 비신성화 과정을 단지 참조하기로 하는데, 이러한 재신성화는 비신성화의 요인이었다. 우리는 그 경로에 있기

---

252) [역주] Rudolf Bultmann(1884-1976): 독일의 개신교 신학자. 신약성서의 양식사적 연구를 개척하고, 변증법적 신학 운동을 추진하며, 그가 제창한 성서의 비(非)신화화론은 큰 반향을 불러일으킨다.
253) 1981년 7월 노스트라다무스의 놀라운 성공을 볼 것.[본문을 역자가 각주로 설정]
254) 20년 전부터 가장 터무니없는 종파들의 성공을 볼 것.[본문을 역자가 각주로 설정]

때문에 같은 말을 되풀이하지 않고서 다음 같은 점을 명심하기로 하자. 즉, 종교적으로 황량한 세계와 신성하게 여겨지지 않는 세상에 사는 일이 인간에게 있어 완전히 견디기 어렵다는 것이 이 움직임을 통해 드러난다는 점이다. 다시 말해, 인간에게는 종교가 필요하고, 그래서 인간은 예전에 숭배했던 메두사[255]를 물리친 영예로운 승리자에게 달려든다는 것이다. 인간은 하나님의 **계시**를 전설과 신화와 신비와 황홀경과 종교심으로 가득한 종교로 다시 만든다. 나는 이 점을 재론하지 않겠다.

조직될 수 없는 엑스(X)의 특성

마찬가지로, 또 다른 측면은 앞의 여러 장에서 이미 다루었기 때문에 잠깐 다루고 넘어갈 것이다. 인간에게 주어진 엑스(X)는 본질적으로 조직될 수 없다. 사람들이 **계시**로 살아가기 원할 때, 또 엑스(X)를 중심에 두고 유일한 진리로 받아들이려 할 때, 안정성, 작동, 집단적 영속성, 결집, 집단의 긴밀한 결합은 가능하지 않다. 엑스(X)는 사회적으로 완전히 공존하기 어렵다. 우리는 교회가 오순절 성령에 의해 세워진다는 말을 들을 때 만족스러워 한다. 그러나 원하는 때에 원하는 곳으로 불며 머물러 있을지 가버릴지 알 수 없는 바람과 같은 것이 성령임을 우리가 알 때 어떡할 것인가? 교회는 자기가 성령의 소유자라고 밝히지만, 그럼으로써 성령의 진리와 정당성을 위배했다. 또한, 우리는 교회가 하나님이 부르신 모든 이들에 의해 세워진다는 말을 들을 때 만족스러워 한다. 하지만, 하나

---

[255] [역주] 메두사. 그리스 신화에 나오는 괴물. 원래 아름다운 여인인 메두사는 바다의 신 포세이돈과 아테나 여신의 신전에서 정을 통하다 아테나 여신에게 들키면서 여신의 저주로 흉측한 괴물로 변하고, 메두사를 직접 보는 사람은 돌로 변하게 되는 마법에 걸린다. 아테나 여신은 영웅 페르세우스를 시켜 청동 방패에 비친 메두사의 목을 치도록 일러주고, 이로써 메두사는 단칼에 목이 잘려 죽는다.

님이 부르신 이들은 어디 있는가? 누가 그 한계를 정하는가? 교회에는 예수 그리스도라는 중심이 있지만, 그 주변은 없다는 것이다. 아무도 장악될 수 없고 아무도 배제될 수 없다. 우리는 세례 덕분에 해결책을 발견했다고 여긴다. 교회에 속하는 이들은 세례를 받고, 세례를 받은 이들이 교회라는 것이다. 불행히도 아주 명확한 방식으로 신약 성서는 물세례와 성령세례를 구분한다. 교회가 거짓으로 이처럼 결정할 때를 제외하고, 이 두 가지 세례는 일치하지 않는다. 그리하여 우리는 앞서 말한 어려움에 다시 빠져든다!

우리가 교회에는 성직이 있고 이 성직으로부터 교회의 삶이 이루어진다는 말을 들을 때 만족스러워 한다. 하지만, 성직은 성령의 은사이지 영속적이고 조직된 어떤 것이 전혀 아님을 기억해야 한다. 이것이 우리로 하여금 성서적인 움직임을 바꾸게 하는 것이다. 즉, 우리는 목사의 직위를 만들고 신부나 주교 등의 성직록을 만들고 나서 우리가 적합하다고 판단하는 사람으로 이 직위를 채운다. 그러나 이것은 서신서에 나타난 움직임과는 반대이다. 성령을 통해 사랑의 은사나 혹은 말씀의 은사나 가르침의 은사를 지닌 사람이 교회에 주어진다. **그래서 교회가 예견하지 못했더라도 그 사람에게 자리를 만들어주어야 한다.** 한동안 성령을 통해 예언의 영을 지닌 사람이 주어지지 않고 기적을 행하는 은사를 지닌 사람이 주어진다면, 교회는 형태와 습성을 바꾸어야 한다!

아마도 이 점에 직면하여 우리 하나님이 무질서와 지리멸렬과 독단의 하나님이 아니라 질서의 하나님이라고 답할 수도 있다. 물론 그렇다. 하지만, 불행히도 구약 성서 전체를 통해 하나님의 질서는 인간이 구상하고 바라는 질서가 아님이 드러난다. 하나님의 질서는 조직이나 제도가 전혀 아닌데, 이것은 사사와 왕 사이의 대립이다. 하나님의 질서는 모든 장소와 시대에 똑같지 않으며, 반복되거나 습관적인 것이 아니다. 이와 반대로, 하나님의 질서는 이 질서가 새로움과 시작을 끊임없이 제시한다는 사실에 있다. 우리 하나님은 시작의 하나님이지, 중언부언이나 순환 반복의 하나님은 결코 아니다. 그래서 사람들이 하나님의 **계시**에 충실하기를 원한다면, 하나님의 교회는 전적으로 움직이고 유동적이며 다시 태어나고 솟아나며 창조적이고 창의적이며 모험적이고 상상력이 풍부해진다. 교회는 **결코** 조직될 수 없고 제도화될 수 없으며 오래갈 수 없다. **사망**의 문이 교회보다 우세하지 못하게 되는 것은, 교회가 훌륭한 성채이거나 잘 조직되거나 아주 견고하기 때문이 아니라, **살아 있고 생명**이기 때문이다. 다시 말해, 교회는 생명처럼 움직이고 변하며 의외성이 있기 때문이다. 교회가 견고하고 강력한 조직이 되는 그때 사망이 승리했다. 이와 마찬가지로 교회가 비천하다는 차원에서, **계시**는 조직될 수 없고 이 때문에 사회적으로 공존하기 어렵다. 그런데 갑자기 그리스도인이 "사회"를 책임지는 자신의 모습을 볼 때 얼마나 더 그러하겠는가!

그리스도의 진리 때문에 진정한 교회가 조직될 수 없다면, 한 사회 전체는 얼마나 더 그러하겠는가! 성서가 우리에게 말하는 것은 사회를 위해서는 소용이 없다. 수용될 수 없는 것은 어떤 '관통'이다.[256] 핵분열에 의한 파괴는 되돌려 놓을 수 있었지만, 복음에 의해 야기된 파괴는 되돌려 놓을 수 없다. 복음에 의해 야기된 파괴를 되돌려 놓았다고 생각할 때, 복음이 거기에 더는 존재하지 않는다. 하나의 종교, 곧 예수 그리스도와 아무런 상관이 없는 기독교가 다시 만들어진 것이다. 엑스(X)가 진지하게

---

256) [역주] 엘륄은 사회를 침투할 수 없는 물질로 보는 듯하다. 그런데 계시가 이러한 사회를 관통하면, 사회에 근본적인 변화를 일으키는 틈이 생겨나는데, 따라서 사회는 계시에 의해 초래된 이러한 관통을 받아들일 수 없다는 것이다.

받아들여지는 즉시, 한 사회로 하여금 기능을 수행하게 하기란 불가능하다. 또한, 사회적 차원에서 엑스(X)를 적용하기도 불가능하다.

서로 잘 이해할 필요가 있다. 나는 사회나 혹은 국가가 악이라고 하지는 않는다. 나는 사회와 국가가 자체의 법칙과 원리와 필요에 따라 존재해야 한다고 본다. 이 모든 것은 사회나 혹은 조직이 없이는 살아갈 수 없는 인간에게 아주 유용하다. 하지만, 내가 말하는 바는 이 모든 것이 **계시의 엑스(X)**와 아무런 상관이 없다는 것이다. 엑스(X)는 사회corps social 속으로 뚫고 들어가 거기서 활기차고 생기를 주는 비판적이고 어지럽히는 부적절한 요인 혹은 자극적인 요인이 된다. 엑스(X)는 결코 사회에 속한 제도나 사회의 조직 원리가 되지 않는다. 나는 성육신의 예를 다시 들겠다. 예수의 몸은 분명히 다른 여느 사람과 같은 인간의 몸이었다. 예수의 혈액 순환이나 소화 작용은 생리학의 정상 규칙에 따랐다. 그것은 예수가 하나님의 아들이라는 점과 아무런 관계가 없었다. 예수는 여느 사람처럼 배고팠고 피곤했으며 고통을 겪었다. 몸이 변하지 않은 채로 몸 위로 또한 몸 안으로 성령이 개입하고 하나님 자신이 온통 개입한다.

계시된 엑스(X)와 사회 사이의 관계도 마찬가지이다. 계시된 엑스(X)를 통해 국가의 구조나 기능도 혹은 정치의 구조나 기능도 변화하지 않는다. 따라서 계시된 엑스(X)는 갈등 관계 속에 자리 잡는데, 이것은 피곤하게 하고, 다른 이들에게처럼 어떤 이들에게 있어 힘을 소모시키며, 참을 수 없는 것이 된다. 이것이 내가 **계시의 견디기 어려운 사회적 특성**이라고 부르는 것이다. **신사협정**을 맺는 것이 훨씬 더 편리하고, 그리스도인에게 있어서는 조직된 교회와 기독교 제도와 기독교 사회와 기독교 정치를 만드는 것이 훨씬 더 만족스럽다. 이처럼, 뒤집힘이 일어났던 것은 사회가 나빴기 때문이 아니라, **계시**가 사회적으로 견디기 어려운 것이었기 때문이다.

견디기 어려운 무상의 은총

최악은 견디기 어려운 것이 훨씬 더 깊숙하다는 점이다! 견디기 어려운 것은 인간의 마음에 직접 위치한다. 복음이 우리에게 전하는 모든 것은 현실의 인간, 곧 살과 뼈로 된 인간이나 여느 사회의 인간에게는 견딜 수 없고 받아들일 수 없으며 참아내기 어렵다. 아주 확실한 몇 가지 점을 들어보기로 하자.

은총이 마음에 든다고 생각하는가? **은총을 입음**을 안다는 것은, 은총을 입는 일이 나에게 달리지도 않고, 나는 은총에 대해 아무것도 할 수 없다는 것이다. "이것은 원하자는 자에게 달리지도 않고 달음질하는 자에게도 달리지 않다"라는 것이다. 은총은 인간에게 불쾌감을 준다. 인간은 본래 단죄받은 자로서, 그러한 자신에게 우리가 이해할 수도 없는 분명한 이유나 현실적인 동기 없이 선한 군주가 너그럽게 생명을 주러 오는 것을 안다고 해서, 어떠한 기쁨도 느끼지 않는다. 내가 은총을 베풀 사람에게 나는 은총을 베풀고, 내가 자비를 베풀 사람에게 나는 자비를 베푼다는 것은 순전한 독단이다. 어떻게 이러한 하나님을 붙잡고 강요하며 강제할 수 있을까? 어떠한 희생 제사를 드리더라도, 어떠한 종교의식과 종교 제례를 행하더라도, 어떠한 기도를 하더라도 은총을 얻을 수 없다. 왜냐하면, 바로 은총이란 순전히 무료이며 완전히 공짜이기 때문이다! 나는 이것으로 행복할 것인가? 천만의 말씀이다. 무상의 은총이자, 속박을 통하지 않고 미리 회개로 인도하는 하나님의 은총이자, 성화聖化의 은총이라는 골칫거리에 의해 내팽개쳐지는 것은 바로 선물 주고받기의 원리, 곧 선물 교환의 원리이다. 그런데 전문가의 말에 의하면 이 선물 주고받기 메커니즘은 인간관계와 인간 '본성'에 있어 정말 결정적이다. 따라서 이 관점에서 완전히 받아들일 수 없는 것이 **은총**이다.

더구나 은총을 통해 희생도 배제된다. 지라르Girard가 어느 정도로 희생이 인간의 근본 요인이며 희생 없는 용인된 삶이나 사회적 관계가 있을 수 없다고 밝히는 것은 전적으로 옳다. 바로 이 무상의 은총을 통해 인간의 모든 희생의 타당성이 상실되고, 인간의 정신 현상의 토대가 무너지는 것이다. **계시**는 본질적으로 불쾌하게 할뿐더러 수도자의 욕구도 충족시키지 않고, 예를 들어 자기정당화의 욕구 같은 인간의 어떠한 다른 욕구도 열망도 확신도 충족시키지 않는다. 인간은 자기 자신을 정당화하려는 강박 의지에 사로잡혀 있다. 다시 말해, 자신이 의롭다고 밝히려는 강박 의지에 사로잡혀 있는 동시에, 자기가 보기에도 의롭고 이웃과 지인이 보기에도 의로운 것 같으며 결국 자기가 속한 집단 전체에 의해 의롭다고 선언되려는 강박 의지에 사로잡혀 있다. 인간의 행동과 사회적 움직임에서 이 같은 자기 정당화에 대한 갈증은 변함이 없고 근본적이다. 이러한 방식으로 인간은 자기가 견실하다는 점을 인정하기 때문에, 정당화나 혹은 합리화에 대한 요구는 오늘날 점점 더 받아들여진다.257) 압력이나 혹은 참여를 통해 어떤 정당을 강압적으로 택하는 강요된 동기들을 통해, 이 정당은 자유로운 선택으로 제시되면서 불가피하게 이 정당은 정당화되기에 이른다고 현재 알려졌다. 이 결과로서 우리를 속박하는 권력은 정당화된다.

사회의 구성원이 그 사회에서 의롭고 이 집단에 소속됨으로써 의롭게 된다는 조건에서만이, 사회의 안정성이 존재할 수 있다. 그런데 시내산의

---

257) 예를 들어, 보부아(J.L.Beauvois)와 쥴르(R.Joule)의 『굴복과 이데올로기, 합리화의 심리학』 *Soumission et Idéologie, Psychologie de la rationalisation*(Paris, PUF, 1981) 을 참조할 것.

하나님의 **계시**와 예수 그리스도의 계시는 이 열정적인 의지와 꺾이지 않는 욕구를 준엄하게 반대하고 반격하며 배제한다. 인간은 절대 의롭지 않다. 인간은 이러한 하나님이 요구하는 바를 결코 이루지 못할 것이다. 인간의 열정이나 토라에 대한 사랑이나 도덕적 세심함이나 덕성이 어떠하더라도, 이것은 결코 "하나님이 요구하는바"가 아니다. 하나님 앞에서 인간은 언제나 죄인이고 빚을 지고 있으며 근본적으로 불의하다. 선한 바리새인이 분명한 젊은 청년이 예수에게 와서 "주님, 이 모든 것258)을 제가 행했는데, 무엇을 더 행해야 합니까?"라고 묻는다. 상황은 바로 그러하다. 나는 모든 것을 행했으며, 아직도 행해야 할 어떤 것이 있음을 나는 안다는 것이다. 도대체 무엇인가? 가서 너의 모든 재산을 팔아 가난한 자에게 주라는 것이다. 여기에는 절망시키는 무언가가 있다. 그런데 예수는 와서 이 상황을 더 어렵게 만든다. 우선 율법의 **일점일획**도 이루어지지 않는 것이 없다고 하면서, 그다음으로 이 율법을 "영적인 시각으로 해석하면서"259), 이 상황을 더 어렵게 만든다. 마침내, 하나님 앞에서 의롭게 될 수 없는 인간이 하나님의 사랑을 통해 은총으로 의롭게 된다는 점을 자신의 삶과 죽음을 통해 드러나게 하면서, 이 상황을 더 어렵게 만든다.

"인간이 의롭게 된다"는 말을 잘 이해하자. 이것은 인간에게 가해질 수 있는 최악의 모욕이다. 인간은 자신의 위대함과 자율성과 의義의 능력을 박탈당한다. 이 순간, 그러한 분노 속에서 하나님은 **누군가**On가 되어버리기 때문에, **누군가**가 외부에서 인간을 의롭게 한다. 이것은 스스로 벗어

---

258) 모든 것이란 자세히 세분된 수천의 계율이 있는 토라이다···.[본문을 역자가 각주로 설정]
259) 예를 들어 예수는 "간음하지 말라고 옛 선조에게 말해진 것을 너희가 들었으나, 나는 여자의 몸을 탐하려고 여자에게 단 한 번의 눈길이라도 던지면 이미 그 여자와 간음했다고 너희에게 말한다"라고 언급한다.[본문을 역자가 각주로 설정]

날 길 없는 더러움과 비천함 속에 엎드린 신하에게 절대 군주가 은총을 베푸는 격이다. 의를 자신에게 부여하는 것은 인간이 아니다. 심지어 인간은 의가 무엇으로 이루어져 있는지 말할 수조차 없다. 인간은 의를 제 것으로 삼을 수도 없고, 의의 효력이나 스스로 의롭게 되는 영광을 자기에게 돌릴 수도 없다. 이 영광은 너무도 중요하다. 왜냐하면, 그토록 많은 이야기나 전설이 그러한 것으로 귀결되기 때문이다. 즉, 영웅은 수많은 악의 시련을 물리치고서 그가 쟁취한 최고의 보상에 결국 이르는데, 이 보상은 절대적 사랑이나 절대적 순수, 다시 말해 숱한 시련의 대가로 얻은 의에 언제나 해당한다. 이러한 쟁취는 바로 반기독교적이며, **계시**를 너무나 흉내 낸 나머지 성배의 탐색이나 혹은 '란슬러트 시리즈' 260)가 될 수 있다. 따라서 인간은 은총으로 또 예수의 **죽음**에 나타난 하나님의 지극한 사랑으로 의롭게 된다는 선언을 통해, 인간은 자기가 본질적으로 집착하는 것, 곧 자기 자신의 의義의 장본인이 되는 것을 박탈당한다.

의롭게 되고자 하나님의 수중에 다시 놓이는 일은 우리를 화나게 하고 털을 곤두서게 한다. 우리는 "도대체 인간의 존엄은 어떻게 되는가?"라는 격분에 차있는 반론을 수없이 들었다. 성서에는 인간의 존엄이란 없음을 인정해야 한다. 성찬이 가능해지는 선결조건이란 "**나는 자격이 없음**"이라는 것일 따름이다.

니체가 옳다. 자연적이고 정상적인 인간의 자연적이고 정상적인 사상을 표현하는 것이 니체이다. 그는 기독교를 무너뜨리는 악마도 아니고 천재 철학자도 아니라, 다만 성서에 언급된 바를 진지하게 여기면서도 이것

---

260) [역주] 란슬러트 시리즈. 아더 왕 전설에 나오는 '원탁의 기사' 이야기와 관련되어 있다. 원탁 주위에는 150명의 기사가 둘러앉을 수 있는데, 그리스도가 최후의 만찬에 사용했다고 하는 성배 탐색을 수행해야 할 기사를 위해 특별석이 마련되어 있다. 용사 란슬러트(Lancelot) 경과 갤러하드 경이 순결의 미덕을 위해 성배의 탐색을 수행한다.

을 받아들일 수 없는 것으로서 마지막 힘을 쏟아 거부하는 자연적인 인간일 따름이다. 그런데 이것은 성화聖化와 해방에서도 마찬가지 상황이다. 이것은 늘 우리 외부에서의 행위, 곧 우리가 내리지 못한 결정이지만, 와서 우리를 성화시키고261) 자유롭게 하며 해방하는 하나님의 자유로운 은총에 속하는 결정이다. 우리는 노예 상태였으며, 우리의 옛 주인이 아닌 제삼자가 와서 순전히 선한 의지로 우리를 자유롭게 하는 것이다.

그러므로 나는 하나의 대상인가? 나는 하나님이 의와 성스러움과 자유를 부여하는 단순한 마네킹인가? 그렇지 않다. 나는 하나님 앞에서 한 인간이다. 그렇지 않고서는 자신의 **아들** 안에서 죽는 끔찍한 고통을 주지 않을 수도 있다. 하지만, 나는 진정으로 근본적으로 해결책이 없는 이와 같은 상황에서, 또 빠져나올 수 없는 거미줄에서 꼼짝 못하는 인간이다. 그리고 나로 하여금 살아 있는 인간이 될 수 있게 누군가가 나를 해방하러 와야 한다. 달리 말해, 하나님은 나를 모욕하려는 것이 아니다. 이 상황에서 극심하게 침해받는 것은 나의 인간성이나 존엄이 아니라, 나의 교만과 "**파라 다 세**"262)라는 허황한 선언과 허세이다…. 이러한 침해를 인간은 받아들일 수 없다. 인간은 자기 자신이 보기에 자기가 의롭고 자유롭다고 선언해야 한다.263) 인간은 은총을 원하지 않는다. 인간은 근본적으

---

261) 다시 말해, 우리를 작은 천사로 만드는 것이 아니라 하나님이 우리로부터 기대하는 섬김을 위해 우리를 따로 떼어놓는 것임을 잊지 말아야 한다. [본문을 역자가 각주로 설정]
262) [역주] Fara da se: 19세기 이탈리아 통일운동에 헌신하여 이탈리아의 영웅으로 추앙받는 가리발디(Garibaldi)가 외친 "Italia fara da se"(이탈리아는 혼자서 해 나갈 것이다)에서 따온 말이다.
263) 자기 자신이 스스로 자유로워지려는 이 의지에 대해, 나는 최근에 재미있는 작은 경험을 했다. 예술에 대한 나의 저서 『무의미의 제국』 *L' Empire du non-sens*(Paris, PUF, 1980)으로 나는 완전히 궁지에 몰렸다. 예술 세계에 빠져 있는 한 친구가 나에게 다음 같이 말했던 것이다. "그것은 놀랍지 않아. 너는 현대 예술가들이 보기에 용서할 수 없는 죄를 저질렀어. 너는 그들이 자유로운 인간이 아니며 자유를 전혀 구현하지 않는다고 입증했지. 그 점만으로도 너의 책이 배척당하기에 충분해!"

로 자기정당화를 원한다. 그래서 인간의 영광을 위해 계시를 기독교로 만들기 위한 계시에 대한 재해석이라는 끈기를 요하는 작업이 시작되는데, 기독교 안에서 인간은 자기 자신의 의라는 장점을 가지고 있다.

소유할 수 없는 은총과 구원

이 의義는 외부에서 내게 주는데, 의의 장본인은 내가 아닐 뿐 아니라, 더 나쁜 것은 내가 의를 소유하지 않는다는 점이다. 나는 의의 소유자가 아니고, 의는 내 **본성**의 내재적 특성이 아니다. 나는 기독교적인 삶의 모든 요소에서 이 사실을 확인해야 한다. 신앙이라고? 그러나 신앙은 내게 속한 것이 아니고, 내게 주어진 것이다. 신앙은 나를 살아가게 하고, 내 행동과 사고 중심에 있다. 신앙은 내가 취하거나 내 멋대로 떠날 수 있는 대상이 아니다. 신앙은 은총에서 비롯된다. 신앙은 새매처럼 나에게 덤벼들고, 나를 붙잡아 아마도 "원하지 않는 곳으로" 나를 데려간다. 이 점은 인간에게 너무도 받아들일 수 없는 나머지, 인간은 "신앙을 갖든지 신앙을 갖지 않든지"라는 전통적인 표현이 나타내듯이, 즉시 신앙을 변형시킨다. 나는 절대로 신앙을 붙잡기를 바라고, 신앙을 보유하기를 원하며, 신앙이 내게 만족스럽기를 바라고, 신앙을 취하거나 혹은 신앙을 떠나는 것이 바로 내게 달렸기를 원한다. 나는 다른 저서에서[264] 이러한 표현의 완전히 반기독교적인 특성을 보여주었다.

하지만, 소유한다는 것은 여기서 모든 분야에 작용한다. 구원도 마찬가지이다. 나는 구원의 주인과 소유자가 되는 데 완전히 집착한다. 물론 은총으로 구원받는다는 점을 인정한다. 그러나 일단 한번 이루어지면 이루어진 것이 아닌가? 나는 안정되고 견고하며 예측될 수 있고 변함이 없

---

[264] 자끄 엘륄, 『의심을 거친 신앙』 *La foi au prix du doute* (Paris, Hachette, 1980).

는 상태로 들어간다. 그런데 이와 반대로, 신앙과 자유에서처럼 구원에서 나는 안정된 상태로 들어가지 않았다. 이것은 이루어진 완결된 일이 아니다. 나는 신앙과 자유와 구원을 결코 붙들지 못하며, 이것들의 소유자가 전혀 아니다. 이것은 기정 상황이 아니다. 나는 이 자유를 잃어버릴 수 있다. 우리에게 이렇게 언급한 것은 바울 자신이다! 하나님과 함께한다고 해서 이 일은 결코 이루어지는 것이 아니다. 나는 결코 어떤 상태에 안주해 있지 않다.

그런데 우리는 안정과 확실함과 불변을 절대 필요로 한다. 우리 모두 하나님 앞에서 법률가이다. 그러나 은총은 법적 문제가 아니다! 우리는 소유자가 되는 것을 절대 필요로 한다!265) 나는 사유재산에 대해 공격을 하지 않겠다! 게다가 우리가 다루는 것은 경제적인 문제가 아니다! 그러나 우리는 우리 삶의 소유주가 되는 것을 필요로 한다. "너의 몸은 네 것이다"라고 주장할 수 있는 것은 대단한 영광이다. 나의 자질과 나의 운명의 소유자라는 것이다. 나는 안정된 활동영역에 있는 것을 필요로 하고, 기득권을 갖는 것을 필요로 한다. 은총의 움직임 속에서 은총은 이러한 주장과 반대된다. 은총은 이 모든 주장이 허풍일 따름임을 가끔은 준엄하게 가끔은 해학적으로 우리에게 떠올리게 한다. 너의 몸은 네 것이라는 말은 설마 농담일 것이다. 60년 후에는 정말 너의 몸이 네 것인지, 그렇지 않으면 류머티스의 것인지 알게 될 것이다! 안정된 상태를 원한다고? 하

---

265) 순전히 일화적인 면에서 또 어느 정도 흥미로운 면에서, 인간이 불멸을 포함하여 모든 것을 자신 안에 소유하기를 절대로 원한다는 증거로는 장 샤롱(Jean Charron)의 저서 『죽음은 너의 패배』*Mort voici ta défaite*(Paris, Albin Michel, 1979)가 있다. "불멸의 영혼"이 더는 먹혀들지 않기 때문에, 생물리학이 개입된다. 우리 몸의 일부인 전자는 영원하고, 전자는 우리가 익숙한 공간과 시간과는 다른 시간과 공간을 그 안에 넣어 둔다는 것이다. 이 시공에는 영적인 특성이 있는데, 시공은 우리 뇌처럼 지나간 사건을 기억하고 배열한다. 이 생각하는 전자 속에 우리의 정신 전체가 포함되어 있다. 따라서 우리는 스스로 불멸한다는 것이다.

지만, 어떻게 "판타 라이"[266]를 잊겠는가? 소유자가 되기를 원하면 「나의 소유」*Mes propriétés*라는 미쇼[267]의 글을 다시 읽어 보라. 나는 일부러 비기독교적인 자료들을 취했다. 그런데 이 은총을 통해 내게 주어지는 바는 새로운 상태이고, 너의 시시한 주장과 아무런 상관이 없는 삶으로의 열림이다. 하지만, 이 점이 너로부터 비롯되지 않음은 사실이다. 너는 은총의 소유자가 아니다. 따라서 인간은 은총을 자신의 소유물로 변형시키려 애썼다. 주의主義로서 기독교는 인간의 "소유 본능"의 표현이다.

견디기 어려운 아버지상

그러나 또 다른 문제가 있다! 하나님은 예수에 의해 **아버지**로 지칭된다. 또한, 우리는 나의 존재 토대에 대해 또 다른 갈등과 모순 속에 빠져든다. 이것은 나의 분야가 아니어서 매우 간단히 언급할 것이다. 하나님이 무서운 재판관도, 멀리 떨어진 창조주도, 절대적인 영원한 비非인격체도 아니라, 아주 가깝고 자애로운 선한 **아버지**로 여겨질 수 있는 것이 대단한 발전이라고 너무나 어리석게도 우리는 믿었다. 게다가, 예수가 떠올리는 것은 어쨌든 그러한 점이다. "너희 아들이 빵을 달라고 하는데 너희가 돌을 줄 것이며, 생선을 달라고 하는데 전갈을 주겠는가? 너희가 악하더라도 너희 자녀에게 좋은 것을 주는데, 하물며 하늘에 계신 너희 **아버지**는 구하는 자에게 좋은 것을 주지 않겠는가…"

불행하게도 우리는 상황이 그리 간단하지 않음을 알았다. 게다가, 이미 이 이야기에서 "주다"라는 말은 의심스럽지 않은가? 우리는 아버지와

---

266) [역주] panta rhei: '모든 것은 흘러간다'는 뜻의 그리스어.
267) [역주] Henri Michaux(1899-1984): 벨기에 출신의 프랑스 작가이자 시인이자 화가. 신비주의와 광기와의 교차점에 서는 독자적인 시경(詩境)을 개척하여, 프랑스의 대표적인 현대 시인의 한 사람으로 지목된다. 주요 저서로 『내면의 공간』*L'Espace du dedans* 이 있다.

아들 사이에 관계가 순수한 사랑, 곧 한이 없고 저의가 없으며 질시나 타산이 없는 애정이 아님을 알았다. 우리는 아버지가 안심시키고 보호하는 자애로운 이미지가 아니며, 아들이 아버지의 애정 전체가 향하는 존재가 아님을 알았다. 그렇지 않다. 이것은 예전의 모습이다. 하지만, 깊은 실재는 전혀 다르다. 또한, 오이디푸스 콤플렉스가 존재한다. 아버지는 장애물이고 아들은 경쟁자이다. 관계는 변질하고 사랑은 거짓이며, 지배하는 것은 살의를 품은 증오이다. 아들은 아버지를 죽여야 하고, 아버지는 아들을 잡아먹어야 한다!「어떤 사람에게 두 아들이 있었다.」*Un homme avait deux fils*라는 글268)이나 혹은 주기도문에 대한 놀라운 서정단시에서 뻬기269)가 여전히 칭송했던 이 놀라운 화합에서 오늘날 우리는 얼마나 멀어져 있는가. 주기도문에 대한 서정단시에서 뻬기는 예수가 우리에게 하나님을 우리 아버지라고 부르라고 가르칠 때, 예수는 하나님의 진노를 누그러뜨리고 하나님이 자신을 그와 같이 부르는 자를 더는 적대시할 수 없다고 주장한다.

그런데 나는 정신분석이 정신분석 자체가 드러내었던 바를 드러내면서 현실과 어긋났거나 혹은 현실을 왜곡했다고 생각하지 않는다. 정신분석은 현실을 드러내었다. 또한, 이 때문에 우리는 **계시**에 의해 끔찍하고

---

268) [역주] 누가복음 15장 11-32절에 나오는 소위 탕자의 비유에 나오는 첫 구절이다. 이 비유에서 둘째 아들이 아버지로부터 멀리 떠나 재산을 탕진하고서 비참한 생활을 하다 결국 돌아와서 아버지와 다시 화합하듯이, 인간이 하나님 아버지로부터 떠나 비참한 생활을 하지만 다시 돌아와서 하나님 아버지와 화합하는 가능성을 떠올리게 하는 글로 볼 수 있다.

269) [역주] Charles Péguy(1873-1914). 프랑스의 작가이자 시인이자 수필가. 사회주의적이고 반교권주의적 운동가로 활동하고, 드레퓌스(Dreyfus) 사건 때 정의와 진실을 밝히려고 활약하다가, 이후에는 가톨릭과 보수주의와 가까워진다. 대표작으로 구원의 문제를 제시한 일대 서사시『이브』*Eve*와 비참하고 죄악이 가득 찬 이 세상에서 성성(聖性)의 역할을 그린 시극『잔 다르끄의 자비의 신비』*Le Myst?re de la charit? de Jeanne d' Arc* 등이 있다.

모순되는 상황에 놓인다. 한편으로 예수는 옳다. 그러나 예수가 "너희가 악하더라도!"라는 말을 덧붙인다는 점을 잊지 말아야 한다. 다른 한편으로 아버지와 아들 간에 경쟁과 적대감은 아주 실제적이다. 그래서 움직임은 다음과 같지 않다. 즉, 우리는 아버지와 아들 사이에 사랑이 어느 정도로 놀라운지 알고, 따라서 우리가 하나님이 우리에게 있어 아버지임을 알 때 우리는 안심하며, 이 점을 통해 하나님의 사랑이 우리에게 보장된다고 사람들은 아주 무의식적으로 생각한다! 그러나 이와 반대이다. 하나님은 **아버지**이고, 하나님은 아무런 저의 없이 자신을 위한 아무런 이익 없이 너희를 사랑했으며, 하나님은 자신을 주었고, 하나님은 타인을 소유하지 않고 주어지는 사랑에 대한 완전한 표현이며, 하나님은 **아버지**로서 하나님이자 하나님으로서 **아버지**이기 때문에, 따라서 너희 역시 하나님처럼 아버지가 되어야 하며 **성자**처럼 아들이 되어야 한다는 것이다. 이는 잘못되고 타락한 관계이나 불행히도 근본적인 관계인 인간관계를 변형시키려는 호소이다.

또다시 엑스(X)의 **계시**는 우리의 신심과 태도에 본질적으로 어긋난다. 잘 알려진 다음 같은 두 가지 예를 생각하는 것으로 충분하다. 하나님이 **아버지**라는 시각으로부터 무엇이 생겨났는가? 우리는 중세나 혹은 현시대에 부권父權의 여전히 격화된 독단성을 목격한다! 물론, 사람들은 이를 위해 기독교를 기다리지는 않았다. 로마의 가족법에서 **부권**270)을 기억하자. 그러나 어쨌든 기독교를 통해 왕의 권위주의 같은 아버지의 권위주의

---

270) [역주] 부권(Patria potestas). 로마의 가족법에서 한 가족의 남성 수장이 남성 계열의 자신의 자녀나 먼 친척 후손이나 입양되어 가족의 일원이 된 자에 대해 그들 나이에 상관없이 행사하는 힘을 말한다. 이 힘은 남성 수장이 극형을 가하는 권한이 있을 정도로 자기 자녀를 통제할 뿐 아니라, 그만이 사법 상으로 어떠한 권리도 가지고 있음을 의미한다. 따라서 자녀를 얻는 것은 아버지의 재산이 된다는 것이다.

가 강화되었는데, 그러한 권위주의를 통해 아버지가 하나님처럼 여겨지도록 요구되었다! 이 부권이 공격받았을 때, 예를 들어 몰리에르Molière가 그렇게 했듯이 사람들이 죄과를 물었던 것은 '종교'였다.

두 번째 예는 우리 시대에 속하는 것이다. 1950년대에 우리는 얼마나 많은 신학자가 이제부터 **아버지**로서 하나님에 대해 이야기하기가 더는 가능하지 않다고 선언하는 말을 듣지 않았던가. 하나님의 그러한 "이미지"는 반계몽주의적인 암흑기에는 좋았지만, 이제 과학을 통해 우리는 무지를 깨우쳤다. 또한, 과학을 통해 우리는 부자간에 관계가 어느 정도로 잘못되어 있는지 알았다. 따라서 이 비유를 더는 사용하지 말아야 한다. 복음서에 **아버지**라는 말은 단지 하나님의 이미지였고, 모든 이미지처럼 그 이미지는 잘못되어 있다. 이처럼 하나님은 **아버지가 아니다**. 하지만, 하나님을 이 같이 불렀던 것은 단지 언어적인 편의에 의해서거나 무지에 의해서이다. 그것은 단지 이미지일 뿐 살아 있는 실존적인 실재가 전혀 아니기에, 우리는 이에서 벗어나야 하고 다른 모든 표상처럼 이 표상을 파괴해야 한다…. 이처럼 어느 정도로 **계시**가 우리의 지식 및 지혜와 어긋나는지, 또 어느 정도로 **계시**가 견디기 어려운 것인지 파악된다.

견디기 어려운 비무력

예수 그리스도의 삶에서 본질적인 것으로 나타났던 또 다른 개념, 곧 반정치에 연결된 비무력non-puissance이라는 개념에 대해 무어라고 말해야 할까. 우리 존재와 더 상반되는 것은 무엇인가? 힘의 정신이 우리의 모든 활동 가운데 있지 아니한가? 힘의 정신은 폭력을 모르고 지배를 도모하지 않는 소위 원시 부족 사이에도 존재하는 듯이 보인다. 나는 이 점을 시인한다. 그러나 우리는 이러한 예외에 직면해 있는 나머지, 이 예외는 일반적인 인간 존재의 자연적인 유형으로 절대 간주할 수 없다. "일반적인 인간"이 존재한다고 가정한다면 말이다.

우리가 역사상 실재하는 민족들을 살펴보면 무엇을 보게 되는가? 전쟁, 정복, 팽창 의지, 패배자에 대한 억압, 힘에 대한 열광, 위대함의 추구이다…. 이것이 서구라고도 하지 말고, 로마의 결과라고도 하지 말자! 결국, 이집트는 이천 년 동안 정복하고 지배하고 힘을 과시하는 것 외에 다른 무엇을 했는가? 또한, 아시리아 인과 갈대아 인은 어떠했는가? 스파르타를 제외한 그리스 문명의 정수를 들어 우리에게 반박할 것인가? 도대체 힘의 경쟁에 대한 예찬이 아니라면, 아테네에서 경기장의 경기들은 무엇이란 말인가? 이러한 그리스 인들이 아니라면 도대체 누가 곳곳에 식민지를 세웠으며, 간혹 우회로를 통해 조금씩 근동의 지중해 지역을 침략했겠는가? 또한, 알렉산더는 어떠했는가?

내가 폭력 정신과 힘의 정신을 지중해 연안에 국한한다고 누군가 내게 말할 것인가? 다른 곳을 살펴보자. 아즈텍 인은 어떠했는가? 그들도 아마 공포가 불러일으킨 이 똑같은 정복 정신과 폭력 정신에 지배되지 않았는가? 그리고 동양 세계를 살펴보자! 오늘날 누군가 현명하며 힘의 정신이 없다고 우리에게 소개하기 원하는 아시아로부터가 아니라면, 무시무시한 연속적인 파상 침략, 곧 주기적으로 유럽을 휩쓴 훈족, 헝가리 인, 칭기즈 칸, 티무르, 투르크멘 인은 도대체 어디서 온 것인가? 심지어 아시아 대륙에서조차 이천 년 동안 주기적으로 인도를 황폐화시킨 끔찍한 전쟁 및 중국에 자행된 만주와 몽골의 침략도 있었는데, 중국도 13세기까지 식민지를 건설하고 제국주의 지배를 했다…. 나는 아랍 세계와 이슬람에 대해서는 이미 언급했다. 따라서 힘의 정신으로 특징지어지는 것이 유럽이라고 하지 말아야 한다.

단 하나의 예외 없이 모든 사회에 소수 부자와 가난한 대중 사이에 분열이 있지 않았던가? 소위 평화적이고 비폭력적인 불교 사회에서도 그렇지 않았던가? 부자들의 지배는 어디서든 마찬가지이고, 똑같은 폭력 정신과 억압 정신을 어디서든 드러낸다. 부자들의 지배를 일으킨 것은 자본주의가 아니며, 어디서든 부자들의 지배는 제도화되었다. 카스트라는 계급 체계가 강자의 우위를 확고하게 하고 고착시킨 인도 사회에서 특히 그러했다. 마찬가지로 우리는 노예제도를 어디서든 실제로 다시 발견한다. 나는 그러한 소수 '원시' 집단에는 노예가 없었다는 점을 또다시 시인하지만, 죄수들이 잡아먹히곤 했기 때문에 노예가 파다하게 있었다는 것이다. 역사적으로 실재하는 모든 사회에서 우리가 다양한 형태로 노예제도와 인간에 의한 인간의 착취를 다시 발견할 때, '인간성'을 드러내는 것은 이러한 종류의 이러저러한 집단이 아니다. 다른 사람을 정복하고 억압하며 이용하려는 의지는 일반적이며 실제로 예외를 허용하지 않는다고 할 수 있다. 정복하고 착복하며 소유하고 스스로 만족하는 에로스에 대한 그리스적인 예찬에 이르기까지, 또 "하나님의 징벌"이라고 정복자들이 자신에게 부여했던 칭호에 이르기까지, 힘의 정신은 바로 인간 한가운데 있다.

그래서 비무력에 집중된 설교나 게다가 비무력에 집중된 삶은 진정 얼마나 견딜 수 없겠는가? 비무력은 사람들이 내세우려는 대의명분을 위한 희생이 아니라, 아무런 대가 없는 사랑과 신앙과 은사와 섬김을 위한 희생이다! 즉, "다른 사람을 당신 자신보다 더 높게 여기고 모든 일에서 다른 사람의 유익을 구하시오. 당신이 법정에 끌려가거든, 당신을 변호하려고 애쓰지 마시오. 성령이 책임을 질 것입니다"이다. 비무력에 포함되는 비폭력보다 비무력은 훨씬 더 범위가 넓고 이럽다. 왜냐하면, 비폭력은 사회적 이론을 포함하고 일반적으로 목적이 있으나, 비무력은 전혀 그렇지 않기 때문이다. 이처럼, 엑스(X)의 계시는 어떤 시대이든 어떤 문화이든 거기에 속하는 인간에게 혐오감을 일으킬 수밖에 없었다.

견디기 어려운 자유 개념

그러나 또 다른 견디기 어려운 것인 자유가 있는데, 이것은 전혀 다른 이유에서이다. 물론, 인간은 자유를 바란다고 주장한다. 인간은 진심으로 정치적 자유를 확립하기를 원한다. 인간은 자기가 형이상학적으로 자유롭다고 선언한다. 심지어 인간은 노예를 해방하기 위해 서로 싸우며, 자유를 자신의 최고 가치로 삼는다. 감옥에 가두어 자유를 박탈하는 것은 받아들일 수 없는 형벌이다. 자유가 소중하기는 하나, 분명히 자유의 이름으로 얼마나 많은 범죄가 저질러지는가. 물론, 신들에게 대항하는 인간의 의기양양한 자유에 대한 멋진 그리스 신화도 있다. 그토록 자주 읽히는 창세기 3장의 이야기에서, 자녀가 악을 행하는 것을 막고자 금지된 것을 제시하는 사악하고 독단적이며 잔인한 하나님에게서 자기가 독립한 것으로 주장하려 했던 아담의 대담함에 사람들은 오늘날 만족해한다. 아담에게는 순종하지 않으면서도, 또 죄를 범하면서도 하나님 앞에서 자기가 자유롭다고 항거하는 대담함이 있었다는 것이다. 또한, 그렇게 하면서 아담은 정말로 자유의 역사인 인간의 역사를 개시했다는 것이다. 이 모든 말은 얼마나 멋진가! 그러나 이러한 열정과 정열과 의지와 견해는 거짓이다. 그것들은 그만큼 거짓이다! 인간이 자유롭기를 바란다는 것은 사실이 아니다. 인간이 바라는 바는 자유에서 비롯되는 어떠한 의무나 혹독함을 도외시한 채 독립에서 비롯되는 이득이다.[271] 왜냐하면, 자유란 체

---

[271] 자유에 대한 근본적인 유일한 저서들은 샤르보노(B. Charbonneau)의 저서들인데, 특히 『나는 존재했다』 *Je fus* (chez l'auteur, 1980) 라는 저서이다.

험 하기가 어렵기 때문이다. 자유는 끔찍하다. 자유는 모험이다. 자유는 소진시키고 까다롭다. 우리에게서 자유를 앗아가려는 함정들이 우리 주위에 끊임없이 늘어나기 때문에, 자유는 매 순간의 투쟁이다. 그러나 자유는 그 자체로 어떠한 휴식도 우리에게 남겨두지 않기 때문에 특히 그러하다. 자유는 자신을 초월하기를 요구하고, 모든 것에 대해 끊임없이 문제 삼도록 요구하며, 결코 상습적이지도 않고 인위적이지도 않은 늘 깨어 있는 주의력을 전제로 한다. 자유는 나에게 늘 새롭도록 요구하고, 고정관념에 매여 있지 않도록 요구하며, 선례나 혹은 지나간 실패 뒤에 절대 숨지 않도록 요구한다. 자유를 통해 단절과 항의가 초래된다. 자유는 어떠한 속박에도 절대 굴하지 않으며, 어떠한 속박도 하지 않는다. 왜냐하면, 바로 자기 자신에 대한 지속적인 통제와 나의 이웃에 대한 사랑 안에서만 자유가 있기 때문이다.

사랑은 자유를 전제로 하고, 자유는 사랑 안에서만 피어오른다.[272] 이 때문에 사드[273]는 모든 세기에 걸쳐 가장 대단한 거짓말쟁이이다. 사드가 다른 사람에게 보여주고 가르친 것은 자유라는 명목 아래 노예상태로 가는 길이다. 자유는 결코 힘을 행사할 수 없다. 비무력과 자유 사이에는 완전한 일치가 있다. 자유가 결코 소유에 포함되지 않듯이 말이다. 여기서 여전히, 자유와 비非소유 사이에 정확한 일치가 있다. 이처럼, 자유는 꽃으로 가득한 정원에서 즐겁게 추는 유치한 원무가 아니다! 자유를 통해

---

[272] 자끄 엘륄의 『자유의 윤리』 *Etique de la liberté*(Labor et Fides, 1971-1972)를 참조할 것.
[273] marquis de Sade(1740-1814). 프랑스의 문인이자 소설가. 그의 작품은 도착 성욕을 묘사한 것이라고 하여, 외설과 부도덕의 이유로 온갖 검열을 받아 오랫동안 무시된다. 19세기 말에 와서야 인정된 그의 작품의 문학적 가치는 성 본능에 대한 날카로운 관찰을 시도하여 인간의 자유와 악의 문제를 철저하게 추구하는 것이며, 그는 사회와 창조자에 대한 대담한 반항자로서 높이 평가받는다. 대표작으로 『쥐스띤느 혹은 미덕의 불운』 *Justine ou les Malheurs de la vertu*이 있다.

커다란 기쁨의 물결이 생겨나듯이 자유는 그러하다. 하지만, 이것은 엄격한 고행이나 투쟁으로부터 분리될 수 없고, 무기가 없는 상태나 혹은 정복이 없는 상태와 분리될 수 없다! 이 때문에 자유의 상황에 갑자기 놓이는 사람들은 당황하거나, 그렇지 않으면 노예상태로 빨리 돌아오기를 원한다.

오래된 이야기가 있다. 히브리 민족이 이집트에서 노예상태로부터 해방되었을 때, 자유 속에서 살아가는데 여러 번 어려움에 봉착하자 히브리 민족은 뒤로 돌아가기를 요구했다는 이야기가 출애굽기를 통해 우리에게 전해진다. 식량은 귀했으며 식량을 확보하는 것은 불확실했다. 식량을 비축할 가능성이 없었고, 가는 길은 거의 확실치 않았으며, 미래는 알 수 없었다. 이것은 이해할 길 없는 해방자 하나님의 이상한 뜻이었다. 최소한의 보장된 급료를 받는 노예상태가 차라리 더 나았던 것이다! 그런데 이 경험은 자주 반복되었다. 이처럼 역사상 최소한 두 번에 걸쳐, 갑작스럽게 해방되어 이 자유에 겁을 먹은 노예들의 반응을 사람들은 경험했다. 남북전쟁 당시 남부 흑인 노예의 해방이 북군에 의해 선포되고서도, 행복해 하지도 않고 자기의 사슬을 풀지도 않으며 겁에 질려 떨면서 자기 자리를 되찾으려고 예전 주인에게로 돌아가는 흑인 노예를 보여주는 많은 증거가 있다. 에티오피아에서 승리한 이탈리아가 부족 속에 전통적으로 유지되던 노예들에 대한 해방을 선포했을 때도 마찬가지였다. 노예들은 갑자기 가장 낮은 천민의 수준으로 떨어져 굶으며 유랑하자, 예전 상태를 그리워했다. 이 점은 매우 잘 이해된다. 물론, 노예는 자유를 박탈당하고 주인의 독단에 따르기는 하나,274) 그 대가로 노예는 음식과 거처를 얻고

---

274) 그 주인은 민주적인 에삐날 채색 판화에서 보이는 것보다는 덜 잔인하고 흉포하다![본문을 역자가 각주로 설정]

부양된다. 즉, 노예는 자신의 음식을 확보하고 특히 자기 자신이 주도적으로 생계를 책임지는 일에서 벗어나는데, 생계를 책임지는 일은 누군가에게 복종하는 것보다 더 고통스러운 일이다!

인간이 자유에 대해 이야기할 때 인간이 원하는 바는, 다른 사람에게 복종하지 않는 것과 자기가 하고 싶은 대로 하는 것과 가고 싶은 곳으로 가는 것이다. 결코, 그 이상은 아니다. 인간이 전혀 원하지 않는 바는 자신의 삶을 책임져야 하는 것과 자기가 하는 일을 책임지는 것이다. 다시 말해, 인간은 조금도 자유를 요구하지 않는다. 오늘날 이 점에 대한 새롭고 충격적인 예가 있다! 현재의 프랑스인이 자유를 바란다는 것은 사실이 아니다. 현재의 프랑스인은 모든 영역에서 안락과 안전을 특히 원한다. 이것은 경찰에 의한 안전, 도로에서 안전, 질병과 실직과 고독과 노후에 대한 안전이다. 또한, 이것은 어린이에 관한 안전인데, 왜냐하면 병의 선천적 예방이나 임신중절은 자유의 영역에 속하는 것이 아니라, 안전의 영역에 속하기 때문이다! 이러한 것은 자유 대신 얻어진다. 실제로 자유는 당신에게 그대로 **존재할** 것을 요구하면서, 안전을 제외한 **모든** 것을 당신에게 줄 수 있다. 늘 어쩔 수 없이 안전은 자유를 대가로 치르고 얻어진다. 이것이 사적인 고용주에 의해 보장된 안전이든, 자본주의의 힘인 보험회사에 의해 보장된 안전이든, 정보처리 파일에 의해 일반적이고 전반적인 통제 주체가 되는 사회보장 기관에 의해 보장된 안전이든, 불가피하게 온갖 목적에 소용되는 경찰에 의해 보장된 안전이든, 자연재해의 경우나 혹은 재해 구조 조직 계획은 지급되는 보상금같이 우리가 요구하는 보호 자체로 말미암아 커지고 관료화되는 국가에 의해 보장된 안전이든 말이다.

[역주] Epinal: 18세기에는 도기업의 중심지이며, 18~19세기에는 채색 판화로 유명한 프랑스의 도시.

여기에는 정확한 반대급부가 있다. 즉, 모든 것에 대해 안전해지기를 원할수록 또 모든 것으로부터 보호받기를 원할수록, 덜 자유롭다는 것이다. 오늘날 두려워해야 할 것은 폭군이 아니라, 안전에 대한 우리 자신의 과도한 욕구이다. 자유는 불가피하게 불안정과 책임을 대가로 치른다. 그런데 무엇보다 현대인은 아무것에 대해서도 책임지지 않으려 애쓴다. 그러나 현대인은 자유의 외양과 겉모습을 원한다. 그래서 현대인은 투표하기를 원하고, 복수 정당제를 바라며, 여행하기를 원하고, 자신의 의사를 "선택하기"를 원하며, 자신의 학교를 선택하기를 원하는데, 이 자질구레한 일들을 놓고 감히 자유에 대해 이야기하는 것이다!

물론, 나는 이 자질구레한 일들이 중요하지 않다고 하지는 않는다. 마찬가지로 후르시초프가 "비非스탈린화"를 하던 즈음에 아무것도 변하지 않았다고 내가 단언했을 때,275) 나는 경찰의 체포가 대부분 사라졌다는 사실이 중요하지 않다고 하지는 않았다. 내 말은 이런 이유로 자유에 대해 뻔뻔스럽게 이야기하지 말라는 것이다. 물론, 개집에 묶인 개가 30센티미터의 줄보다 2미터의 줄에 매여 있는 편이 더 나은 것은 분명하다. 그러나 이것은 라퐁뗀느La Fontaine의 우화에 나오는 늑대의 자유가 아니며 그의 우화는 늘 사실이다. 인간이 원하는 바는 자유로운 체하는 것이지, 진정으로 자유롭게 되는 것은 아니다. 또 인간이 원하는 바는 샤르보노가 '자유에 대한 기만'이라고 부르는 것이다.

우리는 우리의 노예상태를 자유라 부르면서 노예상태를 위장하는 데 아주 능숙하거나, 그렇지 않으면 자유를 아무렇게나 가식이라 지칭하는 데 아주 능숙하다…. 우리는 국가의 자유와 국가 주권에 대해 이야기한

---

275) 1956년 5월 23일 르몽드지에서 나의 글 「시저의 시체」 *Le corps de César*를 참조할 것.
[본문을 역자가 각주로 설정]

다. 당신이 자유 국가에 속해 있다면 말이다. 우리는 자유를 제도화하는데, 그렇게 함으로써 다음 같은 것들이 생겨날 것이다. 곧, 강자에게만 이익이 되기 때문에 오늘날 그 거짓이 비난받았던 경제적 자유주의가 생겨나거나, 마르크스가 그 형식적인 특성을 비난했으며 이 형식적인 자유가 없는 것보다 더 낫지만, 자유라고는 하지 말아야 할 정치적 자유주의가 생겨나거나, 인간의 선함과 자유의 원상태라는 뜬구름 같은 가정 속에서 갈피를 잡지 못하는 무정부주의가 생겨나거나, '공산주의는 자유다' 라는 식으로 체계와 자유를 동일시하는 경향이 생겨나거나, '내적인' 자유라는 먼 길이나 혹은 사상의 자유라는 먼 길이 생겨나는데, 분명히 이것은 이상주의자와 지식인과 그리스도인의 가장 그럴듯한 기만이었다.

왜냐하면, 자유는 나뉘지 않기 때문이다. 생각하는 자유는 행동의 자유를 의미하다. 내적인 자유는 나에게 특유한 행동과 윤리를 선택하는 것을 의미한다. 이것은 자신이 자유롭다고 선언하는 동시에 진정한 온갖 자유를 회피하고자, 인간에 의해 사용된 수십 가지 다른 수단이다. 그래서 인간의 처지가 바로 그러하다면, 엑스(X)의 **계시**가 다음 같은 이중적인 표현에 근거할 때 엑스(X)의 **계시**는 완전히 받아들일 수 없다는 점이 이해된다. 즉, 하나님만이 자유로워서, 또 자유로워지기 위한 유일한 가능성이 하나님과의 관계이기 때문에, 하나님과 결별하는 인간은 독립과 자율성을 얻으나 자유를 결코 얻지 못한다는 표현이다.

첫 번째 걸림돌은 하나님과의 결별을 통해 노예상태가 생겨나는 동시에, 점차 **운명**으로 변화하는 결정론과 필연성에 대한 굴복이 생겨난다는 점을 아는 것이다. 두 번째 걸림돌은 이러한 하나님이 우리가 그 자유에 대한 어떠한 대가도 치르기를 원하지 않는 자유의 모험 속으로 우리를 내던질 가능성이 있을 때이다. 이와 동시에, 하나님은 우리가 자유라고 부르는 것의 허위를 드러내고, 거짓인데도 그 삶 속에서 우리가 자유롭다고 주장하는 우리 삶의 위선을 드러낸다. 또한, 이와 동시에, 하나님은 우리에게 아무런 제약 없이 완전히 자유롭게 살아가는276) 절대적인 위험을 취하라고 제안하지만, 우리는 이것을 원하지 않는다! 이것은 견디기 어려운 기독교적인 자유이다.

영적 해석과 자유의 요구에서 벗어나기

인간에게 있어 견디기 어려운 것이 이 계시에 있다는 마지막 예를 들어 보자. 우리가 이미 들었던 팔복으로 돌아가야 한다. 그 자체로서 팔복을 진지하게 받아들인다는 조건에서 말이다. 팔복은 불합리하고 받아들일 수 없다. 온유한 사람이 **땅**을 차지한다는 것은 사실이 아니다. 팔복은 실재와 반대되는 것을 언급한다. 이것은 분별 있는 사람에게 있어 이미 받아들일 수 없다. 그러나 특히, "영적 해석"은 추가적인 요구이며 가중된 부담이다. 산상수훈을 진지하게 받아들인다면, 산상수훈 전체는 견디기 어려운 것이다. 사람들은 이것을 자기가 말하는 바를 정확히 알지 못했던 선하고 관대한 선지자의 감미로운 열정으로 해석하는 데 그치려 하거나, 혹은 이 가르침을 모든 사람을 위한 것이 아니라 성인이나 완전한 사람을 위한 것으로 한정시키려 하거나, 혹은 이 가르침을 조각내어 이 가르침의 각 부분이 맨 처음 읽을 때 드러나는 해석을 전혀 의미하지 않는다는 점을 성서해석학적으로 입증하려 한다.

우리는 자유의 요구에서 벗어나는 데 능숙한 만큼, 예수의 요구에서 벗어나는 데도 능숙하다! 우리는 예수에 의한 율법에 대한 "영적 해석"을 통해 상황이 끔찍하게 악화됨을 이미 보았다. 이 방식으로 살아가기는 불

---

276) 바울은 "모든 것이 허용되어 있다"라고 한다. [본문을 역자가 각주로 설정]

가능하다. 여기서 나는 "영적 해석"이 교회에서 수월한 길이었다고 간주하는 모든 주석가의 견해에 반대하고 싶은데, 이것은 "물질적으로 가난한 자"나 혹은 "마음이 가난한 자" 같은 표현으로 앞에서 다루어진 문제이다. 이와 반대로, "영적 해석"을 통해 그리스도가 받아들여질 수 없게 된다는 점을 이해해야 한다! 나는 우리가 물질적인 혁명 선포를 한 첫 시기가 있었다고 여길 때, 또한 교회가 영적인 입장에 틀어박혔던 것이 소심함과 비겁함 때문이라고 여길 때, 우리는 엄청난 오해에 직면한다고 다시 언급한다! 만일 제자들이 자신들의 설교가 효과적이기를 바랐다면, 또 추종자를 모으고 군중을 움직이며 운동을 일으키기 원했다면, 이와 반대로 그들은 메시지를 점점 더 **물질적 관점에서 해석했을 것이며**, 물질적이고 경제적이며 사회적이고 정치적인 목적을 표명했을 것이다. 사람들을 움직이게 할 수 있었던 것은 이 점이며, 수월한 길이었던 것도 이 점이다. 하나님나라가 이 세상에 속하지 않고, 반란으로는 자유를 얻지 못하고 반란은 아무 소용이 없으며, 지상에는 **낙원**이 없고 앞으로도 없을 것이며, 사회정의란 없고 유일한 의는 하나님 안에 있고 하나님으로부터 비롯되며, 타인의 책임이나 혹은 죄과를 찾아야 하는 것이 아니라 우선 자기 자신 안에서 책임이나 죄과를 찾아야 한다고 밝히는 일은, 바로 실패를 바라는 것이고 견디기 어려운 것을 언급하는 것이다. 왜냐하면, 가난의 종식과 평화와 의가 지상에서 이루어질 수 없다고 여기는 것은 진정 견딜 수 없기 때문이다. 20세기 인간처럼 1세기 인간에게 있어 이렇게 언급하는 것은 완전히 받아들일 수 없지만, 바로 예수 자신이 그렇게 언급했다.

그래서 물론, 마르크스와 니체와 다른 모든 이의 논거는 무력화無力化이다. 사람들은 이렇게 공표하면서 무력화시키고, **낙원**에서 행복이나 혹은 다가올 하나님나라의 의를 포기하면서 사회를 변화시켰을 수도 있는 에너지를 고갈시킨다. 게다가, 사람들은 한 세기 전부터 기독교 진리의 핵심을 청산할 수 있게 했던 결집의 찬란한 결과들을 본다. 예수의 설교와 모범이 받아들일 수 없음을 드러내는 것은 바로 이 점이다. 예수는 나의 나라가 이 세상에 속해 있지 않기 때문에 아무것도 하지 말고 감내하라고 전혀 언급하지 않는다! 이와 반대로, 예수는 나의 나라가 이 세상에 속하지 않으므로, 이 세상을 살기 편안하게 만들고 모든 사람이 구원의 기쁨을 나누게 하도록 가능한 모든 방식으로 행동하되, 너희가 행하게 될 것에 대해서는 어떠한 환상도 품지 말고 행동하라고 언급한다. 이것은 정말 별것 아니라는 것이다. "잘했다. 착하고 충성스러운 종아, 네가 아주 적은 일에 충실했으므로…." 혹은 "너희가 해야 할 모든 것을 다했을 때 나는 무익한 종이라고 하라…" 등이 있다. 즉, 너희가 자유에도 평화에도 의에도 평등에도 선에도 이르지 못할 거라는 말이다. 또한, 너희가 이것들에 도달한다고 주장할 때마다, 너희가 이루었던 것은 인간의 환상이거나 혹은 거짓일 거라는 말이다.

그런데 이것은 인간이 들을 수도 받아들일 수도 없다. 인간이 행동하면, 인간은 그 일이 쓸모 있고 성공하고 발전하기를 원하며, 인간은 자기 힘으로 실현하기를 원한다. 이 점에서 실제로 그리스도의 말은 무력화시키는 것이지만, 그것은 이러한 진리에서 비롯된 현상이 아니라 인간의 빈곤과 자만과 어리석음에서 비롯된 것이다! 마르크스 이후부터,[277] 영적인 것으로의 도피라 불렸던 것, 인민의 아편이라 불렸거나 혹은 가난한 자와 억압받는 자와 상심한 자의 시선을 돌리기 위한 지배계급의 마키아벨리적인 수단이라 불렸던 것 등 우리가 잘 아는 이 모든 것은 신약 성서가 보

---

277) 사실상 마르크스의 사상이 우리 의식에 침투했던 이후부터, 다시 말해 반세기 전부터
 [본문을 역자가 각주로 설정]

여주듯이 둘로 나뉘게 마련이다.

실제로 이것은 자신들의 이익을 위해 하나님의 진리를 사용하는 부자와 강자에 대한 하나님 앞에서 단죄이다. 다른 사람에게는 아주 무거운 짐을 지우지만 자신은 아무것도 행하지 않는 위선적인 서기관과 바리새인이라고 예수가 선포할 때, 바로 그것이다. 예수는 선하고 참된 채로 남아 있는 율법을 부인하지 않는다. 예수는 지도자들이 자신들의 이익을 위해 이 율법을 이용하는 것을 단죄한다. 여기서도 마찬가지이다. 계시된 진리를 통해 모든 조건과 상황이 영적 시각에서 해석된다. 이로 말미암아 계시된 진리를 통해 모든 것이 더 근본적이 된다. 왜냐하면, 모든 것이 최후의 심판에 놓여 있기 때문인데, **모든 것**이란 다시 말해 정치적·경제적·사회적·철학적인 문제와 더불어 우리가 사용하는 수단들 전체이다. **모든 것**이 근본적이 된다. 그러나 이와 동시에 이 근본성은 다음을 요구하는데, 즉 다른 **존재** 방식과 **행동** 방식을 결부시키기 위해 또 다른 효율성을 인정하기 위해, 우리가 가지고 있다고 자부했던 모든 것 및 정치 수단이나 공유 수단 등과 같은 모든 것을 우리가 포기하라고 요구한다. 따라서 "가서 네가 가진 **모든 것**을 팔라"라는 것은 단지 부동산과 보석만 관계되는 것이 아니다.

계급투쟁이나 "계급적" 혁명투쟁을 선포하는 것은, 자신들의 재산과 조직을 보호하는 이들과 같은 지점에 머무르는 것이다. 이것은 사회적으로 유용할 수 있으나, **혁명** 신학의 곤혹스러운 노력에도 불구하고 조금도 기독교적이지 않다. **계시**를 통해 우리에게 이러한 포기가 요구되는데, 이 포기는 환상과 역사적인 희망에 대한 포기이며, 우리의 역량이나 혹은 우리의 수효나 혹은 우리의 정의감에 의뢰하는 것에 대한 포기이다. 이것은 **사람들을 더 자각하게 하면서** 사람들에게 말하는 것이다. 자기가 지배하는 이들이 눈을 뜨지 못하게 하고 자각하지 않게 하려는 것이 지배계급의 죄악이다. 모든 것이 되려면 모든 것을 버려야 한다. 어디서 언제 어떻게 일지 우리는 말할 수 없으나, 하나님이 공급할 것이기 때문에 어떠한 인간의 수단에도 의뢰하지 말라는 것이다. 합리적인 프로그램에 의뢰하지 말고 말씀에 의뢰하라는 것이다. 기도 응답에 따라 너희가 발견할 길이지만 그 실체는 보장할 수 없는 길로 들어가라는 것이다…. 이것은 게릴라 활동이나 테러행위를 위해 사람들을 소집하는 것이나 혹은 대중을 선동하는 것보다 훨씬 더 어려운 일이다…. 복음서의 견디기 어려운 것이란 실제로 그러하다. 나에게나 다른 사람에게 이 점을 언급하는 것은 나 자신에게 있어 견디기 어려운 것이다. 또한, 고개를 갸웃거리며 듣는 이에게도 견디기 어려운 것이다.

은총도 견디기 어렵고, **아버지**도 견디기 어렵다. 비무력은 실망시키게 한다. 자유도 견딜 수 없다. 영적 시각에서 해석은 거짓이다. 바로 이것이 인간적으로 근거를 둔 불가피한 우리의 판단이며, 예수 그리스도 안에서 하나님의 **선포**를 거부하는 최초의 원천이다. 또한, 사람들이 하나님을 거부하는 듯이 보이지 않기 때문에, 타락과 뒤집힘이 일어난다. 이 모든 판단과 행동은 상식과 이성과 경험과 학문에 근거를 둔다. 다시 말해, 이 모든 판단과 행동은 인간의 통상적인 면에 근거하고, 모든 인간이 생각하고 믿는 바에 근거를 둔다. 그러나 우리가 굴러 떨어지는 것은 바로 거기이다. 왜냐하면, 예수는 "너희가 다른 모든 사람처럼 행한다면, 사람들은 이에 대해 무슨 감사의 뜻을 너희에게 표할 것이며 너희가 무슨 특별한 일을 하겠는가?"라고 분명히 말한다. 바로 우리는 특별한 일을 하도록 부름을 받았다. "천상의 너희 **아버지**가 완전하듯이 너희도 완전하라"는 것이다. 나머지 모든 것은 타락이다.

제9장 권세와 지배

> 그리스도인은 하나님과 돈을 겸하여 섬길 수 없다. 그러나 오늘날 왜곡된 교회는 의식과 형식주의에 빠져서 은혜를 돈으로 매매하며 물질적 축복을 교회제일주의로 삼는 사탄의 도구가 되어가고 있다. 편집자 주

영적 권세의 목표

우리가 다루었던 문제는 인간에 대한 것이었다. 그러나 아마도 우리는 온갖 가능한 이단과 온갖 탈선에 내맡겨진 더 위험한 영역으로 들어가야 한다. 아마도 계시된 엑스(X)에 대한 이러한 왜곡이 있었던 것은, 인간의 의도적인 행동이나 혹은 무의식적인 행동 때문일 뿐 아니라, 다른 영역에 속하는 영적 권세들의 활동 때문이다. 영적 권세들은 다른 영역에 속하기는 하나 매한가지이다. 왜냐하면, 영적 권세들은 스스로는 아무것도 아니기 때문이다. 보편적이고 하나님과 똑같은 외연을 가진 **악**의 원리와 이 영적 권세들은 아무런 관계가 없다. 성서에는 어떠한 이원론도 없다. 영적 권세들은 인격화와 아무런 관계가 없는데, 즉 묘사되고 형상으로 표시되기로 된 **악마**와 아무런 관계가 없다. 악마는 "어딘가에" 위치할 수 있고 인간 위에나 혹은 인간 안으로 외부로부터 개입할 수 있다. 이 권세들은 정해진 얼굴도 없고 실재에서 주어진 역할도 없다. 우리가 이 권세들에

대해 알 수 있는 바는 권세들이 인간과의 관계 속에서만 또 인간과의 관계에 의해서만 존재한다는 점이다.

사탄 혹은 거짓이 나타나고 드러날 수 있는 것은 인간이 거기 있을 때다. 사탄이나 거짓은 인간과 다르지만, 인간과 함께하지 않고서는 다른 어디에도 있을 수 없다. 뱀은 다른 동물들 가운데서 허식이 없고 약삭빠른 비공격적인 선량한 동물이다. 단지 그뿐이다. 뱀에게는 나귀를 물어 죽이려 한다거나 혹은 암소를 유혹하여 하나님에게 불순종하게 하려는 생각은 아예 없었을 수도 있다…. 상황이 가능해지는 동시에 흥미로워지는 것은 인간이 나타날 때이다. 또한, 뱀이 자기가 누구인지 드러내는 것은, 그전에도 아니고 다른 식으로도 아니다. 나는 우리가 언급할 바에 대해 오해를 사지 않도록, 이 점이 자세히 설명될 필요가 있다고 생각한다. 달리 말해, 본질적으로 나쁠 수도 있는 어떤 것을 인간은 소유하지 않으며, 이미 인간에게 속해 있는 바를 이용하는 무언가에 의해 인간은 소유한다는 것이다. 이 점에 관한 바울의 생각은 틀리지 않다.278) 그러나 이와 동시에, 인간이 자기 자신에게 내맡겨지면 "그렇게" 행하지는 않을 것이다. 따라서 인간 존재에 영향을 미칠 뿐 아니라 인간 존재와 관계되는 모든 것에도 영향을 미치며 해독을 끼치는 것은 이러한 결합이다.

권세들을 통해 "더 많은 것"과 "다른 것"이 역사 전체에 덧붙여질 것이다. 이 때문에, 한편으로 인간의 활동에 대한 어떤 표현들과 관련하여 **절대 권력**에 대해 이야기될 것이고, 다른 한편으로 바울은 우리가 적을 혼

---

278) [역주] 이 부분은 로마서 7장 15절-17절을 생각나게 한다. "나는 내가 하는 일을 도무지 알 수가 없습니다. 내가 해야겠다고 생각하는 일은 하지 않고, 도리어 해서는 안 되겠다고 생각하는 일을 하고 있으니 말입니다….그렇다면, 그와 같은 일을 하는 것은 내가 아니라, 내 속에 자리 잡은 죄입니다." 인간 안에는 본질적으로 나쁜 것이 있는 것이 아니며, 나쁜 것은 인간에 있는 어떤 연약한 속성을 이용하여 죄를 짓는 사탄 혹은 뱀, 그들이다.

동하지 않도록 우리에게 강력히 주의를 준다. 국가가 **절대 권력**임을 되풀이해서 말하기로 하자. 다시 말해, 모든 사회학적이고 정치학적인 연구 이후에 고려해야 할 더 **많은 것**이 있다. 국가와 권력과 정치 세력 등과 같은 현상을 분석해야 한다. 하지만, 모든 것을 언급했을 때, 어떤 잔재와 파괴하기 어려운 일종의 핵심과 설명할 수 없는 견고함이 있음을 깨닫는다. 요컨대, "왜 국가에 복종해야 하는가?"이다. 이해할 수 있는 것과 분석할 수 있는 것 너머에 해부용 메스로는 발견되지 않는 예전의 영혼에 해당하는 것이 있는데, 분석이 아무리 완벽하더라도 분석을 통해 **모든 것**이 설명되지는 않는다. 이 잔재는 국가 기관에 깃들어 있는 영적 권세이며 **절대 권력**이다.

돈도 마찬가지이다.279) 일단 메커니즘을 완전히 분석하고 금융과 경제를 설명하자마자, 확고부동한 듯이 보이는 이상한 잔재가 남는다. 왜 돈은 이러한 유혹을 하는가? 거기에는 예수가 맘몬이라 부르면서, 정확히 말해 죄악의 맘몬이라 부르면서 의인화하는 **절대 권력**이 여전히 있다. 다음 같은 바울의 경고로 보아 이 점은 분명하다. "여러분이 싸워야 하는 것은 살과 피를 가진 인간에 대항해서가 아니라, 통치자와 권세와 지배에 대항해서이고, 권력과 어두운 이 세상 군주에, 대항해서이며, 하늘에 자리 잡은 악한 영에 대항해서입니다."280)

물론, 사람들이 고개를 갸웃거리며 이 가련한 사람 바울이 자기 시대의 환상의 희생자였으며, 이와 같은 것을 이야기하기에는 약간은 정신박약자였다고도 할 수 있다. 강하고 지적인 우리는 실재의 차원에서 싸우면

---

279) 나는 『세상 속의 그리스도인』*Présence au monde moderne*(대장간 역간, 2010) 과 1979년에 보완하여 재판된 『하나님이냐 돈이냐』*L' Homme et l'Argent*(대장간 역간, 1991, 2010) 에서 이 두 가지 논점을 자세히 다루었다.
280) [역주] 이 마지막 표현은 가장 이상하다. [본문을 역자가 각주로 설정]

서, 우리가 인간을 더 낮게 만드는데 또 사회를 살기 편하고 정의롭고 합리적이고 우애 있게 만드는데 어느 정도로 성공하는지 입증할 수 있었다. 늘 재론해야 할 표현에 따르면, 악마의 궁극적인 함정은 악마가 존재하지 않는다고 설득하는 것이다. 하지만, 이 영역에 도달하자마자, 온갖 환상이 허용되고 온갖 망상이 가까워진다. 독자들은 이 점에 대해 충분히 알기에, 다음 같은 점을 시인한다. 즉, 내가 영지주의의 망상이나 혹은 복합적인 신비적 계시론의 망상에 전혀 빠져들지 않고 악마의 세계나 혹은 천상의 오묘한 비법에 따르지 않는다는 점과, 이것들이 바르베281)에게는 문학적으로 나타나거나 혹은 스웨덴보리282)에게는 환상적으로 나타나며 결국 이것들이 영의 세계에 기초한 모든 종교의 토대에 마찬가지로 존재한다는 점이다.

사려가 깊기도 하고 편협하기도 한 나는 성서에 집착하는데, 나에게 성서는 매우 일관성 있고 충분한 듯이 보이는 동시에, 성서는 영감을 받아 기록된 것이므로 진실하다고 나는 생각한다. 그런데 성서는 이 점에 관해 상당수의 변함없는 일정한 자료를 우리에게 제시한다. 거기에 다른 세계와 상상력을 덧붙이지 말아야 한다. 특히, 집요한 신심과는 반대로 이것은 로마제국 말기에 만들어진 루시퍼에 관한 것도 아니고, 기독교로 동화된 이교의 전설에서 따온 시시콜콜한 악마들에 관한 것도 아니다. 성

---

281) [역주] Jules Barbey d'Aurevilly(1808-1889).; 프랑스 작가. 그의 문학 작품은 가톨릭 신앙과 죄에 큰 영향을 받고 가톨릭에 대한 그의 관점은 프랑스의 작가 베르나노스(Bernanos)에 깊은 영향을 미친다. 대표작으로 중편소설집 『악마』*Les Diaboliques*가 있다.
282) [역주] Emanuel Swedenborg(1688-1772). 스웨덴의 과학자이자 신학자이자 철학자이자 신비주의자. 심령적인 체험을 겪고 나서 과학적 방법의 한계를 깨닫고, 신비적 신학자로서 활약한다. 철학적으로 무한자(無限者)를 모든 피조물에 내재하는 불가분의 힘과 생명으로 보아 무한자를 신으로 규정한다. 또한, 본성과 위격에서 신의 절대적 통일을 주장하고, 삼위일체를 유일한 신격에서의 사랑과 지혜와 활동성의 통일로 해석함으로써, 성부・성자・성령이라는 3위격이라는 전통적 교리를 부정한다.

서에는 여섯 가지 악한 권세가 제시되는데, **맘몬, 이 세상 군주, 거짓의 영, 사탄, 마귀, 죽음**이다. 이것으로 아주 충분하다. 그런데 이 권세들과 관련하여 한 가지 지적을 할 수 있다. 이 권세들을 비교해보면 이 권세들 모두 돈, 권력, 거짓, 고소, 분리, 파괴 같은 기능으로 특징지어진다. 달리 말해, 이 권세들은 일종의 어떠한 실재도 스스로 갖지 않는다. 한 개인이 자신의 무한한 복합성, 복합적인 적응, 발전, 다양성, 관계, 내적인 신비와 더불어 존재하듯이, 이 권세들은 존재하지 않는다. 바로 이러한 **반反창조**의 관점에서 중요한 듯이 보이는 것은, 어떠한 신비도 없고 악한 저 세상에 대한 어떠한 통로도 없다는 점이다. 지옥세계도 없고 무수한 아이온283)과 더불어 반항한 천사들의 위계도 없다. 배경도 없다. 인간 세계에서 구체적으로 활동하며 이것 외에는 어떠한 실재도 신비도 없는 권세들에 대해 우리에게 이야기되기도 한다. 분명히 이것들은 "천상에" 있는 권세들이지만 인간과의 관계에서가 아니면 어떠한 존재도 없는 권세들이다. 이 권세들은 혼돈의 표현이자 하나님이 자신의 창조를 위해 사용했던 무無의 표현이기 때문에, 하나님이 만든 것을 할 수만 있다면 공격한다는 점은 이해할 수 있다. 이 권세들은 이러한 혼돈 외에는 존재를 갖지 않지만, 이 권세들은 혼돈을 일으키는 힘이다. 혼돈 전체는 **창조** 속으로 흡수되지 않았고, **창조**는 늘 위협을 받는다. **창조**의 성과인 인간 및 인간과 창조주 사이에 관계는 늘 혼란스럽지만, 이것은 신에 대한 반대에 의해서도 사악한 "원리"에 의해서도 아니다. 형이상학적인 의미에서나 혹은 종교적인 의미에서 사악한 "원리"란 없다. 신에 반대하는 세력과 반기독교적인 세력이 있지만, 이것은 지상 외에 다른 어디서도 힘을 쓰지 못하고, 인간

---

283) [역주] êon: 그노시스파(영지주의)가 주장한 영구불변의 힘으로서 절대자(Être suprême)에게서 나온 이 힘으로 절대자는 세상을 다스린다.

외에는 다른 어떠한 것도 노리지 않는 세력이다. 요한계시록의 상징적인 글을 제외하면 말이다.

무엇보다 이 권세들은 하나님이 선택하고 성도로서 따로 구별한 특별한 인간을 노리는데, 이 인간은 하나님이 자신의 사랑을 예수 그리스도 안에서 그에게 드러내는 그리스도인이며 이 인간들의 모임이 교회이다. 악한 권세들[284]의 노력이 집중되는 것은 하나님의 은총과 사랑이 가장 잘 나타났던 곳에서이다. 예수와 관련하여 모든 악의 권세들은 절정에 달했다. 그리스도인이 있는 곳에는 모든 악의 권세들이 집중된다.[285] 오래된 중세 기독교 전승에 따르면, 인간 모두는 악마에 대해 거의 관심을 두지 않으며,[286] 세상에서 은총과 사랑을 전달하는 자에 대항하여 악마는 모든 노력을 기울인다. 문제가 바로 거기 있기 때문에, "타락시키는 것"이나 "지옥으로" 데려가는 것보다 하나님의 사랑이 세상에 나타남을 막는 것이 더 중요하다. 악한 권세들의 본질적인 역할은 모든 인간을 지옥으로 데려가는 일이 아니다. 나는 이 측면에서 악한 권세들의 패배가 이미 이루어졌다고 다른 저서에서 이미 설명했다. 그리스도 안에서 모든 인간이 구원을 받기 때문에 이 패배는 전면적이며, 아무것도 상황이 이러함을 막을 수 없다. 패배한 권세들이 여전히 할 수 있는 일이란 **지상**에서 상황을 비극적으로 만들고, 인간의 삶을 견디기 어렵게 만들며, 신앙을 파괴하고, 인간 간의 신뢰를 없애며, 인간으로 하여금 고통받게 하고, 사랑을 소멸시키고, 소망이 생겨남을 막는 것이다. 달리 말해, 성서적으로 확실한 듯

---

[284] 내가 편의상 계속 이렇게 부르고 있으나 한 번 더 말해 이 권세들은 그 자체로는 권세도 아니고 선한 하나님에 대한 정반대의 것으로서 악하지도 않다.[본문을 역자가 각주로 설정]
[285] 베르나노스(Bernanos)와 도스토옙스키가 놀랍도록 잘 파악했던 점이다.
[286] 전설에 따르면 악마가 이미 인간의 소유주이기 때문이라는데, 이것은 잘못된 내용이다. [본문을 역자가 각주로 설정]

이 보이는 것은 악한 권세들이 **지상**을 지옥으로 만든다는 점이고, 소위 열락의 **동산**이라는 우리의 **지상** 외에는 다른 지옥이 없다는 점이다. 악한 권세들이 행하는 것은 바로 예수가 가져왔던 모든 것을 파괴하는 일이다. 이로 말미암아 악한 권세들은 인간에 대한 인간의 관계와 마찬가지로 하나님에 대한 인간의 관계를 깨트리고, 특히 예수 그리스도에 의해 만들어진 관계들을 깨트린다. 이것은 구원의 문제가 아니라 불행의 문제이다. 악한 권세들의 과업은 "주主의 표식"을 받아들인 이들로 하여금 하나님이 기대하는 바와 반대되는 것을 만들게 하는 것이다. 따라서 교회에서 일어났던 일에 대해 우리는 놀랄 필요가 없다. 이것은 이 끈질긴 반항의 당연한 결과이다. 우리가 기술한 모든 것 뒤에는 "악마의 손길"이 있다. 다름 아니라 바로 그것이다.

맘몬

맘몬, 곧 돈을 통해 관계 법칙으로서 교환과 판매가 강요된다. 무언가에 대한 대가가 늘 있으며, 모든 것은 값이 치러지고 돈으로 살 수 있다. 돈은 완전히 모든 면에서 은총에 반대되는 것이다.[287] 돈을 통해 교회에 유입된 것은 이 정신으로서, 때때로 교회에서 은총이 돈으로 팔렸고, 때때로 교회는 노략질과 치부의 중심이었으며, 때때로 교회는 오늘날 프랑스 개신교회처럼 다른 모든 관심사나 혹은 역할이 이차적으로 밀려날 정도로 교회는 재정 문제에 사로잡혀 있다. 사실상 돈을 통해 수많은 방식으로 교회는 타락했다. 하지만, 이것은 돈 자체의 결과도 아니고 인간에 있어 돈에 대한 주관적 취향의 결과도 아니다. 은총과 무상無償과 편의가

---

287) 앞에 나온 책, 『하나님이냐 돈이냐』 *L' Homme et l' Argent* (대장간 역간, 1991, 2010)를 참조할 것. [본문을 역자가 각주로 설정]

되어야 했던 모든 것이 악착스러운 쟁취와 소유와 집착이 되는 식으로, 돈에다 힘을 부여한 것은 진정 이 악마적인 권세였다. 사도행전과 바울의 어떤 서신서들은, 존재할 수 있었을 뿐 아니라 당연히 지속할 수 있었던 것을 우리에게 보여준다! 이것을 보여주는 것은 은사와 더불어 또 공동체 재산의 공유와 더불어서인데, 일반적인 관계 규범으로서 은사는 은총의 구체적인 적용과 완전히 일치하고, 공동체 재산의 공유는 돈에 대한 '저평가'의 당연한 결과이다! 하지만, 이것은 지속되지 않았다.

전통적으로 다음 같이 말해진다. 물론, 그들이 "종말론적인" 공동체를 만들었고 세상의 종말이 임박한 것으로 믿었으므로, 공동체를 이루어 살아갈 수 있었고, 기도하면서 시간을 보낼 수 있었으며, 일하지 않고도 어떤 사람들이 절약해 놓은 것으로 먹고살 수 있었다. 하지만, 절약해 놓은 것을 다 썼을 때는 어떡할 것인가? 그들은 본래대로 돌아가서 모든 사람처럼 일하고 생활비를 벌어야 했다. 재산 공동체에 대한 약간 별난 이 이야기는 끝나기 마련이었다는 것이다…. 평범하기 짝이 없는 진부함과 조잡하기 이를 데 없는 상식을 지닌 이러한 종류의 설명은 전혀 나를 만족하게 하지 못한다. 교회의 역사상 이러한 공동체의 생성은 주기적으로 일어났고, 나는 오늘날도 여전히 이러한 공동체에 대해 알고 있다. 문제는 다른 데 있다. 영적인 '긴장', 달리 표현하면 영적인 힘이 강한 채로 있는 한, 또한 신앙이 살아 있는 한, 또한 형제애가 계속 다시 생겨나는 한, 돈 문제는 없다. 사람들이 타성과 추종에 빠져들어 더는 진정으로 소망하지 않고 신앙을 갖지 않았을 때, 돈은 강압적이 된다. 소유하는 것은 그리 대단한 일이 못되고 그리스도 안에서 영적이 되는 것이 중요한 일이다. 그리스도 안에서 영적이 되는 것이 약화하자마자 소유하는 것이 지배한다. 맘몬은 교회가 예수 그리스도와의 관계를 상실했던 한에서만, 교회 안에 자신의 법칙을 세웠다. 하지만, 맘몬은 신앙이 사라지기를 끈질기게 기다리는 권세이다. 맘몬이 풍성할 때 맘몬은 신앙이 생겨나는 것을 막는다. 이 논리는 집요하다. 사람들이 모든 것을 가지고 있고 좀 더 소비해야 할 단 한 가지만 필요하다면, 신앙이나 혹은 소망이 무슨 소용이 있는가…. 맘몬은 모든 것은 돈으로 살 수 있다는 욕구 충족과 더불어, 또 무언가에 대한 대가가 늘 있다는 법칙과 더불어, 인간 주변에 은총이 뚫고 들어갈 수 없게끔 차단막을 세운다. 그리스도인은 모든 시대에 이것을 경험했다.

이 세상 군주

다음으로, 당연히 세상 군주인데, 세상 군주에 익숙해져야 한다. 세상은 이 세상 군주에 속해 있다! 세상은 신앙에 대한 분별 가운데서만 또 먼 거리에서만 주主에게 속해 있다. 법적인 구분을 통해 이 이중적인 소유가 밝혀질 수 있는데, 곧 소유권과 소유 사이의 구분이다. 어떤 재산의 소유주는 재산에 대한 법적인 명의를 갖고 있으며 재산의 진정한 주인이다. 소유주는 모든 권리를 갖는다. 하지만, 소유주가 부재하거나 혹은 소유주가 멀리 있으면, 소유자는 그 장소를 차지하는 자인데, 달리 표현하면 "불법 점유자"인 그는 어쨌든 사용자로서 주인처럼 보인다. 그는 어떠한 권리도 없다. 마침내 소유주가 나타날 때 그는 쫓겨날 수밖에 없지만, 그동안 그는 모두의 눈에는 주인처럼 보인다. 그는 재산을 제멋대로 사용한다. 나중에 보고해야 할 것을 각오하고서 말이다! 이러한 형상이 내재하는 수많은 비유를 생각해 보자. 여행을 떠나는 왕, 멀리 떨어져 있는 신랑, 부재중인 주인, 포도원을 일꾼들에게 맡기는 주인 등이다. 어디서든 하나님은 멀리 떨어져 있고 아무 말도 하지 않는다. 예수는 우리와 헤어져 하늘로 다시 올라간다. 그동안에 누가 세상의 소유자인가? 그것은 인간이며 우리가 언급했듯이 지상의 모든 나라를 마음대로 하는 이 세상 군주다.

이 때문에 사회 계급제도나 혹은 법이나 혹은 국가의 권위나 혹은 주인의 권위가 하나님의 뜻에 근거를 둔다고 이론을 정립하는 것은, 올바르기도 하고 틀리기도 하다. 즉, 이 모든 것이 이 세상 군주의 현존하는 활기찬 권세를 분명히 나타낸다는 점에서 틀리고, 이것들이 악의 궁극적인 결과들을 제한하기 위한 수단들이라는 점에서 올바르다. 이 점은 이것들의 상황을 아주 모호하게 만든다. 그렇지만, 나는 국가나 법이 하나님의 뜻에 일치하는 창조물이지만, 사탄의 악한 행위에 의해 이것들의 정당하고 진정한 목적에서 벗어난 창조물이라는 통상적인 주장을 뒤집을 것이다. 예수 그리스도의 하나님은 권세나 지배의 어떠한 구현도 원하지도 않고 원할 리도 없다. 이와 반대로, 권세의 영은 단지 인간 내부에서 비롯되지 않는다. 권세의 영은 이 세상 군주의 영이며, **지상에서와 우리 역사의 흐름에서 권세를 나타내는 모든 것은 세상 군주의 관할에 있다.** 이 때문에 복음서에는 예수가 이룬 권세의 기적은 거의 없다. 사실상 권세의 기적에는 '잠잠해진 폭풍우'라는 단 하나의 기적이 있다.

이 대신, 권능의 성령이 만들어낸 것들은 세상 군주가 이것들로부터 기대하는 바에서 벗어날 수 있고, 다른 식으로 사용될 수 있다. 은총과 복음의 진리가 국가와 법에 스며들 때, 국가는 하인이 될 수 있고 법은 정의의 도구가 될 수 있다. 그러나 이것은 예외적인 현상으로서, 돈이 맘몬에 의해 예정된 용도에서 벗어나 은사를 위해, 다시 말해 은총을 위해 사용될 수 있는 것과 꼭 마찬가지이다. 이것은 하나님이 우리를 이 세상 군주에게 넘겨주지 않는다는 징표로서 그 이상의 것은 될 수 없다.

나는 세상과 세상의 '본질'에 대한 논쟁 전체 및 "너희들은 세상에 속해 있지 않지만, 이 세상에 있다"는 것에 대한 논쟁 전체를 재론하지 않을 것이다. 나는 이 점을 자주 다루었다! 나는 기독교의 뒤집힘이 이 세상 군주가 침입하고 유혹하고 이끄는 대로 내버려 둔 데 있었음을 상기시킬 따름이다.

교회가 지배계급에 매혹되었을 때, 또 교회가 권세가 되고 정치에 사로잡혔을 때, 그야말로 틀림없이 교회는 세상 군주에 의해 점유된다. 그렇기는 하지만 모든 것이 상실되는가? 교회는 완전히 변질하는가? 그렇지는 않다. 왜냐하면, 교회가 있고 그다음에 신비한 하나님나라가 있으며 비유들이 있기 때문인데, 이 비유들 모두 하나님나라가 이 세상에서 숨겨져 있고 감지될 수 없지만, 현존하고 활동 중임을 우리에게 보여준다. 하나님나라에 대항하여 세상 군주는 아무것도 할 수 없고, 게다가 하나님나라를 모른다. 세상 군주는 보이는 것과 명백한 것과 형식화된 것과 '세상'만을 안다! 인간이 보기에 해결책과 다른 길과 다른 형태처럼 나타날 수도 있는 것, 다시 말해 교회를 세상 군주가 공격한다는 점은 이 세상에서 잘 이해된다. 비록 세상에 속해 있지 않아도 교회는 세상 군주의 권세가 가장 강하게 미치는 곳이며, 찬란하고도 일시적인 승리를 반드시 거둘 수밖에 없는 곳이다. 따라서 교회의 이 같은 으스러짐에 대해 놀라지 말아야 하는데, 교회는 세상에 전적으로 귀속되기 일보 직전까지 늘 끌려갈 것이다. 그렇지만, 우리가 보게 되듯이, 교회는 결코 세상으로 완전히 굴러 떨어지지는 않는다. 세상 군주는 패배하지만, 세상 군주는 세상 속에 있는 모든 것에 대한 지배력과 더불어 세상 군주로 남았다.

거짓

세 번째는 거짓의 영으로서, 진리를 사물과 이념과 견해와 교조와 철학과 과학과 경험과 실재로 변화시키고, 실재를 허울뿐인 진리로 변화시킨다.288) 신약 성서에서 거짓에는 매우 명확한 의미가 있다. 이것은 우리의 일상적인 거짓말, 자신의 위법 행위를 인정하지 않으려는 범죄자의 부인, 잘못, 기정사실의 은폐와 같이 우리가 일반적으로 거짓이라 부르는 모든 것과 아무런 관계가 없다. 예수는 "아예 맹세를 하지 마라. 단지 '예'라고 할 것은 '예'라 하고, '아니오'라고 할 것은 '아니오'라 하라"고 우리에게 선언하면서 이 모든 것을 종결짓는다. 달리 말해, 너희는 너희 말 속에서 온전한 너희 자신이 되라는 것이다. 하지만, 거짓의 문제는 거기 있지 않다. 거짓의 문제는 예수의 인격 자체와 관련된다. **신약 성서에서 거짓은 예수의 정체성을 거짓으로 고백하는 것이다.** 그 자체로 예수는 자신의 인격 속에서 **진리**, 곧 유일한 진리이다.

그래서 거짓은 세 가지 형태를 취한다.

우선, 예수를 이념으로 변화시키는 것이다. 형이상학적 체계 속에서 예수의 인격을 더 교묘하게 만들거나 이용하는 '영적 인식'을 추구할 때, 혹은 그 부분이 주요한 부분이라 하더라도 예수를 닫힌 교의나 혹은 철학의 한 부분으로 삼을 때, 거짓이 존재한다. 또한, 예수를 **실천**praxis이나 정치에 개입시키려고 예수를 이용할 때, 예수를 신의 낙원으로 자취를 감추게 할 때 거짓이 존재한다. 그리고 예수가 단지 연구 대상일 따름일 때, 우리에게 본질적인 듯이 보이는 것이 진리라는 개념일 때, 거짓이 존재한다.

두 번째로, 예수를 우상으로 변형시키는 것인데, 예수를 마법적으로 숭배하든지,289) 예수로부터 지상의 이익과 일상의 작은 기적을 얻으려 하

---

288) 실재와 진리 사이에 관계에 대해서는 자끄 엘륄의 『모욕당한 말』 *La Parole humiliée* (Paris, Editions du Seuil, 1981년)을 볼 것.
289) 나는 끔찍한 '종교 물품'이나 혹은 스페인에서 끔찍한 십자가 형벌의 재현을 생각하지 않을 수 없다. [본문을 역자가 각주로 설정]

든지, 예수를 변장시키든지 하는 것이다. 우리가 예수에게 행하는 변장에도 주의하도록 하자! 첫 번째 거짓은 "진리가 무엇이냐?"라는 빌라도의 질문 이후에 일어난 행위로서, 병사들이 예수에게 장군의 자줏빛 망토를 입히고 시저의 왕관을 모방한 왕관을 씌웠던 행위 및 빌라도가 "자, 이 사람이요"라고 하면서 군중에게 예수를 내보인 행위였다. 예수가 겪은 첫 번째 변장은 이러하고, 인간이 예수의 인격과 관련되는 "진리란 무엇인가?"라는 자기 자신의 질문에 대해 자신에게 스스로 제시하는 대답도 이러하다. 하지만, 그 이후로 우리는 얼마나 많이 예수를 변장시켰던가? 아기 예수, 열방의 왕 예수, 위풍당당한 그리스도, 사회주의자 예수, 어릿광대 예수, 인간 법정 위에 군림하는 예수, 법과 질서의 수호자 예수, 혁명가 예수 등이다. 우리가 우리의 근거를 마련하고 우리를 정당화하며 우리를 설명하려고 인간의 도식 안에서 그리스도 예수를 이용할 때, 불가피하게 우리는 예수를 변장시키고 거짓이 존재한다. 심지어 내가 깊이 확신하는 하나님의 아들과 그리스도와 메시아라는 칭호조차 그 자체로 취해질 때, 이러한 예수에 대한 나름의 거짓이 될 수 있음에 주의하자. 왜냐하면, 이 칭호들을 통해 재빨리 우리는 예수를 **살아있는 자**나 인격 안에 있는 온전한 **진리**로서가 아니라, 대상으로서, 다시 말해 우상으로서 받아들이게끔 부추겨지기 때문이다.

세 번째 거짓은 예수를 교회로 귀착시키는 것이다. 거짓은 늘 진리의 출발점에 매달려 있다. 물론, 그리스도의 몸으로서 교회의 존재를 우리는 굳게 믿는다. 하지만, 그때부터, 교회 자체를 예수 그리스도와 동일시하려는 유혹 및 완전한 진리를 보유하면서 이 진리를 설파한다고 주장하려

[역주] 여기서 '종교 물품'(saint-supicerie)이란 예전에 생 쉴삐스(Saint Sulpice) 거리에서 십자가나 소형 입상이나 부적으로 팔려고 만들어진 우상과 관계된다. 간단히 말해, 이것은 모든 종교에서 대거 나타나는 부적 효과를 지닌 온갖 성물이다.

는 유혹이 교회에 있어 너무 큰 나머지, 교회의 말은 더도 덜도 아닌 진리의 말이 된다! 예수 그리스도 안에서 믿음만이 구원을 보장하기 때문에, 교회 밖에서는 구원이 없다고 선포하려는 유혹도 얼마나 큰가! 실제로 교회는 그리스도의 몸이지만, 이 진리는 늘 새로운 일시적인 은총으로서 받아들여지는 대신, 기득권과 소유물과 신분과 안정성과 변하지 않는 객관적 실재로서 간주한다! 우리가 언급했듯이, 교회사에서 매번 생겨나는 과오는 알맞게 적응되고 비스듬히 기울어진 진리이다.

따라서 성서와 **교회사**의 관계에서 우리가 파악할 수 있는 세 가지 거짓은 이러하다. 인간의 모든 거짓, 곧 지적이고 심리학적이고 도덕적인 거짓 모두는 이러저러한 방식으로 이 세 가지 거짓에서 비롯된다! 이와 반대로, 거짓의 영에 의해 고취된 모든 거짓이 예수 그리스도와 관계있고 오직 예수 그리스도와 관계있다면, 이 **계시**와 어떠한 관계도 없는 진리를 추구하려고 다른 데서 애쓰는 일은 거짓에 속하지 않는다. 불교를 탐구하는 것이나, 혹은 과학 분야에서 과학에 따라 진리를 탐구하는 것이나, 혹은 정신분석 분야에서 정신분석에 의해 진리를 탐구하는 것 등 이 모든 것은 오류에 속할 수 있지만, 적어도 거기에 예수를 끌어들이지 않을 때는 거짓이 아니다! 상황이 이러하다면, 거짓의 영이 맨 먼저 교회를 공격한다는 점도 이해된다. 거짓의 영 자신이 반드시 자리 잡는 것이 교회 안이다. 남은 일은 진리의 빛을 놓고 장난을 치는 것인데, 이 장난으로 거짓의 영은 계시받은 자들을 바른길에서 벗어나게 한다.

고소

예수는 "사탄이 번개처럼 하늘에서 떨어지는 것을 보았다"라고 우리에게 언급한다. 이 점은 중요하다. 사탄이 어떤 인물이 아님을 다시 한 번 상기하자. 사탄은 'Satan'처럼 대문자로 쓰지 말아야 하는 보통명사이다. 사탄은 고소하는 자이며, 더욱 정확히 말해 고소 자체이다. 따라서 우리는 형태와 동기가 어떠하더라도 또 심지어는 적절하고 근거 있는 고소일지라도, 고소가 이루어질 때마다 사탄이 있다고 해야 한다. 사탄은 활동 중이고 현존하며 인격이 된다. 악마에게 있어서처럼 과정은 매우 분명하다. 즉, 고소라는 현상은 구체화하고 결과를 가져옴으로써, 마치 개별적으로 고소에 연루된 일이 퍼져 나가듯 모든 일이 진행된다. 예를 들어, 집단적인 고소의 전개에서 이 과정은 잘 알려졌다. 그런데 예수가 우리에게 언급하듯이 사탄은 **천상**에 더는 있지 않다. 이 점은 분명하다. 실제로, 욥기에서 하나님 앞에 있었던 의인화된 고소는, 하나님의 아들 예수가 죄를 용서하러 온 순간부터 더는 존재하지 않는다. 교부들의 형상으로는, 하나님 옆에는 인간에게 대적하여 고소하는 자가 더는 없고 인간을 위한 변호인이 있다.

    하나님은 사방에서 자신에게 몰려오는 고소들을 더는 듣지 않고 들으려 하지 않으며 귀를 기울이지 않는다. 하지만, 이 고소들이 **천상**에 더는 있지 않고 **천상**으로부터 더는 나오지 않는다면, 또 하나님 자신이 고소하는 자가 결코 아니라면, 이 고소가 **천상**에서 내몰렸던 한 이 고소는 늘 지상에 있을 뿐 아니라 지상에서 성행하고 펼쳐진다. 천상에서 증오와 단죄로서 더는 표출되지 않는 모든 것이 **지상**에 집중되었다. 게다가 이 때문에, 앞으로의 날들에 대해 예수는 점진적으로 만들어진 낙원을 향한 목가적인 전진을 선포하는 것이 아니라, 이와 반대로 개인적이거나 혹은 집단적인 갈등의 엄청난 증가를 선포한다. 그 선포와 이 역사적 관점 사이에 완벽한 일관성이 있다.290)

    따라서 사탄, 곧 고소는 이 세상에서 급증한다. 하지만, 여기서 여전히 비극은 고소하는 자가 우선 교회를 이용했다는 점이다. 교회는 모든 고소와 심문 제도 전체의 시초와 완성과 모델이 되었다. 교회는 고소 메커니즘을 사적이고 개인적인 영역으로부터 집단적이고 제도화된 영역으로 옮겨가게 했다. 종교재판 사건을 부풀려 말하지 않더라도, 어쨌든 **계시**의 엄청난 타락이 거기 있었고, **용서**에 토대를 둔 모든 것으로부터 종교재판에 토대를 둔 모든 것으로 넘어갔다는 점은 틀림없다. 비극은 이러한 재판소가 존재한다는 점에 있지 않았다. 비극은 훨씬 더 빨리 시작되었는데, 죄에 대한 개인적인 고해성사의 실행이 늘어났던 순간부터 시작되었다. 용서와 은총이 지배적이도록 내버려 두는 대신, 또 가장 나쁜 죄인도 **하나님 앞에서** 회개하면 **하나님으로부터** 용서를 받는다는 점을 인정하는 대신, 사제가 되려면 한편으로 여전히 한 인간에 불과하지만 다른 한편으로 제도의 대표자일 수밖에 없는 사제에게 겉으로 표현된 고해를 맡겼다. 그리하여 하나님만이 실로 죄를 아는데도, 용서하려면 죄를 알아야 하는 놀라운 상황에 부닥친다. 따라서 죄에 대한 추궁은 사람들이 역점을 두는 지배적이고 변함없는 주된 현상이 된다.

외적인 죄과나 실제로 저질러진 과오는 더는 문제 되지 않고, "영혼의 움직임", 욕망, 충동, 꿈, 무의식에 대한 심리적 윤리적인 탐구 및 이것들에 대한 외과적 분석이 문제 된다. 과오가 영적이 되었고, 암묵적인 발화 내용과 가장 보잘것없는 충동과 영성에서 과오를 추적해야 한다. 모든 것은 의심스러워지고, 과오로서 해석될 수 있다. 사탄에게 복종하고 계시된

---

290) 비판적인 주석가에게 신학적 이해에 대한 최소한의 피상적인 지식이 있었다면, 그들은 이 일관성을 파악했을 것이고, 예수가 지상에서 하나님나라의 정착을 선포한다거나 말세에 대한 예수의 선포에 일치하는 것이 그 점이라고 절대 언급하지 않았을 것이다. 또한, 그들은 예를 들어 마태복음 24장 같은 재난을 선포하는 성서 본문들이 아주 나중에 기록된 것이며 예수가 선포한 내용이 아니라고 생각하지도 않았을 것이다!

진리를 변질시키는 교회의 커다란 잘못은 그러했다. 하나님이 즉시 인간의 마음에 가까이하고 용서가 넘치도록, 율법은 영적이고 내적이 되었다. 사탄이 교회 한가운데 머무르러 왔기 때문에, 교회 자체는 고소의 우두머리가 되었고, 고소를 해결책도 끝도 없이 인간을 짓누르며 번져가는 암으로 변형시켰다.

유감스럽게도, 기독교 세계를 특징짓고 그다음으로 종교와 무관한 운동에 전달된 것이 바로 고소의 이러한 확대이다. 우리의 현 세상이 지칠 줄 모르는 정치적이고 사회적이고 지적이고 도덕적인 고소의 세상이라면, 이것은 사탄의 영향 아래 교회가 저지른 방향설정의 잘못 때문인데, 사탄 역시 교회를 자신의 특정한 먹잇감으로 삼았다. 왜냐하면, 교회를 매개로 하여 사탄이 세상을 진정으로 미치게 하여 나갈 수 있었기 때문이다.

분열

마침내 이 끔찍한 "손길"의 마지막은 악마, 곧 디아볼로스Diabolos인 분열시키는 자이다. 악마에 대해 사탄에 있어서와 마찬가지로 똑같은 지적을 하기로 하자. 이것은 인격이나 혹은 개별화된 것이 아니라 어떤 현상, 곧 분열의 실재이다. 악마의 명칭도 대문자가 아니다. 분열, 갈등, 단절, 경쟁, 싸움, 불화, 부조화, 반목, 배척, 부적응[291]이 있는 어디든 악마가 있다. 그런데 사탄의 경우처럼 교회는 이 악마가 좋아하는 먹잇감이었고 이 세상에서 단절의 계기였다. 물론, 기독교 이전에도 전쟁과 갈등과 반목이 존재했다! 하지만, 나는 교회가 '본래의' 상황을 악화시키는 요인이었다

---

[291] 이 단어들 각각을 폭넓게 취하고 완전히 진지하게 받아들여야 한다. [본문을 역자가 각주로 설정]

고 생각한다. 단지 심리학적이거나 정치학적이거나 혹은 사회학적 차원의 것처럼 보일 수도 있었던 바가, 교회에 의해 영적 차원의 것이 되었다. 단절에 영적 뿌리가 있었기 때문에 단절은 더 심해졌다. 이것은 성전聖戰과 십자군, 이단과 마법 등이다….

종교 전쟁은 모든 전쟁 중에서 가장 무자비한데, 이 점에 대해서는 수없이 언급되었다. 이러한 종류의 전쟁은 전형적으로 악마와 교회가 서로 마주친 결과이거나 혹은 교회가 보유한 진리를 악마가 이용한 결과이다. 그런데 고소의 경우처럼 비극은 오염의 결과였다. 교회로부터 사회와 온 세상으로 전염이 있었다. 우리의 전쟁과 정치적 갈등이 이처럼 끔찍한 것은, 종교 전쟁 및 영적 투쟁과 관련된 것이기 때문이다. 우리가 세속 종교의 시대에 있다는 점을 상기시킬 필요도 없고, 모든 혁명 운동이 종교 운동이듯이 공산주의를 둘러싼 전쟁만큼이나 히틀러주의를 둘러싼 전쟁도 종교 전쟁이라는 점을 상기시킬 필요도 없다. 이 전쟁들은 본질상 그러했던 것이 아니라 다음 같은 현상의 산물이었다. 즉, 교회의 유일한 현존에 의해 분쟁들을 규정지었던 교회가, 이 분쟁들을 종교적으로 만들었다는 것이다. 그런데 사회의 속화俗化, 즉 세속화가 있고 나서, 우리 서구 사회에는 사회적인 것들에 대한 이상한 신성화가 보존되었다. 교회는 국가를 신성화했다. 교회의 권력은 사라졌음에도 국가는 신성한 채로 남았다. 마찬가지로 기독교 정치에서 "진리"에 대한 추구를 통해 정치 투쟁은 신성화되기에 이르렀고, 정치 투쟁은 교회가 사라진 이후에도 신성한 채로 남았다. 교회는 적대자를 이단과 절대 악의 화신으로 단정했다. 이러한 판단은 우리가 속한 세상에 그대로 남았다. 다시 말해, 모든 적은 인간적인 적이 아니라 일종의 악마적 존재가 되고, 정의와 평화와 자유 등에 결국 이르려면 적대자를 전면적으로 꼭 없애야 한다. **악마**는 그러하다. 교회 안에서 또 교회에 의해 **계시**의 왜곡을 가져왔던 영적인 힘도 그러하다.

파괴

교회에 대적하여 일어났던 이 영적인 모든 공격을 염두에 둘 때, 어디서 교회가 가끔 승리할 수 있었고 교회 자체가 다시 될 수 있었는지 이해되지만, 일반적으로 가장 선한 의도를 지니고서도 어디서 교회가 자주 굴복했는지도 이해된다. 또한, 예수가 마태복음 24장에 나오는 자신의 예언 두 부분의 연결점에 있는 다음 같은 징조를 말세의 주된 징조로 제시하는 점도 이해된다. 즉, "너희가 황폐하게 하는 가증스러운 것이 거룩한 곳에 놓인 것을 볼 때…"라는 구절에 나오는 징조이다. 이 구절 앞에는 온갖 환란과 미혹과 거짓 선지자와 불의가 있고, 이 구절 다음에는 도망치라는 명령과 그리스도의 거짓 재림과 우주적인 재난이 있다. 이 둘 사이에 이 이상한 표현이 있는데, 이것은 여러 가지로 번역된다. 뻬르노Pernot 판 성서에는 "황폐하게 하는 비천한 것", 슈라키Chouraqui 역 성서에는 "파괴하는 가증스러운 것", 프랑스어 판 공동번역 성서에는 "거룩한 곳에 자리 잡은 가증스러운 파괴자"로 되어 있다. 가장 오래된 사본에는 "너희가 파괴의 징표를 볼 때"라고 되어 있는데, 이것은 흔히 주석가들에 의해 로마의 예루살렘 점령이라는 역사적 사건 및 예루살렘 성전 안에 있는 독수리로[292] 의미가 국한된다. 분명히 이것은 가능한 역사적 측면이긴 하지만, 나는 이 본문들을 특징짓는 것이 이 본문들의 양면성이라 생각한다.

역사적인 언급 뒷면에는 더 깊고 결정적인 것에 대한 참조 작업이 이루

---

[292] 이 본문에서는 예루살렘 성전 안에 있는 셀레우코스 왕조가 수립한 시리아왕국의 안티오코스 에피파네스(Antiochus Epiphanes)의 문장을 대상으로 삼는 다니엘 8장 13절, 9장 27절, 11장 31절, 12장 11절의 똑같은 표현이 언급된다. 비교를 통해, 대부분 저자는 이 본문을 로마의 독수리, 곧 서기 70년에 예루살렘 성전에 꽂힌 군기(vexillum)로 설명한다.

어진다. 제자들은 예루살렘의 미래와 예루살렘 성전의 미래보다 훨씬 이상의 것이 여기서 문제 됨을 모르는가? 제자들은 서기 70년에 예루살렘 성전에 닥칠 뜻밖의 사건이 자신들에게는 세상 종말의 징표처럼 보일 정도로 유대인으로 그냥 남아 있었을까? 예수의 분명한 가르침을 듣고 난 후 제자들은 그 이상의 것이 문제 됨을 이해하지 못했는가?

나는 이 본문을 역사적이고 지역적인 영역으로 귀착시키는 것은 본문을 마음대로 국한하는 것임을 확신한다. 나는 이 본문이 교회의 역사 전체에 적용된다고 생각한다. 이 황폐하게 하는 가증스러운 것에는 두 가지 가능한 의미가 있는 듯이 보인다. 한편으로, 황폐를 유발하고 철저히 파괴하며 헐벗은 땅으로 귀결시키는 끔찍한 영적 현상이다. 그런데 이것은 바로 우리가 기독교와 더불어 확인하는 바가 아닌가? 기독교는 예전의 신심과 종교와 가치와 문화를 파괴했고, 모든 것을 예수 그리스도 안에 있는 하나님의 유일한 **진리**로 대체했다. 하지만, 이 진리가 무너지고 파괴될 때, 하나님이 죽은 것으로 선포될 때, 예수가 **구속자**도 **구원**자도 **주**主도 더는 아닐 때, 진정 이것은 황폐이고 황무지이다. 인간에게는 매달려야 할 아무것도 남아 있지 않다. 다른 의미에 대해 말하자면, '황폐의 가증스러운 것'이라는 소유격 표현을 그대로 유지하면 다른 의미가 나타난다. 이것은 인간을 전적인 고독의 가증스러운 상황으로 빠뜨리는 절망, 곧 완전한 절망과 관계되는데, 두 가지 의미가 있다. 즉, 황폐가 거룩한 곳, 곧 교회에 있을 때이며, 절망과 고독이 교회로 확산하는 때이다. 이것이 바로 권세들이 주도할 수 있는 악마적이고 끔찍한 최후의 활동이다.

영적 권세들의 결집과 승리

권세들은 영적이다. 이 끔찍한 뜻밖의 사건에서 일어났던 일은 우연이 아니다. "어떻게 이 일이 일어났는가?"라든지, 어떻게 순금이 가치 없는 납덩이로 변할 수 있는가 라든지, 어떻게 이 왜곡이 생겼는가에 대한 우리의 탐구는 여기서 멈춰진다. 이것은 정치적 현상, 사회학적 현상, 사물과 제도의 영향력과 관계된 것이었으며, 마르크스 사회주의에 일어났던 것이나 혹은 루소의 민주주의적 몽상의 때에 일어났던 것과 비교될 수 있다. 이 경우들에서, "어떻게"라는 질문은 "왜"라는 질문과 같아진다. 사람들이 더는 나아가지 않고 머무는 한, 상황이 달라졌을 수 있기를 기대할 수 있다. 그러한 뒤집힘에는 어떠한 숙명도 필연성도 없다. 결국, 마르크스나 혹은 레닌이나 혹은 스탈린의 사상에 대한 격하가 아무것을 통해서도 강요되지 않았듯이, 또 루소로부터 미국의 명백한 자본주의적 민주주의로 이행에 아무것도 필연적이지 않았듯이, 사람들은 예수 그리스도의 **계시**가 충만하게 구현되고 완전함을 보존할 수도 있었을 거라고 꿈꿀 수 있었다. 만일 시민의 덕목이나 혹은 절대자유주의적인 무정부주의를 받아들일 수 없는 타락한 인간 본성이라는 어떤 개념을 고수하지 않는다면, 이 관대한 견해들은 견디기 어려운 것이 아니라는 점을 인정해야 하고, 이 때문에 예수 그리스도에 의해 체험되고 예수 그리스도 안에 드러난 진리가 받아들여질 수도 있었다는 점을 인정해야 한다.

인간은 이 진리를 따를 수도 있었을 것이고, 기독교의 뒤집힘이 없을 수도 있었을 것이다. 기독교의 뒤집힘이 초래된 것은 불행한 우연들의 결집, 곧 서로 연결된 무분별한 권세들의 결집을 통해서이다. 하지만, 매우 기만적으로 이데올로기라는 모호한 개념에 포함되게 하지 않는 한, 사랑 **안에서**, 사랑으로, 사랑에 의해 이뤄진 **진리**의 **계시**에서 이것은 루소나 혹은 마르크스 사상의 모험과 같은 모험이 전혀 아니다. 이것은 예수 그리스도와 더불어 삶 · 사랑 · 자유라는 긴밀한 결합에 대한 결정적이고 유일한 역사적 확인과 관계되는 것이었다. 그래서 우리가 분석하려고 애썼던 충분히 강렬하지는 않은 사건들의 본래 그대로 상태이든, '이미 이루어짐' déjà과 '아직 이뤄지지 않음' pas encore의 변증법에 대한 신학적인 자성이든, 그 무엇에도 우리는 만족할 수 없다. 역사적으로 인간적으로 상황이 이처럼 되었던 것은, 영적인 권세들이 결집했기 때문이다. 투쟁은 도덕의 측면에도 사회의 측면에도 자리 잡지 않았다. 바로 예수 그리스도가 처음 시작했던 바는 전혀 공격받거나 혹은 파괴된 것이 아니라, 왜곡되고 끌려들고 이용될 수밖에 없었다.

행해졌던 일은 이 권세들의 힘을 강제로 속박하거나 혹은 파괴하려는 것이 아니라, 이 권세들을 그 자체의 실상으로 한정시키려는 것이었는데, 이것은 불가능한 일이었다. 거라사 지방의 귀신들이 자신들을 궤멸시키지 말아 달라고 예수에게 간청할 때, 예수는 돼지들 속으로 그들을 들어가게 하고 돼지들은 미쳐서293)물에 빠져 죽는다. 이것은 자신들은 죽지 않고서 죽음으로 내모는 죽음의 권세들이다. 그래서 이 권세들은 이 십자가를 둘러싸야 했다. 이 권세들이 이용해야 했던 것은 바로 그러한 덕목과 진리와 의였으며, 다른 아무것도 이 권세들과 관련되지 않았다. 다른 모든 교리와 사상과 덕목과 철학은 인간 안에서나 사회 안에서 결정적인 아무것도 변화시키지 못했기 때문에, 멀쩡한 채로 남아 있을 수 있었다. 모든 것은 계속되는 듯이 보인다. 하지만, 바로 예수 그리스도의 십자가에는 그렇지 않으며, 그리스도의 **부활**과 그리스도의 **새로운 몸**에서도 그렇지 않다. 인간에 대한 지배를 확실히 하고자, 이 권세들은 예전의 상태로 남아 있을 수 없었다. 이 권세들은 거기에 심겨졌던 것으로 영양을 취했다. 이 영적인 힘들에서 이것은 진정 생사가 달린 문제였다. 이 영적인

---

293) 그 때 귀신들은 자신들이 누구인지 나타낸다. [본문을 역자가 각주로 설정]

힘들이 복음의 진리를 포착하는 데 실패했으므로, 돈과 국가와 대중은 단순한 대상, 곧 별 관심을 끌지 않는 단순한 사물이 되었다. 그렇지 않으면 이 영적인 힘들은 성령과 회심한 인간에 대적하여 십자가 나무의 결실을 탈취하는 데 성공했으므로 더 강하고 무시무시해졌던 것이 아니라, 결정적으로 유혹적이 되었다. 공포와 이의제기를 통해 행동하는 대신, 이 영적인 힘들은 이후부터 의와 진리의 흰 망토를 걸치고 있었다.

국가가 가장 냉혹한 괴물이 되려면, 영적인 자유가 정치에 개입하는 것이 필요했다. 돈을 통해 자본주의가 생겨나려면, 무상의 은총이 필요했다. 익명의 대중이 보이지 않는 인간의 추상적인 얼굴이 되려면, 체험된 사랑이 필요했다. 군림하는 기술이 세상을 점령하고 모든 것을 사용하려면, 비무력의 정신이 필요했다. 과학이 절대자에 대한 최후 심판이 되려면, 계시된 진리가 필요했다. 이 권세들이 그리스도와 더불어 십자가에 못 박혔다고 바울은 말한다. 그렇다. 이것들은 영원히 못 박혔다. 하지만, 그리스도가 부활했기에, 우리는 늘 이 힘들의 먹잇감이다. 이 힘들이 왜곡시켰던 것이나 인간의 눈에는 예수에게 늘 결부된 듯이 보이는 것을 이제 갖추고 있기 때문에, 이 힘들은 어느 때보다 훨씬 더 악하다.

비그리스도인은 내가 상상적인 이야기를 꾸며댄다고 할 것이다. 그래도 좋다. 그것은 신앙의 문제이다. 내가 방금 기술한 바가 성령의 패배를 의미할 수도 있기 때문에, 그리스도인은 분개할 수도 있다. 하지만, 이것은 마태복음 24장에서 우리에게 모두 예고된 것이 아닌가? 이것은 마침내 집이 깨끗해져서 다른 일곱 귀신이 돌아와 그 사람의 형편이 더 나빠진다는 쫓겨난 귀신에 대한 예수의 비유에서도 아마 예고된다! 바로 이것은 이천 년 전부터 우리가 보아온 모든 것이 아닌가? 이것은 주 후 70년 예루살렘 성전의 파괴로 국한되지 말아야 한다. 온갖 종류의 수많은 "구원자"와 더불어 생기는 미혹, 전쟁의 증가, 전쟁과 재난에 대한 소문이나 혹은 소식의 전파, 곳곳에서 늘어난 기근, 진리에 대한 증오와 그리스도를 지닌 자에 대한 증오,294) 어디서든 커지는 배반과 불의, 사랑의 상실,295) 대량으로 늘어나는 기적, 놀라운 징표인 동시에 신기한 것으로서 기적이다.296) 언제나 미혹이 있다! 인간은 일어나는 모든 것에 의해 미혹되고, 거짓 약속, 하느님으로부터 보내진 거짓 그리스도, 거짓 정의나 혹은 거짓 자유에 의해 미혹된다…. 모든 것은 거기 있다. 이처럼 이 권세들의 힘의 엄청난 증가는 우리에게 명백히 제시된다.297)

하지만, 권세들의 극단적인 힘은 기독교의 뒤집힘을 통해서만 가능했다. 따라서 상황이 이처럼 된 것은 역사적 우연이 아니다. 구체화한 권세들은 이 진리가 세상을 비추는 것과 사물들이 제 위치에 있는 것과 미혹이 가면을 벗는 것을 용인할 수 없었다…. 빛이 세상에 왔고, 어둠은 빛을 받아들이지 않았다. 이 빛이 있었기 때문에 어둠은 더 어두워졌다. 또한, 진리는 지성과 덕성이 길을 벗어나서 방향을 바꾸게 된 주된 요인이었다. 이천 년 전부터 인간은 기독교가 도달하는 어디서든 제한된 채로 있다.

---

294) 이러한 증오가 중세의 기독교 세계에서도 일어났다는 점을 잊지 말자![본문을 역자가 각주로 설정]
295) 나는 마태복음 24장에 있는 용어들을 하나씩 나열하는 것으로 그치겠다.[본문을 역자가 각주로 설정]
296) 의술이나 혹은 우주비행 등의 기적에 대해서는 매일 이야기되지는 않는다.[본문을 역자가 각주로 설정]
297) 그 점이 모든 천년왕국설에 일치한다고 주장하면서, 거기에는 독창적인 것이 아무것도 없다고 주장하면서, 이것이 지상에 목가적인 통치의 수립이든 하나님나라에 대한 접근이든 종말의 재난을 예고하는 전통적이고 사회학적인 순수한 흐름임이 잘 알려졌다고 주장하면서, 이 지적들을 감히 떼어 놓지 말아야 할 것이다. 가정되지 않고 실제로 알려진 모든 메시아주의와 천년왕국설이 이 성서 본문들에 뿌리를 두는 한, 잘 알려진 이 모든 것은 적절하지 않은 듯이 보이는데, 따라서 이 성서 본문들은 여러 가지 독점과 후대의 잘못된 해석의 실제적인 근원이다.

이러한 상황에서 권세들의 활동, 우리의 시험에 대한 영적 해석, 극단적인 행동은 예수가 바로 그리스도였다는 점과 아울러 우리에게 계시된 바가 정말 진실하다는 점에 대한 일종의 소름끼치는 입증이다.

그러면 이것은 성령의 패배인가? 매우 엄밀해질 필요가 있다. 세상에서 성공으로서 또 힘의 과시로서는 성령의 패배이다. 절대로 그렇다. 왜 사람들은 성령이 다른 식이기를 바라는 걸까? 성령 하나님은 성부 하나님과 예수 그리스도 하나님과 다른 것일까? 하나님이 인간을 제약하거나 기계로 만들기를 바라지 않기 때문에, 구약 성서에서 우리는 하나님의 계획이 실패하는 것을 끊임없이 목격한다. 아담과 가인과 노아와 요셉과 모세와 왕들과 선지자들과 더불어 일어나는 실패이다. 매번 하나님은 새로운 시작을 제시하고, 매번 하나님은 새로운 가르침을 시작한다. 예수 그리스도와 더불어, 이것은 자발적인 **비무력**의 실패이다. 왜냐하면, **부활**이 신앙에 있어서만 진실하기에, 예수의 뜻밖의 사건은 역사적 실패이기 때문이다. 그러면 성령은 어떠한가?

성령도 다르지 않다. 성령은 빛과 진리의 영인데, 신앙에서도 그러하다. 성령은 민족들로 하여금 하나님에게 복종하게끔 하는 역사적인 힘도 아니고, 역사의 흐름을 바꾸는 역사적인 힘도 아니다.[298] 성령은 모든 것이 절망적인 곳에서 소망을 주는 동시에, 이 재난의 한가운데서 지탱하는 힘과 이 미혹에 빠지지 않기 위한 명철함과 관여된 권세들을 와해시킬 수 있는 능력을 준다. 이처럼, 신자는 미혹의 힘을 자체의 법칙으로부터 완전히 방향을 전환하면서, 우리의 물질적인 실재에서 미혹의 힘을 박탈하

---

298) 『요한계시록, 움직이는 건축물』*l'Apocalypse, architecture en mouvement*(Paris, Desclée de Brouwer, 1976년)에서 요한계시록에 나오는 말을 탄 네 명의 기사에 대한 나의 연구를 참조할 것.

고, 미혹의 힘을 더도 아니고 덜도 아닌 것이 있는 그대로 드러내며, 미혹의 힘을 하나님을 섬기는 데 관여하게 하는 예지와 능력을 지닐 수도 있는 자이다.

그러나 위풍당당한 승리는 결코 없다. 성령에 의해 영감을 받은 국가 수반도 없고, 성령에 의해 성공하는 자본주의도 없으며, 성령에 의해 인도받는 과학과 기술의 발전도 없다. 따라서 권세들이 성취했던 바는 이 반대이다. 권세들은 그리스도의 진리 자체를 자신들의 위대함에 예속시키는 폭발적인 승리를 거두었다.

제10장 그래도 지구는 돈다

> 교회의 타락은 언제나 신학자, 성직자나 교회지도자들이 하나님의 말씀을 자기들의 입장에서 변형시키고 왜곡시킴으로써 야기된다. 그러므로 교회의 개혁은 소위 유명하다는 종교지도자들에 의해 교회 자체 안에서 스스로 개혁되는 것이 아니라 왜곡된 하나님의 말씀에 억눌린 자들에 의해 폭발물이 터지듯 터질 뿐이다. 편집자 주

기독교 비판을 대하는 태도

그렇지만, 하나님은 존재하며, 세계사의 한가운데 심겨진 십자가는 뽑힐 리 없다. 그래도 부활한 그리스도는 세상 끝날까지 우리와 함께 있다. 그래도 성령은 은밀한 가운데서지만 무한한 인내로 활동한다. 그래도 어쨌든 생겨나고 끊임없이 다시 생겨나는 교회가 있다.

나는 지금껏 **계시**의 뒤집힘 전체, 인간을 향한 하나님의 움직임의 변형, 온갖 왜곡을 숨김없이 살펴보았다고 생각한다. 나는 이 작업을 대충 하지 않고 깐깐하게 했다. 나는 기독교 안에 부패가 있었다는 점, 예수 그리스도와 관련하여 거짓이 있었다는 점, 폭력과 압제가 있었다는 점을 부드럽게 표현하거나 변명하거나 축소하려 들지 않았다. 하지만, 나는 관례적이 된 비난들 전부를 받아들이지는 않았다. 왜냐하면, 이 비난들도 19

세기의 호교론에서 행해진 교회에 대한 거룩하고 너그럽고 순수한 소개만큼이나 잘못되고 거짓되며 과장되어 있다. 더구나 이 비난들은 증오에 차 있다.

교회에 맞서거나, 혹은 유대인의 유일신론에 맞서거나, 혹은 바울에 맞서거나, 혹은 그리스도인의 습관적인 행동에 맞서 언급되는 모든 것은 올바르지 않다. 천만의 말씀이다! 사람들은 교회나 교회사로부터 불관용과 압제와 검열과 위선만을 기억할 따름이다. 그런데 이것은 잘못되어 있다. 대개, 거짓인 비난들이 쌓임으로써 우리의 견해가 형성된다는 점을 잊지 말아야 한다. 이 비난들은 종교개혁 때 시작되었다! 종교개혁파는 가능한 모든 모욕적인 언사로 가톨릭교회에 대해 탐욕과 부도덕과 우상숭배와 폭력 등을 비난했는데, 세세한 목록은 만들어지지 않았으나 모든 것이 거기를 거쳐 갔다. 이것은 다음에 계속될 일에서 멋진 모델이었다! 반그리스도인들은 가톨릭교도와 개신교도 사이에 일어났던 바를 본뜨기만 하면 되었다. 반그리스도인들은 이 멋진 길을 따라갔고, 18세기에는 "계몽주의자들"에 의한 본격적인 공격이 개시되었다.

이것은 교회 및 복음적인 진리에 대한 일련의 끔찍한 거짓과 선전과 더불어 이루어졌다. 교회가 늘 제한되고 한정되었으며 카타리파299)에 대한 살육을 제외하고 거의 살인을 범하지 않았는데도, 종교재판은 교회가 어떠했는지에 대한 일종의 지속적이고 보편적인 모델이 된다. 과학은 순교

---

299) [역주] 중세의 이원론적인 종교 운동의 추종자들을 가리키는데, 가톨릭교회로부터 이단으로 규정된다. 가톨릭교회에 의해 이단에 대항하는 십자군으로 선포된 '알비 십자군'이 출정한 때인 1209년 이후부터 무력으로 극심한 탄압을 당하고, 일세기 동안 종교 재판소에 의해 억압을 받는다. 카타리파의 중심 사상은 하나님이 창조한 보이지 않는 영원한 세상이 있는 한편, 물질적인 세상은 타락한 천사인 사탄에 의해 창조된다는 이원론에 기초한다. 특히, 예수 그리스도에 대해 예수가 실제로 성육신한 것이 아니라 인간의 겉모습을 띤 것이므로, 수난을 받은 것도 아니고 십자가에서 죽은 것도 아니라고 주장한다.

자가 되어버리고 이 점이 교회의 절대적인 불관용과 무지와 무지몽매의 증거로 제시되면서, 갈릴레오 사건은 고의로 날조된다. 십자군 전쟁은 돈과 권력과 정복 의지의 사건으로 변형된다. 모든 선교사는 소름끼치는 위선자로, 또한 서구 세력과 자본주의를 예찬하는 단순한 앞잡이로 비난받는다. 모든 정치적 압제와 독재의 시초는 유일신론으로 돌려진다. 어떤 나라나 혹은 어떤 종교의 부도덕성은 뻔뻔스럽게도 일반화되어 이것으로 일반 규칙이 만들어진다. 몰리에르의 『따르뛰프』Tartuffe 라는 작품이 모든 사제의 본보기가 되듯이, 디드로Diderot의 『수녀』La religieuse 라는 작품은 모든 수녀의 본보기가 된다. 개신교는 자본주의의 직접원인이 되어버리고, 이 때문에 개신교는 모든 불의와 착취와 소외의 빌미가 되어 비난받는다. 성직자가 가난한 민중을 끊임없이 착취했으며 교회의 세금이 모든 사람을 피폐하게 했다고 현학적으로 설명된다. 기독교가 지배했던 중세는 폭력과 지적 암흑의 시대가 되어버린다. 대성당은 감히 저항하지 못했던 불쌍한 가난한 자들에 대한 속박과 협박과 압제와 징용에 의해서만 건설되었다고 암시된다. 여성을 완전한 종속 상태로 굴복시킨 것이 교회라는 점과 성性을 절대 악으로 규정한 것도 교회라는 점이 기탄없이 설명되는데, 예를 들어 중세에 놀라운 성적 자유가 풍미했음을 잊어버리고서 그렇게 설명된다…. 현재 거리낌 없이 믿어지고 좋은 양분으로 흡수되며 학교에서 가르쳐지고 진리로 받아들여지는 얼마나 많은 어리석은 내용이 있는가.

그런데 이 모든 것은 마치 당연히 그렇게 되어야 하는 듯이 거짓의 영으로부터 나온 오로지 선전용의 단순한 거짓이다. 하지만, 모든 거짓의 경우처럼 올바른 중앙 핵심부가 있고 올바른 출발점이 있다. 단지 이 '올바른 것'으로 되돌아가야 하는데, 이 점은 기독교의 왜곡이란 문제를 제기하기에 충분하다! 하지만, 나머지는 던져 버려야 한다! 그런데 소홀히 하지 말아야 할 두 측면이 있다. 우선, 대부분 이 맹렬한 공격이 18세기와 19세기 교회, 특히 부르주아 계급의 영향 아래 있던 교회의 잘못에 집중되었는데 이점은 꽤 올바르다. 나는 부르주아 계급의 의해 장악된 교회가 보수주의의 힘이 되고 착취와 팽창 이데올로기가 될뿐더러, 예를 들어 여자나 혹은 돈에 대한 비인간적인 원리나 규범을 공포한다고 말할 것이다. 이것은 기독교 신앙의 문제라기보다는 훨씬 더 부르주아 계급의 문제이다. 즉, 왜곡은 이 부르주아 계급이 기독교를 권력 이데올로기로써 이용했다는 점에 있다. 하지만, 오류와 선전은 18세기나 혹은 19세기에 확인되었던 바가 교회사 전체에 투사되는 데 있었다.

라므네와 라꼬르데르300)의 경우처럼 열정도 거의 없이 인간적 요인도 거의 없이 복음이 이처럼 종속되었을 때, 사정은 늘 마찬가지였다. 18세기에 교회가 전적으로 세속적이었을 때나, 궁정 사제와 재상 추기경이 아르스Ars의 사제와 렝브르Lumbres의 성인을 무시하게 했을 때301), 사정은

---

300) [역주] 라므네(Lamennais)와 라꼬르데르(Lacordaire). 19세기 초 프랑스의 작가이자 수도사로서 가톨릭 자유파 잡지인 「미래」L' Avenir를 창간한 인물들이다.
301) [역주] 아르스(Ars)의 사제는 교황 비오 11세에 의해 전 세계 모든 사제의 수호성인으로 지명된 장 마리 비아니(Jean Marie Bianney 1786-1859)를 가리킨다. 프랑스의 작은 마을 아르에 사제로 부임하여 수년간 감자만 먹으며 생활하는 등 매우 금욕적인 생활을 하면서 열심히 참회와 기도 생활을 한다. 마을 신자들의 지나친 음주와 거친 말투, 신성 모독, 주일을 지키지 않는 것 등에 대하여 일깨워 주려고 한 그의 노력으로 아르는 종교적인 분위기의 마을로 바뀐다. 렝브르(Lumbres)의 성인은 베르나노스(Bernanos)의 소설『사탄의 태양아래에서』Sous le soleil de Satan에 나오는 젊은 시골 사제 도니쌍(Donissan)을 가리킨다. 경험이 부족한 그는 자신의 신앙 문제 및 교구 사람들의 현세적 욕망과 무(無)신앙과 신성모독으로 괴로워하며, 사제로서 자신의 능력에 대해 회의를 느낀다. 하지만, 끊임없이 하나님의 뜻에 대해 의문을 품으면서도 하나님을 향한 고통스러운 발걸음을 내딛는다. 여기서 엘륄은 아르의 사제나 렝브르의 성인처럼 자기가 맡은 교구를 힘을 다해 돌보며 신앙의 길을 묵묵히 걸어가는 평범한 시골 사제들이, 궁정사제나 재상 추기경 같은 권력과 부를 지닌 고위 사제들에 의해 무시당하는 상황을 묘사하는 것으로 볼 수 있다.

늘 마찬가지였다. 실제로 교회 일부가 스스로 드러냈던 악마의 어둠이 교회 전체와 교회사 전체와 복음에 투사되었다.

두 번째 측면은 이 일반적인 비난과 고발과 역사적이고 현실적인 단죄에 직면한 교회의 방어수단을 드러낸다. 내게 복음적인 듯이 보이는 태도는 이 비난들 속에 있던 올바른 모든 것을 인정하고, 겸손해지며, 비난하는 자들과 대화하고, 복음적인 순수함으로 돌아가는 데 마음을 터놓으며, 자신을 스스로 개혁하고, 진리에 귀를 기울이며, 진리를 추구하는 것이다. 그런데 이 대신 교회는 고압적인 자세로 이 비난들을 대했다는 점을 분명히 언급해야 한다. 교회는 이 모든 것이 잘못되었으며 언제나 거룩하다는 점을 입증하려고, 기독교 호교론의 길로 들어섰다. 교회는 낡은 교리에 매달리면서 지적이고 과학적인 연구를 거부했다. 간혹 교회가 영적 쇄신과 더불어 새로운 속권302)을 그렇게 잘 조정할 수 있었는데도 불구하고, 교회는 변화하는 모든 것을 거부하는 일반적인 태도에 뿌리를 내렸다. 마찬가지로 민주주의도 사회주의도 여성 해방운동도 이러한 태도에 뿌리를 내렸다.

결국, 사람들은 교회의 전반적인 개혁을 위해 오래된 전통적인 방향을 다시 발견했고, 법과 권력기관과 제도를 신뢰했다. 개인적인 방향에는 물질세계를 초월한 유심론에서만 또 순전히 개인적인 신앙심에서만 해결책이 있었는데, 자연스럽게 떠오른 모델은 베르나데뜨 수비루스303)나 혹은

---

302) [역주] 俗權: 서방 기독교에서 권력은 교권과 속권으로 나뉜다. 즉, 교회에는 종교라는 틀 속에서 공의회와 종교 재판에 의한 교리의 규정과 유지를 통한 구원과 관련되는 영혼에 행사되는 영적인 권한, 곧 교권이 인정되고, 군주나 시민 권력에는 인간사와 사회 질서에 한정되고 몸과 재산에 행사되는 속권이 인정된다. 하지만, 교회는 그 사명을 완수하기 위해 재산에 대한 속권을 누리기도 하고, 특히 교황은 지상에서 그리스도의 대리자라는 명목으로 속권을 행사하기도 한다.
303) [역주] Bernadette Soubirous(1844-1879). 프랑스 남부에 있는 루르드(Lourdes)의 한 동

떼레즈 드 리지외304)였다. 그런데 일어났던 일에 대한 이해 부족에서 비롯된 동시에, 하나님은 영원하면서도 새롭기에 늘 새로운 복음의 능력에 대한 망각에서 비롯된 방어적이고 오만한 이 태도는, 1945년부터 1970년까지의 파탄적인 상황으로 귀결될 수밖에 없었다. 다시 말해, 마지막까지도 변화하지 않은 채 저항하고 나서야 견고한 둑이 터져버린 것이다. 물결에 휩쓸린 그리스도인은 과학 만능주의자, 공산주의자, 혁명가, 교회에 대해 혹평하는 자가 되는 상황에 갑자기 처했는데, 사람들이 교회를 향해 그토록 비난했던 바와 똑같은 짓을 자신들이 하고 있음을 깨닫지 못한 채였다! 따라서 이 비판들 속에서 올바른 것과 거짓을 반드시 구별해야 한다. 또한, 우리 소명의 진실함과 계시의 견고함을 다시 발견하려면 이 비난들 모두에 귀를 기울여야 하고, 그 중 올바른 것을 기억해야 한다.

그렇지만, 우리가 보았듯이, 우리 교회에 대해 기억해야 할 그토록 많은 거짓과 잘못이 이 선별과정에 있는 나머지, 성령이 더는 존재하지 않는다고 또 세상 종말까지 우리와 함께 있겠다는 예수의 약속이 헛되다고 사람들은 진정으로 느낀다. 예수가 진정 우리와 함께 있다면, 일이 이렇게 돌아갈 수 없었을 것이다. 성령이 자신의 교회와 더불어 있다면, 어떻게 우리 역사가 지금 같이 되었을까? 성령은 빛의 영이자 진리의 영이자 자유의 영이자 사랑의 영이자 능력의 영인데 말이다. 또한, 성령은 인간

굴에서 성모 마리아의 출현을 여러 번 목격했다고 주장한 여자. 이 환상은 로마 가톨릭 교회에 의해 인정받으며, 사람들이 거기서 온갖 치유의 기적이 일어난다고 믿음으로써 이 도시는 프랑스의 가장 큰 성지가 된다.

304) [역주] Thérèse de Lisieux(1873-1897): 성인의 반열에 오른 프랑스의 카르멜회 수녀. 그녀의 유작 『한 영혼의 이야기』Histoire d'une âme를 통해 20세기 가장 위대한 성녀 중 하나가 된다. '작은 길의 신학'이라 불리는 그녀의 영성의 참신함은 많은 신자에게 영감을 준다. 그녀는 위대한 행위에서가 아니라 가장 하찮은 일상의 행위에서 하나님의 사랑을 위해 그 행위를 실행하는 조건으로 거룩함을 추구하기를 제안한다. 그녀를 기념하여 세워진 리지외(Lisieux) 대성당은 루르드 다음으로 가장 큰 프랑스의 순례지이다.

이 할 수 있는 소량의 것을 크게 늘리는 영인데 말이다…. 성령이 있었다면 도대체 어떻게 상황이 이처럼 악화할 수 있었을까? 우리가 피할 수 없는 이 질문은 매우 불안하게 하고 충격을 준다. 왜냐하면, 다음 같은 질문이 이어지기 때문이다. 즉, 예수가 더는 우리와 함께 있지 않고 성령이 더는 자신의 교회에 있지 않다면, 계속 이 말씀을 믿고 기도하고 기다리며 간혹 하나님의 사랑을 나타내려 하는 우리가 여전히 무엇을 하겠는가? 내가 다른 저서에서305) 언급하려 했듯이, 하나님이 침묵한다면 어떻게 우리는 하나님에 대해 말할 수 있으며 하나님의 이름으로 말할 수 있겠는가? 모든 것이 엄청난 오류이거나 혹은 엄청난 곡해였다면, 우리가 끈질기게 지속하더라도 우리는 어떻게 될까?306) 설사 약속이 지켜졌더라도, 결국 성령이 패배하지 않았더라도 말이다.

지속하는 교회

그래도 지구는 돈다. 그렇지만, 파괴되고 분리되고 거짓되고 배반하는 교회는 늘 존재한다. 그런데 교회는 제도나 혹은 조직으로서 결코 존재하는 것이 아니라, **어쨌든** 그리스도의 몸으로서 또 진정한 교회로서 존재한다. 곡해되고 모욕당하고 독차지되고 왜곡되고 변질된 이 **복음**과 **계시**는 예수 그리스도의 **아버지**인 유일한 하나님의 **계시**로서 늘 존재하고, 진리 속으로 계속 전달된다. 이 **복음**과 **계시**는 하나님이 진실하다고 인정할 생명을 계속 불러일으킨다. 나는 기독교 호교론에 뛰어들지도 않을 테고, 교회가 그 정도로 나쁘지는 않다거나 교회가 옳다는 점을 입증하려 들지도 않을 것이다. 따라서 나는 우리가 언급한 모든 것의 반대 의견이 될 수

---
305) 자끄 엘륄의 『잊혀진 소망』(대장간 역간, 2009)을 참조할 것.
306) [역쥐] 여기서 엘륄은 이 세상에서 신앙을 갖는 인간 상황의 부조리함을 나타내려 한다.

도 있는 교회에 대한 긍정적인 이야기를 다시 늘어놓지 않을 것이다. 그렇지만, 어쨌든 나는 기독교 호교론으로서 아니라 의심의 여지없는 다른 영역에 대한 예증으로서, 역사적 사례와 사실을 인용하기에 이를 것이다. 마찬가지로, 나는 **계시**에 대한 해결할 수 없는 논쟁에도 관여하지 않을 것이다. 나는 논증의 악순환으로부터 헛되이 빠져나오려 하지 않을 텐데, 의기양양한 비신자들은 이 논증의 악순환 속에다 **계시**를 가둔다고 끊임없이 자부한다. 이 논증의 악순환은 두 유명한 경구로 제시된다. 즉, 하나님은 존재하며 하나님이 모든 것을 행하는 이상 지상에서 행해지는 악은 그 책임이 하나님에게 돌아간다거나, 혹은 악에는 다른 근원이 있으며 그래서 하나님은 전능하지 않으므로 하나님은 존재하지 않는다는 것이다. 또 다른 하나는 성서에서 말을 하는 것은 하나님이기 때문에 성서는 하나님의 말씀이고, 성서가 하나님의 **말씀**이기 때문에 나는 하나님을 안다는 것이다. 이러한 논증은 흥미가 없고 완전히 부적절하다. 성령이 어쨌든 교회와 각 그리스도인의 삶에 현존하며 우리를 통해 활동한다고 내가 믿는 것은, 성서가 성령에 대한 세 가지 특징을 우리에게 제시하는 듯이 보이기 때문이다. 우선, 성령은 한계와 정지 지점을 표시했다는 것이다. 다음으로, 성령은 놀랍도록 눈에 띄지 않고 은밀하며 포착할 수 없다는 것이다. 성령은 바람과 같아서 소리는 들리지만 어디서 와서 어디로 가는지 알 수 없다. 그리고 마지막으로, 이 점을 통해 우리는 성령을 위반자로 설정한다는 것이다.

성령이 표시하는 정지 지점

우선, 정지 지점을 살펴보기로 하자. 창조를 없애려 드는 악마적인 사악한 힘이 존재한다. 이것은 죽음이다. 우리는 죽음에 대한 성서적인 이야기를 하려는 것도 아니고, 죽음의 신학을 설파하려는 것도 아니다. 죽음은 욥기에서처럼 **공포의 왕**이나 요한계시록에서처럼 **마지막 원수**로 규정된다는 점을 기억하는 것으로 충분하다. 바로 죽음의 활동은 살아 있는 것을 파괴하는 일일 뿐 아니라, 살아 있는 것으로 하여금 죽음 너머에는 아무것도 없다고 믿게 하는 일이기 때문에, 죽음은 최후의 것인 동시에 궁극적이다. 죽음은 모든 생명의 장벽이고, 마지막 지점이다. 특히 다음 같은 철학적 궤변이나 과학적인 '가상 이탈' 논리로 위안을 삼지 말아야 한다. 즉, 죽음은 아무것도 아니고, 내가 죽음을 생각하는 한 나는 살아 있으며, 내가 죽었을 때 나는 내가 죽은지를 모른다는 궤변이다. 또한, 우리가 죽음이라 부르는 것은 유기체의 단순한 분해이며, 게다가 유기체가 분해되더라도 세포들은 살아 있기 때문에 죽음은 존재하지 않는다는 점을 입증하는 논리이다. 이런 일이 다 있나! 내가 곰팡이나 혹은 부패한 것이 되는 상황에 부닥치다니….

　인간에게 중요한 것이자 당연히 인간이 중요하다고 생각하는 것은 "**나**"Je이다. 다시 말해, "**나**"는 바로 죽음이 없애버리는 것이다! 마찬가지로 모호한 보편주의나 일상적인 종교적 위안으로 도피하지 말아야 한다. 성서적으로 죽음은 무시무시하다. 죽음은 우리가 상상하는 훨씬 그 이상이다. 왜냐하면, 죽음은 악의 권세이기 때문이고[307], 하나님의 일을 무너뜨리는 힘이기 때문이며, **살아 있는 자**이자 자신의 일이 **생명**인 하나님의 일을 삼켜버리려고 늘 존재하기 때문이다. 죽음은 자체의 권세에 의해 또 죽음이 당연히 인간에게 불어넣은 공포에 따라, 인간으로 하여금 확신을 상실하게 한다. 죽음은 미래도 없고 죽음 이후에 세계도 없다고 인간에게 이해시키며, 따라서 하나님도 창조주도 구원자도 없다고 인간에게 이해

---

[307] 나는 네 앞에 생명과 선 그리고 죽음과 악을 둔다.[본문을 역자가 각주로 설정]

시킨다. 생명의 파괴를 통해 죽음이 가져오는 것은 바로 창조주가 있을 가능성에 대한 확신을 없애는 일이다. 죽음은 바로 이와 같다. 이 때문에 요한계시록에서 네 마리 말이 질주한 결과로서 **역사**가 표현될 때, 죽음은 **역사**의 네 번째 권세로서 나타나는데, 그 중 마지막 말이 음부와 더불어 죽음 자체이다.

여기서 우리는 이미 성서의 근본적인 진리와 마주친다. 인간들이 느끼는 인상과 반대로 **역사**에서 죽음의 힘은 한계를 받아들였다. 네 번째 말은 인류 사분의 일을 멸망시키는 권한을 받았다. 죽음은 하나님이 **역사**에서 죽음에 인정하는 권한을 넘어설 수 없다. 이것은 **역사**와 관계된 것이고, 우리는 교회에 대해 이야기한다. 그런데 그 성서 본문이 더는 "통계적이지" 않기 때문에,308) 똑같은 교훈을 담고 있으나 놀랍게도 우리에게 다가오는 성서 본문이 있다. 이것은 욥기이다. 욥의 신앙 및 하나님에 대한 자유롭고 대가를 바라지 않는 욥의 사랑을 문제 삼으러, 사탄이 하나님 앞에 와서 욥이 하나님을 사랑하는 것은 단지 욥이 부와 행복으로 가득하기 때문이라는 의견을 하나님에게 제시할 때, 하나님은 사탄에게 욥을 넘겨주지만 욥의 몸은 손대지 말라고 명령한다. 실제로 욥은 신실했다. 그래서 사탄은 돌아와서 욥이 그의 재산과 행복을 상실한 것은 견뎌냈으나,

---

308) [역주] 역사는 통계적인 방식으로 연구되는데, 언급된 사실들을 조사하여 통계에 따라 그 사실들에 방향을 부여하는 식이다. 신학에서도 이러한 연구방식은 어떤 주석가들의 영역에서 특히 사용되는데, 이 주석가들은 어떤 단어나 표현의 유일한 의미만 드러낼 수도 있는 절단과 통계적 계산 같은 과학적 해석 방법이 유일하고 타당한 성서 해석 방법이라 판단한다. 물론 과학적 방법은 학문 연구에 있어서는 흥미롭지만, 우리로 하여금 성서 메시지에 감동하도록 도와주지 않는다. 이와 반대로, 이 방법은 성서 메시지에서 우리를 멀어지게 하고 하나님의 말씀과 인간 사이에 장벽을 만드는데, 엘륄이 '통계적'이라고 언급하는 것은 이 점에서이다. 특히 욥기는 우리를 욥기의 메시지로부터 멀어지게 할 수도 있는 정해진 문맥으로 한정할 수 없다. 또 욥기의 수수께끼 같은 특성으로 말미암아 욥기의 메시지에 의해 우리는 감동할 따름이다. 따라서 '통계적'이라는 표현은 어떤 텍스트를 평가하고 한정하면서 본래의 메시지를 듣지 못하게 하는 방법으로 이해될 수 있다.

자신이 욥의 몸을 공격하는 것을 허락하면 그가 견디지 못하는 것을 보게 될 거라고 한다! 하나님은 욥의 몸과 육체적인 건강을 넘겨주고, 경우에 따라서는 심적이거나 혹은 정신적인 건강뿐 아니라 심지어 영적인 건강까지도 넘겨준다. "하지만, 그의 생명은 건드리지 마라"고 명령한다. 욥은 죽음으로부터 보호받는다. 그렇지만, 불행이 너무나 큰 나머지 마침내 욥은 죽음이 하나의 방편과 혜택과 휴식처이며 고통의 행복한 결말이라 간주한다. 그러나 죽음은 거기서 멈추어진다.

그런데 이것이 베드로가 행했던 신앙고백 위에 세워질 교회와 관계된 것일 때, 마태복음 16장 18절에 나오는 "음부의 문들이 교회를 이기지 못할 것이다"라는 예수의 선포에서 이 욥기 본문에 이어지는 부분을 우리는 발견한다. 음부의 문들은 글자 그대로 "하데스Hadés의 문들"이다. 이것은 두 가지 의미로 해석될 수 있다. 한편으로, **죽음**이 교회를 파괴하고 교회를 강제로 음부로 들어가게 하는 데 성공하지 못할 거라는 의미나, 혹은 음부의 문들이 교회의 힘을 견뎌내지 못할 거라는 의미이다…. 이 두 의미를 서로 생각해야 한다. 두 번째 의미는 **부활**의 관점에서만 이해된다. 죽음은 살아 있는 하나님의 아들을 붙잡아 둘 수 없을 것이다. 하나님의 아들은 자신의 교회를 이루는 모든 것을 자신과 더불어 이끌어갈 것이고, 교회는 필연적으로 부활이 약속되어 있으며, 하데스의 문들은 부활을 위해 닫힐 수 없을 것이다.309)

첫 번째 의미는 이 연구에서 우리와 관계되는 의미이고, 욥기와 요한계시록에 일치하는 의미이다. 즉, 죽음의 힘은 영적으로 역사적으로 인류

---

309) 물론, 나는 마태의 이 구절이 본래의 것이 아니고 예수의 "말씀"(logos)이 아님을 안다. 하지만, 이 구절이 교회의 초기에 이같이 표명된 것은 **부활**을 체험한 제자들이 겪은 경험이 그 원인이며, 이 때문에 이 구절도 하나님의 말이다.

에 대해서처럼 교회에 대해 한정되어 있다. 모든 악한 영적 권세는 교회에 덤벼들어 교회를 해체하고 산산조각 내고 빗나가게 하고 순응시키고 온갖 유혹으로 끌어들일 수 있으며, 교회로 하여금 도덕적이고 영적이고 역사적이고 인간적인 엄청난 잘못을 저지르게 할 수 있지만, 교회를 없앨 수는 없다. 교회는 계속 살아 있기 때문에, 교회의 진리에 속하는 아마도 미미한 남은 자310)는 존속한다. 이러한 교회가 무엇을 하든 간에, 교회의 잘못이 무엇이든 간에, 교회에 무슨 일이 닥치든 간에, 교회는 살아 있는 자인 하나님으로부터 분리될 수 없고 소멸할 수 없다.

교회의 역사가 무척이나 야릇하듯이 이스라엘 민족도 놀랍기는 마찬가지인데, 이스라엘 민족은 온갖 역경과 심지어 명백한 배척을 헤쳐 나오며 선민으로서 계속 존속한다. 교회와 이스라엘 민족은 모든 개연성과 가능성을 거슬러서 역사의 한가운데서는 물론 또다시 1980년대에도, 여전히 들려지고 부름을 받는 일종의 소망과 진리로서 계속 존재한다. 하지만, 그렇다고 해서 이것은 교회가 본래 타고난 일종의 선함 때문이 전혀 아니고, 교회에 어떠한 종류의 "그 자체로서 존재", 곧 어떠한 종류의 불멸의 영혼이 있어서가 아니다. 이것은 단지 하나님이 자신의 약속에 신실하기 때문이다. 하나님은 자기 민족에게 약속한 바를 취소하지 않고, 자신의 교회에 약속한 바를 바꾸지 않는다. 하지만, 이것은 단지 우리가 인용한 마태복음의 구절과 관계된 것이 아니다. 이것은 이 표현의 토대와 관계된 것이다. 즉, 역사의 흐름에서 개인적이고 집단적인 부활이 보장되고 약속되고 확실하기 때문에, 이 부활에 대한 가시적이고 구체적인 표현은 교회의 놀라운 존속과 같은 것으로서, 교회는 성도의 교제를 감지할

---

310) 깔뱅(Calvin)이 교황과 로마 교회를 비난하는 와중에서도 온갖 잘못에도 불구하고 "교회의 남은 자"가 존재한다는 점을 어쨌든 인정하는 것이 이러한 의미에서 기억될 수 있다.

수 있는 징표이다.

하나님은 신실하기 때문에 디아스포라311)에서나 혹은 이스라엘에서 선민選民은 선민으로 남는다. 또한, 하나님은 살아 있기 때문에, 말세에서와 마찬가지로 **역사**를 통해 창조적이고 재창조적인 힘을 입증하기를 원한다. 교회에서도 마찬가지이다. 집중되거나 혹은 분산되거나, 신실하거나 혹은 신실하지 않거나, 동방에 세워지거나 혹은 서방에 세워지거나, 통합되거나 혹은 분리되거나 간에, 교회는 살아 있는 하나님의 교회로 남는다. 교회는 줄곧 함정에 빠졌다. 우리가 자세히 언급했듯이 **계시**는 기독주의christian-isme, 312)로 변했다. 그리스도의 몸은 사회학적인 제도가 되었다. 그래도 어쨌든 교회는 그리스도의 교회로 남아 있다. 교회는 소멸할 수 없다. 교회가 소멸하는 것이 보이기도 한다. 그리고서 교회는 다른 곳에서나 혹은 다른 식으로 나타난다. 사도들과 바울로부터 직접 비롯된 초대 교회 및 경이로운 중동 전체는 아랍의 침략으로 사라진다. 그 당시 교회는 골Gaule 지방과 아일랜드와 스페인에서 생겨난다. 그토록 꽃피우고 결실을 보던 북아프리카의 교회들은 게르만 야만인과 아랍인에 의해 없어진다. 그 당시 교회는 영국과 독일에서 생겨난다…. 아마도 우리의 서구 교회는 단죄받고 있지만, 우리는 말레이 군도와 아프리카에서 교회가 발전하고 있음을 목격하고, 러시아에서 기독교 진리의 놀라운 재개를 목격한다…. 그런데 교회 안에서 영적인 삶, 곧 진리의 삶도 마찬가지이다. 이러한 삶은 사라지나 다른 곳에서 혹은 다른 식으로 생겨난다. 기독

---

311) [역주] Diaspora는 그리스어에서 온 말로서 '흩뿌리거나 퍼트리는 것'을 뜻한다. 역사적인 서술에서 이 단어는 헬레니즘 문화 시대와 초기 기독교 시대를 통해, 그리스 근역과 로마 세계로 흩어진 유대인을 가리킨다.
312) [역주] 이 책의 앞부분에서 언급된 바와 같이, 엘륄은 프랑스어로 christianisme(기독교)이라는 용어 자체에 붙어 있는 '-isme'에서 연상되듯이, 종교나 이념으로 변질한 기독교를 일종의 '주의'로 여긴다.

교가 뒤집힌다고 해서, 보이지 않는 교회가 전혀 아닌 그리스도의 몸으로서 교회가 소멸할 리는 없다. 하나님은 자신의 **계시**의 뒤집힘에다 이러한 한계를 두었다. 이처럼 이 왜곡이 어떻게 왜 생겨나는지 모든 차원에서 밝히고, 우리가 그 역사의 첫 표현들을 적을 따름인 기록해야 할 또 다른 역사가 우리에게 남아 있을 수도 있다. 그런데 이 역사는 타버린 고목의 잿더미에서 매번 다시 생겨나는 진리의 역사이자 신실함의 역사이다. 또한, 이 역사는 하나님의 말씀이 여전히 살아 있으며 아무 가망 없는 낡은 유기체를 여전히 가로지른다는 점을 이해할 수 없는 방식으로 입증하는 진리의 역사이자 신실함의 역사이다. 심지어 교회와 그리스도인에 의해 저질러진 잘못과 죄와 거짓과 범죄가 모든 것을 없앤 듯이 보일 때에도, 하나님의 **말씀**은 타면서도 소진되지 않는 불타는 떨기나무이다. 죽음은 이 한계에 멈추어져 있고, 기독교가 어떤 식으로 뒤집히더라도 결정권을 가진 것은 부활한 **생명**, 곧 부활한 **생명**을 표현하고 가리키는 하나님의 **말씀**이다.

신앙의 갱신

우리는 조금 전까지 신학적인 것을 대상으로 삼았지만, 역사도 소홀히 될 수 없다. 베르나노스313)가 교회는 성도들에 의해 존속한다고 단언할 때, 이것은 옳은 말이다. 베르나노스는 성도란 반드시 정식으로 인정받아 신자 명부에 등재된 자나 성인품에 오른 자나 직분을 가진 자가 아니며,

---

313) [역주] Bernanos(1888-1948). 프랑스의 작가. 인간은 성성(聖性)의 길을 걸으면 걸을수록 절망의 유혹에 직면하게 되지만, 구원의 희망을 잃지 않고 끝내 악과 싸운다면 은총의 참다운 뜻을 깨닫게 된다고 하면서, "이 세상의 모든 것은 다 은총"이라고 주장한다. 그의 작품 『악마의 태양 아래에서』*Sous le soleil de Satan*는 언제나 살아 있는 실재인 악마와 그의 문학 주제인 성성과의 싸움을 그린 작품이다. 대표작으로 『시골 사제의 일기』*Journal d'un curé de campagne*가 있다.

또한 성도란 거룩한 사고나 혹은 마법에 가까운 사고나 혹은 도덕에 오염된 사고에 일치하는 덕성이나 혹은 신앙심의 모델에 해당하는 자가 아니라는 점을 우리에게 상기시킨다. 성도는 완전히 무시될 수 있고, 단지 하나님 자신에게만 알려질 수 있다. 교회사에서 놀라운 점은 모든 것이 흰개미에게 갉아 먹혀 아무것도 남아 있지 않은데도, 이 엄청난 타락을 헤치고 언제나 진리가 다시 솟아난다는 것이다. 물론, 나는 온갖 파란곡절을 헤치고 이 천 년 동안 교회가 지속한 데 대한 호교론적인 논증을 끌어내지는 않을 것이다. 이러한 것이 내가 말하려는 본제가 아니라, 아무것도 없는 듯이 보이는 데서 재생과 재발견과 재해석이 이루어진다는 것이다. 나는 진리와 기독교적인 삶과 신앙의 재출현이 세 가지 다른 차원에서 고려될 수 있다고 생각한다. 그것은 신학자와 위대한 신비주의자의 차원, 스스로 형성되고 역사적이 되며 발현되는 민중적인 흐름의 차원, 교회 안에서 참되고 겸손한 자들의 숨겨진 신비의 차원이다.

모든 것이 타락한 듯했을 때 모든 것을 정돈하는 신학자들이 주기적으로 다시 나타난다는 점이, 교회가 방황을 거치면서도 지탱된다는 것을 입증한다고 단순히 말하지 말아야 한다. 분명히 이 점은 중요하다. 하지만, 이 점으로 만족할 수 없다. 게다가, 중요한 듯이 보이는 것은 신학적인 올바름 자체라기보다, 인간의 삶과 주위 사람의 삶에서 어떤 구현과 신학적인 올바름이 제휴하는 것이다. 놀라운 점은 이러한 사건이 교회의 삶에 마침표를 찍는다는 것이고, 또 이러한 사건은 타락이 끊임없이 바로잡혀진다는 점을 나타낸다는 것이다. 또 놀라운 점은 아시시의 프란체스코, 교황 첼레스티노 5세, 후안 크루스,314) 아빌라의 테레사,315) 루터, 뮌처, 라스카사스,316) 키에르케고르, 가가와 도요히코,317) 칼 바르트 및 수많은

---

314) [역주] Juan de la Cruz(1542-1591). 스페인의 신비 시인이자 카르멜회 수도사. 매우 세련

인물이 등장했다는 사실이다.

계시가 상실된 때나 혹은 계시가 상실된 곳에서는, 매번 기독교 세계가 확립되거나 혹은 신앙이 종교적 습관이 되거나 혹은 교회 권력이 가장 나쁜 길로 이미 접어든다. 또한, 이 권세가 예수 그리스도에 대한 신앙을 완전히 제거할 정도로 충분히 강하게 느껴지지 않더라도 세상 권세가 교회를 침범한 때에, 위의 인물들은 진리로 돌아가 성서에서 다시 삶의 의미를 추구하며 성직자나 혹은 민중 속에 전기충격처럼 자극을 주었다. 물

되고 순수에 극치에 이르는 시적 표현으로 하나님의 사랑을 정열적으로 찬양한다. 대표작으로 『카르멜 산의 등반』이 있다.

315) [역주] Teresa de Jesus(1515-1582): 스페인의 영성 작가이자 성녀. '예수의 테레사'라고도 한다. 초기 카르멜회의 엄격성을 부활시킨 '맨발의 카르멜회'의 창시자로서 평생을 병에 시달리면서도 그것을 영적 시련으로 받아들인다. 아빌라의 성 요셉 수도원을 시작으로 스페인 전역에 많은 남녀 수도원을 세운 그녀의 생애는 깊은 명상 생활이 현실 활동과 양립할 수 있음을 실증해 보인 좋은 예다. 저서로 『영혼의 성(城)』이 있다.

316) 물론, 라스카사스를 헐뜯는 사람들은 라스카사스가 노동력을 위해 흑인들로 라틴 아메리카의 인구를 늘리기를 권장했기 때문에, 라스카사스가 사람들이 생각하는 바와 다르다는 점을 보이려 애썼다. 이 점은 맞다. 그러나 라스카사스는 노예제도가 시행되고 있음을 고려하지 않았다. 그런데 그는 벌어진 일을 목격했을 때 심하게 비난했고, 죽기 전에 이 잘못을 회개했다. 기독교 신앙에 맞서는 투쟁에서 기독교 신앙의 부정적인 면만을 남기려고 라스카사스의 이런 잘못을 "드러냈다". 코스마오(Cosmao)같은 나름대로 신뢰할 만한 사람은 이 점에 관해 "사악한 전설"이라 언급한다. 또한, 코스마오는 해방의 복음을 선포하고자 모든 권력과 충돌하고, 그리스도이면서 죽은 인디언보다 이교도이면서 살아 있는 인디언을 더 좋아한다고 선언하며, 인권의 토대를 제시하고, 기독교 세계의 체제로부터 처음으로 단절하는 라스카사스의 완전히 긍정적인 가치를 다시 규명한다. 라스카사스와 그의 모든 동료와 친구 및 예수회 수사들의 업적이 삭제되고 게다가 감춰졌던 것은 바로 계시가 기독교 세계의 체제 속으로 묻히는 데 반대했다는 점에 기인한 나머지, 그들은 교회에 의해서도 반(反)그리스도인에 의해서도 용인될 수 없었다.

317) [역주] 賀川豊彦(1888-1960): 일본의 목사이자 사회운동가. 고베의 빈민굴에서 기독교 전도 활동을 하면서 노동 운동의 제일선에서 활동한다. 노동 운동계가 좌경화함에 따라 농민조합운동으로 전환하고, 무산정당 결성을 위해 노력하나 공산당의 진출에 환멸을 느껴 협동조합운동에 주력한다. 종교 운동에도 힘써 '천국 운동'을 전개하는 등 왕성한 활동력을 보이며, 제2차 세계대전 중에는 반전운동 혐의로 탄압을 받는다. 전후 일본사회당 결성에 참여하고 세계연방운동 추진에도 진력한다. 저서로 자전적 소설인 『사선을 넘어서』가 있다. 그의 삶을 소개한 책으로는 우리말로 번역된 『사선을 넘는 믿음으로』가 있다.

론, 이들은 나머지, 곧 교회의 나머지 전체를 정당화하기에도 충분하지 않았고, 이들이 나타났기 때문에 모든 것이 잘된다고 여기기에도 충분하지 않았다! 하지만, 필요할 때마다 이러한 일이 일어났다는 점에는 어쨌든 경탄해야 한다.

이러한 일을 통해 아무것도 해결되지는 않는다. 왜냐하면, 각성 후에 다시 늪에 빠지는 답답한 경향이 다시 나타나기 때문이다. 그것은 성 프란체스코 이후에 프라티첼리파318) 주위에서 벌어진 참담한 논쟁이고, 루터 이후에 예전 종교만큼 어색하고 세속적인 새로운 종교의 출현이다. 이것이 표현상으로 현대적 경향이 아니거나 실재상으로 현대적 경향이 아니면, "그건 시대에 뒤쳐 있다"고 선언된다. 즉, "칼 바르트의 신학적 갱신이라고? 그건 시대에 뒤쳐 있다! 우리는 칼 바르트 이후 시대에 있다"라는 식이다. 실제로 이런 표현은 우리가 칼 바르트보다 50년 전에 있음을 의미한다! 이 같은 견해를 지닌 이들의 모든 글이 이 점을 입증하듯이 말이다. 따라서 위의 인물들은 **해결책**이 아니다. 왜냐하면, 해결책은 없기 때문이다. 우리가 다루는 '문제'는 해결책이 나올 수도 있는 문제가 아니다. 복음적인 메시지와 예언적인 계시가 결정적으로 배제되고 제거된 듯이 보일 때나, 이것들이 끝없는 사변적인 논쟁에 빠질 때나, 죽고 제도화된 교리로 정립되는 때나, 철학이나 혹은 세상 지혜에 의해 제거되는 때나 간에, 창공에 새로운 영역을 제시하는 일종의 별이 갑자기 다시 나타난다. 이와 동시에 일종의 빛이 나타나서 이 오래된 본문들을 밝히고 이 본문들을 갑자기 새롭게 한다. 이 본문들은 다시 말을 하고, 이와 동시에 거

---

318) [역주] 프란체스코의 계율, 특히 가난과 관련된 계율을 문자적으로 실천하려 한 중세 가톨릭 집단으로서 교황 보니파스 7세에 의해 이단으로 선언된다. 그들은 교회의 부를 파렴치한 것으로 간주하고 성직자의 부가 성직자의 위상을 깎아내린다고 간주한다. 이처럼 그들은 교회의 전체적인 권위에 대해 대놓고 반항하기에 이른다.

의 삼천 년 전부터 변함없는 진리이자 갑자기 아주 새롭게 된 이 진리를 받아들이고자 마음을 여는 사람들의 마음과 예지를 밝혀준다.

그런데 이 점은 "종파들"의 일반 모델이나 혹은 이슬람이나 불교가 경험했던 식의 종교적 혁신 모델과는 상관없음을 나는 분명히 밝힌다. 실제로 종교개혁을 이 점과 관련시켜 살펴보면, 다른 이외의 것들은 또 다른 경향과 결별과 균열을 일으키지 않은 채 교회에 남아 있다. 이와 반대로, 놀라운 점은 아시시의 프란체스코가 충실히 남아 있으면서 또 비난을 가하지 않은 채 가톨릭 민중을 깊이 흔들어놓는다는 것이다. 라스카사스도 마찬가지이다. 각자 자기 시대의 핵심 질문, 곧 영적인 동시에 "정치적인" 질문에 답했는데, 각자 성서적인 진정성으로 돌아감으로써 질문에 답했다고 나는 주저 없이 말한다. 왜냐하면, 이것은 종교적 행위나 단순한 선한 마음이 아니라, 체험되고 현재화된 성서 신학에 속했기 때문이다. 예를 들어 개신교 쪽에서는, 복음의 설교가 충격적인 걸림돌이 더는 아닌 고착 되고 규범화되고 문명화된 루터 교회 한가운데 있던 키르케고르에게 있어서도 마찬가지였고, 칼 바르트에게 있어서도 마찬가지였다.

칼 바르트는 이중적인 도전에 대응해야 했다. 이것은 히틀러주의의 도전이었고, 복음의 메시지를 당시의 과학적 사고에 일치시켜 해석하려고 필사적으로 애쓰는 자유주의에 의한 계시된 진리의 점진적 와해라는 도전이었다. 칼 바르트는 정치적 동기가 아닌 신학적 동기에서 나치주의와의 타협에 대해 철저한 반격을 했는데, 서구 세계 전체에서는 처음이었던 반격이었다. 이와 반대로, 그는 과학에 대해서 및 가톨릭의 근대주의와 약간 유사한 개신교 자유주의에 대해서는 정말 유연하게 분별력 있게 행동했다. 그는 "정통파"와 "자유파" 사이에 빠져나갈 길 없는 고착된 논쟁을 뛰어넘을 줄 알았다. 또한, 그는 아주 엄밀한 방식으로 과학적 문제들을 제기하고 이 주장 중 어떤 것들의 한계와 일시성을 보여줄 줄 알았다. 그리고 그는 과학**으로부터** 질문을 받는데 그치지 않고 과학에 질문을 던졌다. 따라서 그는 한 세대 혹은 여러 세대에 걸쳐 진정으로 성서적인 사고, 신앙의 갱신 가능성, 역사와 진리 속에서 나아가기 위한 통로를 그리스도인에게 제시했다. 그런데 이러한 예들을 더 들 수도 있고, "등대"에서 "등대"로 나아가는 교회에 대한 이야기를 늘어놓을 수도 있다. 이 점이 단지 지적이며 "엘리트"를 위한 것이라고 말하지 말아야 한다. 이렇게 말하는 것은 잘못되어 있다. 이 "등대들" 각각은 교회 안에 깊은 변화를 일으켰다. 물론, 위의 인물들은 교회 **전체도**, 교회의 사고 **전체도**, 제도도, 모든 사람도 변화시키지 못했다. 그러나 성령이 패배하지 않고 늘 활동한다는 점을 고려하기 위해, 또 성서가 진지하게 받아들여지면 성서는 늘 살아 있고 새로운 활력을 불러일으킬 준비가 되어 있다는 점을 고려하기 위해, 그들은 존재할 수 있었다는 것으로 나에게는 충분하다.319)

---

319) 내가 여기서 상기시키는 모든 것을 아메리(Amery)는 앞에서 인용된 저서에서 완전히 인정하지 않는다. 한편으로 신앙에 의해 영감을 받은 예술 표현이나 혹은 문학 표현에서 어떤 진리를 유지하려고 드는 그리스도인들은 현대 세계에 대한 비판자이고 꿈꾸는 자이며 식견을 갖춘 보수주의자이다. 그들에게는 "준거 가치"가 없고, 그들은 중세의 순진성을 지닌 시간을 초월한 영웅을 선택한다. 블루아(Bloy), 베르나노스(Bernanos), 끌로델(Claudel), 뻬기(Péguy), 체스터턴(Chesterton), 엘리엇(Eliot), 뵐(Böll), 그린(Gr. Green)에게는 고풍적이고 낭만적인 영감이 있다. 그들은 이 세상에서 하나님나라만을 찾는 그리스도인 "대중"을 거북하게 한다. 그들은 교회에 의해 배반당하고 제대로 인정받지 못하는데, "왜냐하면, 교회는 모든 형태의 역사적 실존의 불가피하게 가장 기만적인 파트너이기 때문이다." 더 나아가, 그는 유대교와 기독교의 열렬한 영혼 및 "수많은 세기 동안 정의와 사랑을 예고한 자들"을 암시할 때, "나는 당신의 깊은 확신을 존중하고 치하하지만, 이 논쟁이 유용한 토론을 생겨나게 할 수 있을 거로 생각하지 않는다.". 이 두 경우에서 그것은 거북한 채로 남아 있는 바를 벗어버리는 정말 쉬운 방법이다. 그것은 거의 우스꽝스럽기까지 하다. 실제로 아무 소용없는 것은 이처럼 그들을 떼어놓은 일이다. 아메리가 "그들이 최상으로 꿈꾸고 원했던 바가 문제가 된 것이 아니라 문제가 되는 것은 인과관계와 결과"라고 표명할 때, 나는 인과관계가 아메리가 독단적으로 만들어낸 것이라고 말할 것이며, 현대적인 권세의 비극이 기독교에서 직접적으로 유일하게 비롯된다는 견해 표명이 단지

민중의 흐름

위대한 인물이나 위대한 지식인이나 위대한 신비주의자나 위대한 신학자뿐만 아니다. 어디서 나오는지 모르고 흔히 어떤 인물이나 작은 집단 주변에서 결집하며 불쑥 솟아나는 민중적인 흐름도 중시해야 한다. 하지만, 이 흐름은 앞선 흐름과 같은 유형에 속하지 않고, 고립되어 있지 않으며, 민중적 환경의 표현이다. 또한, 이 흐름은 흔히 정치와 뒤섞여 있고, 우리가 보기에 순수하지 않으며, 이단으로 간주하기도 하나, 내게는 이 흐름도 간혹 역사를 변화시키는 성령의 일시적인 폭발을 나타낸다. 주主의 관점으로 볼 때, 모든 메시아주의가 올바르거나 참되지는 않다. 하지만, 메시아주의를 모두 같은 부류로 취급할 수 없다. 구글리에마파나 아담파320)가 매우 수상쩍어 보인다면, 이와 반대로 아나뱁티스트anabaptist, 321) 경향, 발도파,322) 롤라즈파,323) 후스파,324) 프라 돌치노325)의 매우 중

견해 표명에 불과하다고 말할 것이다. 나는 기독교가 자기 역할을 가졌음을 늘 인정했지만, 그것은 기독교가 계시가 아니었다는 한에서이다. 또한, 나는 진정한 질문이란 바로 계시가 오늘날 여전히 어떻게 그 진리 안에 존속하느냐는 것임을 인정했다.
320) [역주] 에덴동산에 대한 향수에 고취된 종교 운동. 기독교와 결부되어 아담파 사람들은 타락 전의 아담을 본 따려고 애쓴다. 그들은 자유연애를 추구하여 결혼과 노동을 거부하고, 일종의 원초적인 순진무구 상태에서 가능한 한 자주 벗은 채로 산다. 그들은 박해를 받아 15세기 말 전에 모두 사라진다.
321) [역주] 종교개혁에 수반하여 출현한 개신교 종파. 재세례파라고도 하며 여러 종파로 나뉜다. 아나뱁티스트는 비자각적인 유아세례를 비성서적이라 보고, 자각적인 신앙고백 이후의 세례만이 유일한 세례라고 주장하면서 세례 지원자에게 다시 세례를 베푼다. 이들의 행동은 모든 국가권력의 간섭을 부정하는 등 지나치게 과격하여, 가톨릭만이 아니라 개신교 쪽에서도 배격당하였으며, 현재 아나뱁티스트의 후예들로는 메노나이트, 아미시, 후터라이트 등이 있다.
322) [역주] 12세기 말 프랑스에서 발데스가 시작한 기독교의 순수한 복음적인 신앙노선의 일파. 발데스는 하느님을 위해 자신을 바치기로 하고 재산을 모두 빈민에게 나누어주고 나서, 아시시의 프란체스코처럼 청빈한 생활을 하면서 설교에 전념한다. 설교에 감동한 많은 사람이 '리옹의 빈자' 라 이름 짓고 각지를 돌아다니며 복음을 전하지만, 로마교회

요한 사회 운동은, 교회사의 한 유일한 시기로만 한정하더라도 근본적으로 참되고 매우 성서적인 듯이 보인다. 이 갱신들은 연속적이면서도 일시적이지만, 민중의 마음에 깊이 뿌리박혀 있다. 그런데 내가 이렇게 언급할 때 프롤레타리아만을 의미하는 것이 아니라, 노동자나 혹은 농민뿐 아니라 부르주아도 의미하는 것이다. 내가 이러한 교회사를 바라볼 때, 시대마다 민중적 각성이 여기저기에 있었음을 깨닫는다. 왜냐하면, 바보가 된 민중 위에 군림하는 교회의 수장과 주교와 공의회와 성직자 회의만이 교회사를 이루는 것이 아니라, 교회도 교회사를 이루기 때문이다!! 이것이 나중에 다른 곳에서 퀘이커교326)이든, 아니면 웨슬리327)와 '각성 운

는 복음이 잘못 전해질까 우려하여 이들의 설교를 금지한다. 그럼에도, 이들이 설교 활동을 계속하자 교황은 발도파를 이단으로 단죄하나, 이들은 로마교회와 결별하고 독자 조직을 만든다. 발도파 교리는 로마교회와 달리 연옥을 인정하지 않고 죽은 자를 위한 연미사나 속죄를 위한 보속 행위 등에 반대한다. 또한, 단순한 성서주의, 엄격한 도덕, 교회의 부패를 비판하기도 한다.

323) [역주] 국 종교개혁자 위클리프의 가르침을 신봉하던 사람들에 대한 호칭. 1382년 옥스퍼드대학에서 추방된 위클리프의 제자들이 각지로 흩어져 스승의 가르침을 설교한다. 이들은 의회에 항의문을 제출하고 세속영주나 주교도 대죄를 저지르는 한 어떤 권력도 가질 수 없으며, 성서에 근거를 두지 않은 법률은 무효라 주장한다. 이후 끈질긴 탄압으로 말미암아 롤라즈파는 차차 지하로 스며들고 세력이 급속히 쇠퇴하나, 15세기 말 다시 활기를 피어 루터파의 종교개혁운동에 합류한다. 성서의 영어번역과 보급에 공이 크고, 영국 비국교파의 원류가 된다.

324) 단순한 정치에 너무 얽혀 있긴 해도.[본문을 역자가 각주로 설정]

325) [역주] Fra Dolcino(1250-1307). 프란체스코의 교리에 고취된 이단자로 흔히 묘사되고 돌치노파를 태동시킨 이탈리아 설교가. 그의 주요 사상은 교계 제도의 거부, 청빈과 겸손이라는 원래의 이상으로 회귀, 봉건제도의 거부, 모든 제약과 속박으로부터 해방, 재산을 공동으로 하고 성 평등을 존중하는 상호 도움과 존중의 평등 사회이다. 그는 이탈리아 비엘라 지역에서 돌치노파?가 세운 산 위의 요새가 십자군에 점령당하면서 계곡에서 비참한 최후를 맞이한다.

326) [역주] 1647년 영국인 폭스(G. Fox)가 창시하고, 1650년대 이후 미국에서 포교가 적극적으로 이루어지며, 미국과 캐나다에 약 13만 이상의 교도가 있는 것으로 추정된다. '안으로부터의 빛'을 믿는 퀘이커교도는 신앙의 내용과 형식에서 기존 개신교와 많이 다를 뿐 아니라, 인디언과의 우호, 흑인 노예무역과 노예제도의 반대, 전쟁 반대, 양심적 징병거부, 십일조 반대 등의 태도를 보임으로써 특수한 사람으로 간주된다.

동'328)이든, 끊임없이 이러한 교회는 움직이고 변화하며, 마르크스나 혹은 베버Weber의 독단론에 의해 교회에 부여된 역사적 역할이나 고착된 모델에 조금도 부합하지 않는다.

오늘날, 거기에 상응하는 것은 성령에 의해 유발된 민중의 각성과 민중 운동인 라틴 아메리카에서의 해방신학과 혁명신학이라고 말할 수도 있을 것이다.329) 그러나 근본적인 기독교 민중 운동의 놀라운 예로 폴란

---

327) [역주] John Wesley(1703-1791). 영국의 종교개혁자, 신학자, 감리교 교회의 창시자. 동생 찰스 웨슬리가 중심이 된 학생신앙단체인 '신성 클럽'(Holy Club)의 감리교 운동과 관계를 맺는다. 이후 독일 경건파인 모라비아 교도의 집회에서 마침내 뜨거운 회심을 경험하고, 모라비아 교도의 본거지인 독일의 '헤른포트 형제단'을 방문하고 돌아와 본격적으로 전도 활동을 벌인다. 사람들에게 종교적 체험과 성결한 생활을 역설하며 '그리스도인의 완전'을 설교하는 한편, 당시 영국 사회에서 번지던 산업혁명을 배경으로 하여 대규모 신앙운동을 전개한다.
328) [역주] 각성 운동. 주로 회심을 주제로 한 교회의 전투적인 재결집 운동을 가리키는데, 18세기 중반 영국과 영국의 미국식민지를 뒤흔든 종교적 각성의 물결과 일치한다. 특히 미국 남부 지방은 19세기의 복음적인 각성에 의해 결정적으로 깊은 영향을 받는다. 개신교 전통에서, 특히 미국의 상황에서 이 종교적 각성 운동은 종교적 삶을 역동적으로 다시 만드는 시기에 포함된다. 존 웨슬리도 이 각성 운동의 당사자 중 한 사람이다.
329) 그러나 혼동을 없애는 것이 중요하다. 나는 혁명 신학 및 해방 신학과 관련하여 자주 비판을 받았다. 간략히 논점을 정리할 필요가 있다. 우선 나는 이 신학들이 진정으로 신학에 속한다는 점을 절대 부인한다. 그것은 영적으로 성서적으로 다시 뿌리내리는 일이 필요한 민중 운동의 표현과 관계되는 것이다. 그러나 그것은 어떤 신학이 아니다. 그것은 지금 여기서 어떤 기독교 진리의 전원극이며 구현이다. 나는 공동체 안에서 이 글들이 풍부하고 훌륭하다고 확신하는데도, 기독교 진리로부터 나온 이 글들의 내용이 빈약함을 보는 것으로 충분하다. 두 번째로, 사회적이고 경제적이며 정치적인 주어진 상황과 관련되는 이 기독교 운동들이 엄밀히 말해 서구로 옮겨질 수 없음이 확실한 듯하다. 그들의 문제는 우리 서구인의 문제가 전혀 아니며, 심지어 이민 온 노동자의 문제나 혹은 실업자의 문제도 아니다. 마치 1792년에 오토만 제국으로 하여금 프랑스 공화제도를 채택하게 하려고 했다거나 혹은 1900년에 프랑스에서 그 당시 중국에서 일어난 의화단 사건을 일어나게 하려고 했다는 가정 외에는 공통된 척도가 없다는 것과 마찬가지이다. 이러한 의미 확장은 불합리하고, 니카라과의 혁명적 기독교 운동은 기독교가 혁명적임을 우리에게 상기시킬 수 있지만, 그 이상은 아무것도 아니며 신학적 측면에서는 더 아무것도 아니다. 따라서 예를 들어 졸레(D. Solle)와 몰트만(Moltmann)의 글처럼 미국이나 혹은 독일 작가에 의해 만들어진 유사 혁명 신학은 우리가 보기에 조금의 가치도 없다. 결국, 마지막으로 언급할 내용은 거기서 나타나는 경건이 내게는 올바른 듯이 보이는 만큼이나 마르크스주의를 준거

드에서 레흐 바웬사330)의 자유노조인 **"연대"**를 들 수 있다. 교회가 더는 존재하지 않고 교회는 늘 보수적이며 민간 신앙이 더는 없다고 단언 될 때, 거기서 일어나는 바에 대해 심사숙고해야 한다. 나는 이 점을 통해 작은 발전이 이루어진다고 생각한다. 왜냐하면, 교회의 안팎에서 성령의 끈질긴 활동을 역사에서 나타내는 이 민중 운동들에 대해 내가 이야기할 때, 과거를 돌아보는 식으로 이 점은 내가 언급하려는 바를 이해하게 할 수 있기 때문이다.

1980년과 1981년 사이에 폴란드의 이 뜻밖의 사건과 더불어 우리는 본보기가 되는 사실 앞에 있다. 많은 개신교도가 보기에 폴란드의 가톨릭에는 맹신과 속단과 심지어 이교적 태도가 배어 있다. 즉, 폴란드의 가톨릭은 기적과 동정녀 숭배의 종교이고, 감수성으로 가득하며, 대체로 중세 기독교에 비견할 만하다. 또한, 폴란드의 가톨릭은 개인적이고 의식이 있고 분명하고 견식 있는 신앙의 표현이라기보다, 어떤 사회적 외양을 띠고 집단적이며 문화적 전통을 지닌 어떤 사회 형태의 표현으로서 훨씬 더 사회학적인 현상이다. 그런데 바웬사가 자기가 이끌었던 특별한 정당을 이

로 삼는 것은 내게는 적절하지 않고 오류인 듯이 보인다. 특히, 그것은 미국 기독교의 실재로부터 성서에 대한 마르크스주의적 재해석이나 혹은 복음서에 대한 "유물론적인 읽기"를 행하려는 운동이다. 아무것에도 귀결되지 않은 이것은 신앙 표현을 부정직하게 독차지하는 일일 따름이다.

330) [역주] Rech Walesa(1945-): 공산 폴란드 최초의 자유노조인 '연대'의 전국위원회 의장을 지낸 폴란드의 노동운동가이자 정치가. 그단스크에 있는 레닌 조선소 전기공으로서 1970년 '12월 사건'의 비극을 목격하고 참된 노동조합을 결성할 것을 결심하여 노동자의 요구조건을 조선소 측에 제시한다. 이후 조선소 파업을 지도하면서 파업권을 가진 자유노조 '연대'를 결성하기 위하여 노동자를 결속시킨다. 계엄령 선포에 이은 검거 선풍 때 다른 노조간부들과 함께 체포되어 11개월에 걸친 감금에서 석방되고 나서 폴란드 자유노조 위원장을 거쳐 초대 직선 대통령에 당선된다. 대통령 취임 이후 경제개혁의 부작용으로 실업이 증가하고 경제난이 가중되는 등 국민의 불만과 시위가 확산하자 의회를 해산하고 총선거를 하여 신정부를 출범시키나, 대통령선거에서 패배함으로써 정계에서 은퇴하고 옛 직장 레닌 조선소 전기기사로 복직한다. 저서로는 『희망의 길』이 있다.

끌 수 있었던 것은, 이러한 신앙에 근거를 둠으로써 이다. 그가 이끌던 이 18개월 동안 놀라웠던 점은 폭력이 사라진 것, 사람들이 굴복시키기로 마음먹은 권력기관을 존중한 것, 폭력으로 나아갈 위험성이 있는 바로 그 순간 멈출 줄 알면서 극단적인 폭력 상황으로까지 줄곧 나아간 게임의 술책에 대해 모든 활동가가 이해한 것, 필요한 듯이 보일 때 뒤로 물러설 수 있던 것 등이다.331)

게다가, 끊임없이 이것은 협상하려는 의지였는데, 다시 말해 대화를 지속하는 것이고, 경찰이나 혹은 공산당을 무찔러야 할 적으로서 결코 판단하는 것이 아니라, 더불어서 대화가 늘 가능하고 실제로 대화할 수 있도록 모든 것을 하는 상대자로 판단하는 것이다. 하지만, 이 모든 점에서 특별한 것은 바웬사의 정말 천재적인 전술상의 능숙함이었을 뿐 아니라, 노동자 대중과 농민 대중의 능력이었다. 그들은 진정 자율적으로 남아 있으면서 또 기계적인 방식으로 행동지침을 따르지 않으면서도, 그들의 지도자를 벗어나지 않고 지도자를 따랐다. 그들은 프랑스의 뻬땡Pétain 원수 시절 회자하던 말처럼, '맹목적으로' 사람들이 복종하는 교조적인 우두머리에 의해 일시적으로 열광하거나 혹은 기계적으로 따르는 대중이 아니었다. 이와 동시에, 그들은 일반 노선에 포함되는 결정이자 폭력이나 극단론에 빠지지 않는 결정을 즉각 선택할 줄 알면서, 활동적인 소규모 단위로 조직될 수 있고 이 전략을 이해할 수 있는 중요한 결합체였다!

그런데 이런 종류의 운동이 시작되어 대중이 줄곧 지도자들을 벗어날 때, 이 운동이 어느 정도로 어려운지 알려져 있는데, 1789년, 1848년, 1917년, 1968년332) 등이 이러한 예이다. 사회적 소요와 혁명 운동에서 구

---

331) 자끄 엘륄에 있어 레흐 바웬사의 발전에 대한 분석, 『레흐 바웬사의 승리』 *La victoire de Lech Walesa*, Katallagete 특별호(1982년 11월).

성된 군중과 조직이 어떠한 폭력에도 빠지지 않고, 증오와는 다른 식으로 힘을 드러낼 줄 알며, 보복하지 않고 이길 줄 알고, 절망하지 않고서 멈추며 심지어 얻은 것을 포기할 줄 아는 것은 진정한 기적이다! 행동 속에 던져진 대중의 이 같은 지혜를 우리가 목격하는 것은 역사에서 처음이라고 나는 생각한다. 레닌은 장기간의 혁명 전략에서 공격의 마지막 순간 이전에 가장 어려운 것은 '후퇴'의 기간이라 언급하곤 했다. 그런데 바로 폴란드에서 사람들은 용기를 잃지 않은 채, 필요할 때 놀랍게도 '후퇴'를 실행할 줄 알았다. 결국, 마지막 놀라운 요소는 바웬사와 그를 뒤따르는 무리가 '다른 진영'으로 기울어지거나 자본주의의 도움을 받아들이거나 혹은 무장폭동의 길에 빠져버리는 것을 조심할 줄 알았다는 점이다.

내가 보기에 본보기가 되는 이 세 가지 여건은 이 민족의 기독교 신앙에서 그 이유가 있다고 나는 생각한다. 바웬사는 확고한 그리스도인으로서 변함없이 행동했다. 그는 자기가 말을 건네는 노동자와 농민의 신앙에 끊임없이 호소했다. 행동의 실재를 이해하고 가능해 보이는 것 이상을 요구하지 않는 대중의 지혜와 자질, 이 모든 것은 이 민족의 신앙 속에 토대를 두고 있다고 나는 생각한다. 하지만, 분명히 이 신앙이 몹시 사회학적이라고 나는 언급하곤 했다. 그런데 이 같은 이해와 자제는 가장 식견 있고 의식 있는 신앙만을 나타낸다. 도대체 무슨 일이 일어났는가?

이 점은 다음 같은 사실로 설명되는 듯이 보인다. 실제로, 그리스도인이 일상생활, 사회의 전반적인 초라함, 흥미 없는 일상 문제, 일정한 심심풀이로 된 평범한 상황에 있는 한, 신앙은 나약해지고, 대단한 것에 부응하지 못하며, 아무것도 표현하지 못하고, 본보기가 되는 어떠한 행동도

---

332) [역주] 1789년은 '프랑스 대혁명', 1848년은 '프랑스 2월 혁명' 혹은 '1848년 혁명', 1917년은 러시아의 '10월 혁명' 혹은 '볼셰비키 혁명', 1968년은 '프랑스 5월 혁명'을 가리킨다.

가져오지 않는다. 평범함과 일상성은 가장 파괴적이다. 왜냐하면, 미지근함을 나타내는 것이 바로 그 점이기 때문이다. 그럼에도, "사회학적 그리스도인"에게는 진리의 남은 것이 존속하고, 이사야가 언급하는 "여전히 타는 심지"가 계속 남아 있으며, 요한 계시록에서 언급되는 신앙의 "남은 소수"가 존속한다. 결단의 순간, 궁지에 몰린 순간, 근본적인 시험의 순간, 폭풍우의 순간이 올 때, 이 심지에 불이 붙어 존재 전체를 태울 가능성이 늘 존재한다. 왜냐하면, 모든 것이 완전히 꺼질 가능성이 있기 때문이다. 하지만, 전통적이고 맹신적인 이 신자들은 신앙고백자와 순교자를 갑자기 생기게 할 수도 있고, 위기에서도 그리스도인이 온전히 존재하게 되어 있음을 이해하는 이들을 갑자기 생기게 할 수도 있을 것이다.

이 첫 번째 결론에서, 나는 다른 두 가지를 덧붙여야 한다. 첫째, 전통적으로 잠재해 있는 영적 **각성**과 유사할 수밖에 없는 레흐 바웬사의 운동이, 교회 내에서가 아니라 세상과의 관계에서 형성되었다는 점이다. 다시 말해, 신도들로 하여금 교회 안에서 교회와 관련하여 더 신실해지도록, 또 진지한 그리스도인이 되도록 이끌려는 노력 전체가 내가 보기에 헛되다는 것이다. 세상과의 관계에 따라서, 다시 말해 사회와 정치 등에 따라서만 각성이 있을 수 있는데, 실제로 앞에서 든 모든 예는 세상을 향해 있었다. 하지만, 이 점은 그러한 운동에 가담하지 않고 비기독교적 집단에 의해 준비된 활동에 참여하지 않음을 전제로 한다. 바로 이것은 이러한 사회 상황과 관련하여 독창적이고 특수하게 기독교가 만들어 내는 것이다. 나는 세상에서 모든 기독교적 시도의 특수성을 절대 강조하지는 않을 것이다. 거의 설득력이 없고 흥미가 없다고 우리가 쉽게 판단할 수도 있는 차원이지만, 레흐 바웬사의 자유노조인 **"연대"**의 특징을 제시한 차원에서, 폴란드 민족이 "공식적으로", 명백하게, 꽤 고지식하게 기독교 민족으로 남을 수 있었던 것은, 무엇보다 비진스키Wyszynsky 추기경의 모범적인 저항 덕분이라는 것이 나의 마지막 결론이다. 우리가 공식적인 교회와의 관계를 거기서 보기 때문에 이 점은 매우 중요하다. 이 폴란드의 수석 추기경은 소련 공산주의를 향해 '아니오'라고 근본적으로 말할 줄 알았고, 악마와 계약을 맺지 않을 줄 알았다. 그는 모욕당하고, 체포되고, 투옥되고, 자본주의와 미국에 매수당한 반역자로 고발당했으나 끄떡없었다. 이 점은 칭송받을 만했기에 더더구나 그는 기독교계에서 완전히 잘못 평가되었다. 1947년부터 1955년까지 「개혁」*Réforme*, 「르몽드」*Le Monde*, 「기독교 증언」*Témoignage chrétien* 같은 언론을 살펴보면, 이 추기경은 반동분자로 여겨지고 자기 시대에 적응할 수 없으며, 중세의 신앙을 드러내고 사회주의의 아름다움을 전혀 이해 못 하는 인물로 끊임없이 나타난다. 그래도 그는 끄떡없었고, 이 이유로 폴란드의 전통적이고 전례에 따르는 소박한 그리스도인들은 약간은 독실하고 지나치게 단순한 작은 신앙을 유지했다. 이 점이 바웬사의 놀라운 시도를 가능하게 했는데, 심지어 나는 그것을 바웬사의 성공이라 하겠다.

이와 반대로, 헝가리와 체코슬로바키아에서 흐로마드카Hromadka와 베렉츠키Bereczki 같은 신학자나 교회 수장이 악마와 계약을 맺었던 곳에서는333), 실제로 유일한 결과로 나타난 것은 민간 신앙의 붕괴와 교회의 타락이었다. 그렇지만, 이들은 격찬을 받았고, 가난한 자들과 정의라는 대의명분에 일치하는 사회주의적 변화의 효용성 및 새로운 국가와의 올바르고 정당한 협력의 유용성을 이해하는 마음이 열린 그리스도인의 모범으로 제시되었다. 세계교회협의회는 정치적으로 의식이 없고 순진한 이

---

333) 서로 잘 이해하기로 하자. 나는 공산주의가 **악마**라고 말하려는 것이 전혀 아니라, 이 정치적 상황에서 공산주의는 성서가 악마에게 부여하는 역할을 정확히 행한다.

두 가련한 자에 대해 특히 열광적이었다.334) 그들은 이 두 나라에서 기독교 교회가 새로운 것을 가져올 가능성과 추종에서 벗어날 가능성과 변화의 작업에 참여할 가능성을 없앴다. 실제로, 1968년의 체코슬로바키아의 놀라운 운동에서 교회는 아무것도 이바지한 바가 없었다.

그러나 현시대에 올바른 진리에서 교회를 대체하는 이 놀라운 사건만 있던 것이 아니라, 러시아에서 신앙의 회복과 부흥이 일어나고 새로운 기독교 형태가 출현한다. 소련에서는 교회를 폐쇄하고, 어린이에게 확고하게 유물론 교육을 하며, 젊은이를 콤소몰335)로 편성하고, 기독교 서적을 소지하는 것을 금지하며, 완전한 정치적 복종과 모든 공공분야에서 엄정한 불간섭을 대가로 미사 집전을 허락받는 정교회를 만들고, 어린이에게 교리교육을 엄격히 금지함으로써 "종교 문제"가 해결된다고 간주했다. 그래서 1940년에는 기독교가 실제로 사라졌다고 여길 수 있었다. 정교회 예배에 계속 참석하러 오는 아주 나이 든 사람들 및 크레믈린의 명령에 직접적으로 긴밀히 따르는 공식적인 성직자만이 있었던 것은 아니다. 그런데 다음 같은 놀라운 이중적인 사건이 일어난다. 우선 침례교도와 더불어 새로운 기독교적 방향의 출현과 발전이었다.

실제로, 1914년에 소련에는 침례교도가 없었다. 1944년에는 침례교 집

---

334) 나는 이 두 사람을 공격하려고 오늘을 기다리지 않았음을 강조할 텐데, 이러한 거부는 『세상 속의 그리스도인』 Présence au monde moderne (대장간 역간, 1991, 2010)에서 나오고, 『세상에서 잘못된 현존』 Fausse Présence au monde moderne(Paris, Editions de l' E.R.F., 1964년)에서도 여전히 더 나온다. 세계교회협의회에 의한 그들에 대한 칭송은 이 존경받을 만한 단체로부터 근본적으로 나를 떼어 놓았던 여러 이유 중 하나이다. 사람들에게는 줄곧 틀릴 권한은 없다는 것이다!
335) [역주] Komsomol: 1918년에 조직된 소련의 청년 정치조직으로서 정식 명칭은 '소련공산주의청년동맹'이다. 공산당의 지도로 청년들에게 공산주의 교육을 하고, 자주적 활동을 조직하여, 공산당과 국가의 사업에 적극 참가시키는 것을 목적으로 하는 공산당원 양성단체이다.

단들이 생겨나고, 아주 놀라운 일은 금지와 처벌에도 불구하고 이 집단들이 증가한다는 점이다. 어떻게 이런 일이 가능했는지, 어떻게 권력 당국이 이러한 확산을 용인할 수 있었는지 잘 이해되지 않는다. 왜냐하면, 침례교도는 자유주의자나 미지근하고 맥없는 그리스도인이 아니라, 담대한 증인이며 사회적이고 정치적인 면에서 소비에트 국가가 바라는 바와 정반대되는 분명한 입장을 취하기 때문이다. 따라서 침례교의 선교 역사가 전체적으로 연구되어야 할 것이다. 소련에서 침례교도의 수는 대략 200만 명으로 추산된다. 그런데 이들은 "회심한 자들"이기 때문에, 사람들은 이들이 무관심하고 전통적이며 중립적인 그리스도인과는 상관없음을 확신할 수 있다.

마찬가지로 놀라운 두 번째 사실은 기독교 지식인의 갑작스러운 증가이다. 솔제니친336)이 좋은 예이지만, 예를 들어 막시모프Maximov 같은 기독교 신앙을 표방하는 다른 많은 지식인이 있다. 우선 이 점은 유대인에 대한 박해와 연결된 듯이 보인다. 지식인들은 유대인의 편에 섰고, 그들 자신이 유대인이 되지 못했기 때문에 유대인과 더불어 영적인 동질성을 재발견했고 기독교의 길로 들어섰다. 하지만, 여기서 각각의 경우는 특별하며, 독특한 흐름을 수반한다. 따라서 이들은 불가코프337)나 혹은 파스

---

336) [역주] Aleksandr Solzhenitsyn(1918-2008). 러시아의 소설가. 소련 강제노동수용소의 내막과 인권탄압을 폭로한 『수용소 군도』로 인해 반역죄로 추방되어 망명생활을 한 '러시아의 양심'으로 불리는 작가이다. 대표작으로 평범한 농민을 주인공으로 하여 교정수용소의 가혹한 현실과 그곳에서도 없어지지 않은 인간애에 초점을 맞추어 그린『이반 데니소비치의 하루』, 소련 사회에서 스탈린 시대로부터의 탈피를 회복기 환자의 생생한 삶의 감각과 중복하여 그린『암병동』등이 있다.

337) [역주] Mikhail Boulgakov(1891-1940). 우크라이나 출신의 소련 작가이자 의사. 소비에트 정권에 비판적인 잡지 동인으로서 그 기관지에 작품을 발표하고, 초기에는 그로테스크한 수법을 사용한 풍자적인 작품을 써서 혁명에 대한 지식인적인 저항을 드러낸다. 대표작으로『악마와 마그리타』가 있다.

테르나크338) 같은 그 자체로서 존속하는 구체제의 그리스도인이 더는 아니라 젊은이이고 새 신도이다. 여기서 여전히 이것은 갱신된 기독교를 의미한다. 이 지식인들 대부분은 정교회에 포함되지 않지만, 성서에 의해 직접 영감을 받은 상당히 개인적인 기독교를 체험한다. 이들은 모두의 이익을 위해 신앙의 이름으로 체제와 충돌하는 과학자와 문인들이다. 어떤 이들은 이 인물들이나 혹은 집단들이 너무 소수인 나머지 결국 어떠한 영향력도 없다고 여기지만, 나는 이 지식인들이 권력의 맹목적인 명령에 따르지 않을 때 실제로 그들은 영향력이 있으며 사미즈다트339)의 활용이 아주 중요하다고 생각한다. 그런데 체제 반대자로 이름이 알려진 이들 대부분은 자기가 그리스도인이라고 밝힌다.

이런 종류의 운동에 특징인 점은 교회의 부흥이 교회가 그 근원 속에 존재하던 바로 그 상황에서 일어난다는 사실이다. 다시 말해, 한편으로 기독교적인 아무것도 제시하지 못하는 사회에 맞선 교회이고, 다른 한편으로 명백히 문제시되는 것을 감수하며 흔히는 박해를 감수하는 교회이다. 이러한 조건에서 신앙의 진실성, 하나님의 말에 대한 경청, 기독교 정

---

338) [역주] Boris Pasternak(1890-1960). 러시아의 시인이자 소설가. 소련 내에서 발표가 허락되지 않은 그의 유일한 장편 소설 『닥터 지바고』에는, 주인공인 의사 유리 지바고를 통해 러시아 혁명으로 말미암아 정치적 · 사회적 선택이 용납되지 않는 절박한 시대상황 속에서도 개인적인 자유의 세계에서 성실히 살아가려는 지식인의 모습이 그려져 있다. 또한, 수많은 작중 인물의 운명을 통해 혁명과 사회주의의 현실에 대한 심각한 환멸 및 종교적인 새로운 통일 원리에 대한 동경을 표현한다.

339) [역주] samizdat: 소련에서 자가 출판을 뜻하는 말로서 공간이 허용되지 않으므로 자가 출판의 형식을 취한다. 대개는 타이프라이터를 사용하여 한 번에 4~5부 정도의 복사본을 만들어 1부씩 동지나 동호자에게 배부하면 또 4~5부씩 복사되어 기하급수적으로 늘어나는 구조이다. 소련 사회의 부정적 측면을 다룬 문학, 예컨대 솔제니친의 『암 병동』, 스탈린 시대사를 비판적으로 연구한 저작인 메드베데프(Medvedev)의 『역사의 심판을 향하여, 스탈린주의의 기원과 귀결』등과 일반의 열람이 금지된 내외 문서, 예컨대 트로츠키, 마르쿠제, 체게바라, 카스트로의 저작 등이 이를 통해 지식계층 간에 유포된다.

신에 의한 구체적인 삶의 제시, 담대한 증언 등이 **계시**의 진정한 모습이 된다. 또 이러한 조건에서, 영웅에 의해서가 아니라 후세에 이름을 남기지 않는 어떤 겸허하고 경건한 자에 의해 취해지고 계승되고 구현되고 전해진 계시의 변하지 않는 진리가 다시 나타남을, **역사**가 흘러가는 동안 끊임없이 우리는 목격했다. 마무리로, 어쨌든 다음 같은 이들을 언급해야 하는데, 이들은 역사적인 운동이나 계보나 신앙의 전파에서 흔적이 남지 않는 절대 알려지지 않을 사람들이고, 어쨌든 그토록 많은 그리스도인이 존재하기 때문에 경건하고 참된 잊힌 그리스도인이 되는 데 만족하는 남녀들이다.

아주 젊은 시절 내가 역동적이고 활기 있고 세상에 현존하기를 바랐던 교회에 너무 많은 노인이 있는 것을 한탄할 때, 프랑스 신학자 모리P. Maury는 내게 이처럼 말했다. "나는 한 노부인의 조용한 기도로 온통 영위되는 교구를 알고 있지." 이후로 나 역시 알게 되었다…. 이것이 꿈같은 일이라고 하지 말아야 한다. 나는 삶에서 한 노부인의 기도가 나에게 이롭게 효력을 나타내는 것을 보았다. 이것이 초라하고 보잘것없는 위안이라고도 하지 말아야 하고, 또 교회의 힘과 진리가 거기 없다고도 하지 말아야 하는데, 교회가 세상 무대에 파문을 일으키며 등장하지 않는 한 교회는 아무것도 입증하지 못한다. 이것은 사회적이거나 혹은 정치적인 측정에서 벗어나는 영적 실재이다. 물론, 이것을 게으름의 방편으로 삼지 말아야 하고, 이 잊힌 겸허한 그리스도인이 있기에 모든 일이 잘될 거로 생각하지 말아야 한다. 모든 일이 잘은 안 된다. 하지만, 이것을 아무것도 아닌 것으로 간주할 권리는 없다. 왜냐하면, 우리는 통제와 합리적 평가에서 벗어나는 분야에 있기 때문이다. 교회가 죽지 않았고, 모든 일에도 불구하고 기독교 신앙이 늘 살아 있으며, 하나님의 말씀이 여전히 전해질 수 있고 오늘날 의미 있게 남아 있는 것은, 무엇보다 성령의 현존에 기인하고 예수 그리스도의 신실함에 기인한다. 하지만, 인간의 차원에서, 이것은 하나님을 제외한 아무도 그 이름도 업적도 모를 테지만, 지상에서는 성도에 속하는 겸허한 이들의 단순한 신앙에 근거를 둔다.

하나님 대리인들의 독점과 위반

기독교 진리의 재출현, 곧 활동적이고 살아 있게 된 **계시**의 재출현에 대한 역사적이고 구체적인 예들을 언급하고 나서, 이제 마무리로 좀 더 이론적인 고찰을 하고자 한다. 요컨대, 우리는 복음의 의미상실이 신학자와 성직자와 교회가 하나님의 말을 가로채는데 언제나 기인한다는 점을 확인한다. 많은 측면에서 우리가 살펴본 뒤집힘의 과정은 지상에서 하나님의 대리인들에 의한 왜곡과 관련됨을 항상 전제로 하는데, 이 점은 꽤 확실한 듯이 보인다. 그들은 하나님의 율법 대신 자신들의 율법을 세우고, 자신들의 규범을 제시하며, "하나님의 계획"을 인간의 역사적인 일로 만들어 놓는다. 따라서 한편으로 독차지가 있고 다른 한편으로 위반이 있다. 이 점은 도스토옙스키Dostoevskii가 최고 종교재판관의 전설에서 이야기하는 바에 잘 일치한다. 그러나 내가 되풀이해서 말하건대, 이런 일은 기독교 역사 전체에서 다시 일어난다. 그런데 이런 일이 일어날 때, 우리는 필연적인 화답으로 이중적인 현상을 목격한다.

우선, 이 "하나님의 **말씀**"은 그들의 수중에서 재와 먼지가 되고, 공허해지며, 무의미해진다. 인간이 살아 있는 이 말씀을 제 것으로 삼으려 하자마자, 이 말씀은 본래의 뜻으로 존재하지 않게 되고, 더는 믿어질 수도 들려질 수도 말해질 수도 없게 된다. 아무것도 남지 않는다. 이 점을 통해 이 말씀은 끝장나 있으며 시대에 뒤져 있다고 생각하는 오해가 생겨난다.

인간이 개인적이든 집단적이든 어떤 방식으로라도 자신을 위해 이 말씀을 소유하고 이용하려 했던 한, 이 말씀은 실제로 존재하지 않는다. 여기서 우리는 하나님 **말씀**의 존재 방식의 근본 법칙이라 부를 수 있는 것 앞에 있다. 겉모습만 보고 속지 말아야 한다. 인간이 이 말씀으로 철학적이거나 정치적인 토대를 세우려 하거나, 혹은 사회의 구조를 만들려 하거나, 혹은 자신의 행동을 보증하는 것으로 삼아 자기 정당화를 하려 들거나, 혹은 객관적 인식의 대상으로 삼으려 하거나, 혹은 결정적인 하부구조의 상부구조로 만들려 하거나, 혹은 단순하게 결함이 있는 본성에 대한 불가피한 보완물로 삼으려 할 때마다, 엄밀히 이 말씀은 존재하지 않게 된다. 바로 그 이유는 이 말씀이 **하나님의 말씀**이지 다른 어떤 사람의 말이 아니기 때문이다. 그러나 존속하는 잠재성에 관해 잘못 생각하지 말아야 한다. 이 말씀이 하나님의 **말씀**이라는 바로 그 때문에, 이 말씀은 언제나 다시 말해질 수 있다. 모든 것을 다시 시작한다는 것이다.

 똑같은 상황의 다른 측면은 기독교의 뒤집힘이 하나님에 의해 제시된 바에 대한 위반을 늘 전제로 한다는 점이다. 그런데 모든 교회 조직, 복음에 기초해 있다는 모든 사회 제도, 모든 기독교 도덕은 아들 예수 그리스도 안에서 하나님에 의해 제시된 새로운 질서 및 천국의 질서에 대한 피할 수 없는 위반이다. 나는 이런 것들을 만들지 말아야 한다거나, 일종의 태아 단계인 "원시적인" 비非조직이나 비非구조화에 남아 있어야 한다고 말하는 것은 결코 아니다. 에덴동산으로 돌아갈 수 있으며 마치 에덴동산에 있는 듯이 살 수 있다고 생각한다면, 이것은 아담파의 실수일 것이다. 혹은 하나님나라에 직접 도달할 수 있고 마치 하나님나라에 있는 듯이 행할 수 있다고 생각한다면, 이것은 천년왕국주의자의 오류일 것이다. 내가 말하려는 바는 이런 것이 아니다. 조직과 제도와 윤리 없이는 살 수 없다.

하지만, 이런 것들을 만들고 이끌어 가는 사람들이 아무리 정직하고 양심적이더라도, 이 모든 것은 예를 들어 팔복이나 천국의 비유에 나오는 질서에 반드시 위반된다는 점을 분명히 자각해야 한다. 우리가 언급한 예들에서 발생하는 것은 하나님의 뜻과 인간 조직 사이에 관계 과정 자체를 설명하는 근본적인 현상이다. 이것은 인간 조직의 파괴도 아니고 인간 조직에 대한 단순한 부정도 아니다. 하지만, 이 모든 계율과 규범과 제도와 종교의식이 하나님의 **말씀**에 대한 위반으로 확립되는 한, 하나님의 말씀이 다시 들려지고 그 자체로서 다시 파악될 때,340) 이 위반에 대한 위반이 일어난다. 거기에 일정한 왕복의 비밀이 있는데, 이 모델은 예수가 하나님의 계시를 둘러싸고 점점 늘어났던 종교 제도를 그렇게 자주 위반할 때, 예수 자신에 의해 우리에게 제시된다고 할 수 있다.

대립은 없다. 하지만, 놀랍도록 정확한 조준과 더불어, 기원이 있고 위반에 의한 일탈이 있으며, 기원의 의미로 회귀가 있고 위반에 대한 위반이 있다. 따라서 우리가 인용한 사례들은 잘 이해되어야 한다. 우리가 다루는 문제는 예외적인 사실이나 우연히 일어난 돌발 사건에 대해서도 아니고, 때로는 이런 모습을 때로는 다른 모습을 나타낼 수도 있는 교회의 이원성이나 혹은 이중성에 대해서도 아니며, 교회가 모든 것이 발견될 수도 있으나 반대의 것이 발견될 수도 있는 일종의 골동품 상점일 수 있다는 점에 대해서도 아니다. 절대 그렇지 않다. 이것은 선전의 이미지이며, 피상적이고 헛된 견해이다. 진리는 내연기관의 4행정341)이 아주 엄밀히 서로 관련이 있는 그러한 운동 자체에 있다. 그러므로 우리가 기독교의

---

340) "나의 하나님, 당신은 나를 확신시켰습니다"와 "나는 확신하게 되었다"는 두 표현이 필요불가결하며 상관관계가 있기 때문이다. [본문을 역자가 각주로 설정]

341) [역주] 내연기관에서는 흡입 행정과 그것에 이어지는 압축 행정, 팽창 행정, 배기 행정이라는 4행정이 있고, 이것으로 하나의 사이클을 완료하는 것을 4행정기관이라 한다.

뒤집힘에 대해 이야기할 때, 하나님의 말씀에서 다시 파악된 진리라는 해결책이 매번 있다. 이것은 뒤집힌 것을 다시 뒤집는 일로서, 우리가 서두에서 언급한 엑스(X)의 재출현에 의해 나타난다.

이처럼 기독교 전체가 현세에 국한됨으로써 또 궁극 원인이 되는 현세에 **영원한 자**가 개입함으로써, 현세를 결정적으로 뒤엎는 **영원한 자**의 회복을 통해 기독교의 뒤바뀜이 일어난다. 그러나 우리가 다루는 문제는 **영원한 자** 자신에 의한 **영원한 자**의 회복에 대해서가 아니다. 다시 말해, 결코 교회는 자체를 스스로 개혁할 수 없다. 더 나은 제도에 대해 정직하고 양심적인 연구, 행정 명령 방식이나 혹은 사법적 방식에 의한 개혁, 내적이거나 혹은 외적인 더 참된 복음화 수단에 대한 진지한 연구로 이루어진 수많은 경험을 통해, 이 모든 것은 헛되고 어쩔 수 없이 실패한다는 점이 드러난다. 그리스도의 몸일 수도 있는 사회 제도라는 식으로, 혹은 사회 형태 속에 반드시 포함되는 그리스도의 몸이라는 식으로 늘 사용된 표현에 따라 이루어진 단체는 교회 안에 없다.

교회는 조직되자마자, 또 교회에 성직자 지상주의가 퍼지자마자 그 자체로 하나님의 질서에 위반되지만, 교회는 그 자체로 이 위반에 대한 위반으로서 터져 나올 것을 야기한다. 교회는 점차 현세로 국한되지만, 교회는 그 자체로 영원한 자에 의한 **영원한 자**의 회복을 퍼뜨린다. 이러한 일은 '머릿속에서' 일어나거나 쉽고 마음에 들고 지적이고 관대한 방식으로 일어나는 것이 아니라, 어려운 시험과 끔찍한 동요를 통해 늘 일어난다. 교회가 변모하는 것은 인간의 두뇌로부터 출발함으로서가 아니라, 가장자리에 있는 이들에게서 일어나는 폭발에 의해서이다. 이처럼 우리가 기독교 세계의 역사 또는 이 책 초반의 장들에서 우리가 언급한 모순들을 살펴보면서, 우리가 교회의 역사 전체를 바라보고 인간의 역사를 구성하는 동시에 인간의 역사를 뚫고 지나가는 백마의 질주를 바라본다면, 또 우리가 기독교 민족의 우여곡절을 살펴본다면, 우리는 아무것도 결코 닫혀 있거나 결정적이거나 끝나지 않음을 깨닫는다. 또한, 아무것에 대해서도 궁극적인 판단을 내릴 권한이 없음을 깨닫는다. 이러한 판단은 요한계시록에 기록된 대로 **영원한 자**인 하나님 아버지에게 속할 것이다. 그러므로 아무것도 절대 상실되지 않는다. 왜냐하면, 내가 이 점에 대해 주장하듯이, 이것이 다음 같은 사실 속에 포함된 엄밀함 자체이기 때문인데, 위반은 그 자체에 대한 위반을 반드시 지니고 있다는 사실이다. 바로 이것은 세속 권력과 권세로 국한되는 것을 통해 의미가 사라짐으로, 사람들이 메우려고 헛되이 애쓰는 엄청난 갈라진 틈새가 남는 것과 마찬가지이다. 이 틈새는 끝없이 호소하며 **영원한 자**가 이 구렁을 메우러 올 때까지 소리 지른다. 따라서 이 역사의 흐름에서 아무것도 절대 상실되지 않는다. 결코, 기독교는 그리스도보다 결정적으로 우세하지 않다. 그러나 그리스도는 간혹 남아 있을 수 있는데, 오래전 작은 유대인 남자의 몸에 숨겨져 있었듯이 말이다. 우리가 이 점을 이해할 때, 우리는 이 교회의 역사를 다른 관점에서 읽을 수 있고, 이와 동시에 우리는 세상의 논리를 꿰뚫고 뒤집어엎는 천국[342]의 특별한 논리를 알게 된다.

---

[342] 나는 한마디로 마태에게 있어 천국이 하나님나라와 조금도 동일하지 않다는 점과, 천국은 역사와 세속성과 세상에 포함된 위대함으로써 세상에서 천국은 다른 논리와 특별한 움직임을 일으킨다는 점을 상기시킨다.

요 약

제1장 : 모순들

　이 책에는 간단하면서도 명확한 문제의식이 있다. 그것은 어떻게 기독교와 교회가 토라와 선지자와 예수와 바울이 이야기한 것과 반대되는 공동체와 문화를 만들었느냐는 것이다. 그것도 부분적인 일탈이 아니라 전체적인 계시의 뒤집힘이 발생했느냐이다. 사실, 계시와 실천 사이에 존재하는 모순은 비단 기독교에서만 있는 것이 아니다. 이러한 모순은 마르크스의 텍스트와 러시아의 강제노동수용소 간에도 존재하며, 코란과 이슬람의 광신적인 실천 사이에도 존재한다. 마르크스주의와 함께 기독교는 실천을 진리 혹은 진정성의 시금석으로 삼는다. 실천의 중요성은 구약의 수많은 계명과 예수의 산상수훈 말씀과 은혜의 신학자 바울의 교훈에서 늘 강조됐던 바이다. 그러나 실천에 대한 이러한 강조는 역으로 기독교를 비난하는 자들에게 기독교를 비판하는 근거를 제공하곤 한다. 즉, 비판자들은 하나님의 계시를 제대로 실천하지 못했다고 하거나, 예수의 메시지를 초기 그리스도인이 날조했다고 말하거나, 심지어 실천의 실패로 말미암아 계시 자체의 허구성을 추론한다. 이런 비판에 대해 그리스도인은 반론을 제시하거나 반증하려고 대들지 말고, 성서의 내용과 그리스도인의 실천 사이에 틈을 인정하는 것이 바람직하다. 왜냐하면, 현재 우리의 실천은 우리에게 원래 요구된 것과 완전히 다른 것이기 때문이다.

한편, 기독교적 실천과 관련해서 우리가 피해야 할 두 가지 암초가 있다. 첫째는 교회의 모든 과거를 거부하고 이전의 모든 것을 경멸하고 단죄하는 태도이다. 이러한 태도에 대해 일정 부분 동의할 수도 있으나, 근본적으로 이러한 주장은 역사적으로 엄밀히 검증할 필요가 있다. 둘째 암초는 오늘날은 과거와 다르다고 말하거나, 기독교 역사에는 좋은 요소들도 있다고 주장하는 태도이다. 그런데 이러한 반론이 사실이기는 하지만 궁극적으로 기독교 비판을 잠재우지 못할 것이다. 왜냐하면, 기독교를 비난하는 자들의 진짜 목적은 기독교의 진실에 있는 것이 아니라 비난 자체에 있기 때문이다. 또한, 어제의 교회와 달리 오늘날 교회는 변했다는 태도는 자칫 교회가 시대에 따라 그 형태만 바꾸어 자체 정당성을 확보하려는 입장에 동조하는 꼴이 되고 마는 것이기 때문이다. 더구나 오늘날의 교회가 수백 년 전의 교회보다 더 진실하다고 할 수 없고, 과거와 똑같은 왜곡이 현재에도 존재하기 때문이다.

왜곡의 본질은 이미 "기독교"christian-isme라는 용어의 어미 "주의"isme에서 찾아볼 수 있다. 왜냐하면 "주의"라는 어미는 잘 포착되고 특별히 정의된 '범주적 결합체' 속에 어떤 새로운 것을 통합시키기 마련이기 때문이다. 이때 그 독창성은 제거되어 낡은 용례가 되고 마는데, 특히 어떤 삶과 사상의 급진성과 항구성은 상실된다. 그리고 시작에서부터 활용될 수 있는 수십 가지 가능성이 열리고 실제로 사용될 것이다. 그래서 일종의 낯선 개념 체계가 나타나는데, 이 개념 결합체는 바로 그 "주의"에 의해 모두가 덮이고 완전히 상반된 경향들로 형성된다. 기독교의 "주의"도 마찬가지며 오히려 그의 뒤집힘은 다른 모든 경우보다 방대하고 복잡한 양상을 띠고 있다. 따라서 우리는 왜곡된 "기독교"라는 용어와 분명히 구분하기 위해 엑스(X)라는 용어를 사용하려고 하는데, 엑스(X)는 그리스도 안에서 완성된 하나님의 계시와 사역, 그리스도 몸으로서의 교회, 진리와 사랑 안에서 그리스도인의 신앙과 생활을 의미하는 것이다.

한편 엑스(X)는 그 자체로 모든 것을 뒤집는 능력을 갖추고 있다. 첫째, 엑스(X)는 예수가 맘몬이라고 규정한 돈을 뒤집었다. 예수는 제자들에게 아무것도 갖지 말라고 권면하였으며, 바울도 돈은 분배되어야 한다고 언급했고, 야고보는 부자의 돈은 노동자의 희생물임을 말하고 있다. 돈은 탐욕의 대상이며 모든 죄와 악의 뿌리이다. 둘째, 엑스(X)는 정치권력을 뒤엎었다. 초기 그리스도인은 병역거부자였고 행정 반대자였으며 황제숭배 반대자였다. 엑스(X)는 정권 교체를 위한 사회운동과 아무런 관계가 없었으나, 이것은 정치를 뒤엎을 정도로 급진적이었다. 이는 엑스(X)가 모든 정치적 권세와 권력을 문제 삼았기 때문이다. 셋째, 모든 종교도 엑스(X)에 뒤집혔다. 모든 종교 현상은 하나님의 계시 및 인간들 속에 성육신한 예수의 임재와 정반대로 나타난다. 그래서 그리스도인은 만신전萬神殿을 거절했고 모든 제의를 거절했다. 그 결과 초기 그리스도인은 로마인에게 무신론자와 비종교인으로 취급을 받았다. 그러나 그리스도인의 모습은 유대교와 예수와 바울의 가르침과 일치하는 것이었다. 넷째, 엑스(X)는 도덕조차 무너뜨렸다. 이는 하나님이 인간에게 참된 자유와 자율의지를 주기 때문이다. 그래서 그리스도인은 일반적인 도덕 질서를 지지할 수 없으며, 선과 악을 세우는 도덕 원리를 수용할 수 없었던 것이다. 다섯째, 엑스(X)는 문화도 뒤집었다. 사실 구약성서와 신약성서는 어느 정도 주변 문화를 수용했다. 그러나 성서 저자들은 이 문화들의 텍스트를 그대로 삽입한 것이 아니다. 그들은 항상 어떤 텍스트를 취해서 본래 의미와 목적으로부터 방향 전환을 시켜 다른 것을 의미하도록 했다. 다시 말해, 히브리인은 주변 문화들 속에서 위치하였으나, 당시의 문화적 울타리에 갇혀 있지 않았으며, 오히려 주변 문화들을 잘 알고 전혀 다른 것을 말하는 방식으로 문화를 뒤집었다.

이렇게 세상을 뒤집은 엑스(X)는 종교 역사상 큰 승리를 거두었다. 그러나 다시 세상의 종교들처럼 철저히 종교로 변질하였다. 말하자면, 엑스(X)는 엄격하고 교훈적인 기독교 도덕이 되어 사람들을 유약하게 만들어버렸고, 정치권력에 순종만 할 뿐 항의나 비판을 하지 못하게 하였다. 사회적 차원이나 혹은 경제적 차원에서 계급적 위계를 받아들이고, 가난함과 부유함을 하나님의 뜻으로 받아들이게 하였다. 문화 영역에서도 기독교는 뒤집는 힘을 잃어버렸다. 오히려 기독교는 서구문화를 확산하는 데 첨병 역할을 했고, 시대마다 지배적인 문화에 밀착하여 스스로 모델화하면서 기독교의 진리와 본질을 발견했다고 믿어 왔다. 그래서 기독교는 그리스·로마 문화의 지배를 받아들이고, 봉건제도를 받아들여 교회의 이익을 취하였고, 자본주의 체제 발전과 더불어 기독교는 부르주아로 변모했으며, 사회주의가 발흥할 때는 사회주의자가 되었다. 그리고 왕정 밑에서 왕정주의자, 공화정 밑에서는 공화주의자, 공산주의 밑에서는 사회주의자가 되었다. 이러한 기독교는 하나님의 계시와 정반대 편에 서 있는 것이다.

제2장 주요 경로

왜 이런 뒤집힘이 일어날 수 있으며, 이 뒤집힘의 원인과 발전 과정은 어떤 것인가? 이러한 질문에 대하여 사람들은 모두 신학 영역으로 떠넘기고 있다. 그런데 기독교의 왜곡과 관련된 모든 문제를 일으키는 첫째 원인은 계시와 관련이 없는 신학화이다. 종교의식을 만들고, 기독교 신앙에 종교적 특성을 첨가하며, 기독교 신앙을 대규모 종교 운동으로 변모시키고, 연옥과 성인聖人의 중보와 고해성사 같은 성서와 동떨어진 개념을 만드는 주체는 바로 신학과 교회지도자이다. 비록 신학자들이 계시와 반대되는 이념이나 교리를 진정으로 가르친 것은 결코 아니라고 하더라도, 차츰 성서에 대한 이해가 조금씩 윤색되어갔다. 즉, 신학 발전 과정 속에 작은 오류, 단편적인 모호성, 예수와 관계없는 혼합주의가 발생하여 시간이 지나면서 전체 신앙을 부패시켰다. 4세기부터 나타난 이교화 현상, 교회에 들어온 민간 신앙, 기독교적으로 변모한 이교도의 신화 등은 결과적으로 예수 그리스도 안에 있는 하나님의 계시를 변질시켰다. 더구나 로마제국의 연합을 위해 신앙적 표현의 다양성을 용납하지 않고 이단에 대한 단죄와 박해를 했다. 또 다른 신학적 왜곡의 사례는 걸출한 신학자들의 모습 속에서도 찾아볼 수 있다. 비록 이들의 신학이 참된 것이었다고 할지라도, 이들은 성서 텍스트 혹은 알려진 계시를 철학의 출발점으로 삼았다. 말하자면, 자신들이 가진 지적·형이상학적·인식론적 문제에 대한 답을 성서 텍스트에서 찾고자 했다. 사실 진리에 관해 역사에서 철학으로 이동하는 것은 완전히 잘못된 것이다. 성서는 어떤 철학 체계나 형이상학적 이론을 수립하려는 목적을 가진 것이 아니며, 객관적이고 추상적인 이론서가 아니다. 성서는 단순히 명쾌한 해답을 주지 않는 하나님과 인간 사이에 일어난 하나의 역사일 뿐이다. 성서에 나타난 모든 율법은 말씀하는 이가 하나님이기에 진실한 것이지, 그 자체가 과학적·객관적·중립적 법칙과 같은 참은 아니다. 하나님은 우리에게 형이상학적 이론서나 영지주의적 계시를 기록한 거룩한 책이나 완전한 지혜서를 보낸 것이 아니라, 단지 한 인간을 보냈을 뿐이다. 이것이 인간에게 하나님 자신을 계시하고자 선택한 방식이다. 그러나 인간은 각 시대나 각 개인의 고유한 문제와 표현 체계 속으로 하나님의 계시를 집어넣고자, 하나님이 선택한 틀을 완전히 바꾸어 버렸다.

두 번째 왜곡의 요인은 기독교의 성공 그 자체였다. 기독교가 일단 성공하자, 교회는 계속 성공하려고 갈망했고, 이 갈망에서 그리스도인은 벗어나지 못했다. 그리스도인은 이 성공 뒤에 무엇이 일어나고 있었는지 의식하지 못했다. 그 결과 기독교는 사회를 뒤집기는커녕 오히려 사회에 의해 뒤집혔다. 이제 일대일에 의한 개종이나 가정 교회는 없어지고, 거대한 회중만이 교회 안에 존재했다. 교회는 개종자의 믿음이 진정한 것인지에 대해 까다롭게 굴지 않았다. 교회는 집단 복음전도를 하고 싶은 욕망을 물리치지 못했다. 즉, 사람들은 일단 교회에 들어왔고, 그 후 신앙의 진정성을 보장받도록 종교 교육을 받는다. 바야흐로 교회의 대중화 현상이 발생한 것이다. 로마제국의 부유층을 끌어들인 교회는 자본을 축적하게 되었고, 관리해야 할 많은 교인과 부를 지니게 되었다. 이 과정에서 사회적 약자와 열등한 계층을 돌보는 초기 신앙과 최초의 교회 형태는 사라지게 되었고, 교회는 피할 수 없이 제도화되어 갔다. 그래서 교회에는 명백한 계급제도가 생겼으며, 부와 권력을 정당화하기 시작했다. 이렇게 제도화된 교회는 대중에 대한 도덕적 규제, 반여성주의 노선, 계시를 대체한 종교의식 강조, 성서해석의 경직성, 민간신앙의 수용, 예언적 기능의 상실, 사회 결속을 위한 교회 등을 추구하면서 점차 변질하여 갔다. 이러한 왜곡의 결과는 매우 심각했다. 즉, 기독교는 모든 것을 문제 삼는 예수 그리스도가 가진 폭발적 힘을 제거당하고, 하나의 종교가 되어 버린 것이다. 이러한 기독교의 뒤집힘에는 성서 해석의 편이성도 큰 역할을 했다. 예를 들어, 실행하기 어려운 예수의 말씀을 수용하기 편하도록 왜곡하거나, 그리스도로 말미암은 자유를 스스로 망각하거나, 계시가 지닌 모순을 인위적으로 줄이려는 시도를 통해 계시를 뒤집어 놓았다.

마지막으로, 계시의 세 번째 왜곡 요인은 이 세상의 다양성을 통일하려는 의지에서 기인한다. 이것은 인간이 가진 근본적인 통일에 대한 충동으로 말미암아 발생한 것인데, 이 '하나'에 대한 갈증은 황금에 대한 갈증보다 더한 욕구이다. 통일에 대한 고집으로 결국 4-5세기에 많은 군소 신학과 이단의 배제라는 비극적 사건이 야기된다. 더구나 교회의 통일을 향한 집념은 로마제국의 통일과 연관되어 정치적 집념으로 발전하여, 중세 내내 사람들에게 큰 영향을 끼쳤다. 즉, 하나님은 군주이고 주권자이며, 하나님이 용인하는 유일한 정치 체제는 절대군주제라고 주장하게 되었다. 그 결과 기독교는 어떤 대가를 치르더라도 전체성을 추구했고, 모든 세계는 기독교적으로 통일된 체계를 형성하는 것으로 나아갔다. 그러나 모든 것을 파괴하고 기독교의 일방적 확장으로도 세계의 통일이 얻어질 수 없는 것이라면, 정반대로 기독교에 저항하는 모든 것과 융화함으로써 통일을 추구했다. 그래서 그리스 철학의 수용, 문화적 동화주의, 로마제국 종교와의 혼합주의의 유혹, 스칸디나비아의 전설, 게르만의 크리스마스트리, 빛의 축전, 아랍 신비주의자의 명상 등의 요소들이 기독교 안으로 들어왔다. 사실 이러한 혼합주의 흐름 속에서 기독교 안에 통합되지 않는 진리나 종교는 없다. 19세기 불교와의 동화, 1930년대 힌두교와의 통합, 1945년 이후 마르크스주의와 통합, 1981년 이슬람과의 혼합주의에 대한 유혹이 일어났음을 부인할 수 없다. 이 통일에 대한 집념은 언제나 기독교를 그 근원에서 멀리 떠나게 한 것이다.

제3장 : 기독교에 의한 비신성화와 기독교 속의 신성화

인간은 공간과 시간 그리고 사회와 관련하여 신성한 것을 만든다. 그런데 이 신성한 것은 역사적으로 항상 고정된 것이 아니었다. 즉, 한 사회의 신성한 것은 어느 순간 의심을 받고 비판을 받고 사라지고, 또 이것이 사라지기가 무섭게 같은 사회에서 다른 신성한 것이 만들어진다. 다시 말해, 신성한 것은 일정치 않고 그 강도가 다를지라도, 비신성화가 일어난 이후 곧바로 신성한 것의 재창조가 인간에게 늘 있었다.

한편, 20여 전부터 신학자와 사회학자는 기독교 사상과 유대 사상은 처음부터 신성한 것으로 구성된 종교가 아니며, 오히려 이교의 성스러운 것에 대해 혹독한 비판을 가해 왔음을 적극적으로 조명했다. 이들에 의하면 기독교는 초기에 모든 신성한 것을 부정했으나, 역사의 과정 속에서 성스러운 규범과 의식과 금기사항을 만들어내면서 스스로 신성한 틀 속에 갇혔다는 것이다. 만약 초기 그리스도인은 무신론자 혹은 종교 파괴자로 인식되었고, 종교개혁은 강한 비신성화의 운동이었다는 점을 본다면, 이러한 분석은 잘못된 것은 아니다. 사실, 기독교의 비신성화는 히브리 신학 사상과 기독교의 발전 과정에 존재한 요소이다. 즉, 유대 성서나 모세 오경이나 선지서는 자연적인 힘을 신성화하는 자연신을 철저히 거부하였다. 모든 만물은 창조주에게서 나오는 객체이지, 그 자체가 신적 기원을 갖는다거나 무슨 신비나 숨겨진 권세가 있음을 인정하지 않는다는 말이다. 사실, 성서는 달 숭배나 송아지 숭배 등 자연의 기능이나 혹은 자연의 사물을 신성화하는 것을 철저히 거부한다. 이러한 사상은 자연히 다신교에 대한 거부로 이어지며, 하나님을 상징하는 보이는 모든 것을 배제하는 태도와 연결된다.

그런데 '신성한 것'과 '거룩한 것'은 엄밀히 구별된다. 거룩한 것이란 분리된 것을 의미한다. 예를 들어, 하나님이 거룩하다는 말은 하나님이 근본적으로 모든 나머지 것과 분리되어 있다는 의미이고, 다른 모든 것과 단절되어 있다는 의미이다. 그래서 땅 위에서 하나님이 선택하고 따로 둔 것은 모두 거룩한 것이다. 성도가 바로 이런 자들이다. 이것은 신성한 것과는 아무런 상관이 없다. 오히려 초기 기독교 사상은 히브리 사상의 비신성화를 극단적으로 밀어붙였다. 예를 들어, 기독교는 하나님과 세상 사이의 전적인 단절과 오직 성육신을 통한 단절의 메워짐을 확고히 하기 때문에, 어떤 신성한 것도 기독교 사상에 들어올 수 없게 되었다. 그래서 기독교는 유대교 안에 있었던 모든 신성한 것을 거부해 버렸고, 예수 안에 완성된 유일한 희생 제사 외에는 어떠한 희생 제사도 인정하지 않고, 희생 제사 제도 자체를 폐지했다. 그리고 예수의 희생 제사 속에서 성직자 집단과 중보자 집단도 거부했다. 그래서 모든 신자는 다 성직자가 되었으며, 역으로 누구도 성직자가 아니게 되었다.

또한, 기독교 사상은 제도와 인간들 속에 숨어 있는 세상의 신비한 모든 권세, 즉 왕권, 절대 권력, 지배력을 그리스도의 죽음과 부활로 파괴하고 꺾어버렸다. 그래서 이 세상에는 초자연적인 것은 더는 없고, 신비도, 초월적인 세상도, 신성과 세속의 분리도 없게 되었다. 성스러워진 장소도 시간도 없다는 것이다. 따라서 기독교에 있어 세상은 완전히 세속적이다. 이러한 비신성화, 비종교화는 결코 시행해본 적이 없는 혁명적이다. 그러나 기독교가 로마 세계의 다른 종교와 이방 민족의 신성한 것을 제거하고서 승리한 이후, 역설적으로 패자에게 있던 것들이 승자에게 옮겨갔다. 특히, 4세기부터 집단적으로 일어난 개종 이후, 기독교는 사람들이 이전에 가지고 있던 정신 구조와 기본 사상과 세상과 삶에 대한 해석의 틀을 포기하게 하지 못했다. 그래서 신성한 것과 세속적인 것의 구별을 지속적으로 가지게 했으며, 심지어 시골에서는 기독교 신앙과 이교 신앙 사이의 혼합된 형태의 민간 신앙을 만들기도 했다. 그리고 교회는 지역 신개념을 받아들였고, 성별된 장소는 특별한 곳으로 인식되어 갔다. 특히 초대교회 신자들이 특별한 존경을 표하지 않았던 교회 건물은 일종의 봉헌 대상이 되었다. 즉, 이교 신앙의 영향으로 교회당은 하나님의 특별한 임재가 있는 신성한 장소가 되어 버렸다. 이렇게 어떤 장소가 신성한 장소가 되면, 나머지는 세속적인 곳이 되었으며, 어떤 날과 시간이 신성한 날과 시간이 되면, 나머지는 세속적인 날과 시간이 되어 버린다. 이러한 재신성화는 신앙의 내부적 변화도 가져왔는데, 예를 들어 예수의 희생 제사를 부각시키면서, 성찬식은 단순한 기념식이 될 수 없었고 점차 화체설로 변화되어 갔다. 그래서 성체의 빵은 전적으로 신성하게 되어 현존하는 그리스도 자신이 되어 버렸다. 이렇게 하여 초기 기독교의 비신성화는 사라졌다.

기독교의 재신성화는 크게 두 가지 결과를 낳았다. 우선, 사효론事效論과 관련된 것으로 성사聖事가 스스로 활동한다는 것이다. 즉, 성찬식과 세례가 스스로 활동함으로써 신앙에 의해서가 아니라, 성체의 빵을 통해 성찬식이 만들어지고, 세례의 물을 통해 효과가 생겨나는 것으로 여겨졌다. 그래서 하나님에 대한 성도의 신앙 관계가 아니라, 교회의 규례와 성체와 성수聖水 등 사물이 중요해졌다. 이러한 재신성화는 가톨릭의 신성한 것을 세속화시켰던 개신교 안에서도 똑같이 나타났다. 즉, 예배당은 신성한 장소가 되었고, 성서는 신성한 책이 되어 버렸다. 기독교의 재신성화의 두 번째 결과는 그리스 로마 사상의 영향으로 하나님이 철학에 따라 구성된다는 것이다. 예를 들어, 전능성이 강조된 이 하나님은 성서의 하나님을 근본적으로 변형한 결과이다. 전능한 하나님으로부터 신성한 것은 어느 곳에도 존재할 수 있으며, 전형적으로 신성한 것에 연결된 인물, 즉 중보자인 성직자가 기독교 속에서 재출현하게 되었다. 초기 기독교에서는 성직자가 존재하지 않았다. 집사, 선지자, 교사, 감독이 있었으나 성직자는 없었다. 왜냐하면, 유일한 중보자가 예수이기 때문이다. 그러나 신성한 세계에 아무런 보호도 없이 들어갈 수 없어서, 신성한 것이 재등장하면서 신성한 것을 지닌 성직자나 성인이 중보자로 필요했다. 그리하여 신성한 기능을 담당하는 성직자와 일반 평신도 간의 분리가 발생하였다.

제4장 : 도덕주의

기독교 진리에 대해 의문을 제기하는 현대인은 그리스도인의 행위나 혹은 그리스도인의 도덕적 문제를 공격한다. 그러나 하나님의 계시는 도덕과 전혀 관계가 없다. 적어도 세 가지 이유에서 그렇다. 첫째, 모세 오경은 도덕주의자가 만들어낸 도덕으로서 도덕도 아니고, 집단에 의해 체험된 도덕으로서 도덕도 아니기 때문이다. 하나님의 말씀인 모세 오경은 하나님 자신에 대한 하나님의 계시이고, 삶과 죽음을 구별하는 것에 대한 규정이며, 하나님의 전적인 주권의 상징화이다. 복음서에서 예수의 말씀도 도덕적 차원의 것이 아니라 실존적 차원의 것이며, 존재의 근원이 변화되는 데서 비롯되는 것이다. 바울 서신서의 교훈도 도덕이 아니라 모범으로서 유용한 지시사항에 해당한다. 둘째, 기독교 도덕이란 근본적으로 존재하지 않기 때문이다. 예수 그리스도 안에 있는 하나님의 계시에는 어떠한 도덕 체계도 없다. 셋째, 예수 그리스도 안에 있는 하나님의 계시는 도덕에 반대되기 때문이다. 가장 경건하고 가장 도덕적인 행위뿐 아니라 모든 행위는 죄에 포함된다.

사실, 창세기에 나타난 세상 죄의 기원은 선과 악을 아는 것이다. 왜냐하면, 하나님은 인간이 자력으로 선한 것과 악한 것에 대해 결정할 수 있다는 점을 용인할 수 없기 때문이다. 선이란 오직 하나님의 뜻이므로, 성서적으로 선은 인간 자신의 뜻이 하나님의 뜻으로 대체되는 것이며, 악은 인간 스스로 선을 행하려고 도덕 체계를 세워 하나님의 뜻과는 전혀 다른 선을 행하는 것이다. 예수도 나를 따르라고 명했지, 행할 것과 행하지 말 것의 목록을 주지 않았다. 바울 역시 유대교 도덕처럼 보일 수 있는 모든 것, 즉 하나님에게서 오지 않는 모든 규칙과 규범을 공격했다. 이렇게 할 수 있었던 이유는 그가 예수 안에서 참된 자유인이며, 어떤 도덕적 계명에 묶이지 않았기 때문이다. 사실 자유인에게 인간과 인간의 관계는 의무의 관계가 아니라 사랑의 관계일 뿐이다. 그리고 이 사랑은 어떤 도덕에도 굴복하지 않고, 어떤 도덕도 만들지 않는다. 단지 진리가 일깨우는 존재 양식과 삶의 모델만이 있을 뿐이다. 기독교의 삶이 반도덕적이라고 말할 때, 이것은 기독교의 삶에는 되풀이되고 고정적인 의무가 없다는 의미이며, 반면에 도덕은 금지와 장애물이며 그 안에 단죄를 늘 내포한다는 점을 강조한 것이다. 하지만, 기독교 역사상 가장 근본적인 비극 가운데 하나는 자유로운 하나님의 말씀이 도덕으로 변형된 것이었다. 이 비극은 집단적 "개종"이란 현상에 기인하였다. 즉, 교회는 2세기 말부터 먼저 사람들을 집단적으로 회심시켜 교회 안으로 들어오게 하고, 그다음에 삶의 방식을 조정하는 전략을 채택했다. 이 전략은 필연적으로 복음과 반대되는 도덕적 규칙을 양산할 수밖에 없었다. 더구나 기독교의 대중화 현상과 더불어, 각 시대의 사회적 부도덕, 특히 성적 부패는 교회로 하여금 강한 도덕주의 노선을 따르게 하였다. 이 과정에서 여성은 도덕주의의 큰 희생제물이 되었고 교회는 반反여성주의 입장을 띄게 된 것이다.

그러나 성서 텍스트를 자세히 고찰한다면 성서는 여성에게 호의적이었고 중립적이었다. 우선 히브리 성서 속에 나타난 여성들은 상당한 위치를 차지하고 있었다. 예를 들어, 우리는 에스더, 유딧, 라합의 정치적 역할, 수많은 여선지자의 종교적 역할, 많은 여성 사사들의 역할을 발견할 수 있다. 혹자는 창세기 텍스트에서 유혹을 먼저 받은 것이 덜 지성적이고 약한 여자라 주장하지만, 창세기에는 남녀의 구별이나 계급의 구별이 없다. 이브는 악의 기원이 아니며 결코 아담과 분리되지 않는 하나의 존재이다. 단지 이브는 아담의 심층적인 실재가 무엇인가를 드러냈을 뿐이다. 또한, 여자들에 대한 예수의 태도도 매우 긍정적이었다. 예수는 여성을 거절하지 않았고, 자신의 부활을 여자들에게 우선으로 보였을 뿐만 아니라, 일부일처제와 그 파기의 불가능성을 단언했다. 그리고 초대 교회에서도 여성은 교회 설립에 결정적 역할을 했으며, 교회의 모든 활동에서 남성과 평등한 지위를 지녔다. 설사 바울이 아내가 남편에게 해야 하는 복종, 남자에 대한 여자의 열등, 교회에서 여성의 침묵을 언급했으나, 이러한 불평등은 당시 사회에서는 오늘날과 달리 정상적이었다. 단지 바울은 자신의 편지에서 문제를 영적인 뿌리로 가져가려는 의도를 표현한 것 뿐인데, 사람들이 아내의 순종 문제를 규범과 의무를 가진 도덕법으로 삼는 오류를 범하였던 것이다. 바울이 남편에게 복종하는 아내를 언급할 때, 남편은 남성우월주의자도 아니고 권위를 가진 남성도 아니다. 단지 남편은 아내를 위해 십자가를 지고 자신의 생명을 주는 일을 받아들이는 존재이며, 부모를 떠남으로써 자신의 뿌리를 뽑아내야만 하는 존재일 뿐이다. 즉, 여자가 가부장적 가족으로 들어가는 것과는 전혀 관계가 없다.

그러나 불행하게도 교회 자신이 반反여성주의라는 오류를 범하였다. 즉, 교회의 교부들은 여성에 대해 성적인 자극을 유발하는 부도덕이란 이유를 들어 적대적인 태도를 보임으로써 "기독교 반여성주의"를 유발한 것이다. 이러한 교회의 태도는 가부장적 풍속의 반영이라기보다는, 사회적 가치의 훼손으로 말미암은 것이다. 즉, 교회가 각 시대의 부도덕한 현실을 보고 이를 바로 잡으려고 도덕적 행위에 집착한다. 그런데 부도덕에 반대하는 교회의 반발, 교회의 엄청난 도덕적이고 법적인 노력, 윤리적이고 사법적인 면에서 나쁜 풍속에 대한 교회의 엄청난 대처 노력은, 교회와 사회를 혼동하는 오류에 분명히 기인한다. 그럼에도, 정치적이고 사회적인 관심거리와 문제는 교회에 맡기고, 교회는 사회 질서를 유지하려 하고 모든 일에 기독교 원리를 적용하려 든다. 다시 말해, 교회는 사회적 위기 속에서 복음에 기초를 둔 진실한 회심보다 공통으로 받아들일 수 있는 도덕을 세우는 일에 전력을 다한다. 그 결과 도덕은 모든 것을 측정하는 표준이 되었고, 점진적으로 신앙은 도덕으로, 계시는 윤리적 법전으로 변형되어 갔다. 진리의 왜곡은 이 지점에서 발생한다. 즉, 부도덕과 윤리적 문란함이 기독교 계시에 대해 도전을 할 때, 이것에 응전한다는 핑계로 복음을 법으로 변형시키는 순간 심각한 왜곡이 발생하는 것이다. 반여성주의의 본질적 원인도 바로 이것이다. 특히 교회는 여자들을 침묵과 수동성과 복종을 의무화시켰고, 처녀성 법규를 우월하게 설정하였으며, 동정녀 마리아와 더불어 여자를 이상화함으로 여성을 무력화시켰다. 동정녀 마리아는 순종의 모델이 되었고, 여성의 가치 훼손이란 불편한 현실에서 벗어나고자 이상 속에 투사된 메커니즘이 되었다. 물론 이 무력화 과정에서 신학자들은 성서적이고 신학적인 기초를 제시했다.

제5장 : 이슬람의 영향

지금까지 이슬람 문화가 기독교에 끼친 영향에 대해 별로 강조되지 않았다. 그러나 9세기에서 11세기 사이에 기독교에 대한 이슬람의 영향력은 상당했다. 그러나 정작 문제는 어떻게 이슬람의 영향이 기독교의 실천과 의식과 신앙과 삶의 태도를 바꾸었느냐이다. 이슬람 정신은 모든 면에서 하나님의 계시와 정반대이다. 우선, 하나님이 육신을 입을 수 없다는 생각이 문제이며, 다음으로는 하나님의 모든 뜻은 불가피하게 법적 용어로 표현되어야 한다는 종교와 정치와 법의 절대적 통합이다. 사실, 객관적인 법은 언제나 계시와 반대되지만, 이슬람의 영향은 하나님의 계시를 법적 표명으로 왜곡하는 데 크게 일조했다. 즉, 법과 하나님의 뜻을 긴밀히 연합시키는 방향이 강화됨으로써 법학자가 곧 신학자가 되었고, 종교적인 모든 것은 법적인 것이 되었다. 그 결과 기독교 세계에서 교회 법전과 종교재판이 만들어졌고, 이것들은 이슬람보다 더 강하게 그리고 광범위하게 사용되었다. 교회에 들어온 법 정신은 교회법이 교회의 모든 권력기관을 지배하도록 했고, 교회에 통치방법을 제공하였으며, 교회와 정치권력 사이의 구분을 없앴다. 그래서 정치적 수장인 왕이나 황제는 하나님에 의해 택함 받았음을 인정받기 원하고, 예언자적인 말과 기적을 행하는 능력을 갖춘 자가 되기를 원한다. 이제 그들은 이슬람의 모델을 따라 하나님의 대리자로서 정치권력을 휘두르게 되었다. 이는 콘스탄티누스보다 더 나아가게 된 것이다. 그 결과 교회는 이슬람의 세계화 전략처럼 신앙 전파를 위한 전쟁에 대한 찬미와 강요를 받아들였다. 사실 주후 300년 동안 기독교는 전쟁에 대해 매우 비판적이었다. 반면 이슬람에서 전쟁은 불신자를 회심시키기 위해 항상 정당했고, 심지어 신성한 의무 중 하나였다. 즉, 사람이 자연적으로 살면 이슬람교도가 되었을 것이나, 그가 참 신앙에서 등을 돌렸기 때문에 전쟁을 벌이면서까지 그를 고유 본성으로 데려가야만 하는 전쟁, 곧 '지하드'는 성전聖戰인 것이다.

또 다른 이슬람의 영향은 계시와 자연의 일치 현상이다. 8세기 이전까지 기독교는 계시가 자연에 부합된다고 생각하지 않았다. 기독교는 자연이 전적으로 타락했다고 여겼으며, 설사 자연의 긍정적 가치를 인정하는 사람조차도 타락한 자연에 대한 신중함이 있었다. 그러나 11세기부터 자연과 계시를 일치시키려는 경향과 더불어, 자연에서 계시의 원천을 찾으려 하는 자연 신학이 나타났다. 다시 말해, 타락은 근본적이고 전적이지 않으며, 자연과 계시를 초자연적 은총을 통해 완성된 자연으로 통괄해야 한다는 것이다. 이러한 생각의 근원에는 그리스 사상과 아랍 사상이 있었는데, 그 중 아랍 사상이 더욱 중요했다. 만일 자연과 계시 사이에 일치가 있다면, 기독교의 하나님을 인정하지 않는다는 것은 단죄받아야만 한다. 왜냐하면, 눈을 열어 자연을 바라보기만 해도 하나님을 충분히 볼 수 있기 때문이다. 이렇게 기독교가 자연에 부합하는 종교가 되는 순간, 전쟁을 통해서 사람을 강제로 그리스도인이 되게 하려는 경향이 생겨난다. 십자군 전쟁이 바로 그런 것이었다. 당연히 이 전쟁은 지하드의 모방이었다.

또한, 이슬람의 영향을 통해 하나님과의 관계 및 신앙심과 관련된 뒤집힘이 생겨났다. 이슬람은 자연과 일치하기 때문에, 태어난 아이들은 모두 이슬람교도이다. 이교도가 되는 것은 부모나 환경의 나쁜 영향이기 때문이다. 그러나 기독교에서는 정반대로 누구든지 오직 회심을 통해 그리스도인이 되고, 성령의 활동으로 타락한 옛 사람이 변해서 새 사람이 된다. 이 새로운 탄생은 세례라는 외적 표지標識를 통해 확인된다. 그러나 점차 세례의 엄격함은 사라지고, 세례가 은총의 표지가 아니라 그 자체로 구원의 도구가 되었다. 특히 유아세례와 함께 자연적으로 신앙인이 된다는 신앙의 자연성 및 거의 유전적인 방식으로 그리스도인의 신분이 옮겨간다는 개념은 명백히 예수의 일과 반대된다. 이슬람에 대한 이러한 모방을 통해, 예수 그리스도의 죽음이 지닌 유일한 속죄적인 가치가 부인되고, 그 죽음이 지닌 궁극적인 중요성이 사라져버린다. 한편, 하나님과 관계 영역에서 기독교가 이슬람으로부터 받은 또 다른 영향은 신비주의와 복종이다. 신비주의 신학은 본질적으로 기독교적이 아니다. 성서에는 예수를 닮으라는 말은 있어도 우리의 금욕을 통해서 하나님과 연합하라는 말은 없다. 사도들이 받은 영적 능력은 하늘에서 내려온 불꽃에 의해서이지, 하나님과 연합의 문제가 아니다. 오직 절대적으로 예수만이 하나님과 완전히 연합된 존재이다. 우리의 노력과 힘으로 하나님과의 연합은 근본적으로 불가능하다. 또한, 자기 자신을 신 안에서 스스로 없어진 객체로 인식하는 이슬람 신비주의는 신의 의지에 대한 절대적 복종을 추구한다. 이 복종은 순종 그 이상의 것으로서, 처음 보기에는 이 점이 성서 계시에 완전히 들어맞는 듯하다. 구체적으로 말하면, 주권적이고 미리 존재하며 영원하고 불변하는 하나님의 뜻에 복종해야만 하고, 역사 전체와 역사의 모든 사건과 각자의 삶에서 일어나는 모든 것이 하나님에 의해 이미 예견되고 미리 고정되며 정해진다는 것이다. 그런데 실제로 이 점은 인간에게 자유를 열어주고, 인간으로 하여금 역사를 만들도록 내버려두며, 하나님 자신이 만들어내는 다소 놀라운 모험에 인간과 동행하는 성서의 하나님과 반대이다.

한편, 이슬람이 기독교 사회에 끼친 또 다른 결과로서, 우선 여성의 신분과 노예제도에 관한 것을 들 수 있다. 사실 전 세계 이슬람 사회에서 여자들은 여러 가지 사회적 압박으로 권리를 보장받지 못하고 있다. 심지어 여자에게 영혼이 있느냐는 질문은 이슬람 신학자들에 의해 제기된 질문이다. 그러나 그들에 의해 제기된 이 질문은 기독교에 침투되어 교회를 곤혹게 하였다. 결코, 여성의 영혼을 부인한 적 없는 기독교 세계는 이슬람의 영향에 굴복한 나머지 여성의 지위를 매우 훼손한 것이다. 또 다른 영향인 노예제도는 사실 기독교의 영향으로 로마 세계에서 사라진 것 중의 하나였다. 그래서 초기 기독교 문화권에서는 노예제도는 존재하지 않았다. 하지만, 10세기부터 아프리카 부족을 공격하여 아프리카인을 노예화한 이슬람 상인은 15세기까지 노예를 이슬람 무역의 주된 상품으로 삼았다. 이러한 반기독교적인 관습이 일부 서구 뱃사람들에게 침투하여 적지 않은 아프리카 노예를 거둬들이는 일을 하게 하였다.

마지막으로 이슬람의 영향을 말하자면 기독교가 늘 공격을 많이 받는 식민지화에 관한 것이다. 성서적이지 않은 식민지 제도는 이슬람에 의해 시작되었고, 서구 기독교 국가들은 그 영향을 받은 것이다. 이슬람이 상업적인 것과 종교적인 것으로 침투하여 아프리카인을 식민지화하고 개종시킨 전략은 유럽인에게 훌륭한 모델 노릇을 하였다. 이는 복음의 진리와 계시의 진정성을 완전히 망각한 행위이다.

제6장 정치적 왜곡

성서적인 개념에서 교회는 반反국가적인데, 이 개념은 비정치적이 아니라, 정치에 어떤 가치를 부여하기를 거부한다는 의미에서 반정치적이다. 심지어 정치권력이 불가피하게 우상숭배로 이끌어가는 권력·우상이라는 의미에서, 이 개념은 반국가적이다. 기독교는 정치권력에 어떤 정당성도 부여하지 않는데, 그 근거는 다음과 같다. 첫째, 구약에서 '사사들'의 체제는 비정치 체제로서 하나님만이 유일한 왕이며, 위기 때만 사사를 하나님이 선택한다. 이것은 반국가적인 체제로서 어떤 지속적인 권력 조직도 없다. 둘째, 하나님의 뜻을 거슬러서 히브리 백성이 원한 왕정 조직은 단호히 단죄되었다. 셋째, 구약 열왕기에 나오는 세상의 관점으로 보아 위대한 왕, 다시 말해 영예롭고 부유한 정복자가 하나님 앞에서 나쁜 왕으로 지칭되고, 역으로 실패밖에 몰랐던 패배한 왕이 신실하고 경건한 이로 평가된다. 또한, 복음서에서도 수많은 사건을 통해 예수의 나라는 정치적 왕정과는 관계가 없으며, 예수가 정치적 행동과 국가와 관련된 것에 아무런 관심도 없었음을 알 수 있다.

그런데 한 가지 검토해야 할 점은, 예수의 메시지를 바울과 복음서 기록자들이 왜곡하여, 사회적이고 정치적인 예수의 메시지, 즉 계급투쟁 혹은 반로마 투쟁적인 예수의 메시지를 종교적이고 영적인 영역으로 전환해 비현실적인 모습을 띠게 했다는 주장이다. 예수의 메시지가 영적으로 해석되었다는 주장은 근본적으로 잘못된 것이다. 그 이유는 이를 증명할 만한 성서의 내적 증거가 극히 희박할뿐더러 성서의 외적 증거는 더더욱 찾기 어렵기 때문이다. 만약 이런 주장을 용인한다면, 복음서 저자들이나 바울은 최초의 메시지를 왜곡할 만큼 부패한 자이거나, 자신들이 이해한 내용을 뒤집어 이해할 만큼 어리석은 자가 되어야만 한다. 더구나 예수는 제자들의 물질적이고 현실적인 이해가 잘못되었으며 영적으로 이해해야 한다고 바로잡아 주기도 했다. 따라서 복음서에 대한 정치적이고 전투적 해석은 하나의 날조이다. 이러한 날조가 이루어지는 것은, 자기 시대의 경제적 사고방식에 심취하고 심지어 계급투쟁 이데올로기를 지지하며 정치를 가장 중요한 실재로 삼는 서구의 성서 연구자들이 정치적 예수를 만들어내기 때문이다. 예수가 철저하게 계급투쟁이나 반로마 투쟁과 같은 정치 투쟁에 관여했다고 하는 그들의 주장이 나오는 것은, 그들 같으면 그렇게 했을 것이라는 이유에서이다.

개신교 교회 안에서 콘스탄티누스주의는 기독교의 모든 오류와 일탈의 원조로 비난받았다. 그런데 우리가 주목해야 할 부분은 그의 회심이 진심이었는지 아닌지에 있는 것이 아니라, 이 회심이 어떻게 기독교 진리의 왜곡으로 이르게 되었는가에 있다. 그의 유명한 회심 이야기를 통해 예수의 역사적 실패를 드러낸 형벌의 도구인 십자가는 군사적이고 정치적인 승리의 표지로 바뀌게 되었다. 사실, 십자가는 하나님의 연약과 겸손의 표지이지 군사적 승리의 표지가 될 수 없는데도, 콘스탄티누스의 환상으로 말미암아 하나님의 계시와 정반대 결과가 생겨났다. 즉, 예수의 나라는 이 세상에 속한 것이고, 정치권력으로 세워져야 하며, 군사적 승리로 자리 잡아야 한다는 것이다. 그 결과 교회는 하나님의 힘과 다른 힘으로 복음을 쉽게 전파하는 일에 의해, 또 국가도 기독교화하고자 자기 영향력을 쉽게 사용하는 일에 의해 유혹당하고 지배당했다. 이는 교회가 사탄이 주겠다고 했을 때 예수가 거절한 것을 받고야 만 셈이다. 결과적으로 교회는 국가종교가 되었고, 교회 자신이 박해자가 되었으며, 국가의 선전기구로 사용되었다. 교회는 이것이 예수의 생애와 인격에 모순된다는 것을 알지 못하였고, 궁극적으로 진리가 왕과 황제들이 추구하는 정치권력에 의하여 뒤집히는 결과를 일으켰다. 결국, 교회는 부당한 왕위 계승과 권력 찬탈을 한 모든 왕을 축복하고 모든 것을 정당화했고, 군주제 아래서 군주주의자로, 공화정 아래서는 공화주의자로, 공산주의 아래에서는 공산주의자로 둔갑하게 되었다. 그때마다 교회는 자리 잡은 권력이 선한 것임을 입증하기 위한 신학적 논증을 발전시켰다. 그리고 매번 자신이 적응하는 것에 대한 자기 합리화를 하였다.

그러나 교회가 자신의 권한을 보장하고자, 또 이득을 얻고자 정치권력의 이용물이 되는 것을 교회가 가장 수치스럽게 여겨야 한다. 왜냐하면,

이것은 순수한 은총이었던 것을 '교환 조건'이라는 방편으로 바꾸어 근본적으로 뒤집는 일이기 때문이다. 또 이것은 복음이 모퉁이 돌인 예수 그리스도 위에 기초하지 않고 복음이 전파되는 것을 도와준 세상의 권세 위에 기초하기 때문이다. 이때부터 복음은 이 세상의 권력자에게 더는 아무것도 무서운 것을 제시하지 못한다. 그리고 그 결과는 혹독하다. 그 중 세 가지를 언급한다면 다음과 같다. 첫째, 교회가 하나의 국가가 된다는 사실이다. 교황은 그 국가의 수뇌가 되어 막무가내로 정치적인 왕처럼 행동하게 되어, 그의 통치 영역을 끊임없이 확장하는 것을 멈추지 않는다. 둘째 국가들 사이에 단절이 발생한다. 오랫동안 봉건제도를 경험한 서구세계는 왕국의 경계가 명확하지 않은, 하나의 보편교회를 간직한 기독교 국가상을 가진 체제라고 볼 수 있다. 그러나 14세기부터 왕들은 민중적인 민족 감정과 더불어 영주제도와 다른 정치적 단위를 형성할 것을 주장하였는데, 교회 역시 극도로 정치화됨으로써 보편교회와 결별을 일으켰다. 그리고 여러 국가의 국가적 교회들은 정치권력에 복종하여 자신들의 경향에 맞는 수장을 임명하길 요구하면서 교회의 대분열을 맞이하였다. 분열된 교회는 순수한 종교적 조직체가 되기를 열망하지만, 국가가 교회를 전략적 도구로 쓰고자 함으로써 국가적 특성을 유지할 수밖에 없었다. 교회가 반정치적이고 반국가적인 본래의 메시지를 포기했기 때문에, 교회는 국가의 틀 속에서 정치 문제에 관여할 수밖에 없었다. 그러나 정치 문제에 관여한 교회는 어떠한 사안에 대해 의견이 분열될 수밖에 없다. 한 나라 안에 좌파 교회, 우파 교회가 있고, 피임에 찬성하는 교회, 반대하는 교회가 있게 되었다. 이러한 분열은 교회가 소명을 따르지 않고 정치를 중요시한 필연적 대가이다. 세 번째 결과는 교회의 행정적인 오염이다. 정치에 오염된 교회는 국가처럼 법을 만들고 국가행정 모델에 따라 교회를 조직하며, 정치권력으로 만들어진 법이 하나님의 뜻이라며 정당화한다. 이 점은 긍정적인 측면도 있을 수 있으나, 문제는 교회가 하나님의 뜻을 전하는 전달자가 되기를 그치고, 예수가 거부한 것, 즉 소송 당사자 사이의 심판자 구실을 하고 만 것이다. 교회는 국가라는 모델을 따라 그 자체로 사법적이고 행정적인 조직이 되어 철저히 제도화되고 계급화되어 버렸다. 교회는 예수 그리스도의 진리보다 법을 선호하여 법률 문서를 공들여 만들어냄으로써, 영적이고 종교적인 위기를 행정조직에 의하여 해결하려는 유혹을 받았다.

제7장 허무주의와 기독교

현대 허무주의의 출현에는 기독교적 요인이 있음을 부인할 수 없다. 그것은 절대적 초월, 신성의 박탈, 죄라는 세 가지 주제와 맞물려 있다. 첫째, '전적 타자'인 하나님은 성육신에도 불구하고 더는 지상에 존재하지 않고, 초월적으로 숨어 있다. 이 사실은 인간을 더욱더 무의미하고 무력한 지상의 존재로 격하시킨다. 하나님이 초월할수록 인간의 행동과 순종은 허무해진다. 둘째, 사람들은 절대적 신성과 필연 사이에 연속성을 세우려고 노력하는데, 이는 자기 자신에게 의미를 부여하고자 함이다. 그래서 인간은 늘 신성한 것을 만들어 왔고 무언가를 신성화했다. 그러나 기독교는 하나님을 초월적 존재로 여기기 때문에, 세상을 의미 없는 실재가 되게 하고, 심지어 세상에서 신성한 것을 모두 부인한다. 결국, 이 지상은 의미도, 신성한 것도 없는 지상일 뿐이다. 즉, 신성이 박탈된 자연은 이제 단지 사물일 뿐이며, 거기에 의미와 가치란 없다. 마지막으로, 허무주의를 확장시킨 기독교적 요인은 죄의 중요성이다. 가톨릭은 죄의 중대성을 약화시켰으나 근본주의적 기독교와 종교개혁은 전적으로 타락한 인간을 강조하였다. 즉, 인간은 하나님으로부터 분리된 순간 스스로 아무것도 할 수 없고, 스스로 진리에 도달할 수 없으며, 온갖 부패와 악이 생겨나게 된다는 것이다. 그러나 문제는 이러한 내용의 설교로 말미암아, 인간 상황에 대해 한쪽만을 선택하는 결과를 가져왔다는 점이다. 설교자의 설교 흐름은 죄인인 인간을 혼내고 파멸을 선고하는 것이 주를 이루어, 인간에게서 아무것도 기대할 수 없다는 근본적인 비관주의에 빠지게 된다.

그런데 우리에게 난제는 그 무엇보다 허무주의를 부인하는 기독교 계시가 어떻게 그렇게 완전히 뒤집힐 수 있는가이다. 기독교와 성서는 근본적으로 허무주의를 배제하고 있다. 우선, 창조주의 현존과 창조주와의 관계에 대한 서술인 창세기는 새로운 것과 시작을 만들려는 의지, 즉 독단적이거나 부정적인 의지가 아니라 사랑으로 가득한 의지가 존재하였다는 사실을 보여준다. 그리고 현존하는 세상은 이러한 의지에 따라서만이 존재할 수 있다는 점을 말하고 있다. 여기에 허무주의의 자리는 없다. 오직 인간 쪽에서의 거부만이 비관주의와 허무주의를 만들어 낼 수 있을 뿐이다. 한편, 기독교 계시가 허무주의를 부인한다는 사실은 역사에 어떤 의미가 부여된다는 사실을 통해 알 수 있다. 사실 하나님은 역사 속에 있는 하나님이며, 자신의 행동 흔적을 역사 속에 남기는 하나님이다. 그런데 역사에는 그 자체로 내재적 의미도 없고, 미지의 외부세계로부터 오는 의미도 없다. 그러나 만약 역사의 전개에 따라 각 상황과 뜻밖의 사건에서 읽어내야 할 어떤 의미가 있다고 한다면, 그것은 사건과 인간의 흐름 속에 있는 하나님의 현존 때문이다. 역사의 흐름에서 인간은 분명한 하나님의 약속 아래에 있으며, 다소 긴 기간 이 약속의 실현을 기다린다. 약속이 성취될 때, 이것으로 말미암아 새로운 약속이 생겨난다. 이렇게 옛 약속의 실현과 새 약속의 출현이 결합함으로써, 인간은 소망 가운데서 현재 상황을 체험하게 된다. 그리고 이 소망은 우리를 행동하도록 이끈다. 인간의 주도적 행동은 늘 새로운 상황 가운데서 하나님에 의해 계속된다. 이 역사의 흐름에서 하나님 약속의 실현을 볼 줄 아는 자들은 늘 소망을 지닌다. 이처럼 기독교는 근본적으로 반허무주의적이다.

그러므로 남아있는 질문은 어떻게 그러한 진리가 뒤바뀌는가이다. 이 반전의 양상에는 세 가지 과정이 있다. 첫째, 관계라는 유동적인 체험을 '기정 상황'으로 변형시키는 것이다. 말하자면, 역사를 형이상학으로 변화시키는 것이다. 이것은 순간적인 것을 명백히 밝히고 고착시키기 위해, 순간적인 것을 포착하려는 시도이다. 이것은 시간과 영원, 절대와 상대, 그리스도의 인성과 신성 등과 같이 양립할 수 없는 것을 지속적인 방식으로 양립시키려는 것이다. 그래서 살아있는 것을 설명된 것과 내포된 것으로 바꾸는 것이다. 이것을 통해 사람들은 모순 속으로 빠져들어 부정과 거부와 조롱, 즉 허무주의로 나아간다. 둘째 오류는 '객관화'이다. 객관화는 창조주와 인격적인 관계에서 참된 것으로 제시되는 계시를 객관적인 율법과 고착된 텍스트와 닫힌 계시로 만든다. 사실, 기록된 말은 일반화할 수 있고 모두에게 적용될 수 있을 만큼 과학적인 객관성을 부여받는다. 그러나 이 순간부터 모순이 즉시 생겨난다. 예를 들어 한정된 시대와 문화의 영향 속에 쓰인 텍스트를 진리로 받아들일 수 있느냐는 비판이 대두한다. 마지막으로, 허무주의의 책임은 '분리'에 있다. 이 분리는 말과 그 말을 하는 자 사이의 관계와 인격과 인격의 선포 사이의 관계를 끊는 분리이다. 그러나 계시는 분리될 수 없는 방식으로 모든 요소가 다 같이 유지될 때만이 성립된다. 그러나 사람들은 계시를 합리적이고 모순되지 않은 체계 속에서 파악하려는 목적으로, 전체 텍스트에서 어떤 측면과 어떤 진리만을 분리하여 선택하려고 한다. 그러나 결국 이것은 허무주의가 될 수밖에 없다.

이 세 가지 경우에서 빠진 것은 어떤 의미를 부여하는 하나님의 현존이다. 사람들이 허무주의로 빠져들게 되는 것이 바로 이 점 때문이다. 현대인은 명백한 확실성과 확실한 미래와 분명한 행동노선을 원하는 타산적인 자들이다. 이들은 사랑이나 은총 같은 불확실성을 몹시 싫어한다. 하나님이 우리를 사랑한다는 것이 우리를 안심시키지 않는다. 하나님이 어떤 일을 행할 때 우리는 평온해지는 것이지, 우리와 지속적인 관계 맺음이나 은총을 베푸는 것에 만족하지 않는다. 그 대신 우리는 하나님과의 관계를 끊임없이 객관화시켰다. 예를 들어, 하나님이 창조한 자연이란 개념을 만들어 자연에 일치하는 것으로 충분하다고 믿었고, 하나님을 대표하는 교회 통치권과 정치적 통치권을 만들어 내어 이 통치권과 좋은 관계를 맺는 것으로 충분하다고 생각했다. 또 우리는 법을 하나님의 뜻으로 표현하면서 법을 과대평가했다. 우리를 허무주의로 돌아서게 했던 것들은 바로 이러한 것들이다.

제8장 문제의 핵심, 견디기 어려운 것

지금까지 우리는 어떻게 하나님의 계시와 그렇게 동떨어지고 상반된 기독교가 생겨날 수 있는가에 대해 언급했다. 그러나 문제의 핵심으로 들어가려면 '왜'라는 질문을 해야만 한다. "도대체 왜 상황이 이처럼 되었는가?"라는 질문을 제기해야 한다. 우선 참된 기독교(X)가 사람들이 견디기가 어렵고, 참을 수 없는 어떤 특성을 지니고 있다는 점을 생각해야만 한다. 과연 사람들이 어떤 특성들을 견딜 수 없는가? 무엇보다 먼저 하나님 계시의 특성에서 그 원인을 찾을 수 있다. 사실 모든 시대에서 인간은 종교적 평온, 영생에 대한 보장, 경건한 위로의 말에 목말라 한다. 그래서 인간은 점쟁이와 마법사를 믿으며, 기적에 반감을 갖지 않는다. 하나님의 계시가 견디기 어렵다고 할 때, 그것은 계시가 신화적인 모습이나 혹은 전설적인 모습을 띠기 때문이 아니다. 오히려 그러한 모습은 계시를 잘 받아들이게 하는 요인이 된다. 근본적으로 인간은 종교적으로 황량한 세계와 신성하게 여겨지지 않는 세상에 사는 것을 완전히 견디기 어려워하기 때문이다. 인간은 하나님의 계시를 전설, 신화, 신비, 황홀경이 가득한 종교로 다시 만든 이유가 바로 이것이다. 그러나 계시는 전혀 그런 성격이 아니다.

엑스(X)를 수용하는 데 또 다른 어려운 측면은, 이 엑스(X)가 본질적으로 조직될 수 없다는 사실에 기인한다. 다시 말해, 사람들이 하나님의 계시로 살아가기 원할 때, 또한 엑스(X)를 유일한 진리로 받아들이려 할 때, 안정성, 작동, 집단적 영속성, 결집, 집단의 긴밀한 결합은 가능하지 않다. 엑스(X)는 사회적으로 완전히 공존하기 어렵게 되어 있다. 교회를 세운 성령은 바람과 같은 것이며, 교회를 구성하는 부름을 받은 이들의 한계는 없으며, 교회의 중심인 예수 그리스도는 있으나 주변은 없다. 성도는 장악될 수도 없고 배제될 수도 없는 존재이다. 세례가 교회를 구성한다고 하지만, 성서는 물세례와 성령세례를 구분하고 서로 일치하지 않음을 보여준다. 또한, 성직자를 통해 교회의 삶을 유지한다고 하지만, 성직은 성령의 은사이지 영속적이고 조직된 어떤 것이 전혀 아니다. 목사의 직위를 만들고 신부나 주교를 정하는 것은 성서에 나타난 움직임과 반대의 것이다. 사랑의 은사, 말씀의 은사, 가르침의 은사를 지닌 사람이 나타나면, 교회는 예견하지 못했어도 그에게 자리를 만들어 주어야 한다. 교회가 사망의 문보다 강한 이유는 잘 조직되고 견고하기 때문이 아니라, 살아 있고 생명이 있기 때문이다. 또한, 교회가 생명처럼 움직이고 변하고 의외성이 있기 때문이다. 교회가 견고하고 강력한 조직이 되었을 때 사망은 승리했다. 결국 엑스(X)가 진지하게 수용되는 순간, 어떤 조직이나 사회가 기능을 하기란 불가능한 것이다. 이와 같은 입장은 사회와 국가가 악이라고 말하는 것이 아니다. 단지 나름대로 가치 있는 사회와 국가 자체의 법칙과 원리가 계시의 엑스(X)와 아무런 상관이 없다는 말이며, 엑스(X)는 결코 사회에 속한 제도나 사회 조직 원리가 되지 않는다는 사실이다. 오히려 그것은 갈등 관계를 일으키고 어떤 이들에게 참을 수 없는 것이 될 뿐이다.

　엑스(X)를 사람들이 견디기 어려운 것은 더 깊은 곳에 있다. 사람들은 은총을 입는다는 것에 대해 불쾌하게 생각한다. 분명한 이유나 현실적인 동기 없이 생명을 주고, 완전한 공짜인 은총을 받는다는 것은, 선물 교환의 원리를 본성적으로 간직한 인간에게는 받아들이기 어려운 것이다. 더구나 은총은 희생을 배제한다. 희생이란 인간의 근본 요인인데, 무상의 은총은 인간의 모든 희생의 타당성을 상실시켜 인간의 정신 현상의 토대를 무너뜨린다. 따라서 자신을 스스로 의롭게 하기 위한 자기정당화의 욕구를 인정하지 않는 계시는 본질적으로 불쾌한 것이 된다. 그런 인간에게 외부에서 인간을 의롭게 한다는 것은, 인간이 의義를 제 것으로 삼을 수도 없고 의義의 효력이나 스스로 의롭게 되는 영광을 자신에게 돌릴 수도 없다는 의미가 된다. 결국, 자신이 의義의 장본인이 되지 못하고, 인간의 존엄이 박탈되는 느낌을 받게 된 인간은 이것을 참을 수 없다. 인간은 스스로 의롭고 자유롭다고 자기정당화를 끊임없이 하길 바라기 때문이다. 더구나 성서가 가르치는 바는 인간은 외부로부터 온 의義 뿐만 아니라, 신앙도 구원도 소유할 수 없다는 것인데, 안정된 소유와 확실함을 요구하는 인간은 이 점을 받아들일 수 없다.

사람들이 용인하기 어려운 또 하나의 개념은, 하나님이 예수님에 의해 아버지로 지칭된 것이었다. 오이디푸스 콤플렉스가 드러내 보이는 것처럼, 현실에서 아버지와 아들 관계는 순수한 사랑, 저의나 타산 없는 애정의 관계가 아니었다. 즉, 현실에서 아버지는 장애물이고 아들은 경쟁자이며 적대자인 것처럼 비추어졌다. 더구나 중세나 현대에서도 기독교에 의해 강화된 아버지의 권위주의 때문에, 또 언어적인 편의나 무지에 의해 하나님을 아버지로 부르기 때문에, 하나님의 이미지로서 아버지의 이미지가 더는 작동하지 않은 듯이 보인다. 그러나 이러한 표상을 파괴하면서 하나님은 아버지이고 이 아버지는 아무런 대가를 요구하지 않는 사랑에 대한 표현이라는 계시의 메시지를 인간은 쉽게 받아들이기 어려운 것이다.

또한, 그리스도의 삶에서 나타난 반反정치에 연결된 비무력非武力의 개념도 인간의 본성과 다른 받아들이기 어려운 것이다. 인간의 역사는 전쟁, 정복, 팽창 의지, 패배자에 대한 억압, 힘에 대한 열광, 위대함의 추구 등으로 점철되었다. 사실 폭력 정신과 힘의 정신은 이집트, 그리스 문명, 로마 문명, 이슬람 세계, 동양 세계, 불교 사회 등 어디에나 존재했다. 그러나 이와 정반대로 비무력에 집중된 설교나 비무력에 집중된 삶을 이야기하는 복음의 메시지는 인간을 견딜 수 없게 한다.

또 다른 견디기 어려운 개념은 자유이다. 참으로 인간은 자유롭기 원하고, 자기가 형이상학적으로 자유롭다고 선언한다. 그러나 인간은 자유라는 이름으로 끔찍한 범죄를 저질렀다. 인간이 자유를 바란다는 것은 사실이 아니다. 인간이 바라는 바는 자유에서 비롯되는 독립에서 오는 이득이다. 자유는 모험이며, 까다롭고, 매 순간의 투쟁을 동반한다. 자유는 휴식을 주지 않고, 자신을 초월하기를 요구하며, 모든 것을 끊임없이 문제 삼도록 요구한다. 또한, 자유는 늘 새로우라고 요구하고, 고정관념에 매이지 말라고 요구하며, 단절과 저항을 가져온다. 자유는 속박에 굴복하지 않으며, 자신에 대한 지속적인 통제와 이웃에 대한 사랑을 필요로 한다. 사랑은 자유를 전제로 하고, 자유는 사랑 안에서만 피어오른다. 자유는 결코 힘을 행사할 수 없다. 따라서 비무력과 자유 사이에 일치가 있다. 그러나 인간은 조금도 자유를 원하지 않는다. 인간은 고용주에 의한 안전이든, 보험회사에 의한 안전이든, 사회보장 기관에 의한 안전이든, 국가에 의한 안전이든, 안전을 원한다. 그러나 안전하고 보호받기 원할수록 덜 자유롭다. 따라서 우리가 두려워해야 할 것은 안전에 대한 우리의 과도한 욕망이다. 자유는 불가피하게 불안정과 책임을 대가로 지급한다. 그러나 인간이 원하는 것은 자유로운 체하는 것이지, 진정으로 자유롭게 되는 것이 아니다. 우리는 노예 상태를 자유라고 부르면서 노예 상태를 위장하는 데 아주 능숙하다. 결국, 인간은 은총도 견딜 수 없고, 아버지도 견딜 수 없으며, 비무력도 견딜 수 없고, 자유도 견딜 수 없다.

제9장 권세와 지배

계시된 엑스(X)가 변질하는 것은 인간의 의도적인 행동 이상의 영적 권세의 활동 때문이다. 이 영적 권세는 인격화와 아무런 관계가 없다. 그것은 얼굴도 없고 실재에서 맡은 바 임무도 없다. 단지 인간과의 관계 속에서 또는 인간과의 관계에 의해서만 존재한다. 사탄과 거짓이 드러날 수 있는 것은 인간이 거기 있을 때이다. 성서에는 여섯 가지 악한 권세가 제시되는데, 맘몬, 이 세상 군주, 거짓의 영, 사탄, 마귀, 죽음이다. 이 권세들 모두 돈, 권력, 거짓, 고소, 분리, 파괴 같은 기능으로 특징지어진다. 이러한 악한 권세들을 구체적으로 살펴보면 다음과 같다.

첫째, 돈을 통해 교환과 판매라는 관계 법칙이 인간에게 강요된다. 즉 인간 사회에서는 무언가에 대한 대가가 늘 있으며, 모든 것은 값이 치러지고 돈으로 살 수 있다. 따라서 돈은 완전히 모든 면에서 은총에 반대되는 것이다. 돈을 통해 교회에 유입되는 것은 바로 이러한 정신이다. 이 정신을 통해 교회에서 은총은 돈으로 팔렸고, 교회는 노략질과 치부의 중심이었다. 그 결과 은총이 되어야 했던 모든 것이 악착스러운 쟁취와 소유와 집착이 되었다. 이것이 악마적인 권세이다. 영적인 힘이 강한 채로 남아있거나 신앙이 살아있고 형제애가 존재한다면, 돈은 문제가 되지 않는다. 하지만, 사람들이 타성과 추종에 빠져 신앙을 갖지 못하고 소망을 잃어버렸을 때, 돈은 강압적 권세로 나타난다. 그래서 맘몬은 언제나 신앙이 사라지기를 기다려, 교회 안에서 자신의 법칙을 세우려 한다. 특히 맘몬은 모든 것은 돈으로 살 수 있다는 욕구 충족 법칙과 또 무언가에 대한 대가가 늘 있다는 법칙을 통해 은총이 그리스도인에게 뚫고 들어갈 수 없게끔 차단막을 세운다. 이것은 그리스도인이 모든 시대에 겪은 내용이다.

둘째, 세상은 이 세상 군주에 속해 있다. 하지만, 하나님은 권세나 지배의 구현을 원하지 않는다. 권세의 영은 근본적으로 이 세상 군주의 영이다. 기독교가 왜곡된 것은 세상 군주가 영향을 발휘하여 유혹하고 이끄는 대로 내버려둔 것에 있었다. 교회가 지배계급에 매혹되었을 때, 교회가 정치와 권력에 사로잡혔을 때, 교회는 세상 군주에 의해 지배된다. 하지만, 교회는 세상으로 완전히 굴러 떨어지지는 않는다.

왜냐하면, 하나님 나라가 이 세상에서 숨겨져 있지만, 이 세상 군주는 보이는 것과 명백한 것과 형식화된 것만을 알고 있기 때문이다.

셋째, 거짓의 영은 진리를 사물과 이념과 교조와 철학과 과학 등으로 변화시키고, 실재를 허울뿐인 진리로 변화시킨다. 신약 성서에서 거짓은 명확한 의미가 있다. 거기서 거짓은 일상적인 거짓말과 아무런 관련이 없다. 신약 성서의 거짓은 예수의 신원을 거짓되게 고백하는 것이다. 예수는 자신의 인격 속에서 유일한 진리를 나타내고 있는데, 거짓은 이것을 변조시키는 것이다. 그 형태는 세 가지이다. 첫째, 예수를 이념으로 변화시키는 것이다. 예수의 인격을 교묘하게 영적 지식으로 이해하고 닫힌 교의나 철학의 한 부분으로 만들 때, 그리고 예수의 인격을 사회활동이나 정치에 개입시키려고 할 때, 거짓이 존재한다. 둘째, 예수를 우상으로 변형시키는 것인데, 예수를 마법적으로 숭배하든지, 기적을 행하는 자로 여긴다든지, 사회주의자나 법 수호자나 혁명가 등 여러 가지 모습으로 변장시키든지 하는 것이다. 마지막으로, 예수를 교회로 귀착시키는 것이다. 교회가 그리스도의 몸이라는 것을 굳게 믿지만, 교회 자체를 예수 그리스도와 동일시하려는 유혹은 잘못된 것이다. 교회밖에는 구원이 없다는 선포도 비뚤어진 진리이다. 이렇게 거짓의 영에 의하여 고취된 모든 거짓은 예수 그리스도와 관계가 있다.

넷째는 고소이다. 사탄은 고소하는 자이며 고소 그 자체이다. 따라서 그 형태와 동기가 어떠하더라도, 심지어는 적절한 근거가 있는 고소일지라도, 고소가 이루어질 때마다 사탄이 있다고 해야만 할 것이다. 고소하는 자는 우선 교회를 이용했다. 교회는 모든 고소와 심문 제도의 시초와 완성과 모델이 되었다. 그래서 계시의 타락이 교회에 있었다. 용서에 토대를 둔 모든 것에서 종교재판에 토대를 둔 모든 것으로 넘어갔다. 용서와 은총이 지배적 이도록 내버려 두는 대신, 또 가장 나쁜 죄인도 하나님 앞에서 회개하면 하나님으로부터 용서를 받는다는 점을 인정하는 대신, 여전히 한 인간에 불과하고 제도의 대표자일 수밖에 없는 사제에게 겉으로 표현된 고해를 맡겼다. 의무적인 고해성사를 통해 외적인 죄과나 실제적인 과오는 더 문제가 되지 않고, 영혼의 움직임, 욕망, 충동, 무의식에 대한 심리 등이 분석되었다. 이런 잘못의 추적은 인간의 마음을 짓누를 뿐이다.

다섯째, 악마 곧 디아볼로스Diabolos인 분열이다. 분열, 갈등, 단절, 경쟁, 싸움, 불화, 부조화, 반목, 배척, 부적응이 있는 어디든 악마가 있다. 교회는 이 악마가 좋아하는 먹잇감이었다. 기독교 이전에도 전쟁과 갈등과 반목이 존재했으나, 교회가 본래의 상황을 악화시키는 요인이 되었다. 즉, 사회적 차원의 것처럼 보인 단절이 영적인 차원으로 심화하여 성전聖戰, 십자군, 이단과 싸움 등으로 변했다. 종교 전쟁은 전형적으로 악마와 교회가 마주친 결과이거나, 교회의 진리를 악마가 이용한 결과이다.

마지막은 파괴이다. 마태복음 24장의 황폐하게 하는 가증스러운 것에는 두 가지 의미가 있다. 그 중 하나는 황폐를 유발하고 철저히 파괴하는 끔찍한 영적 현상이다. 기독교는 예전의 종교와 가치와 문화를 파괴했고, 유일한 진리인 예수 그리스도를 선포했다. 그러나 역으로 기독교 진리가 무너지고 파괴될 때, 진정 그것이 황폐이며 황무지가 될 것이다. 황폐의 또 다른 의미는 인간을 전적인 고독의 상황으로 빠뜨리는 절망이다. 따라서 24장에서 황폐가 거룩한 곳, 즉 교회에 있을 때란 절망과 고독이 교회로 확산하는 때를 의미한다.

결국, 권세들은 영적이며 정치적 현상, 사회학적 현상, 사물과 제도의 영향력과 관계된 것이다. 기독교의 뒤집힘이 초래된 것은 무분별한 영적 권세들의 결집을 통해서이다. 그것들은 예수 그리스도가 한 일을 공격하거나 파괴한 것이 아니라, 그 일을 왜곡시켰고 끌고 가서 이용한 것이다. 한편, 영적 권세들은 죽지 않고 죽음으로 내모는 죽음의 권세들이다. 그것들은 교회와 그리스도인을 직접 공격한 것이 아니라 의와 진리의 흰 망토를 걸치고 계시된 진리를 슬며시 왜곡해 버렸다. 이 권세들은 정작 그리스도와 더불어 십자가에 못 박혔으나, 그리스도의 부활과 더불어 다시 우리를 먹잇감으로 노리고 있다. 지금도 이 권세들은 힘을 증가시키고 있다. 그것들의 극단적 힘이 기독교를 뒤집은 것이다. 유일한 소망은 성령이 영적 권세들의 힘으로 말미암은 재난 속에서도 지탱하는 힘과 미혹에 빠지지 않기 위한 명철함과 권세를 와해시킬 수 있는 능력을 준다는 데 있다. 하지만, 성령을 통한 위풍당당한 승리는 세상에 없다. 정반대의 양상이 나타난다. 즉, 영적 권세들은 그리스도의 진리를 자신들의 위대함에 예속시키는 데 폭발적인 승리를 거두고 있다.

제10장 : "그래도 지구는 돈다!"

사람들은 계시의 뒤집힘으로 인하여 생긴 교회의 불관용과 압제와 검열과 위선을 기억한다. 그래서 그들은 종교개혁파들이 가톨릭교회를 향해 쏟아낸 비난을 본받아, 본격적으로 기독교에 대한 공격을 시작하였다. 사실, 온갖 비난은 거짓의 영으로부터 나온 오로지 선전용의 단순한 거짓이 대부분이다. 그러나 이 비난들이 기독교의 변질에 대한 문제를 제기한 좋은 측면은 지니고 있기 때문에, 그 측면만은 소홀히 여기지 말아야 한다. 그리고 나머지는 버려야 한다. 대부분의 맹렬한 공격이 18세기와 19세기 교회, 특히 부르주아 계급의 영향 아래 있던 교회의 잘못된 점을 향하는데, 이는 바른 지적이다. 이러한 공격은 사실 기독교 신앙의 문제라기보다는 훨씬 더 부르주아 계급의 문제였다. 따라서 우리는 사람들의 교회 비판에 대해 올바른 것과 거짓을 반드시 구별해야만 한다. 그리고 고압적인 자세가 아니라 겸손하고 대화적인 자세로 자신을 개혁하고 진리를 추구하는 모습을 보여주어야 한다. 교회의 온갖 거짓과 잘못 속에도 그리스도의 몸으로서 진정한 교회는 존재한다. 왜냐하면, 복음과 계시는 늘 존재하고 진리 속에서 계속 전달되고 있기 때문이다. 또한, 성령이 그리스도인의 삶에 현존하고 우리 안에서 활동하고 있기 때문이다.

성서는 성령의 특징을 세 가지로 제시하고 있다. 첫째 성령은 한계와 정지 지점을 표시한다. 둘째 성령은 바람과 같아서 눈에 띄지 않고 은밀하며 포착할 수 없다. 마지막으로 성령은 어디서 와서 어디로 가는지 알 수 없어서 위반자로 설정된다. 우리에게 정지 지점이 중요하다. 이 정지 지점을 살펴보려고, 창조를 없애려 드는 악마적 힘인 죽음을 잘 파악해야만 한다. 죽음의 활동은, 살아있는 것을 파괴하고 살아 있는 것으로 하여금 죽음 너머에는 아무것도 없다고 믿게 하는 일이기 때문에, 죽음은 최후의 것인 동시에 궁극적인 것이다. 또한, 죽음은 "나"를 없애버리는 것이다. 결국, 죽음은 하나님의 일을 무너뜨리는 힘을 가지고 있다. 죽음을 통해 사람들은 모든 확신을 상실한다. 이 죽음의 힘이 이스라엘 민족과 교회를 파괴하여 없애버리려고 했으나, 모두 굳건히 존재하였다. 말하자면, 영적 권세들이 교회와 그리스도인에게 덤벼들어 온갖 잘못과 거짓을 하도록 유혹하고 파멸하려고 시도하였으나, 죽음의 힘은 시도에서 정지되었으며 교회와 이스라엘은 꿋꿋이 존속되었다. 이는 부활한 생명인 하나님의 말씀과 진리가 여전히 다시 살아났기 때문이었다. 이것이 진리 갱신의 역사이다.

진리와 기독교적인 삶과 신앙의 재출현은, 신학자와 신비주의자의 차원, 스스로 형성되고 발현되는 민중적인 흐름의 차원, 교회 안에서 참되고 겸손한 자들의 숨겨진 신비의 차원이라는 세 가지 차원에서 고려될 수 있다. 먼저 모든 것을 정돈하는 신학자들의 출현은 교회의 지탱을 위해 중요했다. 이들은 계시가 상실된 곳에서 신앙의 위기가 닥칠 때, 진리로 돌아가 성서에서 다시 삶의 의미를 추구하였고, 성직자와 민중에게 큰 자극을 주었다. 그러나 이러한 각성 후에 늘 다시 기독교는 늪에 빠졌다. 결국, 이러한 인물들이 해결책은 아니었던 것이다. 결코, 기독교의 왜곡에 해결책이란 있을 수 없었다. 단지 참신한 인물이 등장하여 성서 텍스트를 새롭게 말하고, 그것에 마음을 여는 사람들이 있었을 뿐이다. 둘째, 신앙의 갱신을 위해서는 위대한 인물과 신학자뿐만 아니라 민중적인 흐름도 중요하다. 민중적인 흐름 속에는 간혹 역사를 변화시키는 성령의 일시적인 폭발이 나타난다. 아나뱁티스트, 발도파, 롤라즈파, 후스파 등의 중요한 사회 운동은 근본적으로 참되고 매우 성서적인 듯이 보인다. 이 갱신들이 일시적이지만 민중의 마음에 깊이 뿌리박혀 있다. 퀘이커교도, 웨슬리, '각성 운동' 등이 보여주는 교회는 끊임없이 움직이고 변화하는 모습을 보였다. 오늘날 성령에 의하여 유발된 민중의 각성과 라틴 아메리카의 해방신학과 혁명신학과 폴란드의 레흐 바웬사의 자유노조인 '연대', 러시아의 신앙 부흥운동도 이 흐름에 속한 것이라 볼 수 있다. 마지막으로 교회 안에 '남은 소수'는 여전히 타는 심지의 역할을 다한다. 교회가 결단의 순간, 궁지에 몰린 순간, 근본적인 시험의 순간을 맞이할 때, 이들은 자신의 심지에 불이 붙어 존재 전체를 태울 수 있다. 비록 이들이 전통적이고 맹신적인 신자들일지라도, 그들은 진정한 신앙고백자와 순교자로 갑자기 변화될 수 있다. 사실, 교회의 부흥은 교회가 억압적이고 타락한 사회에 맞서고, 박해를 감수할 때 일어났다. 이러한 상황 속에서 후세에 이름을 남기지 않는 겸손한 이들이 신앙의 진실성, 하나님의 말씀에 대한 경청, 기독교 정신에 의한 구체적인 삶의 제시, 담대한 증언 등을 보여줌으로써, 하나님의 계시의 변하지 않는 진리를 전달하는 것이다.

엘륄의 저서 연대기순

- *Étude sur l'évolution et la nature juridique du Mancipium*. Bordeaux: Delmas, 1936.
- *Le fondement théologique du droit*. Neuchâtel: Delachaux & Niestlé, 1946.
- *Présence au monde moderne: Problémes de la civilisation post-chrétienne*. Geneva: Roulet, 1948.
  ⋯▸ 『세상 속의 그리스도인』, 박동열 옮김(대장간, 1992, 2010(불어완역))
- *Le Livre de Jonas*. Paris: Cahiers Bibliques de Foi et Vie, 1952.
  ⋯▸ 『요나의 심판과 구원』, 신기호 옮김(대장간, 2010)
- *L'homme et l'argent* (Nova et vetera). Neuchâtel: Delachaux & Niestlé, 1954.
  ⋯▸ 『하나님이냐 돈이냐』, 양명수 옮김(대장간. 1991, 2011)
- *La technique ou l'enjeu du siècle*. Paris: Armand Colin, 1954. Paris: Économica, 1990.
  ⋯▸ (E)*The Technological Society*. Trans. John Wilkinson. New York: Knopf, 1964.
  ⋯▸ (『기술 또는 세기의 쟁점』, 대장간, 출간 예정)
- *Histoire des institutions*. Paris: Presses Universitaires de France, plusieurs éditions (dates données pour les premières éditions);. Tomes 1-2, L'Antiquité (1955); Tome 3, Le Moyen Age (1956); Tome 4, Les XVIe-XVIIIe siècle (1956); Tome 5, Le XIXe siècle (1789-1914) (1956).
  ⋯▸ (『제도의 역사』, 대장간, 출간 예정)
- *Propagandes*. Paris: A. Colin, 1962. Paris: Économica, 1990
  ⋯▸ 『선전』 하태환 옮김(대장간, 2012년 출간 예정)
- *Fausse présence au monde moderne*. Paris: Les Bergers et Les Mages, 1963.
  ⋯▸ (대장간, 2011년 출간 예정)
- *Le vouloir et le faire: Recherches éthiques pour les chrétiens*: Introduction (première partie). Geneva: Labor et Fides, 1964.
  ⋯▸ 『원함과 행함』(솔로몬, 2008)
- *L'illusion politique*. Paris: Robert Laffont, 1965. Rev. ed.: Paris: Librairie Générale Française, 1977.
  ⋯▸ 『정치적 착각』, 하태환 옮김(대장간, 2011)

- *Exégèse des nouveaux lieux communs*. Paris: Calmann-Lévy, 1966. Paris: La Table Ronde, 1994. [reproduction de la couverture].
  ⋯▸ (대장간, 출간 예정)
- *Politique de Dieu, politiques de l'homme*. Paris: Éditions Universitaires, 1966.
  ⋯▸ 『하나님의 정치 인간의 정치』, 김은경 옮김(대장간 출간 예정)
- *Histoire de la propagande*. Paris: Presses Universitaires de France, 1967, 1976.
- *Métamorphose du bourgeois*. Paris: Calmann-Lévy, 1967. Paris: La Table Ronde, 1998. [reproduction de la couverture]
  ⋯▸ (대장간, 출간 예정)
- *Autopsie de la révolution*. Paris: Calmann-Lévy, 1969.
  ⋯▸ 『혁명의 해부』, 황종대 옮김(대장간, 2012년 출간 예정)
- *Contre les violents*. Paris: Centurion, 1972.
  ⋯▸ 『폭력에 맞섬』, 이창헌 옮김(대장간, 2012)
- *Sans feu ni lieu: Signification biblique de la Grande Ville*. Paris: Gallimard, 1975.
  ⋯▸ 『머리 둘 곳 없던 예수-대도시의 성서적 의미』, 황종대역(대장간, 2012년 출간 예정).
- *L'impossible prière*. Paris: Centurion, 1971, 1977.
  ⋯▸ 『불가능한 기도』, 신기호 옮김(대장간, 2012 출간 예정)
- *Jeunesse délinquante: Une expérience en province*. Avec Yves Charrier. Paris: Mercure de France, 1971.
- *De la révolution aux révoltes*. Paris: Calmann-Lévy, 1972.
- *L'espérance oubliée, Paris*: Gallimard, 1972.
  ⋯▸ 『잊혀진 소망』, 이상민 옮김(대장간, 2009)
- *Éthique de la liberté,*. 2 vols. Geneva: Labor et Fides, I:1973, II:1974.
  ⋯▸ (대장간, 출간 예정)
- *Les nouveaux possédés Paris*: Arthème Fayard, 1973.
  ⋯▸ (E)*The New Demons*. Trans. C. Edward Hopkin. New York: Seabury, 1975. London: Mowbrays, 1975. .
  ⋯▸ (대장간, 출간 예정)
- *L'Apocalypse: Architecture en mouvement*. [Paris:] Desclée 1975.
  ⋯▸ (E)*Apocalypse: The Book of Revelation*. Trans. George W. Schreiner. New York: Seabury, 1977.
  ⋯▸ (대장간, 출간 예정)

- *Trahison de l'Occident*. Paris: Calmann-Lévy, 1975.
  ⋯▸ (E)*The Betrayal of the West*. Trans. Matthew J. O'Connell. New York: Seabury,1978.
- *Le système technicien*. Paris: Calmann-Lévy, 1977.
  ⋯▸ 『기술 체계』, 이상민 옮김(대장간, 2012년 출간 예정)
- *L'idéologie marxiste chrétienne*. Paris: Centurion, 1979.
  ⋯▸ 『기독교와 마르크스주의』, 곽노경 옮김(대장간, 2011)
- *L'empire du non-sens*: L'art et la société technicienne. Paris: Press Universitaires de France, 1980.
  ⋯▸ 『무의미의 제국』, 한택수 최모인 옮김(대장간, 2012 출간 예정)
- *La foi au prix du doute: "Encore quarante jours.."* . Paris: Hachette, 1980.
  ⋯▸ 『의심을 거친 신앙』, 임형권 옮김 (대장간, 2012년 출간 예정)
- *La Parole humiliée*. Paris: Seuil, 1981.
  ⋯▸ 『말의 굴욕』(가제), 한국자끄엘륄협회 공역(대장간, 2012년 출간예정)
- *Changer de révolution: L'inéluctable prolétariat*. Paris: Seuil, 1982.
  ⋯▸ 『인간을 위한 혁명』) 하태환 옮김(대장간, 2012)
- *Les combats de la liberté*. (Tome 3, L'Ethique de la Liberté) Geneva: Labor et Fides, 1984. Paris: Centurion, 1984.
  ⋯▸ 『자유의 투쟁』(솔로몬, 2009)
- *La subversion du christianisme*. Paris: Seuil, 1984, 1994. [réédition en 2001, La Table Ronde]
  ⋯▸ 『뒤틀려진 기독교』박동열 이상민 옮김(대장간, 1990 초판, , 2012년 불어 완역판 출간)
- *Conférence sur l'Apocalypse de Jean*. Nantes: AREFPPI, 1985.
- *Un chrétien pour Israël*. Monaco: Éditions du Rocher, 1986.
  ⋯▸ 『이스라엘을 위한 그리스도인』(대장간, 출간 예정)
- *Ce que je crois*. Paris: Grasset and Fasquelle, 1987.
  ⋯▸ 『내가 믿는 것』 대장간 출간 예정)
- *La raison d'être: Médutation sur l'Ecclésiaste*. Paris: Seuil, 1987
  ⋯▸ 『존재의 이유』(규장, 2005)
- *Anarchie et christianisme*. Lyon: Atelier de Création Libertaire, 1988. Paris: La Table Ronde, 1998
  ⋯▸ 『무정부주의와 기독교』, 이창헌 옮김(대장간, 2011)
- *Le bluff technologique*. Paris: Hachette, 1988.

⋯▸ (E)*The Technological Bluff*. Trans. Geoffrey W. Bromiley. Grand Rapids: Eerdmans, 1990.
⋯▸ 『기술의 허세』(대장간, 출간 예정)
- *Ce Dieu injuste..?: Théologie chrétienne pour le peuple d'Israël*. Paris: Arléa, 1991, 1999.
⋯▸ 『하나님은 불의한가?』, 이상민 옮김(대장간, 2010)
- *Si tu es le Fils de Dieu: Souffrances et tentations de Jésus*. Paris: Centurion, 1991.
⋯▸ 『네가 하나님의 아들이라면』, 김은경 옮김(대장간, 2010)
- *Déviances et déviants dans notre societé intolérante*. Toulouse: Érés, 1992.
- *Silences: Poèmes*. Bordeaux: Opales, 1995.
⋯▸ (대장간, 출간 예정)
- *Oratorio: Les quatre cavaliers de l'Apocalypse*. Bordeaux: Opales, 1997.
⋯▸ (E)*Sources and Trajectories: Eight Early Articles by Jacques Ellul that Set the Stage*. Trans. and ed. Marva J. Dawn. Grand Rapids: Eerdmans, 1997.
- *Islam et judéo-christianisme*. Paris: Presses universitaires de France, 2004.
⋯▸ 『이슬람과 기독교』, 이상민 옮김(대장간, 2009)
- *La pensée marxiste*: Cours professé à l' Institut d' études politiques de Bordeaux de 1947 à 1979 Edited by Michel Hourcade, Jean-Pierre Jézéuel and Gérard Paul. Paris: La Table Ronde, 2003.
- *Les successeurs de Marx*: Cours professé à l' Institut d' études politiques de Bordeaux Edited by Michel Hourcade, Jean-Pierre Jézéquel and Gérard Paul. Paris: La Table Ronde, 2007. ⋯▸ (대장간, 출간 예정)

기타 연구서

- 『세계적으로 사고하고 지역적으로 행동하라』(*Perspectives on Our Age*: Jacques Ellul Speaks on His Life and Work.), 빌렘 반더버그, 김재현, 신광은 옮김(대장간, 1995, 2010)
- 『자끄 엘륄 -대화의 사상』(*Jacques Ellul, une pensée en dialogue Genève*), 프레데릭 호농(Fréderic Rognon)저, 임형권 옮김(대장간, 2011)
- 『자끄 엘륄입문』 신광은 저(대장간, 2010)

- *A temps et à contretemps: Entretiens avec Madeleine Garrigou-Lagrange*. Paris: Centurion, 1981.
- *In Season, Out of Season: An Introduction to the Thought of Jacques Ellul*: Interviews by Madeleine Garrigou-Lagrange. Trans. Lani K. Niles. San Francisco: Harper and Row, 1982.
- *L'homme à lui-même: Correspondance*. Avec Didier Nordon. Paris: Félin, 1992.
- *Entretiens avec Jacques Ellul*. Patrick Chastenet. Paris: Table Ronde, 1994

대장간 『자끄 엘륄 총서』는 중역(영어번역)으로 인한 오류를 가능한 줄이려고, 프랑스어에서 직접 번역을 하거나, 영역을 하더라도 원서 대조 감수를 원칙으로 하고 있습니다.
이 일은 한국자끄엘륄협회의 협력으로 이루어지고 있으며, 총서를 통해서 엘륄의 사상이 굴절되거나 왜곡되지 않고 그의 삶처럼 철저하고 급진적으로 전해지길 바라는 마음 가득합니다.

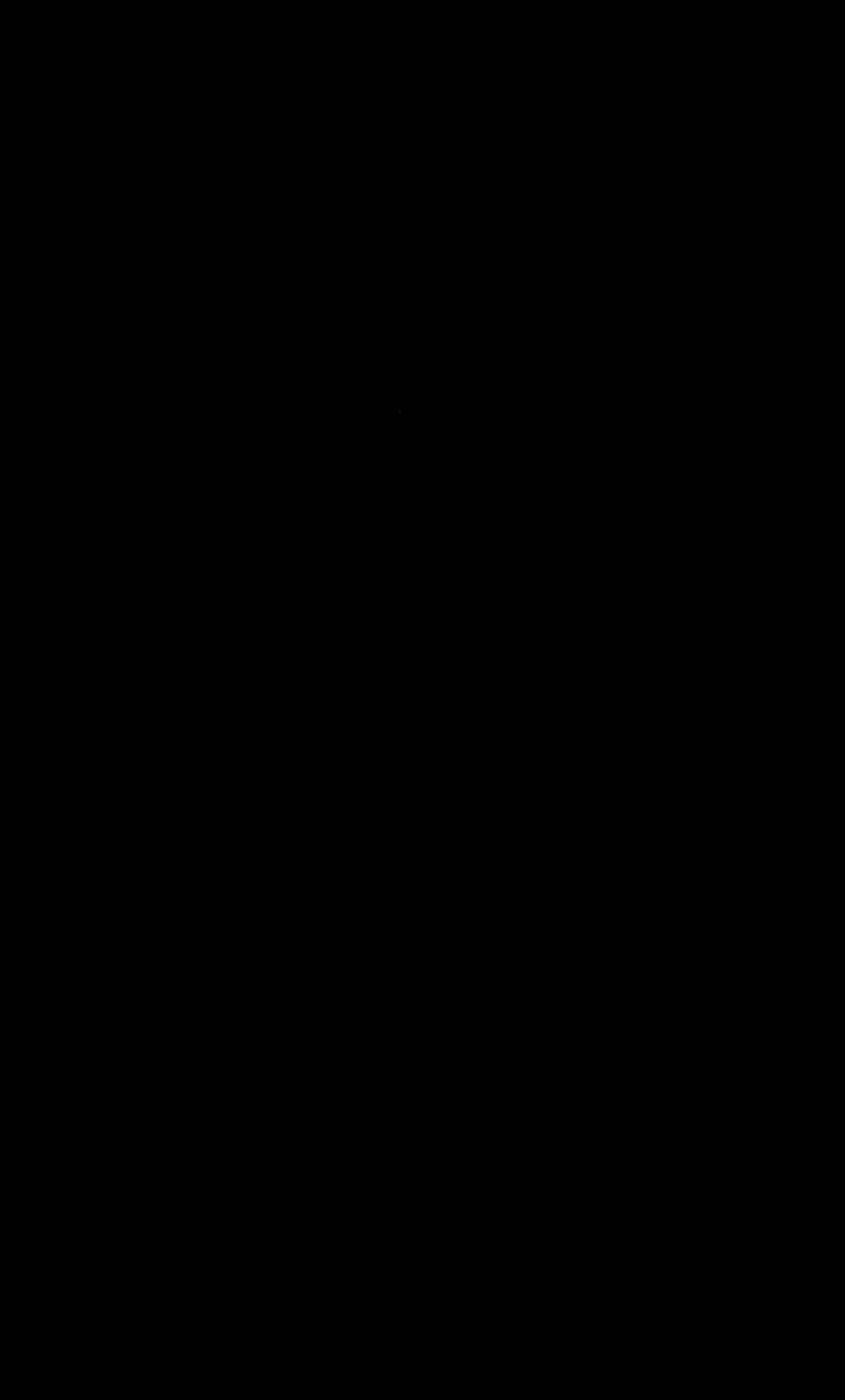